한국사회복지정책론

김 태 성

청목출판사

머리말

필자는 지금으로부터 대략 20년 전인 1995년에 경성대의 송근원 교수와 함께 『사회복지정책론』이라는 책을 출판하였다. 이 당시만 해도 우리나라에서는 사회복지정책에 관한 책이 드물어서, 이 책이 나오자 많은 독자들로부터 좋은 반응을 얻었고 이것은 이후 오랜 기간 동안 지속되었다.

그런데 이 책은 한 마디로 말하면 외국(특히, 미국)의 사회복지정책에 관한 이야기다. 이 책에서는 사회복지정책과 관련하여 주로 미국에서 개발한 이론이나 제도들을 소개했을 뿐이기 때문이다. 실제로 이 책의 내용의 대부분은 필자가 1980년대에 미국에서 유학할 때 배운 것들을 바탕으로 하였다.

물론 외국에서 도입되었다 하더라도(실제로 오늘날까지 우리가 배우고 있는 대부분의 사회과학 이론들은 외국으로부터 도입되었다), 사회복지정책과 관련된 기본적인 이론들을 이해하는 것은 중요하다. 필자는 지금도 『사회복지정책론』을 통하여 사회복지를 공부하는 많은 사람들이 사회복지정책에 대한 이해가 높아졌다고 자부하고 있다(지나친 자부심?).

그런데 아쉬운 것은 『사회복지정책론』에서는 한국의 사회복지정책에 대한 이야기가 거의 없었다는 점이다. 필자도 이 책을 쓰기 시작할 때 처음에는 우리나라의 사회복지정책을 서술하려고 하였으나, 결국은 포기하였다. 왜냐하면, 우리나라는 1990년대 초까지만 해도 전반적인 사회복지제도가 미미한 수준이어서 쓸 만한 내용이 별로 없었고, 무엇보다도 이때까지만 해도 한국의 사회복지정책을 논의하는 자료들이 극히 제한적이었기 때문이다.

그러던 것이 우리나라도 1990년대 말부터 사회복지가 서서히 확대되면서 그로부터 10여년이 지난 오늘날에는 우리의 사회복지제도도 어느 정도 자리를 잡기 시작하였다. 적어도 외형적으로는 거의 모든 국민들을 대상으로 하는 4대 사회보험(장기요양보험을 포함하면 5대 사회보험)이 어느 정도 정착되었고, 과거의 생활보호제도로부터 진일보한 국민기초생활보장제도도 도입되었고, 또한 다양한 사회복지서비스들도 꾸준히 확대되고 있다. 그래서 많은 사람들이 우리나라도 복지국가에의 길에 들어섰다고 이야기한다. 이러한 과정에서, 우리나라에서도 대략 2000년대부터 한국의 사회복지정책에 대한 연구들이 활발히 이루어졌고 많은 자료들이 축적되었다.

이렇게 비교적 풍부하게 축적된 자료들을 바탕으로, 필자는 몇 년 전부터 한국의 사회복지정책에 관한 이야기를 쓰고자 하였고, 늦게나마 결실을 맺어 『한국사회복지정책론』이라는 이름으로 출판하게 된 것이다.

이 책은 크게 2부로 구성되었다. 먼저 1부에서는 최근 사회복지학계에서 논란이 되고 있는 한국의 복지체제의 성격에 관하여 논의하는데 4개의 장으로 구성되었다.

먼저 1장에서는, 한국의 복지체제의 성격을 이해하는 데 가장 기본적인 작업이라 할 수 있는 우리나라의 주요 사회복지제도들의 발전과정을 소개한다. 여기서는, 우리나라의 주요 사회복지제도들의 변천과정을 집권한 대통령의 시기별로 정리하면서, 우리나라에서는 사회복지정책에서 대통령의 통치철학(가치관)이 중요하다는 것을 보여준다.

2장에서는, 우리나라의 사회복지정책의 발전 과정을 설명하는 중요한 요인들이 무엇인가를 분석한다. 구체적으로, 첫째, 우리의 사회복지정책이 발전하는 과정에 산업화와 민주화가 얼마나 영향을 주었는가? 둘째, 노동계급과 자본계급은 어떠한 역할을 하였는가? 셋째, 민주화와 함께 영향력이 커진 다양한 이익집단들이 우리의 사회복지정책의 발전 과정에서 어떤 역할을 하였는가? 마지막으로, 민주화에도 불구하고 우리의 전통적인 강력한 국가의 역할이 얼마나 중요한가? 등의 질문에 답을 한다.

3장에서는, 최근에 사회복지학계에서 활발하게 이루어지고 있는 한국의 복지체제의 성격에 관한 논쟁들을 소개하고 정리한다. 여기서는 우리의 복지체제의 성격을 둘러싼 4가지 쟁점들을 논의한다. 첫째는 한국의 복지체제는 우리의 문화적 유산인 유교주의에 얼마나 영향을 받고 있냐는 점이고, 둘째는 우리의 복지체제는 유명한 에스핑-앤더슨의 복지국가의 유형화에 따른 미국과 같은 자유주의적 복지국가라 할 수 있는가라는 점이고, 셋째는 우리의 복지체제는 민주주의의 발전에 의하여 얼마나 영향을 받았는가이고, 마지막으로 우리의 복지체제는 흔히 말하는 발전주의적 복지국가의 성격을 얼마나 갖고 있느냐는 점이다.

4장에서는, 한국의 복지체제가 왜 낙후되어 있는가를 분석한다. 한국의 복지체제의 성격을 어떻게 규명하든 간에, 대부분의 학자들은 한국의 사회복지는 유럽의 복지국가들에 비하여 크게 낙후되어 있다는 것에 동의한다. 왜 그러한가? 여기서는 크게 세 가지의 요인으로 나누어 설명한다.

첫째는 사회문화적 요인으로, 유교문화에 의한 가족의 역할이 크다는 점, 최근까지 사회이동성이 커서 사회복지의 필요성이 상대적으로 적었다는 점, 그리고 강한 연고주의의 전통에 따라 노동계급을 바탕으로 하는 정당들의 정치적 세력이 약할 수밖에 없다는 점을 논의한다.

둘째는 정치적 요인으로, 오랫동안의 권위주의 정부의 통치철학이 경제성장 제일주의였다는 점, 그리고 6·25 전쟁으로 인한 반공주의가 우리 사회의 지배가치가 되어 사회민주주의 세력의 정치적 기반이 약할 수밖에 없다는 점 등을 논의한다.

마지막은 경제적인 요인으로, 오랜 기간 동안의 지속적이고 높은 경제성장으로 인한 이른바 '낙수효과(trickle-down)'로 복지 확대의 필요성이 상대적으로 적었다는 점, 노동집약적인 수출경제에 크게 의존함으로써 사회복지가 경제성장에 크게 부담이 되었다는 점, 그리고 규모가 큰 지하경제로 인한 조세수입의 어려움, 사회복지제도를 제대로 확대하기 위하여 필요한 소득파악이 제대로 안되었다는 점을 논의한다.

2부에서는 우리나라의 주요 사회보장제도들에 관하여 논의한다. 여기는 총 8개의 장으로 구성되었다.

먼저 5장에서는, 우리나라의 사회보장제도들을 논의하기에 앞서 사회보장정책에 대한 일반적인 이론들을 7가지의 측면에서 개괄적으로 설명한다. 첫째, 사회보장이란 무엇인가? 둘째, 사회보장을 이루는 방법은? 셋째, 왜 국가가 사회보장을 책임지는가? 넷째, 왜 사회보험인가? 다섯째, 사회보험과 사보험의 차이는? 여섯째, 왜 민간보험으로 사회보장을 효율적으로 해결할 수 없는가? 일곱째, 사회보험은 소득재분배적인가?

6장에서는 국민연금에 대하여 논의한다. 여기서는 우리나라의 국민연금제도를 소개하기 전에 먼저 국민연금에 대한 일반적인 이론들을 논의한다. 예를 들면, 국민연금은 왜 필요하고, 국민연금의 재정방식들(부과방식 대 적립방식)의 장점과 단점들은 무엇이고, 국민연금의 소득재분배 효과는 어떠한가 등을 논의한다. 이어서 우리나라의 국민연금제도를 소개하고, 마지막으로 우리의 국민연금의 문제점과 개선방안을 제시한다. 여기서는 문제점으로 연금급여액이 낮다는 점, 국민연금 보험료 납부의 비형평성, 국민연금의 '사각지대'의 문제 등을 지적하고, 국민연금과 기초연금과의 관계 등을 둘러싼 쟁점들을 이야기하고, 끝으로 개선방안을 제시한다.

7장에서는 국민건강보험에 대하여 논의한다. 여기서는 먼저 의료보장에 대한 일반적인 이론들을 소개하고, 이어서 우리나라의 국민건강보험제도를 소개하고, 마지막으로 우리의 제도의 문제점과 개선방안을 논의한다. 문제점으로는 이른바 '저부담 저급여', 즉 보장성이 약한 점, 직장가입자와 자영업자 간의 보험료 부과체계의 비형평성의 문제, 보험료 납부능력이 있는 피부양자의 무임승차의 문제, 상병수당 제도가 없다는 점, 진료비 지불방식의 문제점 등을 지적하고, 이에 대한 다양한 개선방안을 제시한다.

8장에서는 고용보험에 대하여 설명한다. 여기서도 먼저 실업보상제도에 대한 일반적인 설명을 하고, 이어서 우리의 고용보험제도를 소개하고, 마지막으로 우리의 고용보험의 문제점과 개선방안을 논의한다. 문제점으로는 우리의 고용보험의 적용대상이 실질적으로 크게 줄어든다는 점, 실질적인 실업급여액이 너무 낮다는 점, 고용보험의 재원조달의 문제 등을 지적하고, 이에 대한 개선방안을 제시한다.

9장에서는 산업재해보상보험에 대하여 설명한다. 여기서도 먼저 산재보험에 대한 일반적인 설명을 한 후, 우리의 산재보험을 소개하고, 마지막으로 문제점과 개선방안을 논의한다. 문제점으로는 적용대상의 '사각지대'의 문제, 산재보험 보험료 부과의 문제, 장해등급 판정과 직업병의 범위의 문제, 산재보험의 민영화의 문제점 등을 지적하고 이에 대한 개선방안을 제시한다.

10장에서는 노인장기요양보험에 대하여 논의한다. 여기서도 먼저 장기요양서비스에 대한 일반적인 설명을 먼저 한 후에, 이어서 우리의 노인장기요양보험을 소개하고, 마지막으로 문제점과 개선방안을 제시한다. 여기서의 문제점으로는, 적용대상이 노인으로 제한되어 있다는 점, 장기요양의 인정과 등급판정이 지나치게 엄격하다는 점, 요양서비스의 질이 낮다는 점 등을 지적하고 개선방안을 제시한다.

11장은 국민기초생활보장제도에 관하여 논의한다. 여기서도 먼저 공공부조의 일반적 성격을 논의하고, 이어서 우리의 국민기초생활보장제도의 성격과 내용을 소개하고, 마지막으로 문제점과 개선방안을 논의한다.

마지막 12장은 근로장려세제에 관하여 설명한다. 근로장려세제는 우리나라의 주요 사회복지제도 가운데 가장 늦게 도입된 것으로, 이 제도의 성격과 내용에 대하여 논의하고, 마지막으로 문제점과 개선방안을 제시한다.

이 책이 출판되기까지는 여러 사람들로부터 도움을 받았다. 먼저 사회복지연구소의 연구원으로 있는 이원진 군에게 깊이 감사한다. 이원진 군은 오래 전부터 필자의 원고를 정리하는 도움을 주었는데, 이번에는 특히 고생이 많았다. 원고를 정리할 뿐만 아니라 최근의 자료들을 많이 수집하여 이 책의 내용이 풍부해지는 데 크게 기여하였다.

다음으로 강남대의 김수완 교수에게 감사한다. 김 교수는 우리의 사회보장제도의 현황의 문제점과 개선방안에 대한 자료들을 잘 정리하여 나에게 보내주었다.

마지막으로 보건사회연구원의 최현수 연구위원에게도 감사한다. 최현수 연구위원은 우리나라의 근로장려세제의 최고 권위자로서 이 제도에 대한 자료들을 제공해 주었다.

끝으로 이 책이 나오는 데 원래 약속한 기간보다 상당히 오래 걸렸는데, 그동안 한 번도 독촉하지 않은 청목출판사의 유성열 사장님의 인내심에 고마움을 전하고 싶다.

2013년 11월

김태성

차 례

제 1 부

한국의 복지체제

1
chapter

한국의 사회복지제도들의 변천과정

이 장에서는 후술할 우리나라의 복지체제의 성격을 규명하기 전 단계로 우리의 주요 사회복지제도들의 변천과정을 소개한다. 우리나라의 주요 사회복지제도들이 어떻게 변화되어 왔는가를 기술하는 방식은 다양할 수 있으나, 여기서는 시대별, 특히 집권한 대통령의 시기별 중심으로 서술하고자 한다. 우리나라에서는 오랫동안 대통령의 통치철학(가치관)이 사회복지에 관한 정책결정에 큰 영향을 주기 때문에, 누가 대통령이냐에 따라 사회복지제도에 큰 변화가 있었기 때문이다(안상훈, 2010).

제 1 절 이승만 정부의 사회복지제도

36년간의 일제의 통치로부터 타의에 의하여 해방된 후의 최초의 정부인 이승만 정부는 거의 모든 측면에서 제대로 된 사회복지제도들을 도입할 여건을 갖추지 못하였다. 우선 정치·사회적인 측면에서 보면, 해방 후 좌익과 우익의 극심한 대립 속에 사회는 혼란스러웠고, 이 와

중에 발생한 6·25 전쟁으로 우리 사회는 '빨갱이는 싫어요'라는 반공주의가 가장 중요한 지배가치가 되었다. 그래서 조금이라도 사회주의적인 냄새가 나는 정치세력들은 가차 없이 제거되었다(대표적인 예가 진보당의 조봉암의 사형집행). 서구의 복지국가들의 발전과정에서는 사회주의세력이 중요한 역할을 하였는데, 우리나라는 이러한 강력한 반공주의의 분위기에서 좌파세력들은 살아남기 어렵게 되었고 이로 인해 우리의 사회복지의 확대가 어렵게 된 것이다.

경제적인 측면에서는, 이 시기에는 우리나라의 거의 모든 국민들이 절대적 빈곤 이하에서 생활하였다. 특히 6·25 전쟁으로 모든 기간산업들이 붕괴되어 산업생산 능력이 거의 없었다. 실제로 이승만 정부 시기에는 연평균 경제성장률이 1% 미만이었다. 한마디로 말하여 이 시기는 사회복지를 필요로 하는 사람들은 엄청나게 많았는데 반하여, 사회복지제도들을 시행할 경제적 능력은 거의 없었던 때이다.

그래서 이 시기의 사회복지 활동(?)은 정부 차원에서는 미공법 48호에 의한 잉여농산물을 가난한 사람들에게 배급하거나, 아니면 미국을 비롯한 여러 나라의 원조기관의 도움으로 민간부문에서 시설에 수용된 아동들을 중심으로 구호활동이 있었다.

이 시기에는 우리나라 정부가 만든 공공부조제도도 없어, 일제 말기인 1944년에 만들어진 조선구호령에 의거하여 극도로 가난한(굶어죽기 일보 직전인) 사람들을 대상으로 1인당 하루에 쌀 3홉씩 정도만을 급여하는 수준이었다. 이 시기에 일부에서 1953년에 우리나라 최초의 공공부조제도라 할 수 있는 '국민생활보호법'을 만들려고 추진하였으나, 대부분의 정치인들이 관심이 없었고, 무엇보다도 재정적인 뒷받침이 없는 상태에서 입법화되지 못하였다(이두호 외, 1991).

흥미로운 것은 이 시기에 군사원호법(1950), 경찰원호법(1951), 그리고 공무원연금법(1960) 등 공무원들을 대상으로 한 사회복지제도는 모두 입법화되고 실행이 되었다는 점이다. 이것은 이 시기가 정치·사회적으로 극도로 혼란스러웠기 때문에 체제 유지 차원에서 공무원들을 위한 복지제도가 필요했기 때문이라고 해석할 수 있다(감정기 외, 2002). 한마디로 말하여 이승만 정부의 사회복지제도는 영국의 16세기의 구빈법 시대보다도 뒤떨어진 것이라고 할 수 있다.

제 2 절 박정희 정부의 사회복지제도

이승만 정부 시기의 정치·사회적 혼란과 거의 모든 국민들의 경제적 궁핍이라는 좋은(?) 기회를 이용하여 1961년 쿠데타에 성공한 박정희는 이후 1979년 암살되기 전까지 약 20년간에 걸친 철권통치를 시작하였다.

널리 알려졌듯이, 박정희는 통치기간 경제개발에 총력을 기울여 연평균 7~8%의 높은 경제성장률을 이루어 적어도 경제적인 측면에서는 성공하였다. 그래서 많은 사람들의 실질소득이 크게 오르고, 이른바 낙수효과(trickle-down effect)로 절대빈곤층의 숫자도 크게 줄어들었다. 예를 들면, 한 조사에 의하면 1966년에 우리나라의 절대빈곤율이 약 50%이었는데, 이것이 1979년에는 9.4%로 줄었다(여기서의 절대빈곤선은 1980년 중위소득(불변가격)의 50%이다)(김태성, 1995).

그렇다면 박정희 정부 시기의 사회복지의 성격은 어떠하며 어떤 사회복지제도들이 도입되었는가? 흥미로운 것은, 박정희는 쿠데타에 성공하자마자 이른바 혁명공약으로 내세운 '시급한 민생고의 해결'을 이루는 방법으로, 아직 본격적인 경제개발을 시작하기도 전에 사회복지에 관심을 보였다는 점이다. 군정기간의 무소불위의 최고정책결정기구인 국가재건최고회의의 의장으로서 박정희는 1962년에 지시각서를 발표하는데, 여기에는 1항에 '국민소득을 증가시키고 실업, 질병, 노령 등의 생활위협으로부터 국민을 보호하여 복지국가를 조속히 이룩함은 우리의 궁극적인 목표임'이라 밝히고 이를 위하여 사회보장제도들을 확립할 것을 지시한다(양재진 외, 2008).

실제로 군정기간 동안 많은(?) 사회복지 관련법들이 만들어지는데, 대표적인 예로 1961년 생활보호법, 1963년 산업재해보상법, 의료보험법, 그리고 사회보장에 관한 법률 등이 있다.

왜 박정희는 집권하자마자 복지국가 건설을 내세웠는가? 이것은 적어도 두 가지로 해석할 수 있다. 하나는, 쿠데타의 명분 중의 하나인 '시급한 민생고의 해결'을 위하여 실제적으로 국민들을 위하여 무엇인가를 해야 된다는 생각을 갖고 있었다는 관점이다. 1960년대 초는 서구복지국가들의 경우 이른바 '복지국가의 황금기'로 사회복지가 크게 확대되는 시기이었다. 그래서 사회복지에 관심이 있는 소수의 전문가들이 유럽에 가서 복지국가제도들을 연구하였다(이들은 1962년에 만들어진 사회보장심의위원회의 전문위원이 되었고 이후의 우리의 사회복지제도들의 도입에 큰 역할을 한다). 그리고 이들은 외국문물에 관심이 있던 일부 군부 엘리트들을 설득하여 '복지국가 건설'을 추진하고자 했다는 것이다(양재진 외, 2008).

다른 하나는, 순전한 사회통제이론의 관점에서 사회안정을 위하여 '복지국가의 건설'을 명목적 혹은 선언적으로 내세웠을 뿐이라는 관점이다. 사실 이 시기는 대다수의 국민들이 절대빈곤에서 살았고 민심이 흉흉하여 혼란스러운 상태였고, 공산주의의 위협에 대비한 '반공주의'를 강조했던 때라 사회안정이 절실히 필요했었다. 또한 쿠데타 정권의 정당성 확보라는 차원에서도 민심을 장악할 수 있는 좋은 수단으로 '복지국가의 건설'이라는 정치적 구호를 내세웠다는 것이다(감정기 외, 2002).

이상의 두 가지 관점 가운데 어느 것이 더 적절한지는 이 시기에 만들어진 주요 사회복지제도들의 내용을 살펴보면 알 수 있다. 먼저 1961년에 만들어진 생활보호법을 보자. 일단 이것은 대한민국의 건국 이후의 최초의 공공부조제도라는 점에서 의미가 있다고 할 수 있다. 그리고 이 법은 이후 (심지어 오늘날의 국민기초생활보장제도에까지)

우리나라의 공공부조제도의 기본 방향(철학)을 제시하였다고 할 수 있다.

생활보호법의 내용은 한마디로 말하여 16세기의 유럽의 구빈법(예를 들면, 1601년의 엘리자베스 구빈법)의 원칙에 충실했다고 할 수 있다. 그래서 수급자격은 극도로 제한되었고, 급여수준은 '열등수급의 원칙'에 따라 최소한으로 하였다.

예를 들면, 급여자격은 부양의무자가 없거나 있어도 부양능력이 없는 65세 이상의 노쇠자, 18세 미만의 아동, 기타 정신 또는 신체장애로 인하여 근로능력이 없는 자로 엄격히 제한되었고, 급여수준은 미국의 잉여농산물의 지원으로 마련한 1인당 하루 밀가루 250g이었다(이두호 외, 1991).

이렇게 생활보호법의 내용이 구빈법의 전통을 못 벗어난 이유는 우선 박정희의 통치철학이 '경제성장 제일주의'의 가치관에 따른 근면과 자조를 강조했다는 점이고, 또한 이 시기는 대다수의 사람들이 절대빈곤 수준에서 살았기 때문에 '열등수급의 원칙'에 따라 급여수준이 낮을 수밖에 없었고, 무엇보다도 이 시기의 우리의 경제적 능력으로는 제대로 된 공공부조를 시행할 수도 없었다. 실제로 생활보호법을 위한 별도의 예산은 1969년부터 책정되었을 정도이다(이현주 외, 2003).

1963년에 만들어진 산업재해보상보험법도 우리나라 최초의 강제가입의 사회보험이라는 점에서 의미가 있다. 이 법은 1964년에 500인 이상의 광업 및 제조업을 대상으로 시행에 들어갔는데, 보험료는 전액 사용자가 부담하도록 되어 있고, 산재가 많이 발생하는 기업들에게는 보험료를 높이는 이른바 실적요율제를 채택하였다.

일반적으로 산재보험은 다른 사회보험들(국민연금, 건강보험, 실업보험 등)과는 성격이 다르다. 다른 사회보험들의 주요 목표는 노동자들 혹은 일반 국민들의 복지를 위한 것이라면, 산재보험은 사용자(자본가)들끼리의 보험이라는 성격이 강하다. 사용자들이 산재보험을 원하는 이유는 산재가 발생했을 때의 법적 소송비용을 줄일 수 있고 또한 노동의 생산성을 유지할 수 있기 때문이다. 이러한 이유로 대부분의 국가들에서 산재보험은 사용자들만이 보험료를 부담하고, 또한 4대 사회보험 가운데 가장 먼저 도입되는 경향이 있다(Gordon, 1988).

우리의 산재보험도 이러한 이유로 만들어졌다고 볼 수 있는데, 특히 하루 빨리 경제발전을 이루기 위하여는 노동력의 보전이 필요하다는 최고회의의 판단과 사용자들의 협조(?)로 비교적 쉽게 시행될 수 있었다. 그러나 이 당시의 우리의 기업들의 경제적 능력이 미미하여 보험료를 제대로 내지 못하여 부실하게 시행되었다(양재진 외, 2008).

1963년에 만들어진 의료보험법은 처음에는 사회보장심의위원회에서 제안한 오늘날과 같은 강제가입의 의료보험법이었다. 이것이 내각의 의결까지 마치고 마지막으로 최고회의에 상정되었는데 여기서 '강제가입' 조항이 삭제된 채 통과되었다. '강제가입'을 삭제한 이유는 이 시기의 많은 기업들이 재정부담을 할 여력이 없다고 판단했기 때문이다. 어찌 되었든, 1963년의 의료보험법은 임의가입으로 되어 있어 유명무실한 법이 되었다.

군정기간에 만들어진 또 하나의 사회복지 관련법은 1963년에 만들어진 '사회보장에 관한 법률'이다. 이것은 사회보장제도에 관한 기본방향을 설정하는 데 목적이 있었다. 특히 이 법령으로 만들어진 사회보장심의위원회는 사회보장에 관한 조사·연구를 하면서 이후 우리나라의 사회복지제도의 형성에 큰 영향을 준다.

지금까지는 박정희의 쿠데타 이후 초기 군정기간에 만들어진 사회복지 관련법들을 소개하였다. 지금부터는 박정희 독재정권의 2기라 할 수 있는 유신체제 시기의 사회복지제도들을 논의하고자 한다. 박정희는 북한과의 체제 경쟁에서의 승리와 지속적인 경제발전이라는 명분하에 1972년 유신을 단행하고 1979년 암살될 때까지 약 7년에 걸친 철두철미한 독재정권을 이끌었다.

흥미롭게도 이 시기에 우리나라의 사회복지제도 가운데 가장 중요한 국민연금법과 의료보험법이 만들어진다. 먼저 국민복지연금법을 보

자. 유신정권은 1973년 국민복지연금법을 만들었는데, 이것은 30인 이상 사업장들은 강제가입을 적용하고 그 외의 사업장들이나 자영자들은 임의적용으로 하기로 하고, 보험료는 사업장의 경우는 피고용자 4%, 사용자 4%를 부담하고 자영자는 월 900원의 정액으로 하였다. 또한 보험료 징수는 국세청이 하고, 자격관리와 급여업무는 보건사회부가 맡기로 하였다.

유신정권은 왜 국민복지연금법을 만들었을까? 사실 이 시기의 우리나라의 경제·사회적 여건으로 볼 때 국민복지연금법을 만드는 것은 무리이었다. 우선 산업화이론의 관점에서 볼 때, 이 당시에 취업자 가운데 50% 이상이 농어민이었고, 1인당 국민소득이 200불 정도로 경제수준이 낙후되어 있었고, 65세 이상 노인인구도 전체 인구의 3% 수준이었다. 한마디로 말하여, 노인들을 대상으로 한 노후보장의 필요성도 적었고, 이것을 할 수 있는 경제적 능력도 없었던 것이다(양재진 외, 2008).

이러한 상황이었기 때문에, 그 당시 야당인 신민당도 이 제도의 도입을 서민부담을 가중시키고 중소기업에도 부담이 크다는 이유로 반대하였다. 또한 이 당시의 한국노총의 간부들도 연금보험료를 또 하나의 세금으로 인식하여 연금에 대하여 부정적인 입장을 취하였고, 마지막으로 전경련을 중심으로 경영자들은 연금이 노동비용 상승을 초래한다는 이유로 반대하였다.

이렇게 여러 가지의 측면에서 국민복지연금법을 만드는 것은 무리였는데도 불구하고 유신정권은 이 법을 만들었다. 왜 그랬을까? 이것은 적어도 두 가지의 관점에서 해석할 수 있다. 하나는, 1961년의 군사쿠데타 이후에 많은 사회복지 관련법들을 만든 것처럼, 유신정권의 정당성 확보를 위하여 국민들의 환심을 사기 위한 방법 가운데 하나라고 볼 수 있다. 이것은 이 법이 시행되기로 한 1974년에 대통령의 긴급조치로 시행이 갑자기 유보되었다는 점에서 알 수 있다. 시행 유보의 이유로 오일쇼크로 인한 경제불황 및 물가불안을 거론하나, 실질적인 이유는 유신정권은 처음부터 국민복지연금법을 국민들을 위한 진정한 사회복지제도 확립 차원에서 만든 것이 아니었기 때문에, 상황변화에 따라 쉽게 유보시킬 수 있었던 것이다.

다른 하나의 관점은 널리 알려진 내자동원의 필요성 때문에 국민복지연금을 만들었다는 것이다. 이 시기는 박정희가 경제발전을 위하여 중화학공업화를 강조하기 시작한 때이고, 이를 위하여는 막대한 재원이 필요했는데 이 재원을 마련하는 방법 가운데 하나로 국민복지연금을 만들어 여기서 거두어들인 연기금을 이용하자는 것이다(전남진, 1987).

실제로 국민복지연금을 만드는 과정에는 경제기획원이 주도적인 역할을 하여 국책연구기관인 한국개발원으로 하여금 제도도입의 가능성을 연구·개발하도록 하였다. 그리고 박정희는 한국개발원의 연구보고서를 검토한 후 최종 도입을 결정한다.

그런데 막상 시행을 앞두고, 박정희를 보좌하는 경제전문가들은 국민복지연금이 내자동원의 수단으로 그렇게 큰 효과가 없을 것으로 보고 대신 부가가치세를 도입하거나 국민투자기금법을 만드는 방법이 재원조달에 더 효율적이라고 건의한 것을 받아들여 시행을 유보한 것이다(양재진 외, 2008).

다음은 1976년 전면 개정 후에 1977년부터 시행한 의료보험제도이다. 이 때부터 우리의 의료보험은 강제가입의 실질적인 사회보험이 되었다는 점에서 의미가 크다. 산재보험이 '사용자들의 보험'이라는 성격이 강하다는 측면을 고려해 볼 때, 1977년의 의료보험은 일반 국민들을 대상으로 한 최초의 사회보험이라 할 수 있다.

그러나 이 때의 의료보험제도는 500인 이상을 고용하는 사업장의 근로자들만을 강제가입 대상으로 정하였다(제1종 피보험자). 그리고 소규모 사업장 근로자들이나 농어민을 포함한 자영자들은 지역의료보험제도에 임의가입할 수 있도록 하여(제2종 피보험자), 실질적으로 의료보험을 적용받는 인구는 전 인구의 8.8%에 불과하였다.

재원의 측면에서 보면, 국가는 재정부담을 안 하면서 직장의료보험의 경우 근로자와 사용자가 월급여의 3~8% 내에서 공동으로 부담하고, 지역의료보험의 경우에는 피보험자가 전액부담하도록 하였다. 또한 운영방식은 기업단위의 의료보험조합들이 운영하는 이른바 조합주의 방식을 택하였다.

의료보험법을 만든 후 1977년에는 '공무원 및 사립학교 교직원 의료보험법'을 만들어 공무원들과 사립학교 교직원들을 위한 의료보험을 시행하였고, 같은 해에는 의료보호법을 만들어 생활보호대상자들을 대상으로 의료보장을 하려고 하였다.

이렇게 박정희의 유신정권은 국민들의 의료보장에 관심이 많았는데 왜 그랬을까? 이것은 두 가지 측면에서 이야기할 수 있는데, 하나는 박정희는 의료보장이 경제발전에 필요한 건강한 노동력의 확보와 국방력의 강화에 중요하다고 판단했다는 점이다. 실제로 그 당시 대통령 비서실장의 회고에 의하면 박정희는 '의료복지정책을 하되 국방력 강화와 경제의 고도성장이 계속해서 요긴한 우리 현실에 맞는 건전한 제도를 만들 것을 주문하였다'는 것이다(양재진 외, 2008).

또한 경제발전을 위해서는 기업들의 입장을 고려했는데, 의료보장은 노동력 재생산 비용을 감소시키는 효과가 있어 장기적으로 볼 때 기업에도 도움이 되고, 무엇보다도 의료보험이 기업별 조합 방식으로 운영되기 때문에 의료보험 재정을 기업이 통제할 수 있게 하였다.

실제로 대기업 모임인 전경련은 의료보험에 대하여 우호적이어 의료보험을 총괄하는 협회인 의료보험협의회의 창립총회를 전경련 회의실에서 개최하였고, 이후에 의료보험협의회에 필요한 인력과 장소를 제공하였다.

또 하나의 관점은 그 당시 북한과의 체제경쟁에서 밀려서는 안 된다는 판단하에 의료보장제도를 서둘러 만들었다는 입장이다. 1972년 북한은 신헌법을 만들면서 인민의 기본 권리로서 무상의료 등을 포함한 다양한 사회복지정책들을 실시한다. 특히 이 시점은 남북대화가 시작되는 때라 남북한의 체제경쟁이 심했기 때문에, 박정희는 북한의 사회복지 확대에 대응하여 남한에서도 무엇인가를 해야 된다는 강박감이 있었다는 것이다(감정기 외, 2002).

박정희 정부의 사회복지의 성격을 요약하면, 사회복지는 첫째, 경제발전을 위한 도구로 필요했고, 둘째, 1961년과 1972년의 두 번의 쿠데타에 따른 정권의 정당성 확보 차원에서 필요했고, 마지막으로, 1970년대에는 북한과의 체제경쟁의 산물이었다. 한마디로 말하여 이른바 '발전국가 복지모형'의 전형이라 할 수 있다.

제 3 절 전두환 정부의 사회복지제도

유신정권은 1979년 10월 박정희의 암살로 막을 내리고 이어진 사회적 혼란기를 틈타 군인들에 의한 또 한 번의 쿠데타로 전두환이 집권하여 또 다시 독재정권이 시작되었다. 이 시기의 사회복지의 모습은 어떠하였나?

흥미로운 것은 전두환도 박정희처럼 집권하자마자 '복지국가 건설'을 내세웠다는 점이고, 그 성격도 정권의 정당성 확보를 위하여 민심을 사기 위한 전략이라는 점에서 유사하다. 또한 박정희처럼 '경제성장 제일주의'를 강조하였고, 사회복지는 경제성장에 도움이 될 때만 필요하다는 생각을 갖고 있었다.

실제로 전두환 정부 기간 동안 새로운 주요 사회복지제도를 도입한 것은 별로 없고, 주로 박정희 시대에 만들어진 제도들의 적용범위를 확장하거나, 그동안 연기되었던 제도를 시행한 정도이다.

예를 들면, 1982년 생활보호법의 개정으로 근로능력이 있는 빈곤층에 대하여 '자활'을 지원하거나, 교육보호와 자활보호를 추가하였다. 의료보험의 경우에도 1981년 적용범위가 100인 이상 사업장으로, 1983년에는 16인 이상 사업장으로 점차 확대되었다. 그리고 1984년에는 피부양자의 범위가 형제, 자매와 장인, 장모에게까지 확대되었고, 1988년 1월에는 농어촌 지역의 주민에게까지 적용범위가 확대되었다.

이렇게 의료보험의 적용범위가 확대되는 과정에서 이른바 '조합주의 대 통합주의'의 논쟁이 시작되는데, 이것을 계기로 지금까지 숨죽여 왔던 사회복지 확대를 주장하는 세력들의 목소리가 커지기 시작한다. 의료보험의 적용범위가 소규모 기업들에까지 확대되자, 조합주의 제도하에서 소규모 조합들은 재정적으로 어려움을 겪게 되고, 조합들 사이의 재정부담과 서비스의 질에서의 차이가 크게 부각되기 시작한다. 그래서 보건사회부의 관료들과 국회의원들은 조합주의를 폐지하고 모든 조합들을 하나로 묶는 통합주의 제도를 주장한다(이두호 외, 1992). 그러나 이러한 주장은 대규모 의료보험조합, 전경련, 한국노총 등의 이익집단들과, 무엇보다도 최고정책결정기구인 청와대의 반대로 무산된다. 그러나 비록 실패로 끝났지만, 이 시기부터 통합주의 세력들은 힘을 키우기 시작했고 이것은 결국 김대중 정부 때 우리의 의료보험을 통합된 제도로 바꾸는 데 밑바탕이 되었다고 할 수 있다.

전두환 정부 시기에 사회복지와 관련하여 가장 큰 사건은 1986년에 발표한 이른바 '3대 복지입법'이다. 첫째는 전 국민으로 의료보험을 확대하는 것이고, 둘째는 국민연금제도를 실시하겠다는 것이고, 셋째는 최저임금제도를 도입하겠다는 것이다. 그래서 전두환 집권 시기인 1988년 1월부터 10인 이상을 고용하는 사업장을 대상으로 그동안 오랫동안 연기되었던 국민연금이 시행된다.

왜 전두환은 집권 후반기에 사회복지 확대에 우호적이었을까? 이것은 두 가지로 해석할 수 있다. 하나는 산업화 논리의 관점에서, 이즈음부터는 우리나라도 노인 인구가 증가하기 시작하여 노인복지의 문제가 서서히 나타나기 시작하였고, 그동안의 지속적인 경제성장으로 소득 수준이 향상되어 사회복지를 부담할 능력도 커졌다는 점이다. 그리고 무엇보다도 이러한 상황에서 전두환의 핵심 경제 관료들도 앞으로 지속적인 경제발전을 이루기 위해서도 어느 정도의 사회복지정책은 필요하다고 판단했기 때문이다. 실제로 이즈음부터 그동안 경제발전만을 위한 '경제개발 5개년 계획'을 '경제사회발전 5개년 계획'으로 명칭을 바꾸었다.

다른 하나는, 1980년대 중반 이후부터 대통령 직선제를 주장하는 민주화 세력의 저항이 심해져서 전두환은 체제에 대한 위기의식을 가졌고, 특히 1987년 자신의 후계자에게 정권이양을 앞두고 민심을 사기 위하여 이러한 사회복지 입법을 발표했다는 해석이다.

어찌되었든, 전두환 정권의 사회복지는 박정희 정권의 사회복지를 계승하여, 사회복지는 경제성장을 위해 부수적으로 필요했고, 때로는 사회통제의 수단으로 이용하였다고 할 수 있다.

제4절 노태우 정부의 사회복지제도

1987년 국민들의 민주화 요구로 이루어진 대통령 직선제를 통하여 노태우가 대통령이 되면서 적어도 형식적인 민주주의가 시작된다. 원론적으로 볼 때, 민주주의가 확대되면 사회복지가 확대될 가능성이 크다. 대다수의 국민들은 사회복지의 확대를 원하고, 1인 1표의 민주주의 제도 하에서 이들의 요구가 반영될 가능성이 커지기 때문이다. 실제로 이때부터 각종 시민단체들의 활동이 많아지고 또한 노동운동도 활성화되어, 전반적으로 국민들의 목소리가 커지게 되었고 일부에서는 사회복지 확대를 주장하였다.

그러나 이렇게 민주주의의 확산이라는 좋은 조건에도 불구하고 노태우 정부 시기에 실질적으로 커다란 사회복지의 확대는 없었다. 노태우 정부는 과거의 정부에서 약속하거나 결정한 정책들을 시행하거나 적용범위나 정책의 내용을 점증적으로 확대했을 뿐이다.

예를 들면, 1988년 1월부터 10인 이상 사업장을 대상으로 시행된 국민연금을, 1992년부터 5인 이상 사업장으로 적용범위를 확대하였다.

또한 1988년 7월부터는 의료보험을 5인 이상 사업장 근로자에게까지 적용범위를 확대하였고, 1989년에는 도시지역의 자영업자들에게까지 의료보험을 확대하여 전 국민을 대상으로 하는 의료보험제도를 갖추게 되었다.

이 시기에 두 가지의 사회복지 관련 제도들이 주목을 받을 만한데, 하나는 고용보험을 도입하기 위해 제7차 경제사회발전 5개년 계획에 고용보험의 도입을 포함시켜, 1992년 고용보험연구기획단을 발족시킨 점이다(이인재 외, 2006). 다른 하나는, 사회복지전담공무원제도를 대폭 확장시킨 점이다. 이 제도를 만든 동기에 대하여는 논란이 많지만 (어떤 사람들은 빈민을 통제하기 위한 수단으로 만들었다고 주장한다), 이 제도로 인하여 사회복지사들의 역할과 위상이 높아져, 이후 사회복지와 관련된 인력들이 크게 확대되었다.

그러나 전체적으로 볼 때 노태우 정부 시절의 사회복지 업적은 그 이전의 박정희, 전두환 정부에 비해서도 초라하다고 할 수 있다. 왜 어느 정도 민주화가 된 노태우 정부가 그 이전의 독재정권에 비해서도 사회복지 확대가 제대로 이루어지지 못하였는가?

이것은 크게 보면 세 가지 관점에서 해석될 수 있는데, 첫째는, 민주화와 무관하게 박정희 정부 때부터 우리 사회를 지배해 온 '경제성장 제일주의'의 가치가 여전히 강력하였고, 주요 정책결정자들도 이러한 정책방향을 확고하게 갖고 있었다는 점이다.

둘째는, 민주주의가 어느 정도 확산되어 국민들의 요구가 커지기 시작했지만, 이 당시 대부분의 국민들은 민주화나 5공 척결 등의 정치적 문제에 관심이 많았지 사회복지에는 상대적으로 관심이 적었다는 점이다.

셋째는, 1990년대 초부터 동구의 사회주의 국가들이 몰락하기 시작하자, 자본주의 체제의 우월성이 강조되면서 이른바 '신자유주의'의 이념이 강해지기 시작하고, 이른바 '복지국가 위기론'의 주장이 거세진다. 이러한 외부의 상황의 변화로, 국내의 좌파 세력의 입지가 약화되면서 사회복지 확대를 추구하는 세력 또한 약해질 수밖에 없었다는 점이다.

한마디로 말하여 노태우 정부는 외형적으로는 직선제를 통한 민주주의 정부처럼 보이지만, 본질적으로는 과거의 권위주의 정부와 별 차이가 없어 사회복지제도도 과거의 정부의 정책방향의 연속선상에 있었다고 할 수 있다.

제5절 김영삼 정부의 사회복지제도

이름을 '문민정부'라 했듯이, 김영삼 정부는 박정희 때부터 계속되었던 군인 출신 대통령의 막을 내리고, 민간인 출신 대통령의 시대를 열었다. '문민정부'의 사회복지는 어떠하였는가? 한마디로 말하여 김영삼 정부의 사회복지는 초라했다고 할 수 있다. 특히 집권 초반기에 그러하였는데 그 이유는 크게 보면 두 가지로 설명할 수 있다.

하나는, 정치적인 측면인데 김영삼 정부는 출범하자마자 이른바 '신한국 창조'를 국정지표로 삼아 과거의 군부정권의 잔재를 청산하기 위해서 과감한 정치개혁을 시도하였다. 그러나 김영삼 정부는 구체제의 세력들과 손을 잡고 탄생한 태생적인 한계가 있어, 이러한 정치개혁들은 구체제의 세력들의 격렬한 반대에 부딪혀 정치적 갈등이 컸다. 이러한 상황에서 김영삼 정부는 사회복지에 관심을 가질 수가 없었다.

다른 하나는, 경제적인 측면인데 김영삼 정부는 과거의 '경제사회발전 5개년 계획'을 폐기하고 이른바 '신경제 5개년 계획'을 발표한다. 이것은 시장원리를 강조하는 신자유주의와 지구경제의 상황에서 국가경쟁력 강화에 초점을 맞춘다. 이 시기는 민주화와 더불어 노동자들의 세력도 커지고 이들의 임금상승과 사회복지와 관련된 요구가 커지기 시작한 때이다. 그래서 김영삼을 둘러싼 보수적인 경제전문가나 관료들은 노동자들의 요구 등을 들어주면 노동자들의 근로의욕이 감퇴한다는 이른바 '한국병'을 우려하였고, 이러한 배경에서 '신경제 5개년 계획'이 만들어진 것이다(김태성 · 성경륭, 2000).

이러다가, 중반기인 1995년부터 약간의 변화가 발생한다. 김영삼은 1995년 코펜하겐에서 열린 '사회개발정상회의' 참가 이후에 이른바 '삶의 질의 세계화'를 발표하고 그 해에 '국민복지기획단'을 만들면서 사회복지에 관심을 갖기 시작한다. 여기서 이른바 '한국형 복지사회모형'을 거론하면서 '생산적 복지'의 원칙을 강조한다. 이 시기에 김영삼 정부가 사회복지에 관심을 갖게 된 가장 큰 이유는 OECD 가입을 앞두고(1996년에 한국은 OECD에 가입한다), 다른 OECD 회원국들과 비교하여 너무나 낙후되어 있는 우리의 사회복지의 수준이 문제가 되었기 때문이다(신동면, 2001).

그러나 이때에도 말로만 사회복지를 이야기하였지 실제로 의미 있는 사회복지제도들이 새로이 만들어진 것은 거의 없고, 대부분 과거 정부에서 계획했었던 제도들을 도입하거나 기존의 제도들의 적용범위를 확대했을 뿐이다.

예를 들면, 노태우 정부 때 계획했었던 고용보험을 1993년에 법으로 제정하였고 1995년부터 시행하였다. 이것도 이름에서 보듯이 실업급여보다는 '생산적 복지'의 원칙에 따라 고용을 강조하는 제도이다. 대부분의 국가들의 실업보험은 원래의 취지에 맞게 실업이 되었을 때 소득보장을 강조하는 것과 비교할 때, 명칭을 고용보험이라 한 것은 사회복지의 확대에 매우 소극적인 입장을 보인 것이라 할 수 있다.

이밖에 1995년에는 농어민연금을 도입하였고, 5인 이상 사업장 근로자들까지 국민연금을 확대하였다. 또한 1997년에는 '노령연금'을 만들어, 지금까지 '노령수당'이라는 이름하에 70세 이상의 생활보호대상 노인들에게 급여했던 것을 65세 이상의 저소득층(차상위계층 포함)에까지 급여를 확대하였다.

전체적으로 볼 때, 김영삼 정부의 사회복지는 이전의 노태우 정부 때보다 초라했다고 할 수 있다. 이것은 복지관련 예산이 노태우 정부 때보다 줄어든 것에서 단적으로 알 수 있다.

김영삼 정부 때 사회복지가 초라한 이유는, 우선 이른바 '문민정부'의 성격이 애매하여 이른바 '민주세력'과 '구체제 세력' 간의 정치적인 권력투쟁이 치열하였고 이 와중에 사회복지에의 관심은 실종된 것이다. 또한 과거의 군부정권들은 정당성 확보의 차원에서도 사회복지를 확대할 필요가 있었는데, 김영삼은 정권의 정당성은 문제가 되지 않는다고 생각하여 사회복지의 필요성을 느끼지 못하였기 때문이다.

제6절 김대중 정부의 사회복지제도

1997년 하반기에 발생한 외환위기는 많은 사람들에게 커다란 경제적 어려움을 주었지만, 우리나라의 사회복지 역사에서 큰 변화를 가져온 사건이었다. 외환위기 이후 많은 사람들은 사회복지에 대한 인식을 바꾸어 사회복지의 필요성을 절감하였고, 이 때부터 우리나라의 사회복지도 본격적으로 확대된다.

실제로 외환위기의 어려움 속에서 탄생한 김대중 정부는 많은 사람들에 의해서 외환위기를 단기간 내에 극복한 점과 사회복지를 크게 확대한 점 두 가지를 높이 평가받는다. 일부 학자들은 김대중 정부의 사회복지의 성격을 신자유주의적이라 평가절하하지만, 적어도 사회복지의 양적인 확대라는 측면에서 지금까지의 어떤 정부들보다 친복지적이라 할 수 있다(김대중 정부의 사회복지 성격에 관한 논쟁은 3장에서 자세히 다룬다).

왜 김대중 정부 때 사회복지가 크게 확대되는가? 여기서는 크게 세 가지 요인으로 설명하고자 한다. 첫째는, 어떻게 보면 가장 단순한 이유인데, 외환위기로 사회복지를 필요로 하는 사람들의 숫자가 단기간에 크게 증가했기 때문이다. 외환위기 이전까지는 우리나라의 경제성장률은 평균적으로 7~8%에 이르고, 실업률은 3% 이내로 거의 완전고용에 가까웠기 때문에 적어도 절대빈곤율은 낮아 사회복지를 필요로 하는 사람들의 숫자는 상대적으로 적었다고 할 수 있다.

이러던 것이, 1997년 후반 외환위기 이후 세상이 변하였다. 1998년에 경제성장률은 마이너스 6.8%를 기록했고, 실업률도 7%로 크게 높아진 것이다. 이래서 실업자들의 숫자는 크게 늘어나고 더불어 가난한 사람들의 숫자도 크게 늘어난다. 예를 들면, 절대빈곤율은 1997년 3.6%에서 1998년 8.2%, 1999년 7.4%로 크게 늘어난다(구인회, 2006). 또한 빈곤해질 가능성이 높은 비정규직 근로자들의 비중도 외환위기 후의 구조조정으로 크게 늘어나, 1997년 45.9%이던 것이 1998년 47.4%, 1999년 51.7%가 된다. 이 밖에도, 사회불안정을 나타내는 소득불평등도 크게 늘어나, 지니계수로 볼 때 1997년 0.28이던 것이 1998년 0.316, 1998년 0.320으로 높아진다. 또한 범죄율, 이혼율, 자살률도 외환위기 후 크게 높아진다. 이렇게 우리 사회가 총체적인 경제적·사회적 불안정 상황에 봉착하자, 정책결정자들은 외환위기 문제의 해결이 단순히 경제적 문제의 해결만으로는 이루어질 수 없다고 판단하여 사회복지의 확대의 필요성을 절감한 것이다.

둘째, '국민의 정부'라 명명했듯이, 김대중 정부는 지금까지의 어떤 정부보다 국민들의 목소리가 커져 국민들의 요구가 정책결정에 영향을 줄 가능성이 커졌다는 점이다. 지금까지의 정부들에서는 사회복지를 비롯한 주요 정책들은 대부분 절대권력자인 대통령과 청와대의 주요 참모들이나 정부의 주요 관료들에 의하여 일방적으로 결정되었는데, 이러한 전통이 이때부터 어느 정도 깨지기 시작한 것이다.

이 과정에는 특히 민주화와 더불어 목소리가 커진 노동조직들과 국회를 대신하여 국민들을 대변하는 역할을 하는 다양한 시민단체들의 기여가 컸다. 예를 들면, 김대중 정부 시기의 국민기초생활보장법의 제정이나 의료보험의 통합에는 참여연대를 비롯한 30여개의 시민단체들과 민주노총, 한국노총의 양대 노동조합이 연대하여 강력히 주장하여 관철에 큰 역할을 하였다.

셋째, 어떻게 보면 가장 중요한 이유라 할 수 있는데, 김대중 대통령 개인의 가치관 혹은 통치철학이 진보적이고 친복지적이라는 점이다. 우리나라에서는 대통령의 권력이 절대적이어 주요 정책들은 대통령의 통치철학에 따라 결정적으로 영향을 받는 경향이 있는데, 김대중은 지금까지의 어떤 대통령들보다 친복지적이어 이러한 가치관이 정책결정에 결정적이었다고 할 수 있다.

예를 들면, 국민기초생활보장법이 국회를 통과하는 과정에서 보수세력들이 보수언론을 통하는 방법으로 격렬히 반대하였는데(이들은 특히 이 법이 근로능력이 있는 빈자를 포함하는 것에 반대하였다), 이러한 반대를 무릅쓰고 법이 제정된 것은 김대중이 이 법에 대한 강력한 의지를 갖고 있었기 때문이다.

그렇다면 어떤 근거로 김대중 정부의 사회복지 업적이 크다고 할 수 있는가? 우선 가장 중요한 이유는 국민기초생활보장제도의 도입이라 할 수 있다. 국민기초생활보장제도는 과거의 생활보호제도와 비교해 볼 때 빈곤을 보는 시각 혹은 가치의 변화의 산물이라 할 수 있다. 생활보호제도는 기본적으로 빈곤은 '개인의 잘못'이라는 시각에서 만들어졌기 때문에 근로능력이 있는 빈자들은 원천적으로 수급자에서 제외되었다.

반면에 국민기초생활보장제도는 빈곤의 원인을 '개인의 잘못'으로 보는 시각에서 어느 정도 벗어나, '구조적인 문제'로 보려는 입장에서 근로능력이 있는 빈자도 수급자에 포함시켰다는 점이 큰 의미가 있다고 할 수 있다. 비록 국민기초생활보장제도는 근로능력이 있는 빈자를 완전한 수급자로 인정하지 못하고 조건부수급자라 하여 자활지원사업에의 참여를 조건으로 수급자의 지위를 부여한 것은 한계라 할 수 있지만, 이 제도는 과거의 생활보호제도와는 기본적인 빈곤에 대한 가치관에서는 크게 다르다고 할 수 있다.

둘째는, 지금까지의 많은 수의 의료보험조합들을 통합하여 하나의 국민건강보험제도를 만들었다는 점이다. 지금까지는 우리의 의료보험은 이른바 조합주의 방식으로 운영되어 나름대로 장점도 있었지만 조합

간의 의료서비스의 불평등의 문제가 심각했는데, 이러한 조합들을 하나로 통합된 국민건강보험으로 만들어 적어도 의료서비스에서 평등의 가치를 구현하려고 노력했다는 점에서 큰 의의가 있다고 할 수 있다.

김대중 정부는 1998년 먼저 227개 지역의료보험조합들과 공무원, 교직원 의료보험관리공단을 통합하여, 국민의료보험관리공단을 설립하였고, 이어서 2000년에는 국민의료보험관리공단과 139개의 직장의료보험조합이 통합되어 국민건강보험공단이 설립된다. 그러나 이때까지도 실질적으로 중요한 재정통합은 이루어지지 않았는데 이것은 노무현 정부 때인 2003년에 이루어져 이때 완전한 통합이 된다.

김대중 정부 때의 국민기초생활보장제도의 도입과 국민건강보험으로의 의료보험의 통합은 철학적으로 볼 때 사회복지에 대한 가치관이 이전의 정부들과는 달랐기 때문에 가능했다고 볼 수 있다. 과거의 정부들은 사회복지를 하되 경제성장에 종속된 혹은 필요한 범위 내에서 하였던 반면에 김대중 정부는 이러한 틀에서 어느 정도 벗어나 사회복지에서 가장 중요한 평등이라는 가치를 강조했다고 할 수 있다.

이 밖에 국민연금도 1999년부터 도시지역 거주자들도 가입대상이 되어 전 국민 국민연금 시대를 이루었다. 또한 고용보험도 1998년 일용직 근로자를 제외한 모든 사업장 근로자들을 가입대상으로 하였고, 산업재해보상보험도 2000년부터 모든 사업장의 상시 근로자들을 가입대상에 포함시켰다. 이렇게 하여 김대중 정부 시기에 일용직 근로자들을 제외한 모든 근로자들을 4대 사회보험에 포함시켜 우리도 복지국가의 길에 들어섰다고 이야기할 수 있게 되었다.

이렇게 김대중 정부는 과거의 어떤 정부들보다 철학적으로 보나 실질적으로 보나 사회복지의 업적이 크다고 할 수 있는데도 불구하고, 김대중 정부의 사회복지도 일정한 틀을 벗어나지는 못했다고 볼 수 있다. 김대중 정부의 이른바 '생산적 복지'라는 정치적 수사에서 보듯이, 사회복지는 소비적이라는 시각과 생산에 기여하지 못하는, 즉 경제성장에 기여하지 못하거나 해가 되는 사회복지는 안 하겠다는 시각을 여전히 갖고 있다. 이 점은 아마도 우리나라의 사회복지의 한계일 수도 있다.

제7절 노무현 정부의 사회복지제도

김대중 정부를 이어 또 하나의 이른바 '진보정권'인 노무현 정부가 탄생하였다. 노무현 정부는 이름을 '참여정부'라 하면서 과거의 어떤 정부보다 탈권위주의적이고 형식적 민주주의를 넘어서 실질적 민주주의를 이루려고 노력하였다. 또한 노무현 정부는 핵심 참모들이 이른바 '386세대'의 운동권(?) 출신들이어 과거의 어떤 정부들보다 진보적이라 할 수 있다.

그러나 이렇게 지나치게(?) 탈권위주의적이고 민주적인 것이 오히려 덫이 되어 노무현 정부는 정권 내내 보수언론을 비롯한 보수세력들로부터 지나칠 정도의 공격을 받게 되고 급기야는 대통령 탄핵이라는 초유의 사태에까지 이른다. 이렇게 정치적으로 불안정한 상황에서 노무현 정부는 원래 구상했던 정책들을 제대로 마련하기 어렵게 되었고 결과적으로는 실패한(?) 정권으로 낙인이 찍히고 말았다.

그렇다면 노무현 정부의 사회복지는 어떠하였는가? 사실 많은 사람들은, 특히 진보적인 성향을 가진 사람들은 노무현 정부가 출범할 때 사회복지가 크게 확대될 것이라고 기대하였다. 왜냐하면, 노무현 정부는 역대 어떤 정부들보다 진보적이었고, 노무현 대통령 개인의 성향이 친복지적이라고 믿었기 때문이다.

실제로 노무현 정부는 출범하자마자 이른바 '참여복지'라는 구호 하에 사회복지를 확대하겠다는 강한 의지를 나타낸다. '참여복지'에서는 특히 세 가지 점을 강조하였는데, 첫째는 전 국민을 대상으로 하는 보편적 복지를 추구한다는 것이고, 둘째는 사회복지는 국가가 책임지고 한다는 것이고, 셋째는 복지정책의 결정과정에 일반 국민들이 참여한다는 것이다. 이러한 목표를 이루기 위하여 정부는 '참여복지 5개년 계획'을 만들었다.

또한 복지와 경제의 선순환이 이루어질 수 있는 사회복지제도의 도입을 위하여, 이른바 '희망한국21-함께 하는 복지'라는 구호 하에 '사회투자정책'을 강조하였다. 그리고 2030년까지 우리나라도 북유럽 같은 복지국가를 만들겠다는 목표 하에 사회복지 장기발전 계획으로 '비전 2030'안을 만들기도 하였다(안상훈, 2010).

이렇게 노무현 정부는 우리나라를 제대로 된 복지국가로 만들고 싶어 하는 생각 혹은 꿈을 갖고 있었던 것은 사실이다. 그런데 문제는 이러한 생각들이 대부분 실천에 옮겨지지 못했다는 것이다.

왜 이러한가? 본질적인 측면에서는 두 가지를 이야기할 수 있다. 하나는, 우리나라처럼 사회민주주의 세력이 극도로 약한 상황에서는 아무리 '진보적'이고 친복지적인 정부라도 사회복지를 크게 확대하는 데는 일정한 한계가 있다는 점이다. 예를 들면, '비전 2030' 보고서를 준비하면서 스웨덴과 같은 북유럽 복지국가를 모델로 삼았으나, 우리나라는 스웨덴처럼 사회민주주의 세력이 강하지 못한 상황에서는, 북유럽 같은 복지국가를 이루기는 현실적으로 어려운 것이다.

다른 하나는, 우리나라는 이른바 '발전주의적 복지체제'의 틀을 벗어나기 어렵다는 점이다. 우리나라는 오랫동안 경제발전이 지상과제이었고, 복지는 이러한 목표에 종속적인 기능을 한 체제이었기 때문에, 이것을 단기간에 변화시키는 것은 어려운 것이다.

세부적으로는 위에서 언급했듯이 노무현 정부는 정권 내내 정치적으로 불안정한 상황에 있었기 때문에, 사회복지를 확대하고자 할 때 보수세력의 극심한 반대를 극복할 정치적 역량이 부족했던 것이다.

그럼에도 불구하고 노무현 정부는 두 개의 중요한 사회복지제도를 만들었다. 하나는, 2007년에 만들어진 노인장기요양보험이다. 우리나라도 점차 노인 인구가 늘어 장기요양을 필요로 하는 노인들의 숫자가 크게 증가하여 기존의 건강보험으로 이 문제를 해결하기 어렵게 되었다. 그래서 장기요양을 필요로 하는 노인들은 별도의 프로그램에서 서비스를 제공하기 위하여 노인장기요양보험을 만든 것이다.

다른 하나는, 2007년에 제정된 근로장려세제(EITC)이다. 우리나라는 OECD 국가들 가운데 이른바 '근로빈곤층(working poor)'이 유달리 많아 많은 사람들이 일하면서도 가난한 것이다. 이 문제를 해결하기 위하여 저임금 근로자들을 대상으로 일을 하면 정부로부터 일정액의 급여를 받을 수 있는 근로장려세제를 만든 것이다.

이 밖에도 노무현 정부는 김대중 정부 때 이루어 놓은 사회복지제도들을 내실화하는 데 많은 노력을 기울였다. 예를 들면, 4대 사회보험들의 적용대상을 넓혀 심지어 일용직 근로자들까지 확대하였다. 또한 국민기초생활보장제도의 가장 큰 문제점인 부양의무자 규정을 완화해 부양의무자의 범위를 좁혀 수급자들의 숫자를 늘리거나, 급여의 기준이 되는 최저생계비 계측을 위한 조사주기를 5년에서 3년으로 줄여 그만큼 '상대적 빈곤'의 개념을 중시하려고 노력하였다.

전체적으로 볼 때 노무현 정부는 우리나라를 제대로 된 복지국가로 만들려는 이상적이고 순수한 꿈을 갖고 있었으나 이를 제대로 구현하지 못했다. 사회복지는 꿈만 갖고는 안 되고 추진할 수 있는 정치적 세력이 확고해야만 된다는 교훈을 다시 한 번 일깨워 주었다고 할 수 있다.

2
chapter

한국의 사회복지정책 형성과정

여기서는 우리나라에서의 주요 사회복지정책들이 만들어지고 확대되는 과정을 논의한다. 그전에 먼저 사회복지정책들의 발전에 영향을 미치는 요인들을 설명하는 몇 가지 이론들을 간략히 소개할 필요가 있다.

제 1 절 사회복지정책 발전과정을 설명하는 이론들

사회복지정책들의 발전과정을 설명하는 이론들은 다양하나 여기서는 가장 널리 알려진 5가지의 이론들을 소개한다: 1) 산업화 이론, 2) 신마르크스주의 이론: 독점자본 이론, 3) 사회민주주의 이론, 4) 이익집단정치 이론, 5) 국가중심적 이론(김태성 · 성경륭, 2000).

1. 산업화 이론

산업화 이론은 사회복지정책의 발달을 설명하는 가장 기본적인 이론이라 할 수 있다. 역사적으로 볼 때도 최소한의 산업화가 이루어지지 않은 상태에서는 근대적인 의미에서의 국가에 의한 사회복지정책들은 존재하지 않았다. 실제로 최초의 국가에 의한 본격적인 사회복지정책들은 19세기 말 어느 정도 산업화가 이루어진 국가들에서 등장하였다.

산업화 이론의 핵심은 산업화가 되면 사회복지를 필요로 하는 사람들이 늘어나게 되는데 이 때 산업화로 가능해진 경제적인 자원을 통해 이들의 필요(needs)를 해결할 수 있다는 것이다.

산업화는 여러 가지의 이유로 사회복지에의 필요를 크게 늘린다. 첫째, 산업화는 이전에는 없었던 다양한 사회문제들을 야기시킨다. 산업화는 직접적으로는 산업재해와 대규모의 실업 문제들을 초래한다. 또한 산업화는 노동자들의 대규모 도시이동으로 인한 도시화를 발생시키는데 여기서 빈곤층의 집중 현상으로 인한 범죄, 열악한 주거환경 등의 문제들을 야기시킨다.

둘째, 산업화는 가족구조와 인구구조의 변화를 야기시켜 노인과 아동을 위한 사회복지에의 필요를 증가시킨다. 산업화는 과거의 대가족제도를 붕괴시켜 핵가족 위주의 사회로 만든다. 이로 인해 노인가구들이 크게 늘어나고 산업화 시대에 경제적 능력이 떨어진 노인들의 복지를 국가가 책임질 수밖에 없게 된다. 산업화된 사회에서는 아동을 키우는 여성세대주 가구가 늘어나는데 이로 인해 아동을 위한 사회복지도 국가가 책임질 수밖에 없게 된다.

셋째, 산업화는 노동인구의 속성을 변화시켜, 자신들의 노동력을 팔아야만 생계를 유지할 수 있는 피고용자들의 숫자를 크게 늘린다. 그리고 이러한 피고용자들이 질병, 노령, 실업, 장애 등의 이유로 자신들의 노동력을 팔지 못하면 이들의 삶이 크게 위협받기 때문에 국가가 이들의 복지에 관심을 가질 수밖에 없다.

넷째, 산업화를 이루기 위하여는 건강하고 전문적인 기술을 가진 노동력이 지속적으로 공급되어야 한다. 이를 위하여는 노동자들을 건강하게 만들고 잘 훈련을 시켜야 한다. 산업화된 핵가족 구조에서는 가족이 이러한 역할을 하는 데 한계가 있어, 국가가 사회복지정책을 통해서 이러한 기능을 할 수밖에 없다.

이상에서 설명한 것처럼 산업화는 객관적으로 사회복지에의 필요를 증가시킨다. 그렇다면 이렇게 늘어난 필요들을 어떻게 해결할 것인가? 사회복지에의 필요가 객관적으로 늘어난다 하더라도 이 문제를 해결할 자원이 없으면 못하는 것이다. 그런데 산업화는 경제성장을 촉진시켜 국가가 사회복지에 사용할 자원을 늘린다. 경제성장이 지속적으로 이루어지면 국민들의 실질소득이 늘어나고 이로 인해 조세부담의 능력도 커지고 또한 세금을 낼 의도도 커져 사회복지에 사용할 경제적 자원이 커지는 것이다.

산업화 이론에서는 국가체제에 상관없이-자본주의 국가냐 사회주의 국가냐, 민주주의 국가냐 독재국가냐에 상관없이-경제성장만 이루어지면 사회복지정책은 발전된다고 본다. 우리나라에서 사회복지 확대를 꺼리는 사람들이 흔히 주장하는 '선성장 후분배'의 논리와 일맥상통한다고 볼 수 있다. 문제는 어느 정도나 산업화(경제성장)가 이루어져야 사회복지가 확대되는가이다. 여기서는 국가체제별로 차이가 커서 산업화 이론으로는 설명 못하는 다른 여러 가지의 요인들이 중요하다.

2. 신마르크스주의 이론 : 독점자본 이론

일반적으로 복지국가가 확대되는 것에 반대하는 사람들은 정치적 이념으로 볼 때 우익적인 자유주의자(시장주의자)들로 알려져 있다. 그러나 일부 좌익적인 사람들도 복지국가를 반대한다. 이들이 반대하는 이유는 복지국가가 일반 국민들의 진정한 복지 향상을 위하는 것이 아니라, 자본의 이익을 대변하는 것으로 보기 때문이다. 독점자본 이론은 이러한 입장을 대변한다.

위에서 설명한 산업화 이론은 복지국가 발전을 산업화의 과정에서 나타나는 사회복지의 필요에 대한 대응이라는 기능적 필요성으로만 설명하여, 자본주의 사회의 속성들, 예를 들면 생산양식, 계급관계, 노동력 재생산, 자본축적 등을 무시하였다. 반면에 신마르크스주의 이론에서는 복지국가 발전을 자본주의 사회의 속성을 분석하면서 설명한다.

전통적 마르크시즘에서는 자본주의 사회의 속성상 소수가 생산수단을 독점하고 다수는 자신들의 노동력을 팔아야만 하는 생산관계가 기본적으로 착취적이기 때문에 자본주의 사회에서는 다수의 일반 노동자들의 복지가 보장될 수 없다고 본다. 따라서 이러한 관점에서는 진정한 복지국가(?)가 되기 위해서는 생산수단의 사회화를 통해 생산은 사회적 기준에 의하여 이루어지고 분배는 인간의 필요(human need)에 따라 결정되어야 한다고 보는 것이다.

그러나 전통적 마르크시즘 이후 자본주의 사회는 변하여 자본주의는 고전적인 경쟁적 자본주의로부터 점차 독점적 자본주의로 변하였고, 이러한 과정에서 국가의 역할도 변하여 과거의 소극적인 역할에서 벗어나 자본주의 경제에 적극적으로 개입하게 된다.

이러한 상황에서 전통적인 마르크시즘을 수정, 발전시킨 신마르크스주의가 등장하게 되었고, 변화된 자본주의 사회를 분석하는 과정에서 복지국가의 발전을 설명하게 된 것이다.

복지국가 발전을 설명하는 신마르크스주의에는 여러 형태가 있으나 여기서는 계급갈등과 국가역할이라는 측면에서 두 가지를 논의하겠다. 즉 도구주의 관점(instrumentalism)과 구조주의 관점(structuralism)이다. 도구주의 관점과 구조주의 관점은 복지국가가 독점자본의 기능적인 필요성에 의해 발전되었다고 보는 점에서는 일치하나, 국가의 역할에 있어서는 관점의 차이가 있다.

도구주의 관점에서는 국가의 역할은 자본가들의 이익을 수행하는 도구에 지나지 않는다고 본다. 널리 알려진 정치적 다원주의(political pluralism)의 관점에서는 국가의 역할은 중립적인 입장에서 사회의 다양한 이익집단들의 요구들을 타협시켜 사회 전체의 이익을 추구하는 것으로 본다. 반면에 도구주의 관점에서는, 자본주의 사회에서는 자본가들이 생산수단을 독점하는 것을 바탕으로 하여 정치적 조직들(국가

조직들)에도 강력한 영향력을 행사할 수 있어 국가는 자본가들의 요구를 피동적으로 따를 수밖에 없다고 보는 것이다.

이러한 관점에서는 복지국가의 정책들은 자본가들에 의하여 자본축적의 필요성에 따라 자본축적의 위기(예, 대공황) 혹은 기존 질서에 대한 대규모의 정치적 도전 등이 발생하는 것에 대한 대응이라고 본다. 예를 들면, 1930년대의 미국의 뉴딜정책과 사회보장법(Social Security Act)은 이 시기 자본주의 경제적 위기에 대처하기 위하여 대기업을 중심으로 하는 독점 자본가들에 의하여 자본주의 경제체제의 안정을 꾀하는 과정에서 만들어졌다고 보는 것이다.

반면에 구조주의 관점에서는 국가의 역할은 국가와 자본가의 객관적 관계에서 결정된다고 본다. 즉 도구주의 관점에서처럼 자본가들이 국가에 영향력을 행사하여 도구화하는 것이 아니라, 자본주의 경제의 '구조' 그 자체의 속성에 의해서 국가의 기능은 자본가들의 이익에 부합될 수밖에 없다는 점을 강조한다.

따라서 구조주의 관점에서는, 국가가 자본가로부터 직접적으로 통제되지 않는 상태, 이른바 '상대적 자율성'의 개념을 강조한다. 국가가 '상대적 자율성'의 상태에 있어야만 국가는 자본가들이 단기적인 경제적 이익만을 추구하면서 발생할 수 있는 자본주의 사회의 불안정을 막을 수 있고, 궁극적으로 자본가계급의 장기적인 이익을 보장할 수 있는 것이다.

그렇다면 독점자본주의 경제구조에서 왜 국가가 '상대적 자율성'을 가지고 중요한 역할을 해야 하는가? 이것은 독점자본주의의 사회에서는 국가가 자본축적과 정당화(legitimization)라는 두 가지의 기본적인 기능을 해야 하기 때문이다. 즉 국가는 한편으로는 자본축적이 될 수 있는 상황을 유지해야 하고, 다른 한편으로는 사회안정을 유지해야 하는 것이다.

구조주의 관점에서는 복지국가의 확대를 이러한 자본축적과 정당화를 위해 국가가 두 가지 성격의 지출을 확대한 결과로 보는데, 하나는 사회적 자본(social capital)을 위한 것이고 다른 하나는 사회적 비용(social expenditure)을 위한 지출이다(O'Connor, 1973).

여기서 사회적 자본을 위한 지출은 노동력의 생산력을 높이는, 즉 자본의 이윤율을 증가시키기 위한 것들을 말한다. 대표적인 예가 사회보험의 지출로, 예를 들면, 실업보험이나 질병보험의 경우 실업이나 질병이 발생했을 때 실업수당이나 질병수당을 지급하여 노동자들의 노동력을 유지시킬 수 있게 된다.

반면에 사회적 비용은 정당화 기능, 즉 사회안정을 위한 지출을 말한다. 이것이 필요한 이유는 자본가계급이 자본축적만을 추구하다 보면 다른 계급이 희생될 수 있어 자본축적의 정당성이 약화될 수 있기 때문이다. 즉 비노동인구들에 대한 사회통제(social control)를 위한 지출인 것인데 대표적인 예가 공공부조 프로그램이다.

이상에서 논의한 독점자본주의 이론은 복지국가의 발전을 설명하는 데 있어 자본주의 사회의 기본적인 속성을 분석했다는 점, 그래서 복지국가의 성격을 좀 더 거시적으로 이해할 수 있게 했다는 점, 그리고 복지국가에서의 국가의 역할에 대한 이해를 높였다는 점에서 의미가 있다고 할 수 있다.

반면에 이 이론은 지나치게 자본주의 구조로부터의 경제적 결정론에 의지했다는 점, 그래서 정치적인 행위자들의 측면을 무시했다는 점, 그리고 모든 산업자본주의 국가에 적용하는 데에는 한계가 있다는 점에서 비판을 받는다.

3. 사회민주주의 이론

오늘날 스웨덴은 전 세계에서 가장 발전된 복지국가로 널리 알려져 있다. 그렇다면 왜 스웨덴이 복지선진국이 되었을까? 사실 스웨덴은 20세기 초중반까지만 해도 다른 유럽의 국가들(영국, 독일, 프랑스 등)에 비하여 산업화가 덜 이루어졌다. 그런데 어떻게 이후 가장 발전된 복지국가가 되었는가? 여기에는 여러 가지 이유가 있을 수 있지만 가장 중요한 이유는 강력한 노동조합을 바탕으로 한 사회민주당의 정치적 세력이 커졌기 때문이다. 사회민주주의 이론은 바로 이러한 측면에서 복지국가의 발전을 설명한다.

위에서 설명한 산업화 이론이나 독점자본주의 이론은 둘 다 복지국가의 발전을 어떤 기능적 필요성(functional imperatives)의 결과로 보면서 정치적인 측면을 무시하였다. 반면에 사회민주주의 이론은 정치적인 측면을 중요시한다. 사회민주주의 이론은 자본주의 사회의 계급갈등에 초점을 맞추면서, 복지국가의 발전은 노동계급의 정치적 세력이 확대된 결과로 본다. 즉, 복지국가는 자본과 노동의 정치적 계급투쟁에서 노동이 승리해 얻어진 전리품으로 보는 것이다.

사회민주주의 이론의 이러한 주장은 크게 보면 다음의 세 가지 설명으로 뒷받침된다. 일반적으로 자본주의 사회에서는 생산수단의 소유의 문제가 중요하기 때문에 국가가 개입하여 생산수단의 소유자(자본가)의 이익에 반하는 정책을 실시할 경우 자본주의가 제대로 작동하기 어려울 수 있다. 예를 들면, 국가가 생산수단을 국유화할 경우 자본가들의 커다란 저항에 부딪혀 자본주의 그 자체가 위태로울 수 있다. 반면에 사회민주주의 이론에서는 자본주의가 작동하는 데 있어 생산수단의 소유의 문제가 절대적이지 않다고 본다. 그래서 국가가 생산수단의 국유화처럼 직접적으로 자본의 이익에 반하는 정책을 안 하고, 이른바 '소비의 국유화(nationalization of consumption)'를 통하여 자본을 통제할 수 있어 자본주의는 작동할 수 있는 것이다.

구체적으로 이야기하면, 이른바 '관리된 자본주의(managed capitalism)'를 통하여 국가가 다양한 정책들로 소비와 투자를 적절히 관리하게 되면, 생산수단의 소유의 문제와 상관없이 자본주의는 유지될 수 있다는 것이다. 이것은 자본의 직접적인 이익이 어느 정도 희생이 되어도 자본주의는 작동될 수 있다는 것을 의미한다(Pierson, 1991).

둘째, 사회민주주의 이론에서는 민주주의가 발전된 자본주의 사회에서의 권력을 자본주의 시장에서 나오는 경제적 권력과 민주주의 정치에서 나오는 정치적 권력으로 나눈다. 이때 경제적 권력은 주로 자본가들이 갖게 되는데, 이것은 생산수단의 소유로 인한 노동자들에 대한 노동통제에서 비롯된다. 반면에 정치적 권력은 민주주의 제도에서의 다수의 노동자들의 조직화에서 나오는 것이다. 이렇게 되면 노동과 자본의 권력은 비등해질 수 있고, 경우에 따라서는 노동의 권력이 커질 수 있어, 사회복지의 확대와 같은 노동의 이익이 반영될 수 있는 정책이 나올 수 있는 것이다(Esping-Andersen, 1985).

노동의 정치적 권력이 커지기 위한 가장 기본적인 조건은 노동자계급에게도 참정권(선거권과 피선거권)이 주어지는 것이다. 그래야만 노동자계급의 이익을 대변하는 집단(노동조합)이나 정당이 민주주의 제도를 통하여 권력을 행사할 수 있는 것이다. 실제로, 역사적으로 볼 때, 선진산업국가들에서 19세기 말 혹은 20세기 초에 참정권이 확대된 시점은 사회민주주의 세력이 확대된 시점과 일치하고 또한 이때가 복지국가가 태동한 시기인 것이다.

셋째, 사회민주주의 이론에서는 또한 자본주의 사회가 발전되면서 계급구조가 변화된다는 점을 중요시한다. 자본주의 초기 단계에서의 계급은 '자본 대 노동'이라는 양극화로 단순하였으나, 자본주의가 발전하면서 점차로 계급구조가 분산 혹은 다양화되어 결국 전통적으로 강한 자본의 힘이 약화될 수 있다는 것이다.

예를 들면, 자본의 초기단계에서는 자본의 소유자와 경영자가 동일하거나 소유자의 권력이 절대 우위에 있어 자본의 법적인 소유의 문제가 중요하였다. 그러나 자본주의가 발전되면서 자본의 경영이 점차 복잡해지고 이른바 '관리혁명(managerial revolution)'에 의하여 자본에 대한 효과적인 통제가 가능해지면서 경영자의 세력이 커지게 되어, 경영자가 더 이상 단순히 자본가의 지시에 따르지 않는 현상이 늘어나게 되었다. 이것은 결과적으로 자본의 힘을 약화시키는 데 기여하는 것이다.

또한 자본주의가 발전되면서 국가의 개입이 점차 커지고 공공부문에서의 고용이 확대되는 것도 계급구조를 변화시키는 데 기여한다. 즉 공공부문에서의 고용은 시장에서의 고용과 달리 생산수단의 소유자인 자본가와 노동력을 파는 노동자와의 계약관계가 성립되지 않기 때문에, 자본의 논리에 따르지 않는 계급이 확대되어 자본의 힘은 공공부문이 커질수록 약화되는 것이다. 이렇게 자본주의가 발전하게 되면 계급구조가 변하여 전통적으로 강력한 자본의 힘은 약화될 수 있고 이러한 상황에서 민주주의의 발전을 통한 노동의 힘은 상대적으로 커질 수 있는 것이다.

복지국가 발전을 설명하는 데 있어 사회민주주의 이론은 정치적인 측면, 특히 의회민주주의가 발전하게 될 때의 노동과 자본계급들 간의 정치적인 힘의 역학관계를 분석했다는 점에서 의의가 있다.

반면에 이 이론으로는 많은 복지국가들의 발전을 설명하는 데에는 한계가 있다. 독일의 비스마르크의 사회입법이나 미국의 사회보장법 등의 예에서 보듯이 많은 국가들에서 복지국가는 보수주의 혹은 자유주의 세력에 의하여 시작되었고 발전되었기 때문이다. 사회민주주의 이론은 스칸디나비아 국가들을 비롯한 몇 개의 국가들의 복지국가 발전을 설명하는 데 적합할 뿐이다.

4. 이익집단정치 이론

최근 우리나라에서도 정부의 다양한 정책들을 둘러싸고 다양한 이익집단들이 자신들의 이익을 정책에 반영하기 위하여 치열하게 정치적인 힘의 경쟁을 하는 현상이 늘어나고 있다. 이렇게 정책이 결정되는 데 각종의 이익집단들의 정치적인 힘이 중요하다고 보는 것이 이익집단정치 이론이다.

이익집단정치 이론도 복지국가 발전을 설명하는 데 있어 민주주의 사회에서의 정치적인 측면을 강조한다. 그런데 사회민주주의 이론이

전통적인 계급인 자본과 노동의 정치적인 권력투쟁에 초점을 맞추었다고 하면, 이익집단정치 이론은 다양한 이익집단들의 정치적인 힘의 경쟁을 중요시한다.

이익집단정치 이론에 따르면 복지국가의 발전은 다양한 이익집단들 사이의 사회적 자원의 배분을 둘러싼 경쟁이 치열해지는 상황에서 이러한 집단들의 정치적 힘이 중요해져서 국가가 이러한 집단들의 요구를 수용한 결과로 설명된다.

이익집단정치 이론을 뒷받침하는 몇 가지 논리적 근거는 다음과 같다.

첫째, 복잡한 산업사회에서는 계급구조도 복잡해져 전통적인 계급인 자본과 노동계급에 따른 정치적 지지 세력의 구분이 명확하지 않게 된다는 점이다. 이것은 산업화로 인하여 노동자 계급의 경제적 지위가 과거에 비하여 향상되는, 이른바 노동자계급의 '부르주아화' 현상으로, 경제적 요인이 더 이상 계급구분의 결정적인 요소가 되지 않고 결과적으로 중간층이 확대되기 때문이다.

이렇게 계급구조가 다변화되고 또한 다원화된 민주주의 사회에서 정당들은 선거에서의 승리를 위하여 전통적인 노동과 자본계급만을 지지기반으로 하는 성향을 잃고 점차 '중도화'되는 경향을 보인다. 그래서 이렇게 '중도화'된 정당들은 자연스럽게 계급이나 이념에 바탕을 둔 정책들을 명확하게 내세우는 것을 꺼린다. 왜냐하면, 선거에서의 승리를 위해서는 가능한 한 많은 사람들의 지지를 얻어야 하는데 이를 위해서는 특정의 이익집단들에게 직접적으로 해를 줄 수 있는 구체적이고 명확한 정책들을 제시하는 것은 위험하기 때문이다. 예를 들면, 노인인구가 증가하여 노인 투표자들의 숫자가 많은 상황에서 노인복지의 급여를 줄이는 정책을 선거공약으로 내세우는 것은 어려운 것이다.

둘째, 이렇게 집합적인 자본과 노동계급의 정치적 행위가 약해지는 틈 사이로 인종적, 종교적, 언어적, 성적(gender), 그리고 연령 등의 귀속적(ascriptive) 차이에 따른 집단들의 정치적 행위가 커진다는 점이다. 이것은 민주화가 진행되면서 과거에 비하여 이러한 집단들(대표적으로 여성이나 소수인종)의 참정권이 확대되어 정치활동에 참여할 수 있는 기회가 많아졌기 때문이다.

이렇게 귀속적인 집단들 사이의 정치적 경쟁이 커질수록 이러한 집단들의 결속력은 커지게 되고, 이것은 다시 이들의 정치적 활동을 더욱 커지게 만든다. 이렇게 되면, 귀속적 차이는 전통적인 계급의 차이보다 더 중요해질 수 있는 것이다. 예를 들면, 자본가 출신의 노인과 노동계급 출신의 노인은 노인이란 이름 하에 결속하여 노인복지의 향상을 위한 집단적인 정치활동을 적극적으로 하게 되는 것이다(Pampel and Williamson, 1989).

셋째, 복잡한 산업사회에서는 또한 자본과 노동계급 내에서도 다양하고 이질적인 이익집단들이 분리되어 서로 대립하는 모습을 보인다. 예를 들면, 자본계급 내에서도 산업별로 이해관계가 상충하는 다양한 이익집단들이 생겨나고, 노동계급 내에서도 숙련 대 비숙련 노동 혹은 정규직 대 비정규직 노동 등의 자신들의 이익을 추구하는 별도의 집단들이 형성된다.

이렇게 되면 많은 수의 동질적이고 작은 이익집단들 사이의 정치적 경쟁이 자본 대 노동이라는 커다란 계급 사이의 정치적 경쟁보다 더 중요할 수 있다. 이것은 또한 동질적이고 작은 이익집단들의 집합적 행동이 더 효율적일 수 있기 때문이기도 하다. 왜냐하면, 집단의 규모가 크게 되면 이른바 '무임승차(free rider)' 현상이 발생하여 집단의 결속력이 약화될 수 있는 반면에, 집단의 규모가 작고 동질적이면 집합적인 행동을 하는 데 있어 비용은 적게 들고 응집력이 강해지기 때문이다.

넷째, 이익집단정치 이론에서는 정당이 어떤 확고한 이념이나 정책을 갖고 있는 집단이기보다는 선거에서 승리하기 위한 집단들의 연합체의 성격을 갖고 있다는 점을 강조한다. 또한 일반 국민들도 어떤 이념이나 가치관에 따라 투표행위를 하기보다는 자신들의 이익에 따라 투표를 한다고 본다. 이렇게 볼 때, 정부의 정책들은 결국 선거에서 득표를 위한 경쟁에 의해 결정된다고 볼 수 있다. 다시 말하여 이익집단들은 자신들에게 이익이 주어지는 정책들을 지지하는 정당들에게 투표를 하고, 정책은 이러한 이익집단들의 정치적 활동의 결과로 결정되는 것이다.

이렇게 복지국가의 발전이 이익집단들의 정치적 활동의 결과로 이루어진다면, 복지국가는 어떤 집단들에게 가장 많은 이익을 주는가? 전술한 사회민주주의 이론에 따르면, 논리적으로 볼 때 복지국가로부터 가장 큰 이익을 얻을 수 있는 집단은 노동자계급이다. 반면에 이익집단정치 이론의 논리에 따르면 복지국가에서 가장 큰 이익을 받을 수 있는 집단은 숫자도 많고 정치적 힘도 강한 집단들이고, 사회복지의 필요는 많은데도 불구하고 정치적 힘이 약한 집단들(예를 들면, 가난한 사람들)은 큰 이익을 받지 못한다고 본다. 즉 이 이론에서는, 복지국가가 확대된다 하더라도 소득재분배는 크게 이루어지지 않는다고 보는데, 실제로 많은 실증적인 연구들에 의하면 복지국가의 가장 큰 수혜자는 숫자가 가장 많은 중산층이지 빈곤층이 아니라는 것이다.

이익집단정치 이론은 전통적인 자본 대 노동의 계급갈등을 넘어서 오늘날의 민주주의 제도에서의 각종 행위자들의 정치활동이나 정당정치의 현실을 반영했다는 점에서 의의가 있다.

그러나 이익집단정치 이론은 모든 국가들의 복지국가 발전을 일반화하여 설명하기에는 한계가 있다. 이 이론은 정치적으로 다원화된 고도의 민주주의 국가(예, 미국)에서의 복지국가의 확대를 설명하는 데에는 적당하지만, 사회민주적 조합주의가 강하여 이익집단정치가 상대적으로 약한 국가들(예, 스웨덴)에 적용하는 데에는 한계가 있다.

5. 국가중심적 이론

우리나라는 최근에 민주화가 이루어졌고, 그 이전의 권위주의 체제에서의 '강력한 국가'에서는 사회복지정책을 비롯한 대부분의 정부의 정책들이 일반 국민들의 요구와는 상관없이 국가에 의해 단독으로 결정되었다(대표적인 예가 유신정권에서의 정책결정). 이후 민주화되면서 정책을 결정하는 데 있어 각종의 이익집단들의 요구가 어느 정도 반영되면서 국가의 역할은 과거에 비하여 약화되는 추세에 있다. 그럼에도 불구하고 우리나라에서는 아직도 '강한 국가'의 전통이 남아 있어 정책을 결정하는 데 국가의 역할이 여전히 중요하다고 할 수 있다.

서구 복지국가들에서도 국가들에 따라 차이가 있지만 복지국가의 정책들을 결정하는 데 있어 국가의 일정한 역할이 중요하다. 특히 국가구조의 형태에 따라 어떤 국가들에서는 국가의 역할이 상대적으로 강하게 나타난다.

지금까지 복지국가 발전을 설명한 4가지 이론은 모두 사회복지에 대한 수요(demand)의 증대에 초점을 맞추었다. 산업화 이론이나 독점자본 이론에서는 각기 산업화나 자본축적에의 기능적 필요성으로 인해 사회복지에 대한 수요가 증대된 것으로 보고, 이익집단정치 이론이나 사회민주주의 이론에서는 각기 이익집단들이나 노동자 계급의 정치적 힘의 증대로 인해 사회복지에 대한 수요가 증대된 것으로 본다. 그래서 이러한 이론들은 흔히 사회중심적(society-centered) 이론이라 불린다.

반면에 국가중심적(state-centered) 이론은 사회복지를 제공하는 공급(supply)의 측면에서 복지국가 발전을 설명한다. 이 이론에서는 사회복지에의 수요의 변화에도 불구하고 국가가 국가 나름대로 사회복지 확대의 필요성을 다르게 인식하고 있다. 다시 말해서, 유사한 사회복지에의 수요에 처해 있어도 국가에 따라서 특정한 국가구조의 차이에 따라 대응하는 방식이 다르다는 것이다.

지금까지의 이론들에서 복지국가 발전에서의 국가의 역할은 소극적인 것으로 간주되었다. 그래서 산업화 이론에서의 국가의 역할은 단순 시행자이고, 독점자본 이론에서는 자본가의 하수인(?)이고, 이익집단 정치 이론에서는 다양한 이익집단들의 요구의 중재자, 그리고 사회민주주의 이론에서는 노동과 자본계급의 요구에 대한 타협자인 것이다.

반면에 국가중심적 이론에서는 국가의 적극적인 역할을 강조하여 복지국가 발전에서 다음의 몇 가지 측면을 강조한다.

첫째, 복지국가의 역사적인 발전과정에서 볼 때 복지국가와 관련된 정책들이 결정될 때 전문 관료제도의 발전 정도가 중요하다는 점이다. 일반적으로 사회복지정책들은 국가가 전 국민을 대상으로 장기적인 계획 하에 집행해야 하기 때문에, 이러한 정책들을 만들거나 시행하기 위해서는 관료제도의 전문성이 뒷받침되어야 한다.

예를 들면, 오늘날 영국이 미국보다 발전된 복지국가가 된 이유 중의 하나는 복지국가 발전의 초기 단계인 20세기 초에 영국이 미국보다 전문 관료제도가 발전이 되어 있어, 산업화의 수준이나 노동자 계급의 압력 정도는 비슷했는데도 불구하고, 사회복지제도를 만들고 집행할 수 있는 국가 능력이 더 컸었기 때문이다(Orloff and Skocpol, 1984).

둘째, 복지국가의 발전 정도는 정책이 결정되는 데 영향을 줄 수 있는 국가구조 혹은 국가조직들의 형태의 차이에 따라 다를 수 있다. 예를 들면, 국가의 권력구조가 중앙집권적이냐 지방분권적이냐 혹은 정책결정의 과정이 조합주의적이냐 다원주의적이냐에 따라 사회복지정책의 발전 정도가 결정되는 것이다.

사회복지정책은 본질적으로 어느 한 쪽에서 세금을 걷어 다른 쪽에게 급여를 해야 하는 소득재분배의 성격을 많이 가지고 있기 때문에 사회구성원들 사이의 많은 이념적인 갈등을 야기한다. 그래서 사회복지정책이 확대되기 위해서는 이 정책에 반대하는 사람들의 저항을 최소화할 필요가 있는데, 이것을 위해서는 중앙정부가 정책결정의 권한을 많이 가지고 있든지 혹은, 국가, 자본, 그리고 노동의 대타협의 조합주의적 방식으로 정책결정이 이루어져야 한다.

널리 알려졌듯이, 미국이 유럽의 복지국가들에 비해 사회복지가 낙후된 여러 가지 이유들 중 하나가 미국의 국가구조가 유럽의 국가들에 비해 지방분권적이고 정책결정과정이 다원주의적이어서, 사회복지의 확대가 많은 저항에 부딪힌다는 점이다.

셋째, 국가중심적 이론에서는 또한 정부기구들이 가지고 있는 속성에서도 복지국가 발전의 원인을 찾는다. 일반적으로 정부기구들은 자신들이 행사할 수 있는 예산의 크기를 중요시한다. 왜냐하면 예산이 클수록 그만큼 자신들이 행사할 수 있는 권력이 커지기 때문이다. 그래서 정부기구들은 자기들의 이익을 극대화하기 위해 자신들이 차지할 수 있는 예산을 가능한 한 확대시키려는 속성을 가지고 있다.

사회복지정책을 담당하는 정부기구도 예산을 확대하기 위해 사회복지의 대상이 되는 사람들의 숫자를 늘리려는 경향이 있어, 기존의 프로그램들의 확대 혹은 새로운 프로그램들의 개발 등을 추구하는데, 국가중심적 이론에서는 이것의 결과가 복지국가의 확대로 나타난다고 본다.

국가중심적 이론은 사회중심적 이론을 넘어서 적극적인 행위자로서의 국가의 역할을 분석했다는 점에서, 그리고 국가 구조적 특이성을 역사적인 발전과정의 맥락에서 설명했다는 점에서 복지국가 발전을 설명하는 이해의 폭을 넓혔다고 할 수 있다. 반면에 이 이론은 각 국가들이 갖고 있는 국가의 구조적 특이성을 강조하기 때문에 복지국가 발전을 일반화하여 설명하기 어려운 한계를 갖고 있다. 즉 많은 국가들을 대상으로 한 일반화된 체계적인 설명이 어렵다는 점이 이 이론의 약점이라 할 수 있다.

제 2 절 한국에서의 사회복지정책 발전과정에 대한 설명

여기서는 앞에서 논의한 일반적인 사회복지정책 발전과정을 설명하는 요인들을 중심으로 한국에서의 사회복지정책 발전과정에 대하여 6가지의 측면에서 논의하고자 한다.

첫째, 이른바 산업화의 논리(logic of industrialism)로 우리나라의 사회복지정책의 결정과 확대를 얼마나 잘 설명할 수 있는가이다. 둘째, 우리나라는 1980년대 후반부터 민주화가 시작되었는데, 이렇게 정치적 민주주의가 발전되는 것이 사회복지정책에 어떠한 영향을 주었는가를 알아보는 것이다. 셋째, 서구의 복지국가들의 발전과정에서 노동계급의 역할이 중요하였는데 우리의 경우는 어떠했는가를 보는 것이다. 넷째, 자본계급도 사회복지정책의 결정과정에 중요한 역할을 하는데 우리나라의 자본계급은 어떠한 역할을 했는가를 보는 것이다. 다섯째, 정치적 민주주의가 확대되면 사회복지와 관련된 다양한 집단들의 역할이 커지는데 우리나라에서는 이러한 이익집단들이 얼마나 사회복지정책에 영향을 주었는가를 알아보는 것이다. 마지막으로, 이른바 국가중심적 이론의 측면에서 우리의 사회복지정책의 결정과정에 국가의 역할이 얼마나 중요한가를 알아본다.

1. 산업화

사회복지정책의 결정과 확대를 설명하는 산업화의 논리의 핵심은 두 가지다. 하나는 산업화는 필연적으로 사회복지에의 필요(need)를 늘어나게 하여, 객관적인 문제 해결에 대한 압력이 커져 사회복지를 확대할 수밖에 없다는 점이다. 다른 하나는, 공급의 측면에서 산업화는 경제성장을 높여 사회적 자원을 늘려서 이렇게 늘어난 사회복지에의 수요를 해결할 수 있다는 점이다.

이것은 다른 말로 표현하면 산업화가 안 되면 우선 사회복지에의 필요들도 별로 없고 무엇보다도 사회복지의 문제를 해결할 자원도 없어 사회복지정책을 할 수 없다는 것이다. 한마디로, 산업화의 논리는 이른바 '선성장 후분배'의 논리와 맥을 같이 한다. 사실 '선성장 후분배'의 논리는 지난 50년 간 우리 사회를 지배해온 핵심가치이다. 그 동안의 모든 주요 정책결정자들이 그러한 논리를 갖고 있었고, 대부분의 일반 국민들도 그러한 생각을 갖고 있다.

널리 알려졌듯이, 우리의 사회복지의 수준은 오늘날까지도 OECD 국가들 가운데 최하위에 속한다. 이것에 대한 가장 간결한 설명은, 산업화의 논리의 측면에서 볼 때 우리나라의 주요 정책결정자들뿐만 아니라 일반 국민들도 우리나라에서 사회복지를 확대하기에는 아직까지도 충분히 사회적 자원이 축적이 안 되었다고 생각하기 때문이다.

지금부터는 세부적인 사회복지정책들의 정책결정과정과 산업화가 어떤 관계가 있는지를 살펴보기로 한다. 우리나라에서는 1963년에 산재보험과 의료보험(임의가입 형태)이 제정되었고, 1973년에는 국민연금이 만들어졌다. 이러한 세 개의 사회복지정책들은 산업화의 논리로 설명하기가 어렵다. 이 당시는 일인당 GDP가 100불에서 200불 정도이었고, 산업구조로 볼 때도 1차산업종사자가 60% 정도이고, 노인 인구의 비율도 3% 미만이다. 산업화의 수요와 공급 두 측면 모두에서 사회복지에의 필요(need)도 적었고, 또한 이러한 필요를 해결할 사회적 자원도 없었다(안상훈, 2010).

그렇다면 이러한 세 가지 사회복지정책들은 어떻게 만들어졌는가? 나중에 우리나라에서의 국가의 역할에 대하여 자세히 논의하겠지만, 이러한 정책들은 한마디로 권위주의적 발전국가의 틀에서 국가의 절대적인 주도 하에서 사회발전의 일환으로 만들어졌다고 할 수 있다.

1963년의 산재보험과 의료보험은 5·16 쿠데타로 집권한 군사정부에서 만들었고, 1973년의 국민연금은 또 한 번의 쿠데타라 할 수 있는 유신체제에서 만들어졌다. 두 시기 모두 절대적인 권위주의 체제이었고, '복지국가 건설'이라는 수사(rhetoric)를 내세워 국민의 환심(정당성 확보)을 사기 위한 것이라고 볼 수 있다. 그래서 다분히 형식적이다.

이것은 세 가지 사회복지정책들의 내용이나 성격을 보면 알 수 있다. 산재보험은 다른 사회보험들과는 성격이 다르다. 산재보험은 본질적으로 사용자들의 보험이기 때문에, 피고용자나 일반 국민들의 복지증진이 주요 목표가 아니다. 또 여기에는 국가재정이 불필요하고, 재원은 사용자들이 어차피(?) 부담해야 하는 비용에서 나오는 것이다. 실제로 산재보험은 복지국가를 지향하지 않는 국가들에서도 쉽게 채택하는 정책이다.

1963년에 만들어진 의료보험은 임의가입 형태이다. 사회보험의 핵심은 강제가입인데 이러한 임의가입의 의료보험은 국가보험으로서 실효성이 떨어진다. 실제로 이러한 임의가입의 의료보험의 가입자의 숫자는 극히 적어서 1976년의 강제가입의 의료보험이 만들어질 때까지 유명무실하였다.

1973년의 국민연금도 국민들의 노후생활의 안정이란 복지적인 측면에서 만들어졌다고 보기 어렵다. 많은 사람들은 우리의 1973년의 국민연금은 그 당시 권위주의 정부의 경제발전계획에 따라 중화학공업육성을 위한 투자자금을 마련하기 위하여 만들었다고 생각한다. 그런데 이때 때마침 전 세계에 영향을 준 석유파동으로 물가가 크게 오르면서 우리의 경제가 어렵게 되면서, 국민연금은 무기한 시행을 유보하게 된다.

이렇게 볼 때 우리나라에서 1970년대 초까지 만들어진 세 가지의 사회복지정책들은 산업화의 논리와 무관하게 만들어졌다고 볼 수 있다. 그렇다면 1976년에 강제가입의 형태로 만들어지고 1989년에 전국민으로 확대된 의료보험, 1988년에 만들어지고 1999년에 모든 국민을 대상으로 확대된 국민연금, 1995년에 만들어진 고용보험, 그리고 2000년에 만들어진 국민기초생활보장제도는 산업화의 논리로 설명될 수 있는가?

먼저 의료보험에 대하여 논의해보자. 1970년대 중후반 즈음의 우리나라는 1960년대부터 시작하여 몇 차례에 걸친 경제개발5개년계획을 강력히 추진하는 과정에서 어느 정도 산업화가 이루어졌고, 또한 이에 따른 도시화의 과정에서 의료문제가 중요한 사회문제가 되었다. 이즈음의 언론매체에는 돈이 없어 의료서비스를 받지 못하여 사망한다는 기사들이 자주 등장하였다(사실 이 시기는 북한과의 체제경쟁이 치열할 때이었고, 북한은 전 국민을 위한 무상의료서비스를 제공한다는 것을 자랑하였기 때문에 우리의 정책결정자들은 이 문제를 심각하게 받아들였을 것이다. 그래서 어떤 사람들은 1976년의 의료보험은 북한과의 체제경쟁의 산물이라고 주장하기도 한다).

어찌되었든 1976년에 만들어져서 이후 약 10년이라는 짧은 기간 내에 전 국민으로 확대된 의료보험은 산업화의 논리로 어느 정도 설명될 수 있다. 즉 산업화로 인한 사회복지에의 필요(needs)가 커져, 객관적인 문제 해결의 압력이 커진 결과라고 해석할 수 있다. 또한 의료보험은 다른 소득보장정책과 달리 산업화(경제성장)에 필요한 건강한 노동력의 지속적인 공급이라는 측면에서 그 당시의 정책결정자들의 절대절명의 가치인 '경제성장 지상주의' 철학과 맞아 떨어졌다고 할 수 있다(이것은 우리나라는 질병에 걸린 사람들의 소득보장을 위한 질병수당제도를 아직도 만들지 않는 것에서 알 수 있다).

국민연금의 경우는 어떠한가? 우리의 국민연금은 노인들의 노후생활보장이라는 본래의 목표와는 다른 동기로 1973년에 만들었다가 이후 경제적인 능력이 없다는 이유로 오랫동안 시행을 유보하다가 1989년에 가서 시행이 되었고 1999년에 전 국민을 대상으로 확대되었다. 이것은 서구의 복지국가들과 비교해 볼 때 산업화의 논리의 측면에서만 볼 때도 늦었다고 할 수 있다. 이렇게 국민연금이 늦게 도입되었기 때문에 오늘날 많은 수의 노인들이 노후생활에 큰 어려움을 겪고 있다.

왜 이렇게 늦게 도입되었는가? 가장 중요한 이유는 국민연금은 의료보험과 달리 소득보장을 목표로 하기 때문에, 경제성장을 강조하는 우리의 정책결정자들에게는 국민연금은 경제성장에 별 도움이 안 되고 오히려 부담만 된다고 판단했기 때문이다.

우리나라는 고용보험(실업보험)을 1995년에 도입하였다. 산업화의 논리의 관점으로 볼 때라도, 우리의 고용보험의 도입 시기는 서구의 복지국가들과 비교해 볼 때 매우 늦었다. 또한 이름도 대부분의 국가들이 갖고 있는 실업보험이 아니라 고용보험이다. 왜 이러한가? 가장 중요한 이유는 지금까지의 우리의 정책결정자들이 실업보험은 경제성장에 해가 된다고 판단하였기 때문이다. 실업보험을 하면 노동자들이 '놀고먹으려고' 하여 근로의욕이 약해질 수 있다고 보는 것이다. 사실 1980년대에도 실업보험을 도입하려는 시도가 있었으나 바로 이러한 이유로 채택되지 못하였다(양재진 외, 2008).

또한 1980년대까지만 해도 우리나라에서는 실업보험의 필요성이 현실적으로 적었다고 볼 수 있다. 이때까지만 해도 연 8% 이상의 고도성장으로 3% 미만의 실업률을 유지했기 때문에 실업자의 문제가 크게 심각하지 않았기 때문이다.

그러던 상황이 1990년대에 들어오면서 이른바 신자유주의의 영향하에 산업구조의 변화로 소품종 대량생산에서 다품종 소량생산으로 바뀌면서 기술의 중요성이 커지면서 실업률이 높아지는 경향이 나타나기 시작하였다. 이러한 상황에서 국가는 근로자들의 인력수급, 산업구조조정, 직업훈련 등의 문제를 해결해야 할 필요성이 높아졌고, 이를 위하여 고용보험이 등장한 것이다. 이름에서 보듯이, 우리의 고용보험은 서구의 대부분의 국가들이 채택한 실업자들의 소득보장에 초점을 맞춘 실업보험보다는 고용촉진을 위한 것이다. 고용보험도 우리의 경제성장 지상주의의 철학의 산물인 것이다.

2000년에 도입된 국민기초생활보장제도는 어떠한가? 이전에 우리나라는 1963년에 군사정부에서 '민생고의 시급한 해결'이라는 구호 하에 가난한 사람들을 위한 생활보호법을 만들어서 2000년 국민기초생활보장법이 도입될 때까지 시행하였다. 그런데 생활보호법은 복지국가 이전의 전형적인 구빈법의 전통을 그대로 받아들여 빈민들을 통제하는 역할을 하였다. 근로능력이 있는 사람들은 수급자에서 완전히 배제하고 근로능력이 없는 사람들도 매우 엄격하게 제한적으로 매우 낮은 급여가 이루어졌다.

2000년의 국민기초생활보장법은 수급자의 복지권을 어느 정도 받아들인 것이라 할 수 있다. 그래서 근로능력이 있는 빈자들도 비록 근로를 조건으로 하지만 현금급여를 받고, 근로능력이 없는 사람들의 범위도 넓어졌고 급여액도 과거보다 높아졌다.

이러한 국기법도 산업화의 논리의 관점에서 볼 때도 도입이 매우 늦었다고 할 수 있다. 왜냐하면 이것도 우리의 '경제성장 지상주의'의 지배가치 하에 국기법과 같은 공공부조는 사람들의 근로동기를 약화시킨다고 보기 때문이다. 역대 정책결정자들은 사회복지정책은 자조, 자립, 자활, 근로정신 등을 강조해야 한다고 보았다.

이러한 상황에서 어떻게 국기법이 제정될 수 있었는가? 가장 중요한 이유는 1990년대 말의 외환위기로 실업자, 빈민이 급증하여 산업화의 논리의 설명으로는 객관적인 문제 해결의 압력이 커졌고, 이러한 상황에서 전부터 생활보호법의 개혁을 추진해 왔던 시민단체들의 운동, 그리고 이 당시의 정부의 대통령의 강력한 정책의지 등이 결합하여 이루어졌다고 볼 수 있다.

2. 민주화

정치적 민주주의가 이루어지면 적어도 2가지 측면에서 사회복지정책에 영향을 줄 수 있다. 하나는, 오늘날 가장 발전된 복지국가 가운데 하나인 스웨덴의 경우를 설명하는 사회민주주의 이론에서 찾을 수 있다. 이 이론에 따르면 정치적 민주주의가 활성화가 되면 선거권을 갖는 다수의 노동계급의 정치적인 힘이 커지게 되고 이를 바탕으로 사회복지의 확대를 주장하는 좌파정당의 힘이 커져 자본주의 사회에서 전통적으로 강한 자본계급의 반대를 극복할 수 있기 때문이다.

다른 하나는 이익집단정치 이론에서 설명하듯이 민주주의가 활성화가 되면 선거에서의 경쟁이 치열해지고 자연스럽게 다양한 이익집단들의 표가 중요해진다. 여기서 정책을 결정하는 정치인들은 사회복지의 확대를 요구하는 다양한 이익집단들의 지지(표)를 받는 대가로 사회복지정책의 확대를 추진하기 때문이다.

우리나라는 오랫동안 권위주의 체제 하에서 민주주의가 억압되었다. 그러던 것이 1980년대 중반 이후부터 어느 정도 민주화가 이루어지고 있다. 우리의 민주주의는 아직은 다분히 형식적이어 서구의 고도로 발전된 민주주의 국가와 비교해 볼 때 실질적인 민주주의라는 측면에서 충분히 성숙이 되었다고 볼 수 없다. 그럼에도 불구하고 우리나라는 과거에 비하여 민주화가 된 것은 사실이다.

그렇다면 이러한 민주화가 우리나라의 사회복지정책의 확대에 어떠한 영향을 주었는가? 어떤 사람들은 우리나라의 민주화가 우리의 사회복지정책의 확대에 큰 영향을 주었다고 주장한다. 이러한 주장은 우리나라의 주요 사회복지정책들이 1980년대 후반부터 시행되거나 확대되었다는 사실에 근거한다. 예를 들면, 1988년에 우리의 의료보험의 대상자가 전 국민으로 확대되었다는 점, 1988년에 그 동안 시행이 유보되었던 국민연금이 실시되었고 10년 만인 1999년에 대상자가 전 국민으로 확대되었다는 점, 1995년에 고용보험이 시행되었다는 점, 마지막으로 2001년에 그 동안의 구빈법적인 생활보호법이 폐기되고 모든 저소득층을 대상으로 하는 국민기초생활보장법이 시행되었다는 사실 등이다.

반면에 어떤 사람들은 우리의 민주화의 시기와 주요 사회복지정책들의 시행과 확대의 시기가 피상적으로 일치한다는 사실 때문에 민주화 때문에 사회복지정책이 확대되었다고 주장하는 것은 무리가 있다고 비판한다. 이들은 우리나라에서의 사회복지정책은 강력한 국가 주도의 '경제성장 제일주의' 정책 하에 기본적인 성격이나 방향이 결정되는 성향이 있기 때문에 민주화가 사회복지정책에 미치는 영향은 미미하다고 주장한다.

어느 주장이 옳은가? 이것을 알기 위하여는 우리의 최근의 주요 사회복지정책들의 제정과 확대 과정을 분석할 필요가 있다. 우선 1963년에 만들어진 산재보험과 임의가입의 의료보험, 그리고 1973년에 만들어진 국민연금(비록 시행이 연기되었지만)과 1977년에 만들어진 본격적인 사회보험(강제가입)으로서의 의료보험은 민주화와 아무런 관계가 없다고 볼 수 있다. 왜냐하면 이러한 사회복지정책들은 강력한 권위주의 체제(군사정권과 유신체제)에서 만들어졌기 때문이다.

그렇다면 1989년에 의료보험의 대상자를 전 국민으로 확대하고, 1988년에 그 동안 실시가 유보되었던 국민연금이 시행된 것은 민주화와 관계가 있는 것인가? 피상적으로 보면, 1980년대 후반의 민주화의 시기와 이러한 두 개의 사회복지정책의 시행과 확대의 시기가 일치한다는 측면에서 민주화가 영향을 주었다고 볼 수 있다.

그러나 자세히 보면 이러한 두 가지의 사회복지정책은 민주화와 직접적인 관계는 크지 않다. 우리나라는 1980년대 초 즈음에는, 지난 20여 년 동안 경제발전 지상주의만 목표로 하다 보니 여러 가지 부작용이 나타나기 시작하였다. 그래서 최고 정책결정자의 핵심참모들이 '사회발전'의 필요성을 제기하기 시작하였다. 이른바 '경제발전단계 부응론'에 따라 경제성장이 지속적으로 이루어지기 위하여는 '사회발전'도 이루어져야 한다는 분위기가 형성이 되어, 사회복지의 확대도 어느 정도는 이루어져야 한다는 공감대가 형성이 되었다. 그래서 지금까지의 '경제개발5개년계획'의 이름도 '경제사회개발5개년계획'으로 바뀐다.

이러한 상황에서 전두환 정권 시기인 1984년에 국민연금실시준비위원회를 발족하였고 1986년에 전두환은 이른바 '복지3대입법'을 공약한다. 즉 국민연금을 실시하고, 의료보험을 전 국민으로 확대하고, 그리고 최저임금제의 실시를 약속한다. 이렇게 볼 때 1988년 국민연금의 실시나 1989년에 의료보험을 전 국민으로 확대한 것은 민주화의 영향보다는 권위주의 정부의 국가 주도의 경제발전의 목표를 위한 하나의 수단으로 활용했다고 볼 수 있다(다만, 어떤 사람들은 1986년의 전두환의 '복지3대입법' 공약을 1987년의 직선제의 대통령 선거를 앞두고 자신의 후계자에게 정권을 넘기기 위하여 득표에 도움을 주기 위하여 한 것이라고 주장한다. 이렇게 해석하면 민주화가 간접적으로 영향을 주었다고 볼 수도 있다).

1995년에 만들어진 고용보험은 민주화가 영향을 주었는가? 우리의 고용보험은 처음부터 정부(노동부의 관료)의 주도 하에 만들어졌고, 노태우 정권 시기의 제7차 경제사회발전5개년계획을 통하여 공식적으로 출발하였다. 고용보험이 만들어지는 초기 단계에서는 자본을 대표하는 집단이 경제성장에 해가 된다는 이유로 반대를 하고, 노동을 대표하는 집단도 보험료 부담의 이유로 미온적이었나, 결국 정부의 강력한 추진의지로 나중에는 노동이나 자본 모두 정부의 고용보험안에 찬성하였다. 또한 다른 시민단체들도 고용보험의 제정과정에서 별 역할이 없었다. 만들어진 이후 고용보험은 빠르게 확대되는데 이것은 IMF 외환위기 이후의 대량실업이 결정적인 역할을 하였고, 특히 IMF가 고용보험의 확대를 적극적으로 요구하였다. 한마디로 말하여, 고용보험도 강력한 정부의 경제성장을 위한 정책의 일환으로 만들어졌고 이 과정에서 민주화의 영향은 미미하였다고 볼 수 있다.

다음으로 1999년의 국민건강보험법의 제정과 같은 해에 국민연금을 전 국민을 대상으로 확대한 정책은 어떠한가? 1999년의 국민건강보험법은 지금까지 운영되었던 조합방식의 의료보험을 모든 국민을 하나의 보험체계로 통합하는 획기적인 정책이다.

우리의 의료보험은 1977년 시행하기 시작하면서 조합방식으로 운영되었다. 그런데 이렇게 조합방식으로 운영하다 보니까 조합들 사이의 보험료 부담, 제공하는 의료서비스의 차이 등의 문제들이 발생하였다. 그래서 1980년대 초부터 조합방식의 의료보험을 통합방식으로 바꾸어야 한다는 주장이 제기되어 왔으나, 그때마다 우리의 강력한 국가, 특히 대통령이 통합방식에 반대를 하여 조합방식으로 유지되어 왔다. 그러던 것이 김대중 정부 시기인 1999년에 통합된 것이다.

이러한 의료보험의 통합에 민주화가 어느 정도 영향을 주었는가? 이때 즈음에는 우리의 민주화도 어느 정도 이루어졌고 또한 민주주의의 가치를 강조하는 김대중 정부의 집권 시기이어 다양한 집단들의 정치적인 영향력이 컸다. 이러한 사회적인 분위기에서, 진보적인 시민단체들(예, 참여연대)이 통합을 강력히 요구하였고, 여기에 진보적인 노동조합인 민노총과 의사집단들도 통합을 지지하여 정부에 압력을 가했다. 반면에 기존의 조합방식의 의료보험의 기득권층이라 할 수 있는 직장의보노조, 한국노총, 전경련 등의 집단들은 반대를 하였다. 우리도 민주화의 발전으로 의료보험의 통합을 둘러싼 이익집단정치의 모습을 나타냈고, 통합이 된 것은 통합을 주장하는 집단들의 정치적 영향력이 더 컸기 때문이라고 해석할 수 있다.

그러나 의료보험 통합의 결정적인 이유는 친복지적인 김대중 대통령의 정책의지 때문이다. 비록 민주화된 사회적 분위기에서 다양한 집단들의 정치적 요구가 커진 것은 사실이지만, 우리나라는 아직까지는 전통적인 강력한 국가, 특히 대통령의 정책의지(철학, 가치)가 정책을 결정하는 데 특히 중요하다. 통합 이전 오랫동안 조합방식으로 운영했던 것도 대통령의 결정이었듯이, 이번의 통합의 결정적인 역할은 결국 대통령의 몫인데 이때는 친복지적인 가치관을 갖고 있는 대통령이었기 때문에 가능했던 것이다(그때 만일 보수적인 대통령이었다면 의료보험 통합은 어려웠을 것이다).

유사하게 1999년에 국민연금을 도시자영업자들에게 확대하여 모든 국민을 국민연금에 가입하게 하는 정책도 김대중 대통령의 역할이 컸다. 사실 우리의 국민연금은 시작한 지 얼마 되지 않아 완전수급자가 나타나기 전인 1990년대 중반부터 장기적인 연금재정의 불안정성의 논란이 컸다. 그래서 김영삼 정부 시기인 1997년 국민연금제도개선기획단을 만들어 재정안정을 위한 개혁(?)안들을 만들었다. 그래서 이때까지만 해도 국민연금을 전 국민으로 확대하기보다는 먼저 국민연금의 개혁을 먼저 해야 한다는 분위기였다. 이러던 것이 IMF 외환위기와 정권이 바뀌면서, 친복지적인 정권 하에서 선확대 후개혁 정책으로 바뀌면서 결국 확대가 된 것이다. 여기에도 부분적으로 참여연대, 민노총 등의 확대에 대한 주장이 있었지만 결정적인 것은 대통령의 정책결정이었다.

마지막으로 2000년에 만들어진 국민기초생활보장법에 대하여 논의하자. 국민기초생활보장법은 지금까지의 구빈법적인 성격이 강한 생활보호법을 대체하는 획기적인 정책이다. 특히 이 법은 근로능력에 상관없이 모든 빈민을 대상으로 한다는 점에서 그러하다.

이 법은 지금까지 논의한 어떠한 정책들보다 민주화의 상황에서 다양한 집단들의 적극적인 복지정치의 산물이라는 성격이 강하다. 우리나라는 외환위기의 시기인 1998년에 실업률이 높아지면서 실업자와 빈민의 숫자가 크게 늘어났다. 이러한 상황에서 참여연대 등을 비롯한 많은 시민단체들과 민주노총은 국기법의 제정을 적극 추진한다. 그 결과 1999년 집권여당이 국기법의 입법을 추진한다. 반면에 주무부처인 보건복지부는 미온적이고, 재정을 담당하는 기획예산처가 강력히 반대를 하고, 보수집단들도 보수언론매체 등을 통하여 강력한 반대여론을 형성한다. 그래서 입법이 유보되는 상황에 직면하자, 국기법추진연대회의를 구성하는 등 대규모 시민단체들이 국기법 추진을 위한 조직적인 운동을 한다. 이때가 우리의 복지정치의 역사에서 시민단체들이 가장 적극적으로 중요행위자의 역할을 수행한 시기다. 이러한 와중에 1999년 6월 김대중 대통령은 국기법의 추진을 역설하는 발언을 했고 이후 빠른 속도로 제정된다. 여기서도 위에서 논의한 다른 정책들처럼 대통령의 정책의지가 중요했다. 아무리 시민단체들의 역할이 중요했다 해도 최종적으로 대통령의 정책의지가 없었다면 국기법은 만들어지기 어려웠을 것이다(양재진 외, 2008).

그러나 2000년 만들어진 후 실시과정에서 국기법은 본래의 철학과 취지와 달리 약화된다(예, 근로능력이 있는 빈민들은 조건부 수급자라 하여 근로의 조건으로 수급자격이 주어진다). 이것은 국기법을 처음부터 강력히 반대한 기획예산처의 힘이 강했기 때문이라 할 수 있다. 우리는 민주화 이후에도 여전히 권위주의적 경제성장 제일주의를 추종하는 정부관료들의 정책결정의 권한이 크다는 것을 보여준다. 즉 민주화가 복지정책에 미치는 영향은 근본적으로 제한적일 수밖에 없다는 것이다.

3. 노동

앞에서 논의했듯이, 서구의 사회복지정책들의 확대에는 어떤 형태로든 노동계급의 역할이 중요했다. 극단적인 예로 스웨덴의 경우처럼 강력한 노동조합을 바탕으로 한 정당이 오랫동안 집권하여 사회복지정책을 직접적으로 확대하였다. 이러한 형태는 아니더라도 유럽의 대부분의 복지국가들에서는 노동계급이 집합적으로 사회복지정책의 확대에 직접적이든 간접적이든 일정한 영향력을 행사하였다.

우리나라는 어떠한가? 결론부터 이야기하면, 우리나라에서의 노동계급은 사회복지정책의 제정과 확대과정에서 거의 영향력을 행사하지 못했다. 가장 기본적인 이유는 우리의 노동계급의 정치적인 힘이 약했기 때문이다. 우리의 노동계급은 우리나라 특유의 강한 반공주의 분위기에서 그리고 오랜 기간 동안의 권위주의 체제 하에서의 탄압으로 정치적 힘을 키울 수가 없었다. 노동조직률도 낮고, 또한 산별노조가 아닌 기업노조로 되어 있어 노동조합들이 분열되어 있어 응집력도 약했다.

그래서 1995년 민주노총이 등장하기 이전까지 우리의 노동계급을 형식적으로나마 대표하는 한국노총은 친정부적인 성향을 갖고 있어 정부의 '경제성장 제일주의' 정책을 수동적으로 받아들이는 입장을 보였다. 이러한 상황에서 한국노총은 우리의 주요 사회복지정책들의 제정과 확대과정에 거의 영향력을 발휘하지 못했다(한국노총은 비록 형식적이나마 이러한 과정에서 한국노총의 입장(견해)을 표시하였으나 본질적인 정책 내용에 있어서는 대부분 받아들여지지 않았다).

1980년대 말 이후 민주화의 분위기에서 우리의 노동운동이 활발해지자 노동계급의 힘이 과거에 비해 커졌다. 특히 1995년 진보적인 민주노총이 만들어지면서 지금까지의 보수적인 한국노총과 달리 지금까지의 정부의 '경제성장 제일주의' 정책을 비판하면서 사회복지정책의 확대에 큰 관심을 갖게 된다. 그러나 이러한 진보적인 노동조합인 민주노총이 등장했음에도 불구하고 우리의 노동계급의 정치적 힘은 크게 커지지 못했다. 노조조직률은 여전히 낮았고 노조들 사이의 응집력이 낮았으며, 또한 노동자들의 계급의식도 약했다(우리나라는 우리의 특유의 문화적인 이유로 각종의 연고-혈연, 지연, 학연-를 중시하여 이것들이 계급의식보다 강하다). 이러한 상황에서 우리의 노동계급은 사회복지정책에 큰 영향을 줄 수가 없었던 것이다.

지금부터는 우리의 주요 사회복지정책들의 제정과 확대과정에서 우리의 노동계급을 대표하는 노동조합이 어떠한 역할을 했는지 알아보자. 우선 1963년에 만들어진 산재보험에는 노동조합은 거의 참여를 하지 않았고 오히려 산재보험에 대하여 부정적이었다. 왜냐하면, 이때에는 단체협상에 의한 산재보상과 근로기준법 상의 고용주 책임주의가 제도적으로 확보되어 있기 때문이다. 이후 산재보험이 확대되는 과정에서는 노조가 정책의 내용들-급여수준, 적용범위 등-에 대하여 정부에 건의를 하였으나 기본적으로 볼 때 대부분 최종적으로는 정부가 주도하여 결정하였다(양재진 외, 2008).

1976년에 유신체제 하에서 만들어진 의료보험법은 체제의 성격 상

노동조합의 역할이 없었다. 이후 의료보험법이 확대되는 과정에서 한국노총이 정책의 내용들에 대하여 정부에 건의를 하였으나 큰 효과는 없었다. 반면에 1999년의 국민건강보험법을 만들어 전 국민을 하나의 의료보험체계로 통합하는 과정에서는 진보적인 민주노총이 다양한 시민단체들과 협력하여 일정한 역할을 하였다.

1973년에 만들어진 국민연금은 노동조합은 국민연금에 대한 이해가 낮아 보험료를 세금으로 인식하여 반대하였다. 당시의 노동조합은 퇴직금제도를 더 선호하였다. 또한 1987년에 만들어진 국민연금도 정부주도로 이루어졌고, 노동조합의 역할은 미미하였다. 반면에 1999년에 전 국민을 대상으로 하는 국민연금법에는 연기금의 민주적 운영 등을 주장하면서 민주노총이 일정한 역할을 하였다.

일반적으로 실업보험은 노동자들이 관심이 많은 사회보험이다. 우리나라의 노동자들은 그렇지가 않아 1987년 노동자들의 대파업 때도 실업보험은 쟁점이 되지 않았다. 이 당시에는 실업률이 3% 이내로 낮아 대부분의 노동자들에게는 실업이 걱정되지 않았다. 그래서 1995년 고용보험이 도입될 때도 노동조합은 역할이 거의 없었고 오히려 보험료를 부담한다는 이유에서 소극적인 태도를 취했다. 이 당시의 노동자들은 임금상승이 가장 큰 요구사항이었다. 다만 1990년대 말 외환위기 이후 실업자들이 급증하자 이때야 비로소 대상 확대 등의 주장을 강력히 하게 된다.

생활보호법도 우리의 노동조합에게는 관심이 없었다. 사실 노동조합뿐만 아니라 우리나라에서는 극소수의 매우 빈곤한 사람들에게 극히 낮은 급여를 하는 생활보호법은 중요한 사회적인 쟁점이 되지 못하였다. 그러던 것이 2000년의 국민기초생활보장법이 만들어지는 시점에서는 큰 사회적인 쟁점이 되었고 우리의 민주노총도 다른 시민단체와 함께 국기법을 통과시키는 데 일정한 역할을 하였다.

4. 자본

일반적으로 자본주의 사회에서는 속성 상 자본의 힘이 클 수밖에 없다. 복지국가도 본질적으로 시장경제를 바탕으로 하기 때문에 사회복지정책을 확대하는 과정에서 자본의 영향력을 무시할 수가 없다.

우리는 오랫동안 권위주의 체제 하에서 경제발전이 정부의 주도 하에 이루어졌기 때문에, 즉 이른바 '관치경제' 하에서 정부의 정책들에 자본은 크게 반대를 못 하고 순응적으로 따르는 경향이 강했다. 사회복지정책도 그러하다. 우리의 역대 정부들은 '경제성장 제일주의' 정책을 추진하면서, 사회복지정책의 확대를 꺼려하였는데, 이것은 자본의 이익과 부합되었다. 그래서 정부가 사회복지정책을 소극적으로 추진하면, 자본도 정부의 정책을 순순히 받아들였다. 한마디로 말하여 우리나라에서 사회복지정책의 확대 과정에서는 정부와 자본은 '정경유착'의 관계를 보였다고 할 수 있다.

산재보험 제정 당시에는 자본은 산재보험에 대해 소극적으로 반대를 하였다. 왜냐하면, 산재보험에 대한 이해가 부족한 상황에서 산재가 발생하면 사용자가 법적인 책임을 지고 있는 상황에서 산재보험은 사용자의 입장에서 볼 때 이중부담으로 생각했기 때문이다. 그러나 곧 바로 산재보험이 사용자의 위험부담을 분산시키는 사회보험이라는 정부의 설명을 듣고 정부의 정책에 찬성을 한다. 이후 산재보험의 확대 과정에서 자본을 대표하는 경영자총연합회(경총)는 정책의 세부적인 내용들에 관한 건의를 정부에 하나 대부분 정부의 안을 수용하였다.

정부 주도 하에 만들어진 1976년의 의료보험법은 자본이 크게 환영하였다. 자본을 대표하는 전경련(전국경제인연합회)은 많은 의료보험조합들을 대표하는 기구인 전국의료보험연합회를 구성할 때 인력과 장소를 제공할 정도였다. 이것의 이유는 의료보험을 하게 되면 이 당시 기업들이 피고용자들에게 제공했던 의료보조비를 줄일 수 있고, 의료보험이 조합별로 운영되기 때문에 의료보험의 재정을 기업이 그대로 활용할 수 있기 때문이었다.

반면에 전 국민을 하나의 보험체계로 통합하는 1999년의 국민건강보험법에는 자본을 대표하는 전경련이나 경총은 크게 반대한다. 이유는 단순하여 그동안 조합별로 운영되었던 의료재정의 기득권을 잃기 때문이다. 그러나 시민단체들이나 민주노총이 국민건강보험법을 강력히 지지하고, 무엇보다도 김대중 정부에서의 통합의지가 강력하였기 때문에 자본은 곧 정부에 동조하게 된다.

1973년에 만들어진 국민연금법도 처음에는 자본은 연금제도를 실시하면 사용자의 부담이 있기 때문에 노동비용이 커진다는 이유로 반대하였으나, 유신체제의 강력한 국가의 추진의지에 굴복하여 정부의 입장에 협조한다.

1988년에 시행한 국민연금법도 경총은 그동안의 퇴직금 제도의 부담을 지면서 연금보험료를 부담하는 것은 이중부담이라는 이유로 크게 반대하였다. 그러나 정부가 절충안으로 이른바 '퇴직금 전환제'(사용자의 퇴직금 부담을 국민연금 기여율이 올라가면 줄여주는 제도)를 제시하자 그동안 그랬듯이 정부에 협조적인 자세로 돌아선다.

1999년의 전 국민을 대상으로 하는 국민연금법도 연기금 운용에 관한 세부적인 건의만 제시할 뿐 자본은 크게 반대하지 않고 정부의 정책에 협조한다.

우리나라의 고용보험은 이름에서 보듯이 정책결정자들은 처음부터 실업자들의 소득보장보다는 고용촉진, 직업훈련, 고용안정 등을 강조하였다. 이것은 소득보장을 강조하면 근로자들의 근로동기를 약화시켜 경제성장에 해가 된다고 생각하기 때문이다. 이러한 고용보험을 자본은 반대할 이유가 없었고, 오히려 고용보험이 도입되면 해고에 대한 노동자들의 저항을 줄일 수 있는 효과가 있다고 보고 찬성하였다. 즉 고용보험의 경우도 우리의 정부의 경제성장 제일주의와 자본의 입장이 맞아떨어진 대표적인 예라 할 수 있다. 이후 외환위기 이후 실업자들이 크게 늘어나고 고용보험이 확대되는 과정에서도 대체로 자본은 정부의 입장과 타협적이었다.

마지막으로 우리의 생활보호법은, 앞에서 언급했듯이, 한 번도 중요한 사회적 쟁점으로 되지 못하였기 때문에 자본의 입장에서는 관심도 없었고 반대할 이유도 없었다. 반면에 2000년에 만들어진 국민기초생활보장법은 근로능력이 있는 빈자도 포함하기 때문에 자본을 대표하는 전경련이나 경총은 이것을 반대한다. 그러나 많은 시민단체들과 민주노총을 비롯한 노동계급이 강력히 주장하고, 무엇보다도 우리나라의 강력한 대통령이 이 법의 추진의지를 확고히 하자 더 이상 반대를 해 보아야 이득이 없다고 판단하여 소극적으로 정부에 협조하는 모습을 보인다.

5. 이익집단과 시민단체

국가들마다 차이가 있지만 국가정책에 이해관계가 있는 집단들은 그 정책의 형성 과정에서 일정한 역할을 한다. 특히 다원적 민주주의의 형태를 갖고 있는 국가들, 대표적으로 미국에서는 정책은 이익집단들에 의하여 크게 영향을 받는다. 대표적인 예가 최근의 미국에서의 의료개혁정책이다. 여기에는 수많은 관련된 이익집단들-예를 들면, 의사협회, 약사협회, 병원협회, 보험회사, 제약회사, 노인집단, 사용자집단 등-이 자신들의 이익을 위하여 영향력을 행사한다.

또한 특정의 집단만을 위한 이익을 추구하는 이익집단과 달리, 많은 국가들에서 일반 대중의 이익(공익)을 추구하는 다양한 형태의 시민단체들도 국가정책에 일정한 영향력을 행사한다. 일반적으로 시민단체의 영향력은 의회민주주의에서의 정치적인 입법과정이 성숙되지 않은 국가들에서 더 두드러지게 나타난다.

우리나라에서의 사회복지정책의 제정과 확대과정에서 이익집단들과 시민단체들의 역할은 어떠했는가? 결론부터 이야기하면, 민주화가 되기 전인 권위주의 체제에서는 이러한 집단들의 역할은 거의 없었다고 볼 수 있고, 민주화가 된 이후에는 이익집단정치가 어느 정도 나타나는 모습을 보이나 크지는 않았고, 반면에 시민단체의 역할은 몇 개의 사회복지정책에서는 컸다고 할 수 있다.

우리나라에서 이익집단들이 사회복지정책의 제정과 확대과정에 최초로 영향력을 행사하려고 시도한 것은 1976년의 의료보험법을 만들 때이다. 이때 의료보험과 관련된 대표적인 이익집단인 의사집단은, 다른 국가들과 달리, 의료보험법에 찬성하면서 대신 보험수가와 보험약가를 높이려고 압력을 행사하였다(비록 그들이 원하는 만큼 되지는 않았지만)(양재진 외, 2008).

1980년대 후반 민주화가 어느 정도 이루어지면서 의료보험을 둘러싸고 다양한 집단들의 요구가 커지게 되었다. 1988년 의료보험이 농어촌 지역까지 확대되면서 보험료 부과의 비형평성 등의 문제를 제기하면서 의료보험의 통합을 농어민 집단들이 강력히 주장하였다. 1990년대에 들어서면서 의료보험 통합을 요구하는 집단들의 숫자는 크게 늘어나, 의사집단과 수많은 시민단체들이 '의보연대회의'를 구성하면서 조직적으로 정부에 압력을 행사하였다. 1999년의 국민건강보험법이 탄생하는 데 이러한 집단들의 영향력이 결정적이라 할 수는 없지만 중요한 역할을 한 것은 사실이라 할 수 있다.

국민연금과 고용보험의 제정과 확대과정에는 이익집단들이나 시민단체들의 역할이 크지 못했다. 다만 1999년 국민연금법의 개정과정에서 참여연대를 비롯한 시민단체들이 국민연금기금 운용의 투명성과 민주성의 요구를 한 정도이다.

우리나라에서 시민단체들이 사회복지정책의 제정과정에서 가장 큰 영향력을 발휘한 것은 2000년에 만들어진 국민기초생활보장법이다. 대표적인 시민단체가 참여연대이다. 참여연대는 1994년 만들어지면서 사회복지위원회를 두었는데 여기서 국가법 제정의 기초라 할 수 있는 국민복지기본선(national minimum) 확보 운동을 전개한다.

이후 참여연대는 1998년 많은 시민단체와 연대하여 국민기초생활보장법 제정 입법청원을 낸다. 그러나 정부가 이러한 청원에 대하여 미온적인 태도를 보이자, 1999년 '국민기초생활보장법제정추진연대회의'를 구성하여 조직적으로 다양한 방법들(공청회, 거리시위 등)을 통하여 이 법의 통과를 위한 압력을 행사하였다. 물론 이러한 시민단체들의 압력이 국기법 제정에 결정적이었다고 할 수는 없으나, 우리나라의 사회복지정책의 형성 과정의 역사에서 가장 큰 역할을 했다고 할 수 있다(양재진 외, 2008).

6. 국가 : 대통령

국가중심주의 이론에서 주장하듯이, 국가들의 정부 형태, 정부 조직, 문화적 유산 등에 따라 다소 차이가 있지만 정책결정에서 정부의 역할이 중요하다. 특히 의회민주주의가 발전이 안 된 국가일수록 그러하다.

우리나라는 오랫동안 권위주의 체제 하에서 의회민주주의가 발전이 안 되어 거의 모든 정책들은 정부-특히 대통령- 주도 하에 만들어졌다. 정책들을 만드는 과정에서, 국민들의 의사를 대변해야 하는 국회의 역할은 약했고(이른바 '통법부'라 하여 행정부가 만든 법을 무조건 통과시켰다), 사회의 다양한 집단들(노동과 자본을 대변하는 집단들, 특정의 이익을 위한 집단들, 시민단체 등)의 영향력도 거의 없었다.

1980년대 후반 이후 민주화가 진행되면서 정책결정에서 의회의 역할이 어느 정도 커지기 시작하고, 사회의 다양한 집단들의 정치적인 영향력도 과거에 비하면 커졌지만 오늘날까지도 여전히 정부의 역할이 결정적이라 할 수 있다. 이러한 상황에서, 우리의 주요한 사회복지정책들의 제정과 확대과정에서도 정부의 역할이 중요하였고, 특히 대통령의 사회복지에 대한 가치관에 따라 결정적으로 좌우되었다고 할 수 있다.

1963년의 우리나라 최초의 사회보험인 산업재해보상보험법은 1961년 5.16 쿠데타로 정권을 잡은 박정희 군사정부의 초법적인 기구인 최고회의에서 일방적으로 만들었다. 시발점은 1962년 박정희 최고회의 의장의 지시각서이다. 여기서 박정희는 복지국가를 조속히 이루는 것을 목표로 한다면서 사회보장제도 가운데 실시가 비교적 용이한 사회보험부터 만들 것을 지시한다. 이 지시에 따라 1962년 최고회의에서 구성한 사회보장제도심의위원회에서 연구를 시작하였고, 여기서 산재보험안을 만들었고 이 안을 골격으로 하여 1963년 최고회의 상임위원회에서 산재보험법을 통과시켰다.

이 과정에는 어떤 정치세력이나 사회집단들의 실질적인 관여가 없었다. 오히려 산재보험과 직접 관계가 되는 노동자 단체나 사용자 단체들은 이 제도에 관심도 없었고 잘 알지도 못했다. 심지어는 정부부처, 특히 산재보험을 담당하는 보건사회부의 관료들의 역할도 초기에는 미미하였다. 한마디로, 산재보험은 박정희(핵심참모들)의 지시 하에 사보심의 연구를 바탕으로 최고회의에서 일사천리로 만든 것이다.

산재보험은 이후 정책의 내용(적용범위, 급여수준 등)에서 점증적으로 확대가 이루어진다. 이러한 확대과정에서도 정당, 국회, 다양한 사회단체들의 역할은 미미하였다. 물론 1990년대에 들어오면서 민주화의 영향으로 노동자 단체나 사용자 단체들의 요구가 과거에 비하여 많았으나, 대부분 건의수준이었지 정부의 안에 크게 반대하지는 않았다.

1976년의 의료보험법도 산재보험과 마찬가지로 절대적인 권위주의 체제인 유신정권에서 만들어졌다. 그래서 정당, 국회, 다양한 사회집단들의 역할이 거의 없었다. 의사집단이나 사용자집단은 당시 정부의 안에 적극적으로 찬성을 하거나, 자신들에게 유리하도록 정책의 내용에 대하여 부분적으로 건의하는 수준이었다. 갈등이 있었다면 정부부처간에 있었다. 당시 경제기획원은 시기상조론을 주장하면서 의료보험에 반대를 하였고, 반면에 담당부처인 보사부는 적극 찬성을 하였다. 절대권력자인 대통령이 후자의 손을 들어주어 의료보험법이 탄생한 것이다.

반면에 1999년의 전 국민을 하나의 보험체계로 통합하는 국민건강보험법이 만들어진 과정은 약간 달랐다. 이 시기는 민주화가 상당히 진전된 이른바 '국민의 정부' 때이다. 사회의 다양한 집단들의 의료보험의 통합을 둘러싼 요구가 많았고, 정부는 이러한 요구를 과거처럼 무시할 수는 없었다. 그래서 앞에서 논의했듯이, 민주노총, 다양한 시민단체, 농민단체 등의 통합 지지의 압력이 중요하였다.

그렇다고 정부는 단순히 이들의 압력에 순순히 따른 것도 아니다. 여기서도 역시 친복지적인 대통령의 정책의지가 중요하였다. 이것은 민주화 이후 다양한 사회집단들의 통합에의 요구는 계속 있었는데 노태우 정부나 김영삼 정부에서는 대통령이 거부해서 이루어지지 않은 사실에서도 알 수 있다. 다시 말해, 친복지적인 정권이 아니었더라면 아무리 사회집단들의 통합에의 압력이 강했더라도 통합은 이루어지지 않았을 것이다.

1973년의 국민복지연금도 유신체제의 강력한 정부에 의하여 일방적으로 만들어졌다. 만든 이유는 이름과 달리 국민을 위한 복지 증진이라는 차원과는 거리가 멀다. 유신 선포 이전부터 정부 일부에서 중장기 사회개발계획의 일환으로 국민연금에 대한 논의가 어느 정도 있었고, 실제로 보건사회부 산하 기구인 사회보장심의위원회에서 국민연금에 대한 연구를 하였다. 이러한 연구를 바탕으로 '연금제도 도입을 위한 장기계획: 72-81년도'라는 보고서를 만들었다. 그리고 유신을 단행하면서 유신정부는 국민연금의 실시를 비롯한 사회복지의 확대를 공약한다. 그러나 이 공약은 5.16 쿠데타 이후의 이른바 '혁명공약'이 그랬듯이 다분히 국민들로부터 정당성을 확보하기 위한 수사적(rhetoric)인 선언의 성격이 강했다.

1973년에 국민복지연금이 만들어진 결정적인 이유는 다른 데 있다. 이 당시 정부는 지상과제의 목표인 경제발전을 추진하였는데 지금까지의 경공업 중심의 산업구조로는 한계가 있다고 보고 본격적으로 중화학공업의 육성을 추진한다. 그런데 문제는 이러한 사업을 추진하는 데 드는 막대한 재원이다. 그래서 이 당시 중화학공업 육성을 위한 재원 마련이 중요한 쟁점으로 부각되는데, AID 등을 통한 차관의 외자 동원과 더불어 국민복지연금의 기금을 통한 내자동원이 매력적인 것으로 인식되었다. 박정희는 이러한 제안을 받아들여 1973년 1월의 연두기자회견에서 국민복지연금제도 도입을 선언한다.

유신정부에 의한 국민복지연금제도 도입을 추진하는 과정에서 당시 야당인 신민당은 서민부담을 가중시킨다는 이유로 반대하였다. 또한 노동단체도 국민복지연금 보험료를 세금으로 인식하여 반대하였고, 자본단체들도 노동비용 상승이라는 이유로 반대하였다. 또한 일반적인 국민들의 여론도 반대이었다. 그러나 이 당시의 강력한 유신정부는 이러한 모든 반대를 철저히 무시하면서 국민복지연금을 도입할 수 있었다.

그러나 유신정부에 의해 쉽게(?) 만들어진 국민복지연금은 쉽게 무기한 시행이 유보된다. 이것의 표면적이고 직접적인 이유는 1973년 말부터 시작한 세계적인 제1차 오일쇼크 때문이다. 오일쇼크로 기름값이 3배로 오르자 물가가 오르고 경제가 불황으로 접어들었다. 이러한 상황에서 국민들에게 연금보험료를 부과하는 것은 무리가 있다고 판단한 것이다.

또 하나의 이유는 국민복지연금의 기금을 통한 내자동원이 아니라도, 다른 재원조달 방안의 효용성이 더 컸기 때문이다. IBRD나 AID 등으로 들여오는 공공차관이 과거보다 좋은 조건에서 이루어졌고, 1973년에 만든 국민투자기금법을 통해서도 재원마련이 쉽게 이루어질 수 있기 때문이다. 이러한 상황에서 국민연금을 도입하여 가뜩이나 경제가 어려울 때 국민들에게 부담을 줄 이유가 없다고 정치적으로 판단을 한 것이다(양재진 외, 2008).

이후 오랫동안 시행이 유보되던 국민복지연금법은 1986년 국민연금법으로 개정하면서 1988년부터 시행을 하게 되는데 이때도 결정적인 역할은 정부, 특히 최고정책결정자인 대통령에 의하여 이루어진다. 1980년대에 들어서면서 그동안의 지속적인 경제성장으로 국민소득도 어느 정도 높아지고, 또한 경제안정정책으로 물가상승도 크게 둔화되어 국민연금의 시행의 여건이 어느 정도 성숙되었다.

또한 대통령의 핵심참모들이 이른바 '경제발전단계 부응론'을 제안하면서 경제가 한 단계 더 도약하기 위하여는 사회안전망의 확충이 이루어지는 경제·사회발전 균형발전 전략을 강조하였다. 그래서 그동안의 경제발전계획의 명칭도 경제사회발전계획으로 바꾸었다.

이러한 상황에서 정부는 1984년 국민복지연금실시준비위원회를 구성하였고, KDI에 국민복지연금 실시를 위한 연구 의뢰를 하였고, 이것의 결과로 '국민연금제도의 기본 구상과 경제·사회적 파급효과'라는 보고서가 나오는 등 국민연금 실시를 위한 분위기는 조성되었다. 그럼에도 불구하고 이때까지만 해도 시행 여부가 불투명하였는데, 결정적인 것은 1986년 전두환이 하계 기자회견을 통하여 이른바 '복지3대입법'을 공약하면서 국민연금 실시를 위한 작업은 빠른 속도를 내면서 1988년부터 시행하게 된 것이다.

이후 국민연금은 정부의 계획 하에 점증적으로 대상을 확대한다. 1995년에는 농어촌 지역으로 확대하고, 1999년에는 드디어 전 국민으로 대상을 확대한다. 이 시기는 민주화가 어느 정도 이루어진 때이어 국민연금에 대한 다양한 집단들의 요구나 압력이 있었으나 여전히 정부, 특히 대통령의 결정이 결정적인 역할을 하였다.

특히 1999년 전 국민을 대상으로 국민연금을 시행하게 된 것은 대통령이 어떤 통치철학을 갖고 있느냐가 우리나라에서 정책결정에 얼마나 중요한가를 보여주는 사례라 할 수 있다. 사실 1990년대 중반 이후부터 국민연금의 장기적인 기금고갈을 우려해 국민연금제도를 개선해야 된다는 목소리가 정부부처, 특히 경제담당부처들에서 컸다. 그래서 1997년 국민연금제도개선기획단을 만들어 개선작업을 추진하였다. 그러던 것이 그 해 말 외환위기를 맞고 정권이 바뀌면서 친복지적인 김대중 대통령이 먼저 확대할 것을 결정한다.

1995년의 고용보험의 제정과정도 전적으로 정부 주도 하에 이루어졌다. 우리나라에서도 1970년대부터는 노동부의 일부 관료들에 의하여 실업보험의 도입을 조심스럽게 검토하기 위한 논의와 연구가 있었다. 그러나 1980년대까지의 최고 정책결정자인 대통령들은 실업보험은 근로자들을 놀고먹게 만들어 게으르게 하여 경제성장에 해가 된다는 확고한 가치관을 갖고 있어 실업보험에 대한 정책건의는 전혀 할 수가 없는 상황이었다. 또한 이때까지만 해도 지속적인 높은 경제성장으로 실업률이 낮아 실업보험의 필요성도 매우 낮았다.

이러던 것이 1980년대 후반부터 산업구조조정이 필요하면서 인력수급의 불균형, 구조조정에 따른 고용지원, 새로운 기술을 위한 직업훈련 등의 문제들이 정책 현안이 되었고, 이러한 문제들을 해결하기 위하여 실업급여를 등한시하고 고용 부문을 강조하는 보험(고용보험)에 대한 논의를 시작하였다. 이후 제7차 경제사회발전5개년계획을 통하여 고용보험의 도입을 공식적으로 추진한다. 1992년 노동연구원에 고용보험연구기획단이 설치되고, 여기서 마련한 안을 바탕으로 1995년부터 실시하게 된다. 이후 1990년대 말 외환위기를 겪으면서 실업자의 숫자가 크게 늘어나고 산업구조조정의 필요성에 따라 정부 주도 하에 빠른 속도로 확대된다.

마지막으로 국민기초생활보장제도에 대하여 알아보자. 앞에서 논의했듯이, 국기법의 제정과정에는 다른 어떤 사회복지정책들에 비하여 그 동안 진전된 민주화의 상황에서 사회의 다양한 집단들의 정치적 영향력이 컸다. 그럼에도 불구하고 여기서도 친복지적인 김대중 대통령의 정책의지가 중요하였다.

특히 시행과정에서 세부적인 정책내용(급여형태, 자격, 급여액 등)을 담고 있는 시행령과 시행규칙을 정부관료들이 주도하여 만들었고, 이 과정에서 반복지적인 입장의 정부부처인 기획예산처의 영향력이 컸다. 그래서 결과적으로 국기법은 시민단체들이 처음에 주장했던 취지와는 크게 다른 형태로 변질된 채 시행된다. 한마디로 말하여, 국기법의 경우도 과거의 권위주의 시대의 강력한 정부의 정책결정의 전통을 크게 벗어나지 못했다고 할 수 있다.

지금까지 우리나라의 주요 사회복지정책들의 도입과 발전 과정을 설명할 수 있는 요인들에 관하여 논의하였다. 이러한 논의를 요약하면 다음과 같다.

첫째, '선성장 후분배'의 가치를 강조한다고 할 수 있는 산업화 이론으로 우리의 사회복지정책의 발전과정을 일정 부분 설명할 수 있다고 볼 수 있다. 왜냐하면, 4대 사회보험을 비롯한 주요 사회복지제도들이 모두 도입이 되고 어느 정도 성숙이 되어가는 시기는 우리나라가 상당 수준 산업화가 이루어진 1990년대 말, 2000년대 초이기 때문이다.

그러나 우리나라가 산업화가 거의 이루어지지 않은 1960년대나 1970년대에 몇 개의 주요 사회복지제도들이 도입이 된 것은 산업화의 논리로 설명이 안 된다. 특히 오늘날까지도 우리나라의 사회복지 발전의 수준이 OECD 국가들 가운데 최하위에 있다는 것도 단적으로 우리나라의 사회복지 발전 과정은 산업화 이론으로 설명하기 어려운 점이 있다는 것을 보여준다고 할 수 있다.

둘째, 사회복지정책은 자본(특히 대기업)의 이익을 위하여 자본의 주도 하에 만들어진다는 독점자본 이론도 우리나라의 사회복지정책들의 형성 과정을 설명하기는 어렵다. 왜냐하면, 우리의 주요 사회복지정책들의 도입과 발전 과정에 자본의 영향력은 미미하였기 때문이다(다만, 우리의 의료보험이 오랜 기간 동안 조합주의 방식으로 운영된 것에는 대기업 집단 모임인 전경련의 영향력이 어느 정도 있었다고 볼 수 있다).

셋째, 강력한 노동조합을 바탕으로 사회민주주의 세력이 커져야만 사회복지정책이 발전할 수 있다고 보는 사회민주주의 이론도 우리의 사회복지정책의 발전 과정을 설명하기 어렵다. 왜냐하면, 우리나라는 건국 이래 지금까지도 노동의 정치적 세력이 너무나 약하였고 따라서 사회민주주의 세력도 매우 미미하였기 때문이다(다만, 1990년대 말 그 동안 조합주의 방식으로 운영되던 의료보험을 통합하여 전 국민을 하나의 건강보험으로 만드는 과정에서 민주노총이 일정한 영향력을 행사했다).

넷째, 민주주의(특히 다원적 민주주의)가 발전하면 일반 국민들을 대변하는 다양한 이익집단들의 목소리가 커져 사회복지정책들은 이러한 이익집단들의 요구들을 받아들이는 과정에서 발전된다는 이익집단 정치 이론도 우리의 사회복지정책의 발전 과정을 설명하는 데 한계가 있다. 우리나라는 1980년대 후반부터 '민주화'에 대한 국민들의 요구가 커지면서 오늘날에 이르고 있는데, 아직까지도 사회의 여러 측면에서 실질적으로 민주화가 이루어졌다고 보기는 어렵고 이른바 '형식적 민주주의'에 그치고 있다고 볼 수 있다. 그래서 '민주화'가 된 이후에도 우리의 주요 사회복지정책들의 발전 과정에 이익집단들의 영향력은 미미하다고 볼 수 있다. 다만, 우리나라에서는 '민주화' 이후에 특정한 이익을 위한 집단이 아닌 전체 국민의 이익(공익)을 대변한다고 볼 수 있는 시민단체(예, 참여연대)들의 영향력이 커져서 1990년대 말, 2000년대 초의 사회복지정책들의 발전 과정에 큰 역할을 한 것은 사실이다(예를 들면, 국민기초생활보장제도의 도입이나 의료보험의 통합 과정에서 그러했다).

다섯째, 지금까지 논의한 네 가지의 이론들은 모두 우리나라의 사회복지정책의 발전 과정을 설명하는 데는 한계가 있다. 이렇게 볼 때 우리나라의 사회복지정책은 '발전국가 복지국가' 모형에 따라 강력한 국가에 의하여 주도적으로 이루어졌다고 보는 것이 타당하다. 특히 우리나라에서는 대통령의 권력이 유달리 강하기 때문에 누가 대통령이냐 그리고 대통령의 통치철학이 무엇이냐에 따라 사회복지정책이 결정적으로 이루어진다고 볼 수 있다. 이 점에 관하여는 3장의 '우리나라의 복지체제의 성격'에서 자세히 논의하고자 한다.

3 chapter

한국의 복지체제의 성격

제 1 절 개관

최근 우리나라에서도 사회복지에 대하여 관심이 많아지고, 또한 사회복지를 확대하려는 움직임이 커지고 있다. 이러한 사회복지의 확대 성향은 김대중 정부 이후부터 뚜렷하게 보였다고 할 수 있다. 실제로 이후에 우리의 사회복지제도들은 어느 정도 확대되어서, 많은 사람들은 우리도 복지국가의 길에 들어섰다고 생각한다. 이러한 상황에서 최근에 우리나라의 복지국가의 성격을 분석하는 연구들이 많아지고 있다.

그런데 이러한 우리의 복지체제의 성격을 분석하는 연구들은 논란이 많다. 그 이유는 여러 가지가 있을 수 있지만, 가장 중요한 이유는 우리의 복지체제는 서구 복지국가들의 복지체제와는 다른 독특한 점들이 많기 때문이다. 그래서 본격적으로 우리의 복지체제의 성격을 논의하기 전에 우리의 복지체제의 독특한 점들을 분석하는 것이 중요하다.

우선, 널리 알려졌듯이 우리의 GDP 대비 사회복지지출의 규모가 아주 낮다는 점이다. 실제로 OECD 국가들 사이에서 최하위 수준이다. 이것은 우리의 경제수준을 고려해서도 그러하다. 서구 복지국가들은 우리 정도의 경제수준에서 평균적으로 GDP의 20% 가까이 사회복지에 사용했는데, 우리는 지금도 GDP의 10% 미만의 수준에 그치고 있다.

이렇게 우리의 복지지출이 유달리 낮은 이유들은 여러 가지가 있을 수 있는데, 우선 가장 단순한 이유는 우리의 주요 사회복지제도들이 서구 복지국가들에 비하여 늦게 도입되었다는 점이다. 즉 사회복지제도의 도입이 늦었기 때문에 제도가 아직 성숙되지 않아 사회복지지출이 적을 수밖에 없는 것이다.

그러나 이처럼 사회복지제도의 도입이 늦은 배경에는 실질적으로 우리의 복지체제의 독특한 점을 설명할 수 있는 여러 가지 다른 이유들이 있다. 첫째는, 우리나라에서는 사회복지에서 가족, 특히 대가족의 역할이 매우 크다는 점이다. 사회복지는 크게 보면 국가, 시장, 가족의 세 가지에 의하여 이루어지는데, 오늘날 서구의 복지국가들에서는 국가의 역할이 가장 큰 반면 가족의 기능은 미미한데, 우리는 반대로 가족이 가장 중요한 역할을 하고 있다. 예를 들면, 우리나라에서 노인들의 복지는 주로 가족에 의하여 해결된다. 서구 복지국가들에서는 노인들의 복지는 대부분 국가가 책임지는 것과 대비가 된다(김태성·손병돈, 2007). 또한 우리나라에서는 사회복지에서 가족의 단위가 대가족이라는 점이다. 서구의 복지국가들에서는 사회복지에서의 가족의 단위는 핵가족이다. 예를 들면, 자식들이 아무리 부자라도 노인인 부모가 가난하면 사회복지의 수급자가 될 수 있다. 반면에 우리는 대가족이 단위이기 때문에 노인인 부모가 아무리 가난해도 그들의 자식들이 일정한 소득 이상이면 부모들이 사회복지의 수급자가 될 수 없다.

둘째, 우리나라에서는 사회복지와 관련하여 근로를 유달리 강조한다는 점이다. 그래서 근로능력이 있는 사람들에게 사회복지를 제공하는 것을 극히 꺼린다. 이것은 박정희 정부 시절부터 근면과 자조를 강조하였고, 우리의 오랜 전통인 '경제성장 제일주의'의 목표를 이루기 위하여 그러하였다. 물론 서구 복지국가들도 오늘날 근로복지를 어느 정도 강조하고 있지만, 우리의 경우는 시대나 정부와 상관없이 처음부터 근로를 지나치게 강조하는 면을 보이고 있다.

셋째, 우리의 사회복지는 강력한 국가의 발전주의적 전략 하에 경제발전을 위한 종속적인 도구로서 기능하고 있다는 점이다. 서구의 복지국가들에서는 사회복지는 대개 사회민주주의 세력 혹은 다양한 이익집단들의 압력에 의해서 확대되었는데, 우리의 경우는 노동계급이나 사회민주주의 세력의 정치적 힘이 거의 없는 상태에서, 그리고 아직은 충분히 성숙되지 않은 민주주의의 상황에서 다양한 이익집단들의 영향력도 약한 상태에서, 국가 주도로 경제발전의 부수적인 수단으로 사회복지제도들은 만들어진 것이었다.

마지막으로, 우리의 사회복지제도는 피상적으로 보면 통합적이고 보편적이라 할 수 있다. 예를 들면, 의료보험의 경우 계층과 상관없이 모든 사람들을 하나의 건강보험에서 관리하고 있고 국민연금이나 고용보험도 모든 사람을 대상으로 하고 있다. 그러나 실질적으로는 국민연금이나 고용보험에 미가입자가 너무 많아, 정규직 대 비정규직 그리고 대기업 대 중소기업의 근로자들로 사실상 분절이 되어 있고 그래서 보편적인 제도라 하기가 어렵다. 즉, 형식적인 측면과 실질적인 측면에서 큰 차이가 있는 것이다.

이렇게 우리의 복지체제는 서구의 복지국가들과 비교해 볼 때 독특한 점들이 많기 때문에, 학자들 사이에 우리의 복지체제의 성격을 규명하는 데 있어 많은 논란들이 있다. 최근에 우리의 복지체제의 성격을 논의하는 연구들은 대개 우리의 복지체제가 널리 알려진 에스핑앤더슨의 복지체제의 세 가지 유형 가운데 어느 것과 유사한지, 아니면 우리의 문화(유교문화)를 바탕으로 한 고유한 복지체제인지에 초점이 맞추어 있다.

예를 들면, 조영훈(2002)은 우리의 사회복지는 노동의 상품화를 강요하고, 사회복지와 관련된 민간보험의 규모가 크다는 이유 등으로 우리의 복지체제는 미국식의 자유주의적 복지체제와 유사하다고 주장한다. 반면에 김영범(2002)은 우리의 사회복지는 사회보험을 강조하고, 계층별로 분화가 되어 있다는 점을 들어 유럽대륙국가들의 보수주의적 복지체제와 유사하다고 주장한다.

한편 김연명(2002)은 조영훈의 주장을 반박하면서 우리의 복지체제, 특히 김대중 정부의 복지체제는 통합적이고 보편적이어 마치 사회민주적 복지체제에 가까이 가고 있다고 주장한다.

반면에 몇몇 연구자들은 우리의 복지체제는 에스핑앤더슨의 유형분류와는 맞지 않다는 전제 하에, 우리의 독특한 복지 성격을 강조한다. 예를 들면, 정무권(2002)은 우리의 복지체제는 우리의 국가의 성격이 발전주의적 국가라는 점을 강조하면서 우리의 복지체제도 결국 발전주의적 복지체제의 성격을 갖는다고 주장한다. 한편 홍경준(2002)은 우리가 서구와 다른 독특한 유교문화를 갖고 있어 우리의 복지체제도 이러한 문화적 측면에서 성격을 파악해야 한다고 주장한다.

그런데 이러한 연구들은 우리의 복지체제를 분석하는 데 몇 가지 점들에서 한계가 있다. 우선 대부분의 연구들은 김대중 정부 이후의 우리의 사회복지체제를 분석하였기 때문에 우리의 복지체제의 역사적 흐름을 놓칠 수 있는 문제점이 있다. 사실 오늘날의 우리의 복지체제는 박정희 정부 시절에 어느 정도 기본 틀이 짜여 있었기 때문에, 우리의 복지체제를 포괄적·종합적으로 이해하기 위하여는 전체적인 모습을 볼 필요가 있다.

둘째, 대부분의 연구들은 우리의 사회복지제도의 피상적인 모습만을 보고 복지체제의 성격을 규명하려고 한 점이다. 예를 들면, 우리가 사회보험제도의 비중이 높기 때문에 보수주의적 유형으로 분류한다든지, 형식적인 측면에서 보편적·통합적이라고 하여 자유주의적 복지국가가 아니라는 등이다.

마지막으로, 현 시점에서 우리의 복지체제의 성격을 규명하기가 어려운 것은 우리의 사회복지는 이제 막 시작하는 단계이기 때문에 서구의 복지국가들처럼 충분히 성숙한 상태에서의 유형 분류와는 상당히 거리가 있다는 점이다.

지금부터는 이러한 한계를 바탕으로, 우리의 복지체제의 성격을 규명하고자 한다. 여기서는 4가지의 측면에 초점을 맞추어 논의하고자 한다. 첫째는, 우리의 복지체제가 과연 얼마나 우리의 유교문화에 영향을 받는가 하는 점이다. 둘째는, 우리의 복지체제가 미국과 같은 자유주의적 복지국가적인 요소를 얼마나 갖고 있냐는 점이다. 셋째는, 민주화 이후에 우리의 사회복지가 민주주의에 의하여 얼마나 영향을 받았는가 하는 점이다. 마지막으로, 우리의 복지체제가 발전주의적 복지국가적인 요소를 얼마나 갖고 있냐는 점이다.

제 2 절 유교적 복지국가?

최근 복지국가들의 유형을 분석하는 학자들 사이에 일본, 대만, 한국과 같은 동아시아 국가들의 복지체제는 서구의 복지국가들과는 다른 독특한 성격을 가졌다 하여 '동아시아 복지모형(East Asian welfare model)'이라 칭하거나, 혹은 이러한 국가들이 유교문화에 크게 영향을 받는다 하여 소위 '유교적 복지국가(Confucian welfare state)'라고 부르는 경향이 있다(Jones, 1993; Goodman and Peng, 1996; Kwon, 1997; 홍경준, 1999).

유교적 복지국가의 가장 큰 특성은(적어도 사회복지와 관련되어) 강한 가족 결속, 노인 공경, 자식들에 대한 높은 교육열 등의 유교문화를 바탕으로 사회복지의 문제는 가족이나 친척들에 의하여 해결될 수 있기 때문에 국가(공공부문)에 의한 사회복지의 수준은 낮다는 점이다. 또한 이러한 복지국가에서는 가족, 특히 대가족이 사회복지의 중요한 역할을 하기 때문에, 국가에 의한 사회복지도 급여의 자격 등에서 대가족을 기준으로 한다.

이러한 측면에서 볼 때, 우리의 복지체제는 '유교적 복지국가'라 할 수 있다. 왜냐하면, 우선 전체 사회복지지출에서 볼 때 아직까지도 가족이 국가보다 더 많은 부담을 하고 있다. 예를 들면, 최근의 어떤 조사에 의하면 2000년의 경우 가족이나 친척들에 의한 사회복지 성격의 사적소득이전이 대략 GDP의 3.5%이고, 가족구성원들에 의한 아동, 노인, 장애인 등에 대한 보살핌의 경제적 가치는 대략 GDP의 4.8%이어, 둘을 합하면 우리나라에서는 GDP의 대략 9% 가까이를 가족에 의하여 해결하고 있다. 이 해에 국가(공공부문)의 사회복지지출은 GDP의 대략 6.1%이다(김진욱, 2005).

이러한 통계를 떠나 우리 주위를 둘러보면 우리나라에서 가족이 사회복지에서 얼마나 중요한 역할을 하는지를 쉽게 발견할 수 있다. 우선 우리나라의 대부분의 노인들은 삶을 자식들에 가장 크게 의존하고 있다. 서구 복지국가들의 노인들의 가장 큰 수입원이 국가에 의한 사회복지인 것과 대조적으로 우리나라에서는 자녀들로부터의 소득이전이 가장 큰 수입원이다(김기덕 · 손병돈, 1995).

우리의 노인들이 자식들로부터 부양을 받는 것은 어찌 보면 우리의 문화에서는 당연하다(?). 왜냐하면, 우리의 노인들은 자기들의 자녀들에게 미성년자일 때는 물론이고 성인이 된 이후에도 상당 부분 소득이전을 하기 때문에 이에 대한 대가를 받는 것이다. 이와는 대조적으로 서구의 복지국가들에서는 자녀들이 일단 성인이 되면 부모로부터의 소득이전이 거의 없고, 심지어 미성년자일 때도 이들의 복지는 상당 부분 국가의 사회복지제도에 의하여 이루어진다.

이렇게 우리나라에서는 대가족이 사회복지에서 중요한 역할을 하기 때문에 우리의 사회복지제도에서는 대가족 결속을 반영하는 것들이 많다. 예를 들면, 우리의 건강보험에서는 대가족 구성원 한 명만 건강보험에 가입해도 다른 대가족 구성원 모두가 급여대상자가 된다. 또한 우리의 국민기초생활보장제도에서는 부양의무자 규정이 있어 부모가 아무리 가난해도 자녀들이 일정한 소득 이상이면 급여를 못 받는다.

그렇다면 이러한 대가족 중심의 복지체제가 우리의 유교적 문화 때문인가? 아니면 산업화이론이나 수렴이론(convergence theory)에서 이야기하듯이 우리나라도 더 산업화가 되어 국가에 의한 사회복지가 확대되면 이러한 현상은 없어질 것인가?

사실 서구 복지국가들도 20세기 초까지는 사회복지에서 가족의 역할이 중요하였다. 이 당시 국가에 의한 사회복지는 대부분의 국가들에서 GDP의 5% 미만이었다. 그러던 것이 2차 세계대전 이후 국가복지가 크게 확대되면서 가족의 역할이 크게 줄었다. 우리나라도 이렇게 될까?

최근 조사들에 의하면 노인들 가운데 자녀들과 동거하는 비율이 과거보다 낮아졌고, 또한 국민들에 대한 의식조사에 의하면, 자녀들이 고령의 부모를 부양해야 한다는 비율도 과거에 비하여 낮아진 것은 사실이다. 그러나 다른 한편으로는, 우리나라는 서구 복지국가들의 산업화 과정과 비교해 볼 때 자식들과 동거하는 노인의 비율이나 노인부양의식이 훨씬 높은 것도 사실이다. 이것은 우리와 비슷한 유교문화권인 일본에서 여전히 노인부양의식이나 자녀나 친척들과 동거하는 노인 인구 비율이 높다는 사실에서 뒷받침된다.

이렇게 볼 때 우리의 복지체제에는 유교적인 문화적 특성이 어느 정도 영향을 미치고 있다고 볼 수 있다. 그렇다면 우리의 복지체제를 유교적 복지국가라 할 수 있을까? 우리나라를 유교적 복지국가의 유형으로 분류하기 위하여는, 현재의 낮은 국가복지의 역할(GDP의 10% 이내)이 크게 확대되었을 때(예, GDP의 20% 정도)에도 여전히 가족의 역할이 중요하다는 것을 보여주어야 한다. 그런데 이것을 실증적으로 연구하기는 어렵다. 왜냐하면, 만일 우리가 사회복지에서 유교적 특성이 중요하다면 앞으로도 국가복지가 크게 확대되기에는 한계가 있기 때문이다. 따라서 현 시점에서 우리를 유교적 복지국가라고 부르는 것에는 신중할 필요가 있다. 좀 더 시간을 두고 지켜볼 필요가 있다.

제 3 절 우리의 복지체제가 '자유주의적 복지국가'인가?

최근 복지국가의 성격을 연구하는 사람들 가운데 일부는 우리의 복지체제는 에스핑앤더슨의 복지국가 유형 분류에 따르면 '자유주의적 복지국가'와 유사하다고 주장한다(조영훈, 2002). 에스핑앤더슨(1990)은 복지국가들을 세 가지 유형으로 분류하였다. 하나는, 스웨덴 등의 스칸디나비아 국가들의 사회민주적 복지국가(social democratic welfare state)이고, 다른 하나는 독일, 프랑스 등의 유럽대륙국가들의 조합주의 복지국가(corporatist welfare state)이고, 마지막으로 미국, 캐나다 등의 자유주의적 복지국가(liberal welfare state)이다.

자유주의적 복지국가의 특징은 여러 가지가 있는데, 우선 가장 중요한 점은 시장경제의 논리를 중요시하기 때문에 국가가 시장에 개입하는 것을 최소화하여 복지의 문제도 국가보다는 시장 논리에 의하여 해결해야 한다는 것이다.

둘째는 이렇게 시장논리를 강조하다 보니까 자연스럽게 자조와 자립의 가치를 중시하고, 복지의 문제는 개인의 책임이 되고 노동윤리(work-ethic)를 지나칠 정도로 엄격하게 강조한다. 그래서 노동시장에서 일을 못하여 복지를 수급하면, 거기에는 낙인이 따라다니고 징벌적인 형태로 급여가 이루어진다. 실제로 대표적인 자유주의적 복지국가인 미국에서는 'welfare'라는 용어는 대부분의 미국 사람들 사이에서는 부정적인 뜻으로 사용된다. 그래서 복지수급자와 납세자 간의 반목이 크다.

셋째는, 시장경제를 강조하다 보니까 경제의 문제와 복지의 문제는 완전히 분리되어 있고, 시장경제에 조금이라도 해가 된다고 판단되는 사회복지제도는 도입하기를 꺼린다.

넷째는, 사회복지제도를 보면 이러한 국가들에서는 인구학적 조건만 갖추면 누구에게나 급여하는 보편적 프로그램(demogrant)은 거의 없고, 엄격한 자산/소득조사에 의해 최소한의 대상자들을 선별하여 급여하는 공공부조를 강조한다. 또한 복지의 문제도 시장에서 해결하려고 하기 때문에 민간보험의 역할이 크다. 실제로 미국에서는 대부분의 사람들은 의료문제를 민간보험에 의하여 해결하고, 기업연금의 역할이 중요하다.

지금까지 자유주의적 복지국가의 특성들을 간단히 정리하였다. 그렇다면 우리의 복지체제도 이러한 특성을 갖고 있어 자유주의적 복지국가라 할 수 있을까? 그런데 우리의 복지체제를 이 시점에서 어떤 유형으로 분류하는 작업은 신중할 필요가 있다. 왜냐하면, 에스핑앤더슨 등의 서구 복지국가들의 유형 분류는 완전히 성숙된 서구의 복지국가들을 대상으로 하였다. 그리고 이러한 국가들은 오랜 기간 동안에 만들어진 어떤 특성들이 있는 반면에, 우리의 경우는 복지체제가 아직 완전히 성숙이 안 되어 있기 때문에 이 시점에서 우리의 복지체제가 뚜렷한 특성을 갖고 있다고 보기 어렵다. 다시 말하여 우리의 복지체제를 어떤 유형으로 분류하기에는 좀 더 시간이 필요하다.

그럼에도 불구하고 위에 기술한 특성들을 중심으로 우리의 복지체제가 자유주의적 복지국가라 할 수 있는지를 조심스럽게 논의를 하고자 한다. 첫째, 우리는 대표적인 자유주의적 복지국가인 미국과 달리 국가가 시장에 깊숙이 개입하여 국가가 경제를 주도하여 이끌어 왔다. 오랫동안의 경제개발 5개년 계획에서 보듯이 우리는 시장경제의 성격보다는 계획경제의 성격이 컸다. 물론 최근에 들어와서 이러한 계획경제의 성격이 약화되었지만 지금도 여전히 국가의 힘이 강하고 시장에 큰 영향력을 미친다(이른바, '관치경제').

복지의 문제도 미국에서는 시장경제의 논리에 따라 국가보다는 자본에 의하여 해결하려는 경향이 크다. 예를 들면, 미국의 사회복지제도의 근간이 되는 1935년의 사회보장법은 국가보다는 자본가(대표적으로, General Electric의 회장)의 영향력에 의하여 만들어졌다고 할 수 있다.

반면에 우리는 국가가 경제를 강조하다 보니 복지 문제를 소홀히 다루었지만, 주요 사회복지제도들은 강력한 국가의 주도 하에 만들어졌다. 예를 들면, 박정희 정부 시기의 의료보험이나 김대중 정부의 국민기초생활보장법은 자본이 강력하게 반대하였지만 강력한 국가(대통령)에 의하여 도입되었다. 그래서 앞으로도 우리는 국가 주도의 사회복지가 확대될 가능성이 미국보다는 크다고 할 수 있다. 이렇게 볼 때, 적어도 이러한 특성에서는 우리의 복지체제는 미국과 같은 자유주의적 복지국가라 하기에는 무리가 있다고 할 수 있다.

둘째, '일자리가 최고의 복지'라는 주장이 널리 받아들여지듯이, 우리나라에서는 자활, 자립의 가치를 중시 여겨 노동시장에 나가 일을 하여 스스로 자립하여 살아야 한다는 점을 강조한다. 그래서 복지의 문제는 개인의 책임이라는 인식이 팽배하다. 이러한 점에서는 우리나라는 자유주의적 복지체제에 가깝다고 할 수 있다.

그러나 우리나라에서는 아직까지는 미국과 달리 복지라는 용어가 부정적인 의미를 갖고 있지는 않다. 이것은 최근에 우리나라에서 보수적 이념을 갖고 있는 정치인들도 복지 확대를 주장하는 데서도 알 수 있다. 그리고 대다수의 우리나라 사람들은 사회복지를 좋은 일 혹은 착한 일로 받아들이는 경향이 있다.

이러한 현상은 우리의 사회복지제도가 성숙되지 않아, 사회복지의 확대로 인한 부정적인 모습들이 아직 나타나지 않고 있기 때문일 수도 있다. 우리나라에서는 사회복지를 계속 확대하여도 당분간은 복지에 대한 저항은 적을 것이다. 이러한 측면에서 볼 때 우리의 복지체제의 성격을 자유주의적이라 판단하기에는 우리의 사회복지제도가 좀 더 성숙할 때까지 기다려야 할 필요가 있다.

셋째, 우리나라에서는 오랫동안 '경제성장 제일주의'의 가치가 지배해 왔다. 그리고 우리의 그 동안의 정책결정자들은 사회복지를 확대하면 경제성장에 해가 된다고 판단하였다. 그래서 경제성장에 조금이라도 해가 된다고 판단되는 사회복지제도는 도입을 꺼려왔다.

이것은 친사회복지 정부라 할 수 있는 김대중 정부에서도 이른바 '생산적 복지'라는 구호를 강조한 데서 볼 수 있다. 생산적 복지의 개념은 여러 가지로 해석할 수 있지만, 우리의 맥락에서는 복지는 기본적으로 소비적(낭비적)이기 때문에 생산(성장)에 기여하는, 혹은 적어도 성장에 해가 안 되는 복지만을 추구하겠다는 것으로 해석할 수 있다. 예를 들면, 김대중 정부의 최대의 작품이라 할 수 있는 국민기초생활보장제도에서 근로능력이 있는 사람은 생산활동을 해야 하는 조건으로 수급자가 될 수 있다.

이렇게 우리나라는 경제와 복지가 엄격히 분리된 상태에서 경제가 우선이고 경제에 해가 되는 복지는 꺼린다. 이러한 측면에서는 전형적인 자유주의적 복지체제라 할 수 있다.

마지막으로, 사회복지제도의 측면에서 우리나라는 외형적으로 볼 때 엄밀한 의미의 보편적 프로그램(demogrant)이 거의 없고(최근에 이른바 '무상급식' 제도나 보육수당이 부분적으로 도입되었지만), 사회보험이 성숙되지 않은 상태에서 공공부조(국민기초생활보장제도, 의료보호 등)의 역할이 상대적으로 중요하다. 또한 민간생명보험, 개인연금, 민간의료보험 등의 시장을 통한 복지나, 퇴직금(기업연금) 등의 기업복지의 역할이 서구의 복지국가들에 비해서 상대적으로 크다. 이러한 측면에서 볼 때 적어도 외형적으로는 자유주의적 복지국가와 유사하다고 할 수 있다.

그러나 좀 더 자세히 들여다보면, 우리가 공공부조와 민간복지를 강조하는 것처럼 보이는 것은 미국의 상황과는 다른 측면이 있다. 미국의 경우는 사회보험이 충분히 성숙했는데도 불구하고 공공부조를 다른 유럽의 복지국가들에 비하여 상대적으로 강조하는 이른바 복지의 이중체계가 확고하게 자리 잡았다. 즉 중산층 이상은 사회보험이나 민간보험에 주로 의존하고, 중하층 이하는 공공부조에 주로 의존하는 이중체계이다.

반면에 우리나라는 사회보험이 아직 성숙되지 않았기 때문에, 많은 사람들이 가족이나 공공부조에 의존할 수밖에 없는 상황이고 중산층 이상의 사람들은 민간보험에 가입할 수밖에 없다. 다른 말로 이야기하면, 만일 앞으로 우리의 사회보험이 성숙한다면, 미국처럼 공공부조에 크게 의존하지 않을 수 있는 것이다. 예를 들면, 우리의 국민연금이 성숙하여 대다수의 노인들이 국민연금을 받는다면, 앞으로 공공부조의 수급자의 숫자는 크게 줄어들 수 있는 것이다. 한마디로 말하여, 우리와 미국은 공공부조의 성격이 다르다고 할 수 있다. 따라서 이러한 측면에서도 우리가 자유주의적 복지체제인지 아닌지는 좀 더 시간이 지나가야 알 수 있을 것 같다.

지금까지의 논의를 종합해 보면, 우리의 복지체제가 어떤 측면에서는 자유주의적 복지체제와 유사한 면을 갖지만, 국가가 시장에 깊숙이 개입하고 있다는 측면에서는 자유주의적 복지체제와 거리가 먼 측면도 있다. 전체적으로 볼 때 우리의 복지체제가 어떤 확고한 성격을 갖기에는 우리의 사회복지제도가 좀 더 성숙해지기를 기다려야 한다고 할 수 있다. 이 시점에서 우리가 자유주의적 복지체제인지 아닌지를 단정하기 어렵다.

제 4 절 민주화 이후에 사회복지가 확대되었는가?

우리의 복지체제의 성격을 연구하는 사람들 가운데 많은 사람들은 우리나라가 1980년대 후반에 민주화가 되면서부터 사회복지가 크게 확대되었다고 주장한다. 일단 피상적으로 볼 때, 1980년대 후반 이후부터 사회복지제도들이 확대된 것은 사실이다. 예를 들면, 1988년에 의료보험의 대상자가 전 국민으로 확대되었고, 같은 해에 국민연금이 처음으로 시행되었고, 1999년에는 전 국민으로 대상자가 확대되었다.

또한 김영삼 정부 시기인 1995년에 고용보험이 시행되었고 가장 민주화된 정부라 할 수 있는 국민의 정부 시절인 2000년에 국민기초생활보장제도가 시행되었다. 이렇게 볼 때 시기적으로 민주화와 사회복지제도의 확대는 어느 정도 일치된다고 볼 수 있다. 그렇다고 이것을 우리의 민주화가 사회복지제도를 확대시켰다고 해석할 수 있는가?

원론적으로 볼 때 민주주의의 확산은 사회복지를 확대시킬 가능성을 크게 만드는 것은 사실이다. 이것은 여러 가지의 기제를 통해서 그러한데, 우선 가장 중요한 점은 민주주의는 일반 국민들에게 선거권을 준다는 점이다. 이렇게 일반 국민들이 투표권이 있으면 민주주의 사회에서의 선거경쟁을 통하여 자연스럽게 일반 국민들의 요구가 수용되는 과정에서 사회복지는 확대될 수 있는 것이다. 일반 국민들의 요구 가운데 가장 기본적인 것이 사회복지와 관련되기 때문이다.

또한 민주주의는 일반 국민들에게 집회, 결사, 표현의 자유를 어느 정도 보장하기 때문에 이것을 통하여 자본주의 사회에서 다수를 차지하고 있는 노동계급이 노동조합을 만들고 이를 바탕으로 사회민주주의 정당의 정치적 세력이 커질 수 있는 등의 정치참여가 많아질 수 있고 이로 인해 자본계급과의 권력투쟁에서 승리할 수 있는 길이 열릴 수 있다는 점이다.

실제로 유럽에서 복지국가가 등장하기 시작한 시점이 19세기 말이나 20세기 초인데 이때 많은 국가들에서 보통선거권이 일반 국민들에게 주어졌고, 또한 이 시기는 사회주의 정당도 만들어지고 커지기 시작한 때이다.

이렇게 민주주의는 사회복지 확대의 기본적인 요인이 될 수 있다. 그렇다고 하여 모든 나라가 민주주의만 되면 사회복지가 확대되는 것은 아니다. 이것은 민주주의 체제를 일찍이 도입한 선진산업국가들에서의 사회복지 확대의 역사적인 발전과정을 보면 알 수 있다.

예를 들면, 미국은 유럽의 어떤 국가들보다 일찍이 대중민주주의(mass democracy)를 실현하였다. 대부분의 유럽국가들에서 19세기 말이나 20세기 초에 일반 국민들에게 보통선거권이 주어진 반면에, 미국은 1830년대에 모든 백인들에게 선거권을 주었다. 이렇게 유럽국가들에 비하여 일찍이 대중민주주의가 시작되었지만, 미국은 유럽국가들과 비교해 볼 때 사회복지의 확대를 꺼려 왔고, 그리고 오늘날도 '복지후진국'이라는 오명을 갖고 있는 것이다.

한마디로 말하여, 민주주의의 확산은 사회복지의 확대의 필요조건은 되나 충분조건은 아닌 것이다. 왜 그러한가? 이것은 각 국가들이 갖고 있는 민주주의 체제의 성격에 따라 다를 수 있기 때문이다. 즉 민주주의 국가라도 체제의 성격에 따라 어떤 국가들은 사회복지가 확대될 수 있는 반면에, 다른 나라들은 그렇지 못할 수 있는 것이다.

국가들이 갖고 있는 민주주의 체제의 성격이나 형태는 다양하게 분류될 수 있지만, 여기서는 사회복지와 관련되어 크게 두 가지의 형태만 논의하고자 한다. 하나는, 사회민주주의의 형태이다. 널리 알려졌듯이, 북유럽국가들을 대표적으로 많은 유럽의 국가들은 전통적으로 사회민주주의의 정치적 세력이 강한 체제로 분류된다(최근에 신자유주의의 확산으로 일부 유럽국가들의 사회민주주의의 성격이 다소 약화되었지만). 이러한 체제는, 19세기 말 민주주의의 확산으로 일반 국민들에게 보통선거권이 부여되고, 집회, 결사, 표현의 자유 등이 보장되자 노동계급의 정치적 힘이 커지면서 만들어진다. 자본주의 사회에서 다수를 차지하는 노동자들은 민주주의의 상황에서 강력한 노동조합을 만들 수 있게 되었고, 노동조합의 정치적 힘이 커지면서 이를 바탕으로 사회주의 혹은 사회민주주의 정당을 만들고 정치적 세력이 커지면서 자본의 이익에 반하는 사회복지정책 등을 확대할 수 있었던 것이다.

이렇게 노동계급의 힘이 커지자, 국가의 중요한 정책결정방식도 이른바 사회민주적 조합주의(social democratic corporatism)라 하여 국가, 자본, 노동을 대표하는 집단들의 대타협으로 이루어지는 경향이 강하다. 이러한 방식에서는 다양한 집단들의 단기적인 좁은 자기들만의 이익추구 행태를 피하면서, 장기적인 포괄적 이익인 국가발전을 위한 정책을 만들 수 있고, 이 과정에서 사회복지의 확대가 이루어지는 것이다.

사회민주주의와 대조가 되는 것은 미국을 대표하는 대중민주주의 혹은 다원적 민주주의(plural democracy)의 형태이다. 어떻게 보면 대중민주주의는 사회민주주의보다 더 민주적이라 할 수 있다. 왜냐하면, 대중민주주의에서는 일반 국민 개인들에게 더 많은 권리(예, 재산권)와 자유(예, 시장에서의 행위의 자유)를 줄 수 있기 때문이다(사회민주주의에서는 때로는 개인들의 재산권과 시장에서의 행위에 제한을 둔다).

이렇게 일반 국민들에게 많은 권리와 자유가 주어지면서, 일반 국민들은 수많은 이익집단을 만들어 국가를 대상으로 자신들의 요구를 들어주기를 원하고, 이 과정에서 대부분의 국가정책들은 이익집단정치에 의하여 결정된다.

이익집단정치에 의하여 정책이 결정되는 상황에서는 어떤 이익집단들의 정치적 힘이 크냐가 중요하다. 그래서 이익집단을 구성하는 숫자, 조직의 인적·물적 자원, 조직의 응집력·조직력 등이 중요한데, 불행하게도 사회복지의 확대를 주장하는 이익집단들은 이러한 측면에서 불리하기 때문에(미국의 경우 노인 집단은 예외다), 사회복지의 확대는 어렵게 되는 것이다(미국에서 오늘날까지 전 국민을 위한 공공의료보험이 없는 것이 대표적인 예이다).

지금까지의 논의를 한마디로 정리하면, 민주주의 체제가 되어도 사회복지가 확대되려면 사회민주주의 체제이어야지 대중민주주의 체제이면 한계가 있다는 것이다. 그럼 지금부터는 우리나라에서의 민주주의의 확산과 사회복지의 관계를 논의하고자 한다.

널리 알려졌듯이, 우리나라는 1980년대 후반부터 민주화 운동이 시작되고 이후 이른바 '문민정부', '국민의 정부', '참여정부' 등을 거치면서 어느 정도 민주화가 되었다. 물론 우리나라는 여전히 국민의 요구를 대변하는 국회의 기능이 약하여, 주요 정책결정은 행정부, 특히 대통령에 의하여 권위적으로 이루어지는 경향이 있어 충분히 성숙된 민주주의 체제라 하기는 어렵다. 그럼에도 불구하고 과거 권위주의 정부 시절과 비교해 볼 때 상당히 민주화가 이루어진 것은 사실이다.

그렇다면 우리나라에서의 민주화와 사회복지의 확대는 어떤 관계가 있는가? 앞에서 언급했듯이 일단 피상적으로 보면 1980년대 후반부터 주요 사회복지제도들이 시행되거나 확대된 것은 사실이다. 그러나 자세히 분석해 보면 민주화와 사회복지의 인과관계는 분명치 않을 수 있다.

우선 노태우 정부는 실질적으로 권위주의 정부인 전두환 정부를 계승(?)한 성격이 강하기 때문에 '민주정부'라 하기가 어렵다. 그리고 무엇보다도 노태우 정부 때 시행된 국민연금의 시행이나 의료보험의 전국민 확대는 전두환 정권 시절인 1986년에 이미 계획된 것이었다(양재진 외, 2008).

이어서 등장한 김영삼 정부도 이름은 '문민정부'라 칭하면서 '민주정부'라는 것을 강조하였지만, 과거의 권위주의 세력과의 연합으로 정권을 잡았기 때문에 민주정부로서의 태생적인 한계가 있다. 또한 김영삼 정부 때는 사회복지의 확대가 주요 정책의 우선순위가 아니었다. '삶의 질의 세계화'나 '한국형 복지사회의 건설'이라는 요란한 구호만 있었지 실질적으로 이 정부에서 사회복지를 크게 확대한 것은 없다. 그나마 고용보험제도의 시행도 이미 노태우 정부인 1992년에 만든 안을 실천한 것뿐이다.

민주화 이후에 상기의 두 정부보다 민주적으로 더 성숙한 정부는 '국민의 정부'라 하는 김대중 정부이다. 그리고 김대중 정부 시절에 다른 어떤 정부보다 사회복지를 확대하였다. 그리고 여기에는 민주화라는 요인이 일정 부분 기여하였다. 대표적인 예가 의료보험 통합이다. 우리의 의료보험제도는 처음 만들 때부터 조합주의 방식으로 운영되어 조합들 간의 재정·급여의 차이가 있어 의료서비스의 불평등이 문제가 되었다. 그래서 1980년대부터 진보적인 학자들이나 민주주의 세력이라 할 수 있는 사람들이 의료보험을 통합할 것을 주장하였다. 그러나 이러한 요구는 권위주의 세력에 의하여 번번이 묵살되었다(이두호 외, 1992). 즉 의료보험제도를 둘러싼 조합주의 대 통합주의 논쟁을 단순화하여 보면 권위주의 세력 대 민주주의 세력 간의 싸움이었다고 할 수 있다. 이것이 김대중 정부 때 통합된 것은 민주화로 인한 민주주의 세력의 승리라 할 수 있다.

또한 김대중 정부의 획기적인 작품인 국민기초생활보장제도의 도입 과정에서 노동이나 시민단체들이 민주화된 분위기에서 역할이 컸다고 할 수 있다. 그러나 국민기초생활보장제도는 이 제도의 성격을 어떻게 보느냐에 따라 해석을 다르게 할 수 있다. 물론 이 제도가 과거의 생활보호제도에 비하여 적어도 외형적으로는 진일보한 점이 있지만, 실질적으로는 근로능력이 있는 사람들은 조건부수급자라 하여 근로나 훈련을 받는 조건으로 급여가 이루어지기 때문에 근로복지를 강조하는 신자유주의의 가치를 크게 벗어나지 못하는 한계가 있다는 점 때문이다.

이 점은 김대중 정부의 큰 틀에서의 이른바 '생산적 복지'의 성격을 어떻게 보느냐와도 관련이 있다. '생산적 복지'라는 용어에는 복지만을 추구하는 것은 비생산적이고 낭비적이고, 따라서 생산, 즉 성장을 저해하는 복지를 확대 안 한다는 의미가 담겨있다고 볼 수 있다. 이렇게 해석한다면 민주화된 김대중 정부에서의 사회복지의 확대도 한계가 있다고 볼 수 있다.

마지막으로 어떻게 보면 가장 탈권위적이고 민주적인 정부는 노무현의 '참여정부'이다. 또한 노무현 정부의 주요 정책결정자들은 다른 어떤 정부들 때보다 사회복지 확대를 주장하는 사람들이다. 그래서 집권 초기 사회복지 확대를 위한 여러 기구를 만들고 많은 노력을 하였다. 그러나 얼마 지나지 않아 사회복지와 관련이 없는 다른 여러 가지의 정치적 이유들(예, 대통령 탄핵) 때문에 노무현 정치세력은 반노무현 운동(?)에 무릎을 꿇어 결국 원래 꿈꾸었던 이상적인 복지모델을 실현하지 못하고 비극적으로 정권이 바뀐다.

지금까지의 논의를 종합해 보면, 우리나라에서의 민주화는 사회복지의 확대에 직접적으로 혹은 결정적으로 영향을 주었다고 보기 어렵다. 왜 그러한가? 이것이 단순히 우리의 민주화가 아직 덜 성숙해서 그렇다고 볼 수도 있지만, 더 중요한 이유는 우리의 민주주의 체제가 사회민주주의 체제와는 거리가 멀기 때문에 그러하다.

우리나라에서는 노동계급의 정치적 힘이 매우 약하다. 우선 노동계급을 대변하는 노동조합의 정치적 힘이 매우 약하다. 일반적으로 노동조합의 정치적 힘은 노동조합 조직률(union density)과 중앙노동조합과 하부의 단위 노동조합들과의 통제력과 결속력을 나타내는 노동조합의 중앙집권화 정도(union centralization)이다.

우리나라에서의 노동조합은 이러한 두 가지 측면에서 모두 약하다. 우리의 노동조합 조직률은 10% 정도에 불과하다(1980년대 후반 민주화 운동이 절정에 이르렀던 시기의 23%가 최대였고, 그 이후 민주화가 계속되었는데도 불구하고 계속 줄어든다). 이것은 유럽의 복지국가들이 한참 사회복지를 확대할 때의 80~90%의 노조조직률과 비교해 볼 때 너무나 낮은 것이다(오늘날은 세계화와 신자유주의의 분위기에서 자본의 힘이 커지는 상황에서 유럽의 복지국가들의 노조조직률도 줄어들고 있는 추세이지만).

또한 우리의 노동조합은 중앙집권화의 정도가 낮아 노동조합의 전체적인 통제력과 결속력이 약하다. 우리의 중앙노동조합은 크게 둘(한국노총과 민주노총)로 나뉘어 서로 대립하고, 각 중앙노동조합들도 하부의 단위 노동조합들에 대한 통제력이 약하여 결속력이 낮다.

이렇게 노동조합이 약해서, 노동조합을 핵심 지지기반으로 삼는 좌익정당들(과거의 민주노동당, 오늘날의 통합진보당, 진보신당 등)의 정치적 힘은 약할 수밖에 없는 것이다. 그래서 사회민주주의 세력은 미미할 수밖에 없다. 이렇게 노동계급의 힘이 약하기 때문에 계급을 바탕으로 하는 계급정당정치가 부재하고, 우리나라에서는 지역을 기반으로 하는 정당정치가 중요해지고 이것은 다시 사회민주주의 세력의 약화를 불러일으키는 악순환이 이루어지는 것이다.

이렇게 노동계급의 힘이 약하니 사회민주적 조합주의 방식의 정책결정 방식도 이루어지기 어렵다. 우리나라는 김대중 정부 시절에 사회민주적 조합주의를 흉내 낸 노사정위원회를 만들었으나 실패하였다. 그 이유는 강력한 국가와 자본에 비하여 노동의 힘은 너무나 미미했기 때문이다. 그래서 사회복지의 확대와 같은 국가의 장기적인 이익을 위한 정책이 결정되기 어려운 것이다.

이렇게 사회민주적 민주주의가 어려운 상황에서, 우리나라는 민주화가 진행되면서 최근에 다양한 이익집단들의 정치적인 힘이 커지고 있고 결과적으로 우리의 주요 정책결정에 영향을 주고 있다. 아직까지는 우리나라는 전통적으로 국가가 강하기 때문에(특히 대통령과 참모들) 주요 정책들은 국가 주도로 결정되나, 앞으로 민주화가 더 진행되면 이익집단들의 정치적 힘은 더 커질 수 있어, 우리나라도 미국처럼 이익집단정치가 중요해지고 대중민주주의의 체제로 갈 가능성이 크다.

이렇게 우리의 민주주의가 사회민주주의가 아닌 대중민주주의 체제로 되면 우리나라에서의 사회복지의 확대는 한계가 있을 것이다. 우리의 사회복지의 확대는 이념과 철학에 바탕을 둔 적극적인 확대가 아니라 그때그때의 사회복지의 필요(need)의 증대에 따라 점증적으로, 소극적으로 확대될 것이다.

제 5 절 발전주의적 복지체제인가?

우리나라의 복지체제의 성격을 분석하는 학자들 가운데 어떤 사람들은 우리의 복지체제를 이른바 '발전주의적 복지체제(developmental welfare regime)'라고 주장한다(정무권, 2002). 이들은 처음에는 일본, 이후에는 한국이나 대만 등의 동아시아 국가들의 경제발전의 성공을 설명하기 위하여 개발되었던 '발전국가론(developmental state)'의 관점에서 이러한 국가들의 복지체제의 성격을 논의한다.

이러한 관점에 의하면 발전국가의 핵심은 국가가 주도하여 경제발전을 빠른 속도로 이루는 것인데, 이 과정에서 사회복지는 경제발전의 종속적 혹은 보조적인 수단으로 필요하여 국가가 도입한다는 것이다. 발전국가의 경제발전 전략은 경제발전 과정에서 노동의 저항을 통제하면서 자본과의 연합을 이루는 것인데 이 과정에서 사회복지는 정치적 정당성의 확보의 수단으로 이용하면서 동시에 산업화 과정에 필요한 핵심 노동자들을 육성·보호하는 데 필요한 것이다.

발전국가들의 사회복지의 특징은 국가의 재정개입을 최소화하는 사회보험제도를 중심으로 하고, 복지이념으로는 자립과 근면을 강조하여 근로능력이 있는 사람들은 급여대상에서 제외하거나 일을 해야만 급여를 받을 수 있는 근로복지를 강조한다. 또한 산업화에 필요한 노동력 확보와 노동의 생산성 향상을 중시 여기기 때문에 의료보험, 산재보험, 교육·훈련 등의 인적자본을 개발 혹은 유지할 수 있는 사회복지제도에 초점을 맞춘다.

한마디로 말하여, 발전주의 복지체제에서는 사회복지가 경제성장에 해가 되면 안 되기 때문에 사회복지의 확대는 경제성장의 일정한 범위 내로 제한될 수밖에 없다.

우리나라는 1961년 박정희가 쿠데타로 정권을 잡은 이후에 1998년의 외환위기 전까지 약 40년 가까이 '경제성장 제일주의'의 가치 하에 여러 차례의 경제발전 5개년 계획을 통하여 연평균 8% 이상의 지속적이고 높은 경제성장을 이루어 적어도 국가 주도의 경제발전이라는 측면에서 성공하였다.

그리고 이러한 경제발전의 성공은 노동을 철저히 통제하면서 자본(재벌)과의 유착을 통하여 이루어졌다. 이렇게 볼 때 우리의 경우는 발전국가론의 설명에 명확히(?) 부합된다고 할 수 있다. 그렇다면 이러한 경제발전의 성공에서 우리의 사회복지는 어떠한 모습을 보였고 어떠한 기능을 하였는가?

우리의 복지체제의 성격을 파악할 수 있는 실마리는 박정희가 5·16 쿠데타로 정권을 잡은 후 초기에 일어난다. 박정희는 쿠데타가 성공하자 즉시 최고회의라는 기구를 만들어 여기서 국가의 주요정책을 결정한다. 그리고 이 최고회의의 통치기간(1961~1963)에 이후에 우리의 사회복지제도의 기본 틀이 되는 주요한 사회복지 관련법들이 만들어진다. 예를 들면, 이 시기에 사회보장에 관한 법률(1963), 산업재해보상보험법(1963), 의료보험법(1963), 공무원연금법(1961), 군인연금법(1963), 그리고 생활보호법(1961) 등이 만들어졌다. 그리고 이러한 법들이 만들어지는 과정에는 사회보장심의위원회의 역할이 중요하였다.

박정희는 왜 집권하자마자 사회복지에 관심을 가졌을까? 이것은 여러 가지로 해석할 수 있는데, 우선 군사정부가 이른바 혁명공약으로 내세웠던 '시급한 민생고의 해결'이나 '사회개혁'을 실천하고자 한 것으로 볼 수 있다. 실제로 박정희는 1962년 '복지국가 건설'을 목표로 하면서 '사회보장제도의 확립'이라는 지시각서를 보냈다(양재진 외, 2008). 여기에는 그 당시 복지국가가 크게 확대되는 서구나 본격적으로 사회복지제도가 정착되는 일본에서 연구한 사회보장심의위원회의 전문위원들의 역할이 컸다.

박정희는 순수한 마음에서 쿠데타를 해서라도 우리의 오랫동안의 가난의 문제를 해결하여 우리나라를 '살기 좋은 나라'로 만들려고 했을 가능성이 없지 않을 것이다. 그리고 이러한 정책의지에 부합하여 사회보장심의위원회의 전문위원들도 자부심과 사명감을 가지고 복지국가를 만들어 보려고 노력했을 것이다.

그러나 이러한 피상적인 관찰과 달리, 상기의 복지 관련법들이 만들어진 과정을 구체적으로 들여다 보면 이야기는 달라진다. 산재보험법이 만들어지기 전에, 사회보장심의위원회에서는 노동자의 복지를 위하여 산재보험과 실업보험 둘 다를 도입할 것을 목표로 연구하였다. 그런데 그 당시의 주요 정책결정자들이라 할 수 있는 최고회의 상임위원회의 위원들이 실업보험은 근로자들을 '놀고먹게' 만들어 근로의욕을 크게 저하시킨다는 이유로 반대하였기 때문에 초기에 포기되었다. 반면에 산재보험은 노동자들의 생산력 향상이라는 측면에서, 그리고 사용자들의 경제활동에 여러 가지로 도움이 될 수 있다는 측면에서 큰 반대 없이 받아들여질 수 있었다. 한마디로 말하여 산재보험은 경제발전에 도움이 되는 것이고, 실업보험은 경제발전에 해가 된다고 판단하였기 때문이다.

1963년의 의료보험법은 강제가입의 사회보험이 아닌 임의가입의 형태다. 의료보험법은 정책결정자들 사이에서 호의적으로 받아들여졌다. 가장 중요한 이유는 의료보험을 통하여 노동자들의 생산력이 증가될 수 있기 때문이다. 그래서 의료보험을 연구하는 사회보장심의위원회의 전문위원들도 서구처럼 강제가입 형태의 사회보험으로 할 것을 제안하였다. 그런데 의료보험을 만들어가는 과정에서 강제가입을 하면 사용자들의 부담이 커져(특히 중소기업들) 경제활동(투자 등)이 위축될 수 있어 경제발전에 해가 된다는 주장이 힘을 얻어 결국 정책결정자들도 의료보험을 하긴 하되 임의가입으로 해야 된다고 결정한다. 여기서도, 역시 경제발전의 논리가 지배적이었던 것이다.

이 시기에 만들어진 생활보호법은 근로의욕의 저하를 막기 위하여 조금이라도 근로능력이 있는 가난한 사람들을 철저히 수급대상자에서 제외하고, 극히 일부의 가난한 사람들에게 최소한의 급여만을 하여 빈민통제의 기능을 하였다고 볼 수 있다. 이것은 1964년부터 실시한 이른바 '자조근로사업'의 성격에서 볼 수 있다. 이시기에는 근로능력이 있는 빈자들이 많았는데, 이들이 사회안정에 해가 될 수 있고 이들이 '그냥 놀고먹는 것'을 막기 위하여 국토개발사업(소하천 정비사업, 치수 및 사방사업, 간척지 개간 등)에 투입시켜 미국에서 잉여농산물로 받는 양곡(주로 밀가루)을 주면서 일을 시켰다.

이 시기에 공무원연금법 등의 특수직역연금법도 만들었는데, 이것은 국가형성(nation building)에 절대적으로 필요한 인력인 공무원, 군인, 학교 선생 등의 낮은 임금에 대한 불만을 해소하기 위하여 만들었다. 즉 국가발전이라는 측면에서 우선적으로 필요한 조치인 것이다.

이렇게 볼 때 우리의 초기의 사회복지의 모습은 전형적인 발전주의적 복지체제의 성격을 갖고 있다고 볼 수 있고, 이러한 성격은 이후의 권위주의 정부 시절에 계속되었다고 볼 수 있다. 예를 들면, 전두환 정부 시절에 실업보험이 논의되었으나 대통령을 비롯한 주요 경제관료들이 근로의욕 저하의 이유로 완강히 거부하여 도입이 실패하였다.

그렇다면 민주화 이후에는 어떠한가? 한마디로 말하여 기본적인 성격은 큰 변화가 없다고 할 수 있다. 우선 최초의(?) 민주정부라 할 수 있는 김영삼 정부 시절의 사회복지에 대한 기본적인 철학은 이 시기에 자주 언급된 이른바 '한국병'이라는 용어에서 볼 수 있다. 1990년대는 서구 복지국가들에서 이른바 '복지국가의 위기'가 한참일 때이고 이때 이른바 '복지병'이라는 말이 유행어가 되다시피 하였다. 이러한 분위기에서 대통령을 비롯한 주요 정책결정자들은 사회복지를 확대하면 근로자들이 일을 안 하고 놀면서 복지를 수급하게 되어 경제발전에 크게 해가 된다는 인식이 컸다. 그래서 사회복지는 경제성장에 해가 되지 않는 범위 내에서 이루어져야 한다는 논리가 지배적이었다.

이러한 상황에서 나온 것이 이 시기의 고용보험법이다. 이름에서 보듯이 우리의 고용보험은 서구의 실업보험이 실업자들에 대한 소득보장을 강조하는 것과 달리, 처음부터 인력 수급을 원활히 하고 노동자들의 인적자원을 개발하여 경제발전을 위한 경제정책의 일환으로 시작된 것이다.

이후의 김대중 정부의 사회복지에 대한 관점은 김영삼 정부 때보다 진일보하였다고 볼 수 있다. 실제로 처음 논의되었던 국민기초생활보장제도는 근로능력이 있는 빈자들도 수급자로 인정하였다. 이것은 지금까지의 '경제성장 먼저 사회복지 나중'의 기본 방향을 깨는 것이라 할 수 있다. 그러나 주요 경제관료들, 자본, 그리고 보수언론 등의 집요한 반대로 결국 근로능력이 있는 빈자들은 이른바 조건부수급자라 하여 '경제발전'에 기여하는 조건으로 수급할 자격이 생긴다.

또한 이 정부의 사회복지의 기본철학인 '생산적 복지'라는 것도 결국 사회복지를 어느 정도 확대하되 이것이 경제발전에 해가 되지 않게 '생산적'이어야 한다는 점을 강조하는 것이다. 즉 여기에도 복지는 경제에 종속되는 역할을 하는 것이다.

필자의 판단으로는, 노무현 정부가 들어서면서 처음으로 사회복지가 경제성장과 동급(?)으로 간주된 것 같다. 실제로 이 정부에서 실질적으로 제대로 추진되지는 못했지만 경제성장과 사회복지를 같이 이룰 수 있는 이른바 '선순환'에 대한 논의가 많았다. 그러나 이렇게 사회복지가 과감하게(?) 지금까지 우리나라를 지난 40년간 지배해오던 '경제성장 제일주의'의 가치를 깨버리려 하자 우리 사회를 지배해오던 보수세력의 완강한 '반노무현' 운동에 무릎을 꿇어 미완성으로 끝난다.

제 6 절 우리의 복지체제의 성격은?

지금까지 우리의 복지체제의 성격을 둘러싼 다양한 논의를 하였는데 그렇다면 결론적으로 우리의 복지체제의 성격은 무엇인가? 결론을 먼저 이야기하면 우리의 복지체제의 성격을 어떻다고 단언하기는 어렵다는 것이다. 이것은 여러 가지로 이야기할 수 있지만 가장 중요한 점은 우리의 복지체제는 이제 시작 단계이고 따라서 아직 완전히 성숙되지 않았기 때문에 이 시점에서 어떠한 성격을 가졌다고 말하기 어렵다. 그래서 여기서는 우리의 복지체제가 앞으로 어떤 방향으로 나갈 수 있는가를 중심으로 이야기하고자 한다.

우선 우리의 복지체제가 유교적인 문화에 얼마나 영향을 받고 있고 앞으로도 이러한 문화가 우리의 복지체제의 성격에 큰 영향을 미칠 수 있는가 하는 점이다. 우리의 현재의 복지체제는 유교문화에 영향을 받아서 가족, 특히 대가족의 복지 역할이 매우 중요하다. 이것은 서구 복지국가들에서는 찾아볼 수 없는 현상이다. 이러한 측면에서 우리의 복지체제가 유교문화적인 요소에 의하여 상당 부분 영향을 받고 있다고 할 수 있다.

문제는 앞으로도 그러할 것인가이다. 즉 우리의 사회복지가 더욱 확대되어 국가에 의한 사회복지의 역할이 지금보다 커졌을 때도 과연 유교문화적인 요소가 중요할 것인가이다.

최근 우리나라에서도 유교문화의 영향이 조금씩 줄고 있는 것이 사실이다. 예를 들면, 노인 단독가구들이 늘고 있고, 사회복지에 있어 가족의 역할(가족 간 소득이전이나 돌봄)이 조금씩 줄고 있다. 그렇다면 어느 정도까지 가족의 역할이 줄어들까? 서구의 복지국가들처럼 가족의 역할이 국가에 비하여 크게 낮아질까? 이것은 우리와 비슷한 유교문화권인 일본의 경우를 보면 그렇지 않을 가능성이 크다. 일본은 우리보다 훨씬 산업화가 일찍 되었고 사회복지도 발전되었지만 여전히 사회복지에 있어서 서구 복지국가들과 비교해 볼 때 가족이나 친족의 역할이 크다.

이렇게 볼 때 앞으로도 우리의 복지체제는 유교문화적인 요소를 상당히 갖고 있을 것이다. 그렇다고 앞으로의 우리의 복지체제를 유교문화적인 복지국가라고 한마디로 분류하기는 어렵다. 왜냐하면, 우리의 경우는 다른 요인들이 우리의 복지체제의 성격에 많은 영향을 주고 있기 때문이다.

둘째는 우리의 복지체제가 자유주의적 복지국가적인 요소를 얼마나 갖고 있냐는 점이다. 많은 연구자들이 지적하듯이 우리의 복지체제는 노동의 상품화, 즉 근로복지를 유달리 강조한다는 점, 복지가 경제에 미칠 수 있는 부정적인 측면을 너무 우려한다는 점, 그리고 민간부문의 생명보험 등을 비롯하여 시장의 복지 역할이 중요하다는 점 등을 볼 때 자유주의적 복지국가적인 측면을 갖고 있다고 할 수 있다. 그렇다고 우리의 복지체제를 미국과 같은 자유주의적 복지국가로 분류하는 것은 무리가 있다.

가장 중요한 이유는 우리는 미국과 달리 국가가 시장에 깊숙이 개입하여 국가가 경제를 주도하여 이끌어 왔다는 점이다. 그리고 복지는 경제발전의 수단으로 여겨 국가가 주도하여 경제에 해를 주지 않는 선에서 만들었다.

또한 어떤 사람들은 우리의 사회복지제도가 미국처럼 공공부조를 강조하기 때문에 자유주의적이라 하는데, 우리는 미국과 달리 사회보험이 미성숙되었기 때문에 공공부조가 중요할 수밖에 없어 그러하기 때문에 미국과 성격이 다르다. 즉 우리는 앞으로 사회보험이 좀 더 성숙이 되면 공공부조의 비중이 줄어들 가능성이 크다.

마지막으로, 자유주의적 복지국가에서는 복지는 부정적인 의미를 갖고 있고 따라서 복지 수급자는 사회적 낙인을 받는 경향이 있는데 우리나라에서는 아직은 그러한 모습이 나타나고 있지 않다는 점에서도 우리가 전형적인 자유주의적 복지국가와는 다르다고 할 수 있다.

셋째는, 우리나라에서의 민주화가 우리의 복지체제에 어떠한 영향을 주었는가 하는 점이다. 우리나라에서의 민주화는 우리의 복지체제에 어느 정도의 영향을 주었으나 크지는 않다고 할 수 있다. 예를 들면, 김대중 정부의 의료보험 통합이나 국민기초생활보장법의 제정에는 민주화 이후의 민주주의 세력의 역할이 컸다고 할 수 있다. 그러나 우리의 민주주의의 모습이 사회민주주의 세력이 매우 약한 상태이기 때문에 본질적인 의미에서 사회복지의 확대에는 제한이 있다. 앞으로도 우리 사회에서는 사회민주주의 세력이 커질 가능성이 적고, 오히려 미국처럼 대중민주주의(다원적 민주주의)의 가능성이 커져 복지에 있어 이익집단정치가 중요해질 수 있다. 이렇게 되면 미국과 같은 자유주의적 복지국가적인 모습이 앞으로 더 커질 수 있다.

마지막으로, 우리의 복지체제가 발전주의적 복지체제라 할 수 있냐는 점이다. 우리의 복지체제는 적어도 민주화 이전의 권위주의 정부들에서는 전형적인 발전주의적 복지체제라 할 수 있다. 그리고 민주화 이후의 정부들에서도 사회복지는 상당 부분 발전주의적 틀에서 이루어졌다고 할 수 있다. 그러나 민주화가 계속 확대되면서 과거의 발전주의적 틀이 약화되고 이것은 시간이 갈수록 더욱 그러할 것이다. 즉 지금까지는 우리의 복지체제는 발전주의적이라 할 수 있으나, 앞으로 우리의 사회복지가 성숙해 나가는 과정에서는 발전주의적 요소가 크게 약화될 가능성이 크다.

종합해 보면, 우리의 복지체제는 유교문화적, 자유주의적, 그리고 발전주의적 요소를 모두 갖고 있다고 할 수 있다. 그래서 우리의 복지체제가 어떤 성격을 갖고 있다고 한마디로 말하기 어렵다. 특히 우리의 사회복지는 지금 초기 단계에 있기 때문에 지금 단계에서 우리의 복지체제의 유형을 이야기하기는 어렵다. 앞으로 우리의 사회복지가 어느 정도 성숙할 때까지 기다릴 필요가 있다.

4
chapter

왜 한국의 복지체제는 낙후되어 있는가?

3장에서는 우리의 복지체제의 성격을 큰 관점에서 논의하였다. 거기에서는 널리 알려진 에스핑앤더슨의 복지국가 유형 분류에 따라 우리나라의 복지체제가 어떠한 유형에 속하는지에 대해 여러 학자들의 주장들을 정리하였다. 어떤 사람들은 우리나라의 복지체제가 미국을 대표하는 자유주의적 복지국가 유형에 가깝다고 주장하는 반면(조영훈, 2002), 다른 사람들은 보수주의 복지국가의 특성을 갖고 있다고 주장한다(김영범, 2002). 또한 어떤 사람들은 우리의 복지체제는 우리의 유교문화에 영향을 받아 독특한 성격을 갖고 있다고 주장한다(홍경준, 2002). 마지막으로 일부 학자들은 우리의 복지체제는 아직은 성숙이 되지 않아서 서구 복지국가들의 유형 분류에 적합하지 않기 때문에 유형화 작업 자체가 무의미하다고 주장한다.

이렇게 우리나라의 복지체제의 성격에 관하여는 다양한 입장들이 있지만, 대부분의 학자들이 동의하는 것은 우리의 복지체제는 서구의 복지국가들과 비교해 볼 때 예외적인 특성을 많이 갖고 있고, 무엇보다도 크게 낙후되어 있다는 점이다.

그렇다면 왜 우리의 복지체제는 낙후되어 있는가? 여기에는 다양한 설명이 필요한데 여기서는 우리의 복지체제의 낙후성에 영향을 줄 수 있는 사회문화적, 정치적, 경제적인 요인들을 구체적으로 분석하고자 한다. 그런데 이러한 작업을 하기 전에 먼저 우리의 복지체제가 정말로 어느 정도나 낙후되어 있는가를 엄밀하게 따져 볼 필요가 있다.

제1절 한국의 복지체제가 낙후되어 있는가?

최근에 우리나라의 정치인들은 자신들이 갖고 있는 정치적 이념에 상관없이 너도나도 사회복지 확대를 주장하고 있다. 이른바 '무상급식', '무상보육', '무상의료' 등의 구호 하에 모든 국민들에게 복지를 '무상(?)'으로 급여하겠다고 주장하고 있다. 이러한 구호는 정치적인 수사(political rhetoric)에 그칠 가능성이 크지만, 최근에 우리나라의 사회복지가 꾸준히 확대된 것은 사실이다.

적어도 외형적으로는 4대 사회보험(국민연금, 건강보험, 산재보험, 고용보험)을 모두 갖추었고, 국민기초생활보장제도를 도입하여 공공부조제도도 진일보하였다고 볼 수 있다. 또한 노인, 아동, 장애인 등의 취약계층을 대상으로 하는 다양한 사회복지서비스들도 꾸준히 확대하고 있다. 그리고 무엇보다도 정부 예산 가운데 사회복지예산의 비중이 꾸준히 늘어나고 있다.

최근에 이러한 우리의 사회복지의 확대를 두고 일부 보수적인 시각을 갖고 있는 사람들은 사회복지의 확대가 지나치다고 보고 그래서 경제성장에 해가 된다고 우려할 정도이다. 이러한 사람들은 우리의 복지체제는 이제 낙후되어 있지 않고, 오히려 지나쳐서 이대로 확대하면 조만간에 GDP의 30% 이상을 사회복지에 사용하게 될 것이고 그렇게 되면 국가부채는 엄청나게 늘어날 것이라고 주장하고 있다.

우리의 복지체제가 낙후되어 있는지 아닌지를 가장 쉽게 판단할 수 있는 방법은, 우리나라 사람들의 복지 문제가 주로 국가에 의하여 해결되는지 아니면 가족에 의하여 해결되는지를 보면 된다. 서구의 복지국가들은 사람들의 복지가 주로 국가에 의하여 해결되는 데 반하여, 우리는 아직도 주로 가족에 의하여 해결된다.

예를 들면, 한 조사에 의하면 2000년의 경우 우리나라 사람들의 복지는 가족이나 친척 등에 의한 사적소득이전과 가족구성원들에 의한 아동이나 노인 등에 대한 보살핌의 경제적 가치가 GDP의 9.2%를 차지하여 그 당시의 공공부문의 사회복지 지출인 GDP의 6.1%에 비하여 크다(김진욱, 2005). 서구 복지국가들의 경우 이러한 가족 간 소득이전은 GDP의 1% 미만이 대부분이다(O'Higgins et al., 1990).

그러면 지금부터 우리의 복지체제의 낙후성의 정도를 객관적이고 과학적으로 알아보고자 한다. 일반적으로, 복지국가의 발전 정도를 알아볼 수 있는 방법은 크게 보면 두 가지다. 하나는, 가장 단순하나 논란이 많을 수 있는 방법으로 GDP 대비 공공부문의 사회복지지출을 비교하는 것이다. 다른 하나는, 객관적으로 비교·분석하기가 쉽지 않은 각 국가들의 사회복지제도의 내용, 즉 제도의 포괄성, 보편성, 그리고 관대성을 분석하는 것이다.

1. GDP 대비 공공부문의 사회복지지출

국가들 사이의 사회복지 발전 정도를 비교하는 데에 가장 많이 사용되는 가장 단순하고 포괄적인 지표는 공공부문의 사회복지지출이 GDP에서 차지하는 비율이다. 그러나 이 지표는 몇 가지 문제점들을 갖고 있어, 단순히 이 지표만으로 사회복지의 발전 정도를 판단하는 것은 위험할 수 있다.

예를 들면, 사회복지지출에 무엇을 포함시키느냐에 따라 다를 수 있다. 자주 거론되는 것이 복지성 조세지출(tax expenditure)이다. 현재 국제적인 공식 통계(예, OECD 통계)에는 복지성 조세지출은 공공부문의 사회복지지출에 포함되어 있지 않다. 그러나 복지성 조세지출도 사회복지 기능을 하기 때문에 이것을 제외하고 비교하는 것은 논란이 될 수 있다. 예를 들면, 가족수당(아동수당)제도가 있는 국가와 가족수당은 없으나 아동을 위한 조세감면제도가 있는 국가를 비교할 때, 전자의 공공부문의 사회복지지출이 크다 하여 사회복지가 후자의 국가보다 더 발전되었다고 판단하는 것은 문제가 있다(다만, 이 경우 가족수당을 도입 안 하고 소극적으로 아동을 위한 조세지출 정도만을 갖고 있다는 것은 사회복지의 확대의 노력(의지)이 부족하다고 볼 수 있다. 실제로 가족수당이나 노령수당제도가 없고 아동이나 노인들을 위한 조세지출제도만을 갖고 있는 나라들은 일반적으로 사회복지가 상대적으로 발전이 안 된 국가들이다).

그러나 이러한 한계에도 불구하고 GDP 대비 공공부문의 사회복지지출의 비율은 한 나라의 사회복지의 발전 정도의 큰 모습을 보여주는 것은 사실이다. 그렇다면 우리나라의 GDP 대비 공공부문의 사회복지지출의 비율은 얼마인가? 여기에 대해서는 연구자들 사이에 논란이 많으나, 오늘날 대략 GDP의 8~9% 정도라 할 수 있다(Adema and Ladaique, 2011).

오늘날 OECD 회원국들의 GDP 대비 공공부문 사회복지지출의 평균은 대략 20% 정도이고, 주요 복지국가들은 30% 가까이 혹은 그 이상을 사용하고 있어, 우리나라는 OECD 회원국들 가운데 최하위에 속한다. 따라서 적어도 이 지표만으로 볼 때 우리나라는 명백히 사회복지가 낙후되었다고 볼 수 있다. 그러나 위에서 언급했듯이, GDP 대비 사회복지지출의 비율은 몇 가지 문제점이 있기 때문에 지금부터는 이 지표에 대하여 좀 더 엄밀하게 따져 볼 필요가 있다.

우선 국가들 사이의 경제수준의 차이를 고려해야 한다는 점이다. 일반적으로 한 나라의 경제수준이 높아지면 공공부문의 사회복지지출이 많아진다. 경제수준이 높아질수록 국민들의 사회복지에 대한 필요(수요)가 많아지고, 또한 이를 해결하기 위한 국가의 경제적 능력이 커지기 때문이다. 따라서 유럽의 주요 복지국가들의 사회복지지출 비율이 높은 것은, 단순히 이 국가들이 우리나라보다 경제수준이 높은 데서

비롯될 수 있다.

그래서 유럽의 복지국가들이 오늘날의 우리나라와 경제수준이 비슷했을 때의 사회복지지출을 알 필요가 있다. 오늘날 우리의 1인당 국민소득은 대략 2만 달러가 조금 넘는데, 유럽의 주요 복지국가들은 대개 1980년대 초에 이 정도의 경제수준에 있었다. 이 시기에 유럽의 주요 복지국가들은 이미 GDP의 20% 이상을 사회복지에 사용하였는데, 예를 들면 스웨덴과 독일 등은 GDP의 25%를, 영국은 18%를 사회복지에 지출하였다(ILO, 1992).

이러한 방식의 단순한 비교를 통해서는 그 동안의 물가상승, 달러화의 가치 변동, 그리고 국가 간의 환율 변동 등의 이유로 국가들의 '실질적' 경제수준을 정확히 알아내기 어려운 한계가 있다. 그래서 좀 더 보수적인 방법으로, 오늘날의 우리나라의 경제수준보다 크게 낮은 1950년대 유럽의 복지국가들의 사회복지지출과 비교해 볼 필요가 있는데, 이 당시에도 이러한 국가들은 GDP의 10% 이상을 사회복지에 지출하였다. 예를 들면, 독일은 GDP의 16%, 프랑스는 13%를 사용하였다. 이렇게 볼 때 우리나라는 우리의 경제수준에 비추어 볼 때 사회복지지출이 크게 낮은 것은 사실이다.

그러나 단순히 GDP 대비 사회복지지출이 낮다고 해서 사회복지가 낙후되었다고 단정하는 것은 위험하다. 이것은 적어도 두 가지 이유로 그러한데, 하나는 사회복지에의 필요(need)의 절대량이 적기 때문에 사회복지지출이 낮을 수 있다. 예를 들면, 노인들의 숫자가 많지 않다거나, 가난한 사람들의 숫자가 적다는 등의 이유다. 다른 하나는, 사회복지에의 필요의 증가율보다 GDP 증가율이 더 높으면 GDP 대비 사회복지지출의 비율이 낮을 수 있다.

일반적으로 GDP 대비 사회복지지출의 비율은 크게 보면 세 가지 요인에 의하여 결정된다(김태성, 1996).

첫째, 사회복지가 필요한 대상자들의 숫자다. 산업화 논리에 따르면, 경제수준이 높아질수록 사회복지의 대상자의 숫자는 늘어난다. 예를 들면, 일반적으로 산업화가 될수록 노인들의 숫자는 늘어난다. 그래서 노인들을 위한 사회복지제도(예, 노령연금)가 일단 도입되면 사회복지지출은 노인인구의 증가에 따라 자동적으로 늘어날 수밖에 없다. 따라서 사회복지의 발전 정도를 비교할 때는 대상자들의 숫자의 차이를 통제할 필요가 있다. 노인인구가 전체 인구의 15%를 차지하는 국가와 5%를 차지하는 국가의 사회복지지출을 단순 비교하는 것은 무리가 있다. 사회복지지출은 낮지만 사회복지의 내용이 풍부할 수 있는 것이다.

둘째, 사회복지제도의 내용의 발전 정도이다. 즉 사회복지제도가 얼마나 많은 사회적 위험을 포괄하는지(포괄성의 원칙), 사회복지의 대상자를 얼마나 보편적으로 확대하는지(보편성의 원칙), 그리고 마지막으로 사회복지의 급여수준이 얼마나 관대한지(관대성의 원칙)를 따져보는 것이다. 다른 조건이 같은 경우, 사회복지제도의 내용이 풍부한 국가들의 사회복지지출은 그렇지 않은 국가들보다 높을 것이다.

사실 이것이 국가들의 사회복지수준을 비교하는 데 가장 바람직한 기준이라 할 수 있다. 그러나 각국의 다양한 사회복지제도들의 내용들을 객관적으로 비교하는 것은 자료의 제약 상 쉽지 않다.

셋째, 사회복지를 필요로 하는 사람들의 증가율과 GDP의 증가율의 관계이다. 일반적으로 경제성장률이 지속적으로 높으면 사회복지를 필요로 하는 사람들의 숫자는 줄어들 수 있다. 예를 들면, 널리 알려진 '낙수효과(trickle-down effect)'로 경제성장이 지속되면 실업률이 낮아지고 전체적인 실질소득이 증가하여 빈곤한 사람들이 줄어들 수 있다. 이렇게 되면 사회복지지출은 낮아지고, 반면에 GDP는 늘어나 GDP 대비 사회복지지출은 자연스럽게 낮아질 수 있다.

반면에 경제성장률이 지속적으로 낮아지면 사회복지를 필요로 하는 사람들은 늘어나는 반면에, GDP는 줄어 GDP 대비 사회복지지출은 늘어날 수 있다.

이러한 이유 때문에 절대액으로 사회복지지출은 늘어났다 해도

GDP가 더 큰 폭으로 증가하면 GDP 대비 사회복지지출의 비율은 늘어나지 않을 수 있다. 대표적인 예로 일본을 들 수 있는데, 오늘날도 그렇지만 1980년대에는 일본은 유럽의 복지국가들에 비하여 GDP 대비 사회복지 비율이 크게 낮았다. 이것의 이유 가운데 하나는, 유럽의 복지국가들이 1980년대에 낮은 성장률을 기록할 때 일본은 지속적이고 높은 경제성장을 이루었기 때문이다. 즉 사회복지를 필요로 하는 사람들의 증가율보다 GDP 증가율이 높았기 때문이다.

우리나라도 비교적 최근까지 이러한 현상이 일어났다고 볼 수 있다. 우선 우리나라는 아직까지도 유럽의 복지국가들에 비하여 사회복지를 필요로 하는 사람들의 숫자가 상대적으로 적다고 할 수 있다. 예를 들면, 우리의 노인인구 비율(65세 이상)은 아직도 인구의 9% 정도인데 반하여 유럽의 복지국가들은 15～20%에 이른다.

그리고 우리는 지난 30여 년 동안 몇 년을 제외하면 실업률도 대략 3% 정도로 거의 완전고용 상태를 유지하여 와서, 평균 8% 이상의 높은 실업률이 오랫동안 지속되어 온 유럽의 복지국가들과 비교해 볼 때 실업자들의 숫자도 적어 시장소득만으로 볼 때 빈곤한 사람들의 숫자도 적다고 할 수 있다.

또한 여러 가지의 사회문화적인 이유 등으로 유럽의 복지국가들에서는 노인 단독가구나 아동을 키우는 여성세대주 가구 등 빈곤할 가능성이 높은 가구들의 숫자도 우리나라에 비하여 많다. 우리의 경우는 가족 간 소득이전으로 노인빈곤의 문제가 상당 부분 해결이 되어 국가에 의한 복지지출이 낮을 수 있다.

우리는 오랫동안 연평균 8% 이상의 지속적이고 높은 경제성장률을 이루어서 그 동안의 사회복지지출 증가율보다 높았다. 그래서 그 동안 우리의 사회복지지출액은 절대액의 측면에서 매년 증가했으나, 이 기간 동안의 우리의 GDP는 그 이상으로 늘어났기 때문에 GDP 대비 사회복지지출의 비율은 높아지지 않았던 것이다.

그러나 지금까지의 이러한 경향은 최근에 바뀌기 시작하여 우리의 경제성장률은 과거에 비하여 크게 둔화된 반면, 사회복지지출 증가율은 크게 높아져 사회복지지출 증가율이 경제성장 증가율보다 높아지고 있는 추세이다. 이러한 추세가 지속되면 우리나라의 GDP 대비 사회복지지출의 비율은 빠른 속도로 증가할 수 있다.

지금까지의 논의로 볼 때 우리의 GDP 대비 사회복지지출의 비율이 유럽의 복지국가들에 비하여 낮은 것은 일정 부분 이해할 수 있다. 그러나 이러한 측면을 고려한다 하더라도, 우리나라가 지금까지 복지 확대의 노력이 적어 사회복지가 낙후되어 있는 것은 사실이다.

예를 들면, 노인인구 비율이 15~20%인 유럽의 복지국가들에서는 대개 GDP의 10% 이상을 노령연금을 비롯한 노인들을 위한 각종의 사회복지제도에 사용한다. 반면에 노인인구 비율이 9% 정도인 우리나라는 GDP의 1% 정도를 노인복지에 사용하고 있다. 이것의 가장 중요한 이유는 우리는 노령연금을 늦게 도입하여 아직 성숙이 되지 않아 수급자의 숫자가 매우 적기 때문이다.

어찌 되었든 간에 사회복지 대상자의 숫자라는 단순 비교를 통해서도 유럽의 복지국가의 수준이 되려면 우리나라는 최소한 GDP의 5% 정도를 노인 복지에 사용해야 하는데 1% 정도의 수준에 머물고 있는 것이다.

2. 사회복지제도의 내용: 포괄성, 보편성, 그리고 관대성

앞에서 언급했듯이 국가들 간의 사회복지의 발전 정도를 비교하는 데 가장 이상적인 방법은 국가들이 갖고 있는 사회복지제도들의 내용이 얼마나 풍부한지를 비교하는 것이다. 사회복지제도의 내용을 분석할 때는 크게 세 가지 기준을 사용한다.

첫째는, 포괄성으로 사회복지제도가 국민들이 겪게 될 사회적 위험들을 얼마나 많이 포괄하고 있는가이다. 이것은 다른 말로 이야기하면 국민들이 필요로 하는 사회복지 프로그램들을 얼마나 많이 갖고 있냐는 점이다.

둘째는, 보편성으로 사회복지제도가 얼마나 많은 사람들을 대상자로 삼고 있거나 얼마나 많은 사람들에게 급여가 이루어지고 있냐는 점이다. 아무리 사회복지제도가 많다 하더라도 대상자가 제한되어 있거나 수급자의 숫자가 적으면 발전된 것으로 보기 어려운 것이다.

셋째는, 관대성으로 사회복지제도의 재원조달 방식이 얼마나 누진적인가(즉, 소득이 낮은 사람들의 재정부담이 얼마나 적은가), 급여수준이 얼마나 관대한가를 보는 것이다. 아무리 많은 사회복지제도들이 있고, 많은 사람들을 대상으로 한다 해도 급여수준이 낮거나 재원조달 방식이 소득이 낮은 사람들에게 불리하면 제도가 발전된 것으로 보기 어렵다.

이러한 세 가지 기준으로 우리나라의 사회복지제도의 내용을 분석해 보면 우리의 복지체제는 낙후되어 있다고 할 수 있다. 우선, 포괄성의 측면에서 우리나라는 전 세계 80여개 국가들이 갖고 있는 전 국민 혹은 모든 피고용자들을 대상으로 하는 가족수당(아동수당)제도가 없다. 우리나라는 가족수당이 없는 대신에 아동을 위한 조세감면제도가 있으나, 이것은 소득이 낮은 계층에게는 실질적으로 혜택이 주어지지 않고, 무엇보다도 이 제도는 역진적이어서 소득이 높은 사람들에게 더 많은 혜택이 돌아가는 문제가 있다.

우리나라는 또한 전 세계 85여개 국가들에서 시행하고 있는 질병수당제도도 없다. 우리의 건강보험은 의료서비스만을 제공할 뿐, 질병기간 동안에 소득이 중단이 될 때 현금급여를 하지 않고 있다. 그래서 사람들이 심각한 질병에 걸려 오랜 기간 동안 소득이 중단이 되어 쉽게 빈곤층으로 전락하는 경향이 크다.

우리는 또한 일부 유럽의 복지국가들에서 실시하고 있는 모든 노인들을 대상으로 하는 보편적인 노령수당제도도 없다. 우리는 현재 매우 적은 액수의 급여를 하는 공공부조 성격의 '기초노령연금' 제도를 갖고 있을 뿐이다.

마지막으로 우리는 장애인이면 누구나 급여를 받을 수 있는 장애수당도 갖고 있지 않다. 우리는 공공부조 성격의 장애인을 위한 복지제도만을 갖고 있다.

둘째, 보편성의 측면이다. 우리는 현재 외형적으로는 4대 사회보험을 갖추고 있고, 최근에는 장기요양보험제도도 도입하였다. 그리고 과거의 생활보호제도를 개선한 국민기초생활보장제도도 시행하고 있다. 그러나 이러한 외형적인 모습과는 달리 이러한 제도들의 실질적인 대상자나 수급자들의 숫자는 제한되어 있다.

국민연금의 경우 적어도 형식적으로는 1999년부터 적용대상자를 전국민으로 확대하였으나, 실질적인 대상자(기여금 납부자)는 대략 절반 수준에 그치고 있다. 특히 자영업자들 가운데 기여금 미납부자들의 비율이 매우 높다.

또한 국민연금이 늦게 도입이 되어 아직 성숙이 되지 않아 국민연금 수급자의 숫자도 미미하다. 이러한 상황에서는 앞으로 상당한 기간이 지나도 국민연금의 수급자의 숫자는 65세 이상 노인인구의 반이 안 될 가능성이 크다.

장기요양보험의 경우는 건강보험에 가입한 모든 사람들이 대상자로 되어 있으나, 급여자격을 까다롭게 하여 실질적으로는 장기요양서비스를 받는 수급자들의 숫자는 극히 제한되어 있다. 즉 많은 사람들이 요양서비스를 필요로 하는데 등급판정이 엄격하여 수급을 못 받고 있는 실정이다.

고용보험의 경우도 형식적으로는 1인 이상 사업장에서 일하는 모든 근로자들을 대상으로 하고 있다. 그러나 실질적인 가입자들의 숫자는 전체 근로자의 절반도 안 된다. 특히 영세사업장에서 일하는 대부분의 근로자들은 가입이 안 되어 있다. 그리고 무엇보다도 우리의 고용보험은 이름에서 보듯이 실업자들의 소득보장보다는 고용을 더 강조하여 실업수당을 받을 수 있는 자격을 까다롭게 하여 실질적으로 실업수당을 받는 수급자들의 숫자는 극히 미미하다.

마지막으로 국민기초생활보장제도를 보면, 적어도 형식적으로는 근로능력이 있는 빈자들도 적용대상에 포함시켜 과거의 생활보호제도에 비해 진일보하였다고 볼 수 있다. 그러나 실질적으로는 근로능력이 있는 빈자는 조건부수급자라 하여 공공근로를 하거나 교육이나 훈련을 받는 조건으로 급여를 받기 때문에 제한적인 성격이 있다.

또한 엄격한 부양의무자 규정 때문에, 많은 사람들이 실질적으로 가난하고 자식들로부터 부양도 못 받는데도 불구하고 수급자가 되지 못하고 있는 실정이다. 한마디로 우리의 실질적 빈곤율에 비하여 국민기초생활보장제도의 수급자의 숫자는 매우 적은 것이다.

셋째, 관대성의 측면이다. 우리의 국민연금은 얼마 전까지만 해도 노령연금의 급여액의 소득대체율이 60%로 유럽의 복지국가들의 수준이었다. 그러던 것이 국민연금의 장기적인 재정안정을 이룬다는 이유로 소득대체율을 40%로 낮추어 많은 사람들이 실질적인 노후소득보장을 하기가 어렵게 되었다. 서구의 복지국가들에서 대부분의 노인들의 소득보장은 이른바 '다층구조'로 되어 있어 국민연금 이외에 기업연금, 개인연금 등으로 이루어진다. 반면에 우리나라는 기업연금이나 개인연금을 받을 수 있는 수급자의 숫자가 제한되어 있어 국가에 의한 국민연금의 소득보장의 기능이 상대적으로 중요한데, 국민연금의 소득대체율을 40%로 줄여 노인들의 노후소득보장을 제대로 이루기가 어렵게 되었다.

이러한 상황에서는 공공부조 성격의 이른바 '기초노령연금'의 역할이 중요한데, 이 제도의 급여수준은 매우 낮아서(월 10만원 이하) 노후소득보장이 어렵다.

건강보험의 경우는 이른바 '저부담-저급여'의 정책 때문에 의료서비스의 급여항목이 제한되어 있어 본인부담률이 매우 높다는 문제가 있다. 그래서 소득이 낮은 사람들에게는 의료비가 큰 부담이 되고 있다. 또한 이렇게 '저급여 정책' 때문에 의료서비스의 질도 낮은 상황이다.

지금까지 GDP 대비 공공부문의 사회복지지출의 비율과 주요 사회복지제도들의 내용들을 분석하였는데, 적어도 이 두 가지의 측면에서 볼 때 우리의 복지체제는 유럽의 복지국가들에 비하여 크게 낙후되어 있는 것은 사실이다. 그렇다면 지금부터는 왜 우리의 복지체제가 낙후되었는가를 논의하고자 한다.

제 2 절 왜 한국의 복지체제는 낙후되어 있는가?

한국의 복지체제가 낙후된 이유를 설명할 수 있는 요인들은 많이 있을 수 있으나, 여기서는 크게 세 가지 요인으로 나누어 논의하고자 한다: 사회문화적 요인, 정치적 요인, 그리고 경제적 요인(김태성, 2007).

1. 사회문화적 요인

한국의 복지체제의 낙후성을 설명할 수 있는 사회문화적 요인들은 많이 있을 수 있으나 여기서는 세 가지 요인만을 논의하고자 한다: 유교문화, 사회이동성, 그리고 연고주의.

1) 유교문화

최근에 서구의 일부 학자들은 복지국가들을 유형화하는 데 있어, 이른바 '유교주의 복지국가(Confucian welfare state)' 유형을 첨가하는 경향이 있다(Jones, 1990). 기존의 복지국가 유형화는 대개 서구의 복지국가들을 대상으로 하였는데, 이들은 유교문화권의 국가들은 여러 가지 측면에서 서구의 복지국가들과는 다르기 때문에 '유교주의 복지국가'를 독특한 유형으로 분류할 필요가 있다고 주장한다.

'유교주의 복지국가'의 가장 큰 특징은 가족의 역할이 중요하다는 점이다. 서구의 복지국가들은 사회복지의 문제를 국가가 주로 해결하는 반면에, 유교적 복지국가에서는 가족이 중요한 것이다. 서구의 복지국가들도 산업화 이전에는 사회복지에 있어 가족의 역할이 중요하였다. 그러던 것이 산업화로 인하여 사회복지에의 필요는 크게 늘어난 반면에 전통적인 대가족은 해체되고 핵가족화되어 사회복지를 자연스럽게 국가에 의하여 해결하는 과정을 거치게 된 것이다.

반면에 우리나라를 비롯한 유교문화권의 국가들에서는 가족의 결속과 노인 공경 등을 강조하는 유교문화적 특성으로 산업화가 되어도 가족해체 현상이 서구에 비하여 약해 사회복지의 문제에 있어 가족의 역할이 여전히 중요한 것이다.

최근 우리나라도 피상적으로 보면 핵가족화가 이루어져 노인 단독가구의 비율이 높아지고 있다. 오늘날 전체 노인인구 가운데 노인 단독가구의 비율이 대략 40% 정도에 이르게 되었다. 그러나 이 정도의 비율은 서구 복지국가들에서 노인 단독가구의 비율이 80~90%에 달하는 것에 비하여 여전히 크게 낮은 편이다. 그리고 우리의 노인 단독가구의 성격 혹은 발생 원인은 주로 급속한 산업화와 도시화로 많은 젊은 사람들이 농촌에서 도시로 이주하는 과정에서 부모는 농촌에 남고 자식들만 도시로 이주한 결과이기 때문에 서구의 노인 단독가구의 성격과는 다르다.

무엇보다 중요한 것은 설사 우리나라의 노인들이 물리적으로 자식들과 따로 산다고 하더라도 서구 복지국가들처럼 완전히 분리된 형태가 아니라 물질적 혹은 정서적 관계는 매우 강하게 유지하고 있다는 점이다. 즉 겉으로는 핵가족화된 것처럼 보이지만 실질적으로는 대가족의 기능을 여전히 유지하고 있다고 할 수 있다.

예를 들면, 따로 사는 노인들 가운데 대다수는 어떤 형태로든 자식들로부터 경제적인 도움을 받고 있다. 서구 복지국가들의 노인들의 주요 소득원은 국가로부터의 사회복지급여인 데 반해, 우리나라 노인들의 주요 소득원은 가족으로부터의 소득이전인 것이다. 우리나라도 앞으로 국민연금 등의 사회복지제도가 더 성숙이 되면 노인들의 소득원 가운데 국가로부터의 사회복지소득이 더 커질 것이다. 그럼에도 불구하고 우리나라는 부모에게 효도를 해야 한다는 문화적 특수성으로 인해 가족(자식)으로부터의 소득이전이 앞으로도 여전히 중요할 가능성이 크다.

이렇게 우리나라는 '대가족 복지체제'의 모습을 보이는데, 이것은 세부적인 우리의 사회복지제도에서 볼 수 있다. 서구 복지국가들의 사회복지제도들의 수급자 선정의 기본 단위는 핵가족이다. 성인 자녀들의 소득 수준에 상관없이 그들의 부모들이 가난하면 사회복지급여의 자격이 주어진다.

반면에 우리나라는 사회복지제도의 수급단위는 대가족이다. 예를 들면, 우리의 국민기초생활보장제도의 부양의무자 규정에 따라 부모가 가난해도 자식들이 일정한 소득 이상이면 부모는 급여를 못 받는다. 또한 건강보험의 경우에는 가입자들의 핵가족뿐만 아니라 그들의 부모, 형제들에게도 급여를 하고 있다.

우리나라에서 사회복지에서 국가의 역할을 약화시키는 또 하나의 요인은 유교문화의 또 하나의 특성인 배움(learning)의 숭상에서 비롯된 높은 교육열이다. 널리 알려졌듯이, 우리나라의 교육열은 높아서 자신들을 희생하더라도 자식들에 대한 인적자본 투자를 아끼지 않는다. 고등학교 졸업자들의 대학 진학률이 80%에 이르는 것이 단적으로 말해준다.

이렇게 높은 교육열의 밑바탕에는 교육을 받는 자식들의 신분 상승뿐만 아니라, 이로 인한 가족(대가족) 전체의 사회경제적 지위 향상이라는 동기가 깔려 있다. '자식농사' 잘 지으면 부모의 복지 문제는 해결되는 것이다. 즉 우리나라에서 사회복지의 문제는 강한 가족 결속의 상황에서 자식들에 대한 인적자본 투자의 형태로 해결되는 것이다.

이렇게 사회복지에서 가족의 역할이 중요하다 보니 우리나라에서 많은 사람들(특히 중산층 이상의 사람들)은 자신들의 복지를 국가에 의존해야 한다는 의식이 약하다. 이러한 상황에서 많은 사람들은 자신들이 세금을 부담하면서까지 국가복지를 확대할 필요성을 못 느끼게 된다. 즉 우리나라는 사회복지에 있어 가족의 역할이 커서 객관적으로 국가복지의 필요성이 적을 뿐만 아니라, 일반 국민들의 국가복지에 대한 주관적 요구도 적은 것이다.[1)]

2) 사회이동성

우리의 복지체제의 낙후성을 설명할 수 있는 또 하나의 사회문화적 요인은 우리나라의 사회이동성(social mobility)이 유럽의 복지국가들에 비하여 높다는 점이다. 흔히 사회이동성이라 함은 세대 간 계층이동의 정도를 말하는데, 예를 들면 부모의 사회경제적 지위가 낮았는데 자식들의 사회경제적 지위가 높아지는 사람들이 많으면 사회이동성이 높은 사회라 할 수 있다.

일반적으로 사회이동성이 높은 사회는 사회이동성이 낮은 사회에 비하여 국가에 의한 사회복지 확대의 가능성이 낮아지는 경향이 있다. 미국이 왜 유럽 복지국가들에 비하여 국가 사회복지가 낙후되어 있는가를 설명하는 연구들에 의하면, 사회이동성이 높으면 노동계급의 계급의식이 낮아져 결속력이 낮아지고, 개인의 능력이나 업적을 중시하는 개인주의가 팽배하여 국가에 의한 사회복지의 확대를 주장하는 정치세력이 약해진다는 것이다(Lipset, 1977).

우리나라는 대략 19세기 말까지만 해도 사회적 신분이 세습되는 신분제도가 비교적 엄격하게 유지되어 신분이 낮은 계층의 자식들은 개인적으로 능력이나 업적이 크다 하더라도 그들 부모의 신분을 뛰어넘기 어려워 사회이동성이 낮았다.

이러한 엄격한 신분제도는 19세기 말 이후에 서서히 붕괴되기 시작

---

1) 최근에 우리나라에서 국가복지의 확대를 주장하는 사람들이 늘어나고 있지만, 이 사람들 대부분은 자신들은 세금을 부담하지 않은 채 국가로부터 사회복지 급여를 받겠다는 입장이다. 자신들의 세금부담도 높이고 사회복지도 확대하라는 사람들의 숫자는 소수다.

하여, 36년간의 일본 식민통치와 6·25 전쟁을 거치면서 전통적인 신분제도는 완전히 붕괴되었다. 그래서 6·25 전쟁 이후에는 거의 모든 사람들이 동일한(?) 조건에서 새롭게 출발하였고 여기서는 자연히 개인적인 업적이 중요하게 되어 사회이동성이 높아졌다.

이러한 상황에서 우리나라의 여러 제도들(예를 들면, 대학입시제도, 공무원 임용제도, 취업제도 등)에서도 개인의 능력이나 업적이 중요하여 이러한 제도들을 통하여 많은 사람들의 신분상승이 이루어졌다. 예를 들면, 가난한 부모의 자식들이라도 열심히 공부하여 이른바 일류대학을 졸업하여 좋은 직장에 취직하거나 공무원 임용시험에 합격하면 빠른 시간 내에 신분상승이 이루어질 수 있는 것이다.

최근에는 이러한 경향이 과거에 비해 어느 정도 줄어 계층의 고착화 현상이 어느 정도 나타나고 있으나, 유럽의 복지국가 발전의 시기와 비교할 때 우리나라의 사회이동성은 여전히 높다고 할 수 있다. 유럽의 복지국가들은 그들이 사회복지를 크게 확대하는 시기인 1970년대까지만 해도 사회이동성이 낮았다. 예를 들면, 유럽 국가들에서는 1970년대까지만 해도 대학은 소수에게 개방되었고, 대학의 진입여부도 어린 나이(예를 들면, 13세)에 결정되었다. 그래서 대부분의 노동계급의 자식들은 대학 진학을 안 하였고, 자연스럽게 노동계급으로 남았다(Heidenheimer, 1973).

오늘날에는 유럽의 대학들도 과거에 비하여 대중화가 되어 노동계급의 출신들도 대학에 진학하는 비율이 높아졌으나, 일반적인 대학 진학률이나 노동계급 출신의 자식들의 대학 진학률이 우리나라보다 여전히 매우 낮다.

이렇게 사회이동성이 높은 우리나라의 사회적 분위기에서는 많은 사람들은 사회경제적 지위 향상을 위하여는 열심히 공부하여 개인적인 능력을 키우면 된다는 인식을 갖게 되어 개인주의적 성향이 커져 집합적으로 국가에 의한 사회복지를 확대해야 한다는 필요성을 크게 느끼지 못하게 되는 것이다.

또한 사회이동성이 높다 보니 특정 계층(계급)에의 소속이 고착되지 않고 유동적이어서 계급(계층)의식과 계급결속이 약해져, 우리나라에서는 유럽의 복지국가들의 발전 과정에서 핵심적인 역할을 했던 노동계급의 역할이 미미하여 사회복지의 확대가 어려운 것이다.

3) 연고주의

유럽의 복지국가들은 산업화가 되면서 전통적인 공동사회적(gemeinschaft) 사회관계가 약화되면서 어떤 연고에 기반한 관계보다 합리적인 관계를 중시하는 경향이 크다. 예를 들면, 부모와 자식 간의 관계에서도 맹목적인 혈연보다는 합리적인 측면을 더 중요시하는 경향이 있다.

반면에 우리나라는 문화적 특수성으로 과거는 물론이고 산업화가 이루어진 오늘날까지도 혈연, 지연, 학연 등의 각종의 연고가 사람들의 생각, 태도, 행동 등을 결정하는 데 여전히 큰 영향을 미친다. 이렇게 연고주의가 강하면 국가에 의한 사회복지의 확대는 다음의 몇 가지 이유로 어려움을 겪는다.

첫째, 연고주의가 강하면 사람들은 연고가 있는 사람들끼리의 복지 향상에만 큰 관심을 보인다. 대표적인 예가 우리나라에서의 부모와 자식들 간의 높은 소득이전 현상이다. 또한 우리나라에서는 혈연의 종친회, 지연의 향우회, 학연의 동창회 등 연고가 있는 사람들끼리의 조직에서 각종의 '비공식적 복지제도(safety net)'가 발전되어 있다.

이렇게 연고가 있는 사람들끼리의 '복지활동'이 많아지면 연고가 없는 사람들의 복지에 대한 관심은 상대적으로 줄어들 수 있다. 유럽의 복지국가들에서는 국가에 의한 불특정 다수의 이른바 '완전히 낯선 사람들(total stranger)'을 위한 사회복지가 발전되었는데, 우리는 이른바 '연고복지' 때문에 국가에 의한 일반 국민들의 복지 향상에 대한 관심이 줄어들거나 그 필요성을 적게 느끼는 것이다.

둘째, 연고주의는 일반 국민들 사이의 신뢰감을 약화시킬 수 있다.

우리나라에서는 연고가 있는 사람들끼리의 신뢰감은 매우 크다. 반면에 우리는 36년간의 일본 식민통치 기간, 해방 후의 좌·우익의 대립, 그리고 6·25 전쟁을 겪으면서 사회가 극도로 혼란스러워 연고가 없는 사람들에 대한 불신 풍조가 커져 일반 국민들 사이의 신뢰감이 약하다.

사회복지가 확대되기 위하여는 일반 국민들 사이의 신뢰가 중요하다. 왜냐하면 사회복지는 본질적으로 소득재분배를 추구하는 것이어서 어느 한 쪽(세금을 납부하는 사람들)으로부터 돈을 걷어 다른 한 쪽(사회복지 수급자들)에 주는 것이기 때문에 사회적 갈등이 클 수 있다.

여기서 중요한 것이 국민들 사이의 신뢰이다. 국민들 사이에 신뢰가 크면 사회복지를 위해 세금을 내는 사람들은 사회복지의 혜택을 받는 사람들이 그것을 남용 또는 오용하지 않는다고 믿고 기꺼이(?) 부담할 수 있다. 이러한 상황에서는 사회복지 수급자들도 납세자들의 부담(?)을 고려하여 가능한 한 사회복지에 의존하지 않으려고 노력할 수 있는 것이다.

실제로 실증적인 조사에 의하면, 국민들 사이의 신뢰감이 약한 이질적인 국가인 미국보다 신뢰감이 강한 스웨덴에서 사회복지의 부정적인 측면, 예를 들면, 사회복지 수급자들의 근로동기의 약화 현상이 덜 나타났고, 또한 신뢰가 강한 국가들에서는 조세부담률이 높아도 조세저항이나 탈세 현상이 상대적으로 낮았다(Freeman et al., 1997).

우리나라는 현재 OECD 회원국들 가운데 사회보장성 조세를 포함한 총 조세부담률(우리나라에서는 이것을 흔히 국민부담률이라 한다)이 가장 낮은 국가들 가운데 하나이다. 우리의 총 조세부담률은 25% 정도이고, OECD 국가들 평균치인 34%에 크게 못 미친다. 우리의 사회복지를 확대하기 위하여는 조세부담률을 높여야 하는데 일반 국민들 사이의 조세저항이 커 조세수입을 늘리는 것이 정치적으로 어려운 상황이다.

이렇게 조세저항이 높은 이유 가운데 하나는 국민들 사이에 팽배해 있는 불신 풍조이다. 신뢰감이 강한 사회에서는 조세수입을 늘려야 할 필요가 있는 상황에서 사람들은 조세를 기꺼이 부담할 용의가 있고, 정직하게 세금을 낸다. 왜냐하면 사람들은 다른 사람들도 정직하게 세금을 부담한다고 생각하기 때문에 내가 세금을 내지 않으면 다른 사람들에게 해를 끼칠 수 있다고 생각하기 때문이다. 실제로 국민들 사이의 신뢰감이 큰 사회에서는 탈세율이 낮다.

반면에 우리나라에서는 많은 사람들이 남들은 모두 정직하게 세금을 내지 않는다고 생각하여, 나만 정직하게 세금을 내면 손해를 본다는 의식이 팽배하다. 이런 현상은 특히 자영업에 종사하는 사람들 사이에 심하여 자영업에서의 탈세율은 매우 높은 실정이다. 이렇게 자영업자들이 세금을 제대로 내지 않으면 일반 피고용자들의 세금부담이 불공평하게 많아지고, 결국 증세에 대한 일반 피고용자들의 저항도 커지게 되는 것이다.

또한 우리나라의 많은 납세자들은 사회복지 수급자들에 대한 신뢰감이 약해 이들이 사회복지를 남용·오용한다고 생각하는 경향이 크다. 특히 이념적으로 보수적인 납세자들은 사회복지 수급자들이 일을 해서 살 수 있는데도 사회복지 수급을 받는다고 생각하고, 이러한 사람들 때문에 자신들의 세금부담이 커졌다고 생각하는 경향이 있다.

이러한 분위기에서 근로능력이 있는 빈자들에게 조건 없이 급여하는 것은 대부분의 납세자들에게 받아들여지기가 어렵다. 예를 들면, 과거의 우리의 생활보호제도에서는 근로능력이 조금이라도 있는 사람들에게는 아예 수급자격이 주어지지 않았고, 최근 진일보한 국민기초생활보장제도에서도 근로능력이 있는 빈자에 대해서는 무조건적인 급여가 아니라 공공근로, 직업훈련 등의 조건 하에서 급여가 이루어지고 있다. 이렇듯 사회복지 수급자들에 대한 납세자들의 불신은 사회복지 확대를 위해 세금을 인상하는 것에 대한 저항을 크게 하는 데 기여한다.

셋째, 연고주의는 이념적인 정책정당의 출현을 막아 사회복지의 발전에 걸림돌이 될 수 있다. 널리 알려졌듯이, 유럽의 복지국가들의 사회복지 확대에는 이를 이념적으로 추진하는 정책정당들이 중요한 역할을 하였다. 반면에 우리나라는 연고에 의한 정치가 중요하여 이념적인 정책정당의 출현이 어렵다.

대표적인 예가 지역에 연고를 둔 정당들에 의한 정치이다. 우리나라에서의 정당들은 오랫동안 특정 지역들을 기반으로 하고 있다. 이것은 우리나라의 유권자들이 자신들과 출신 지역이 같은 정치인들을 지지하는 경향이 강하기 때문이다. 그래서 유권자들은 정당들의 정책에는 관심이 없게 되고, 정당들도 자연스럽게 정책 개발에 관심이 없게 된다.

유럽의 복지국가들에서는 사회복지정책이 정당정치에서 가장 중요한 쟁점들 가운데 하나인 데 반하여, 우리나라에서는 지역 연고정치가 강한 상황에서 정당들이 사회복지정책과 같은 이념적 혹은 계급적 대립이 첨예할 수 있는 정책을 차별화하여 내세울 필요가 줄어드는 것이다. 실제로 우리나라에서는 대부분의 정당들이 내세우는 사회복지정책들은 거의 차이가 없다. 최근의 예를 들면, 이념적으로 사회복지의 확대를 반대해야 하는 대표적인 보수정당도 사회복지의 확대를 주장하고 있어, 전통적으로 진보적인 정당의 사회복지정책과 차이가 없다.

연고주의는 또한 계급의식과 계급결속을 약화시켜 노동계급을 주요 지지 기반으로 하는 정당의 출현을 어렵게 한다. 우리나라의 많은 노동자들은 각종의 연고에 따라 분열되어 있어 하나의 노동계급에 속한다는 의식이 약하다. 예를 들면, 특정 지역 출신의 노동자들은 전체 노동계급의 이익에 반하는 입장을 취하는 대통령을 같은 지역 출신이라는 이유로 지지하는 것이다.

2. 정치적 설명

1) 권위주의 국가

우리나라는 최근에 권위주의적 성격이 어느 정도 약화되고 있지만 지난 30여 년 이상의 기간 동안은 권위주의 국가였다. 그래서 우리나라의 주요 정책결정 과정에는 의회의 기능이 약해서 일반 국민들의 다양한 요구들이 반영되기 어렵고, 정부의 최고 정책결정자인 권위적인 대통령의 역할이 결정적이었다. 따라서 대부분의 주요 정책은 대통령의 통치철학이나 가치관에 기반한 정책의지에 의하여 결정된다. 사회복지정책도 마찬가지이다.

역대 우리나라의 대통령들이 갖고 있는 주요 통치철학(가치관)은 한마디로 말하면 '경제성장 제일주의'라 할 수 있다. 실제로 과거 오랫동안 지속적으로 연 평균 7~8%의 높은 경제성장률을 이룰 수 있었던 것은 바로 이러한 대통령들의 경제성장에 대한 강한 정책의지 때문이라고 할 수 있다. 이러한 상황에서는 경제성장에 해가 될 수 있다고 판단되는 정책들은 채택되기가 어려운데, 우리나라의 대통령들은 일반적으로 사회복지를 확대하면 경제성장에 해가 된다고 판단하였다(인적자본 향상을 이룰 수 있는 사회복지정책들은 예외이다).

대표적인 예가 박정희 대통령이다. 널리 알려졌듯이, 그는 지속적인 경제성장을 지고의 가치로 여겼고, 실제로 박정희의 집권 기간 동안 높은 경제성장률을 이루었다. 박정희는 경제성장을 이루기 위하여 국민들에게 근면과 자조의 가치를 강조하였고, 실제로 각종의 사회운동(예, 새마을운동)들을 통하여 국민들의 근로의식을 고취시키려고 하였다. 그는 사회복지가 근면과 자조의 가치와 대립되는 것으로 보았다. 즉 사회복지는 사람들을 나태하게 만들어 경제성장에 해가 된다고 생각하였다.

이른바 '문민정부'의 대통령인 김영삼도 사회복지정책의 기본 방향을 이른바 '생산적 복지'로 정하여 경제성장에 기여하지 않는 사회복지는 확대하지 않겠다는 의지를 보였다. 또한 그는 '한국병'이라는 용어를 사용하면서, 사회복지의 부정적인 측면인 이른바 '복지병' 혹은 '영국병'을 유달리 강조하고 우려하는 데서도 사회복지를 확대하면 경제성장에 해가 된다는 생각을 갖고 있었다.

한편 우리의 대통령들은 경제성장에 기여할 수 있는 사회복지정책들, 특히 인적자본 향상을 이룰 수 있는 정책들은 받아들였다. 예를 들면, 일찍부터 초등학교 의무교육을 실시했으며, 최근에는 중학교까지 의무교육을 확대하였고, 곧 고등학교까지 의무교육을 실시할 예정이다. 실제로 우리의 GDP 대비 교육비 지출의 비율은 OECD 국가들 평균보다 높다.

또한 경제성장에 필요한 건강한 노동력의 확보라는 측면에서 1977년에 의료보험을 도입하였고, 10년 만에 적용대상을 전 국민으로 확대하여 오늘날 건강보험은 수급자의 숫자나 지출액에서 우리나라에서 가장 중요한 사회복지정책이 되었다.

한마디로 말하여 우리의 사회복지가 낙후된 것은 오랜 기간의 권위주의 국가 시절의 강력한 권한을 가진 대통령들이 경제성장 지상주의의 가치관을 갖고 있었고, 사회복지를 확대하면 경제성장에 해가 된다고 판단했기 때문이다.

우리나라가 오랫동안 권위주의 국가였다는 점은 또 다른 측면에서 우리의 사회복지의 확대에 걸림돌이 되었다. 유럽의 복지국가들의 발전과정을 보면 대부분 19세기 말이나 20세기 초 즈음에는 인권(civil right)이나 참정권(political right) 등을 비롯한 민주화의 문제는 대부분 해결된다. 그래서 이후, 특히 2차 세계대전 이후에는 사회권(social right)의 문제, 즉 사회복지의 문제가 주요한 사회적 관심사이자 가장 중요한 선거쟁점이 되어서 선거경쟁을 통해 사회복지는 자연스럽게 확대되었다.

반면에 우리나라는 군부독재정권의 시기인 1960년대부터 1990년대 초까지 인권과 민주화의 문제가 국민들 사이에 주요한 사회적 · 정치적 관심사이어 사회복지의 문제는 중요한 정치적 쟁점이 되지 못했다. 그래서 정치인들이나 일반 국민들 모두 사회복지 확대의 필요성에 관심이 없어 사회복지가 중요한 선거쟁점이 되지 못했다.

1990년대 중반 이후 이른바 문민정부가 등장하여 인권이나 민주화의 문제가 어느 정도 해결된 이후에도, 우리나라에서 광범위하게 분포되어 있는 보수적인 중산층들은 비계급적 혹은 비분배적인 문제, 예를 들면, 경제, 환경, 교육, 평화, 남북한 관계 등의 문제에 관심을 기울였지, 계급적이고 소득재분배적이어서 갈등을 불러일으킬 수 있는 사회복지의 문제에 관심을 갖지 않아 이때까지도 여전히 사회복지는 주요한 선거쟁점이 되지 못하였다.

사회복지의 문제는 1990년대 말의 외환위기 시대를 거치면서 비로소 중요한 사회문제로 인식되었고 중요한 정치적 쟁점이 되기 시작했으며, 결과적으로 이때부터 우리의 사회복지는 어느 정도 확대되기 시작한다.

간단히 말해서, 우리나라가 권위주의 국가가 아니어서 민주화가 좀 더 일찍 이루어졌다면 사회복지의 문제는 좀 더 일찍 중요한 정치적 쟁점이 되었고 그래서 우리의 사회복지는 지금보다는 확대되었을 것이다.

2) 약한 노동조합

유럽의 복지국가들의 발전과정에서는 노동조합들의 역할이 중요하였다. 강력한 노동조합은 적어도 다음의 두 가지의 측면에서 사회복지의 확대에 기여하였다.

첫째, 노동조합이 좌익정당들(사회민주당, 사회당, 노동당 등)의 핵심적인 기반이 되어 정치세력화에 성공해 좌익정당들이 집권하는 데 큰 역할을 했다는 점이다. 그래서 노동조합이 추진하는 사회복지정책들이 채택될 수 있었다. 대표적인 예가 스웨덴의 포괄적이고 강력한 노동조합인 LO의 경제학자들이 제안한 연대임금정책 등을 포함한 '렌-마이더너' 모델이다. 이것은 이른바 '스웨덴 모델'이라 불리는 성공적인 사회복지 모델의 핵심이 된다.

둘째, 강력한 노동조합은 사회복지의 확대에 기여할 수 있는 또 하나의 중요한 요인인 사회민주적 조합주의를 가능하게 했다는 점이다. 일반적으로 자본주의 사회에서는 자본이 노동에 비하여 정치적 힘이 강할 수밖에 없다. 그래서 노동, 자본, 국가 3자의 타협에서 이루어지는 사회민주적 조합주의 방식의 국가의 정책결정에는 노동의 힘이 커야만 된다. 왜냐하면 노동과 자본의 정치적 힘이 비슷해야만 타협이 가능하기 때문이다. 유럽 복지국가들의 강력한 노동조합은 이러한 타협을 가능하게 만든 것이다.

반면에 우리나라에서는 노동조합이 약하여 유럽의 복지국가들에서 노동조합들이 한 역할을 제대로 못하여 우리의 사회복지 확대에 기여를 못한 것이다. 이렇게 노동조합이 약한 상황에서는 노동조합의 정치세력화는 어려워질 수밖에 없다. 그래서 유럽의 복지국가들과는 달리 우리나라에서는 노동조합의 노조원들 대부분을 주요 지지 기반으로 하는 정당의 출현이 어려운 것이다.

또한 우리의 약한 노동조합은 사회민주적 조합주의 방식의 정책결정에서도 역할을 제대로 할 수 없다. 최근 우리나라도 노동, 자본, 국가의 3자 대표로 구성된 노사정위원회를 만들어 국가의 주요 정책들을 타협적으로 결정하려고 시도하였다. 유럽의 복지국가들의 사회민주적 조합주의 방식의 정책결정을 시도한 것이다.

그러나 노사정위원회는 그 역할을 제대로 하지 못하여 오늘날에는 그 기능이 유명무실해졌다. 여기에는 여러 가지의 이유가 있겠지만(예를 들면, 피상적으로는 노동의 참가 거부 등), 가장 중요하고 본질적인 이유는 우리의 노동조합의 정치적 힘이 약하고 결속력이 없기 때문이다. 노동과 자본의 타협이 이루어지기 위하여는 두 계급의 힘이 비슷해야 되는데, 우리나라에서는 자본의 정치적 힘이 큰 것에 비하여 노동조합이 약하여, 노동과 자본의 불균형적인 세력 관계에서는 타협이 어려운 것이다.

3) 6 · 25 전쟁과 반공주의

6 · 25 전쟁은 우리나라의 현대사에서 가장 중요한 사건 중 하나로 우리 사회의 변화 과정의 거의 모든 측면에서 큰 영향을 주었다. 널리 알려졌듯이, 유럽의 복지국가들은 제2차 세계대전 이후에 국민연대의식이 커지거나 국가의 역할이 커지는 등의 이유로 사회복지가 크게 확대되었다. 반면에 우리나라는 6 · 25 전쟁이 우리의 사회복지 발전에 몇 가지 측면에서 부정적인 영향을 주었다.

우선 6 · 25 전쟁 이후 남북한이 첨예하게 대립함에 따라 국민들 사이에 '반공주의'와 '적색공포증(red complex)'이 강하게 나타나 우리 사회를 지배하는 가장 중요한 가치가 되었다는 점이다. 그래서 역대 정부들은 모든 국민들을 대상으로 어렸을 때부터 반공의식을 고취시키는 교육을 철저하게 시키고 국가보안법으로 사상의 자유를 극도로 제한하여 이른바 '용공사상'을 받아들이지 않았다.

이러한 상황에서 정치적인 이념이 조금이라도 사회주의적인 냄새가 나는 진보적인 정치세력이나 정당은 국민들로부터 지지를 받기 어렵다. 유럽의 복지국가들의 사회복지 확대 과정에서 중요한 역할을 했던 사회주의 세력이 우리나라에서는 전혀 뿌리를 내리지 못하고 있는 것이다. 특히 오랫동안의 권위주의 정부 시절에는 사회의 여러 단체들의 반정부적인 활동들도 용공적(?)인 것으로 몰아 탄압하였는데, 이러한 상황에서 사회복지 확대에 필요한 노동계급의 정치세력화도 어렵게 되었다.

이렇게 우리 사회에 광범위하고 뿌리 깊게 퍼져 있는 '반공주의'의 분위기에서 사회복지는 사회주의 냄새가 나는 것으로 간주되는 경향이 있어 본격적으로 사회복지를 확대하는 것에 대하여 막연한 두려움을 가지고 있다. 최근 김대중 정부와 노무현 정부를 거치면서 이러한 성향은 어느 정도 줄어들었지만 지금도 많은 사람들(특히 보수적인 계층)은 사회복지를 '사회주의적'인 것으로 간주하는 경향이 있다.

예를 들면, 국민연금제도를 확대하는 과정에서 많은 사람들은 국가가 보험료를 강제로 부과하는 것과 소득재분배적인 급여계산 방식 등이 '사회주의 방식'이라 여겨 거부감이 컸다. 심지어 최근까지도 일부 극단적인 반공세력(?)들은 국민연금제도 폐지운동을 벌였고, 실제로 우리의 국민연금 보험료 납부율은 매우 저조한 실정이다.

또한 의료보험 도입 초기에도 많은 의사들이 '사회주의 의료 방식'이라 여겨 반대했고, 특히 영국식의 국민건강 서비스(National Health Service)는 북한의 의료제도와 유사하다는 이유에서 '빨갱이식'으로 간주되어 도입에 대한 논의 과정에서 격렬한 반대에 부딪혔다.

둘째는 유럽의 복지국가들이 제2차 세계대전 이후에 국민연대감이 커져, 사회복지의 확대에 대한 좌파와 우파의 정치세력의 타협이 가능해져 사회복지의 확대가 큰 저항 없이 이루어졌다. 반면에 우리나라는 6·25 전쟁 이후에 사회적 혼란 속에서 용공사상에 대한 의혹 등의 이유로 사람들 사이의 불신 풍조가 커져 국민들 사이의 신뢰감이 낮아지는 데 기여하였고, 이것은 앞에서 언급했듯이 여러 가지의 이유로 우리의 사회복지의 확대에 걸림돌이 되었다.

마지막으로, 6·25 전쟁은 우리 사회의 모든 것을 '잿더미'로 만들어 기존의 사회계층을 모두 붕괴시켜 모든 사람들이 처음부터 다시 시작하게 만들었는데 이것은 우리의 사회이동성을 높이는 데 기여했다. 그런데 이러한 높은 사회이동성은, 앞에서 언급했듯이, 사회계층을 고착시키지 않아 계층(계급)의식을 약화시키게 되고 이것은 궁극적으로 노동계급의 결속을 약화시켰고 결국 사회복지의 확대에 걸림돌이 되었다.

4) 서구로부터의 잘못된(?) 교훈

우리나라는 1970년대까지는 적어도 산업화 이론의 관점에서 볼 때 사회복지를 확대할 경제적 능력을 갖지 못했다고 볼 수 있다. 물론 경제적 능력이 부족하다 하여 반드시 사회복지를 확대 못하는 것은 아니다. 유럽의 복지국가들의 경우 어떤 국가들은 우리보다 경제발전이 낮은 수준에서도 사회복지를 확대하였다. 우리나라는 앞에서 언급했듯이 오랫동안 경제발전이 지상과제이어, 이른바 선성장 후분배의 통치철학이 지배적이었기 때문에 어느 정도의 경제발전이 이루어진 이후에야 사회복지를 확대할 수밖에 없었다.

그러다가 1980년대부터는 그 동안의 지속적이고 높은 경제성장으로 경제적 능력이 어느 정도 커지고, 또한 산업화와 도시화로 사회복지에의 필요도 늘어나 사회복지를 확대할 시기도 되었고 할 수 있는 경제적 능력도 갖추었다고 볼 수 있다. 적어도 필요조건은 충족된 것이다.

반면에 1980년대 유럽의 복지국가들은 1970년대의 두 차례의 '오일쇼크(oil shock)'를 겪으면서, 그리고 제조업에서 서비스산업으로의 산업구조의 개편, 인구의 고령화 등의 이유로 국가경제가 침체가 되기 시작하면서 경제성장은 둔화되는 반면 실업률은 높아져 고도로 발전된 복지국가 체제를 유지하기 어렵게 되는 이른바 '복지국가의 위기'의 시대에 접어든다.

이때부터 유럽의 복지국가들은 국가들에 따라 다소 차이가 있지만 일부 비효율적인 사회복지 프로그램들을 없애거나 축소하고, 수급의 자격조건들을 까다롭게 하여 급여액을 줄이는 등의 다양한 형태의 복지체제의 구조조정을 실시하여 사회복지지출의 부담을 줄이려고 노력한다.

그러나 이러한 노력에도 불구하고 대부분의 유럽의 복지국가들의 GDP 대비 사회복지지출의 비율은 오늘날까지도 거의 줄지 않고 있다. 그 주된 이유는 실업률이 높아져서 실업자들을 비롯한 빈곤 인구가 증가하거나, 노인 인구의 증가로 사회복지를 필요로 하는 사람들은 오히려 증가했기 때문이다. 또한 국민들 가운데 다수를 차지하는 사회복지 수급자들이 사회복지 축소에 저항했기 때문에 정치적으로 사회복지를 대폭 축소하는 것이 어려웠다.

그럼에 불구하고 1980년대부터의 유럽의 복지국가들에서 나타난 '복지국가의 위기'의 현상은 사회복지 확대를 이제 막 시작하는 후발 산업국가들에게 영향을 주어 유럽 국가들처럼 사회복지를 크게 확대하는 것은 위험하다는 교훈(?)을 준 것은 사실이다.

또한 1980년대에는 영국과 미국에서 시작한 신자유주의의 이념적 공세가 커지기 시작하여 전 세계적으로 영향을 미쳤다. 그래서 시장원리를 강조하여 사회복지를 위해 국가가 시장에 개입하는 것을 금기시하는 이념, 특히 사회복지를 확대하면 경제성장에 해를 준다는 이른바 '복지병'의 이념이 널리 퍼졌다. 사실 '복지병'은 이론적으로나 실증적으로나 뒷받침이 되지 않는 이념적 공세인데도 불구하고 많은 국가들에게 영향을 주었다.

여기에 1980년대부터는 '세계화' 또는 '지구경제(global economy)'가 커지기 시작한 시기이기도 하다. 국가 간의 자본이동이 자유로워지면서 자본의 힘은 더욱 커진 반면 상대적으로 노동의 힘은 약화되어 사회복지를 확대시킬 추동력이 떨어졌고, 또한 사회복지 확대를 위해 필요했던 국민국가(nation state)의 자율성이 크게 줄어들었다.

이렇게 우리나라가 사회복지를 확대하기 시작했어야 할 1980년대부터는 국제적으로 '반사회복지'의 분위기가 팽배했었고 또한 현실적으로 사회복지를 더 이상 확대하기가 어려운 시기이었다. 이러한 서구 사회에서의 '복지국가의 위기'의 분위기는 곧바로 우리나라에 영향을 주었다. 특히 우리나라의 여론을 주도하는 보수언론 매체들은 사회복지를 확대하면 경제성장에 해롭다는 '복지병'을 대대적으로 보도하였고, 이로 인해 국민들은 '복지병'을 믿게 되면서 사회 전반적으로 '반사회복지'의 이념이 팽배하였다. 이러한 분위기는 1990년대 말 이른바 'IMF 외환위기' 때까지 지속되었다.

이렇게 '복지병'을 지나치게 우려하는 사회적 분위기를 보여주는 대표적인 예가 김영삼 정부의 '한국병'과 '생산적 복지'의 개념들이다. 사회복지는 생산적이어야만 하고, 경제성장에 해가 되는 사회복지는 확대되서는 안 된다는 것이다.

사실 이러한 '반사회복지적' 이념들은 1980년대의 우리의 사회복지의 상황과 맞지 않는다. 1980년대의 유럽 복지국가들의 모습과 그 당시 우리나라의 상황과는 큰 차이가 있다. 1980년대 유럽의 복지국가들은 국가경제가 좋지 않은 상태에서 GDP의 20~30%를 사회복지에 사용하여 과대한 사회복지지출이 부담이 된 것은 사실이다. 반면에 우리나라는 1980년대에는 경제성장률은 높고 실업률은 낮은 반면에 GDP의 대략 2% 정도만을 사회복지에 사용하여 사회복지지출이 전혀 문제가 안 되어 사회복지를 크게 확대하여도 아무런 문제가 없던 시기이었다.

그럼에도 불구하고 보수적 언론 매체들의 반사회복지적 이념 공세 속에서 정책결정자들은 사회복지를 확대할 의지를 갖지 못하여 결국 우리의 사회복지 확대는 그만큼 늦어져 오늘날 우리의 복지체제가 낙후된 것이다.

3. 경제적 설명

1) 지속적이고 높은 경제성장

우리나라는 1990년대 말의 이른바 'IMF 외환위기' 전까지 지난 30여 년 동안 지속적으로 평균 7~8%의 높은 경제성장률을 이루었다. 세계적으로 유례를 찾기 힘든 이러한 경제적 성공은 적어도 두 가지 측면에서 우리의 사회복지의 확대를 막았다.

첫째, 지속적이고 높은 경제성장은 우리나라의 대다수 사람들의 소득 수준을 단기간 내에 크게 높여 다수의 '중산층화'를 이루었다는 점이다. 예를 들어, 객관적인 실증조사에 의하면 1967~1992년 사이에 우리나라 사람들의 실질소득은(물가상승률을 감안한) 평균적으로 5배 이상 높아졌다(김태성, 1995). 이렇게 빠르게 소득이 크게 오르자 지금까지 소득 하위계층에 속했던 많은 사람들이 이제는 '중산층'에 속한다고 생각하는 경향이 컸다. 실제로 이 시기의 주관적 계층 귀속에 대한 의식조사에 따르면 우리나라 사람들의 60% 이상이 자신들의 계층을 '중산층'이라고 생각하는 것으로 나타났다(통계청, 1994).

사회통제이론(social control theory)에 의하면 사회복지는 정치적·사회적 안정을 위해서도 필요하다. 실제로 서구 복지국가들의 발전 과정을 보면 많은 사회복지제도들은 이러한 목적으로 만들어졌다. 예를 들면, 19세기 말 20세기 초 유럽 복지국가들의 사회복지제도들은 이 시기에 커지고 있던 사회주의 세력의 위협으로 사회가 정치적·사회적으로 불안정해지는 것을 막기 위하여 만들어졌다(대표적인 예가 독일의 비스마르크 시대에 만들어진 사회보험제도이다). 또한 이른바 '풍요 속의 빈곤'의 시대인 미국의 1960년대에 가난한 사람들의 대규모의 폭동 등으로 사회가 불안정해지자 이에 대한 대응으로 이른바 '빈곤과의 전쟁(war on poverty)' 프로그램을 통해 사회복지를 확대하였다(Piven and Cloward, 1974).

반면에 우리나라는 높은 경제성장으로 단기간 내에 '중산층'이 된 대다수의 사람들은 자신들의 기득권을 유지하기 위하여 사회적 안정을 원했고, 따라서 커다란 변화보다는 기존 질서를 유지하려는 보수적인 성향을 보인다. 그래서 대다수의 보수적인 '중산층'들은 계급갈등적인 성격을 갖고 있는 사회복지를 확대할 필요성을 못 느끼거나 오히려 세금의 증가를 동반하는 사회복지의 확대에 반대하는 성향이 컸다. 따라서 1990년대 말까지의 우리나라의 주요 정책결정자들도 이러한 든든한(?) 안정 희구 세력을 바탕으로 하여 정치적·사회적 안정을 위한 사회복지의 확대는 불필요한 것으로 생각하였다(김태성, 1996).

둘째, 지속적이고 높은 경제성장은 우리 사회에서 사회복지를 필요로 하는 사람들의 숫자를 크게 줄였다는 점이다. 공급 측 경제학(supply-side economics)의 주장에 따르면, 경제성장이 지속적으로 이루어지면 이른바 '낙수효과(trickle-down effect)'로 빈곤한 사람들의 숫자는 크게 줄어들어 사회복지의 필요성은 약화된다는 것이다. 경제성장으로 일자리가 많이 늘어나 가난한 사람들도 이러한 일자리를 차지하고, 또한 높은 임금을 받을 수 있기 때문에 그러하다는 것이다.

이러한 경제성장만으로도 빈곤의 문제를 해결할 수 있다는 주장은 우리나라에서 현실적으로 나타났다. 1960년대 후반부터 1990년대 중후반까지의 우리의 지속적이고 높은 경제성장은 이 시기의 우리나라에서의 절대빈곤자들의 숫자를 크게 줄였다. 예를 들면, 한 조사에 의하면 우리나라의 절대빈곤율은 1966년의 50%에서 1992년에는 1%로 크게 낮아졌다(김태성, 1996).[2)]

사실 한 나라의 빈곤율은 빈곤을 어떻게 정의하고 측정하느냐에 따라 다르기 때문에 논란이 많다. 일반적으로 사회복지가 발전한 나라일수록 절대빈곤보다는 상대적 빈곤의 개념으로 빈곤율을 계산하는 경향이 크다. 왜냐하면 절대빈곤율은 사회의 전반적인 소득 수준의 상승을 반영 못하는 문제점을 갖고 있기 때문이다. 상대적 빈곤은 사회의 전반적인 소득 수준이 오르면 빈곤선의 소득도 오르기 때문에 이러한 문제를 피할 수 있다.

따라서 우리의 절대빈곤율이 크게 줄었다는 것은 사회복지의 측면에서 큰 의미를 갖지 못할 수 있다. 그럼에도 불구하고 우리나라의 정책결정자들은 절대빈곤율이 크게 줄어든 것을 근거로 최소한의 복지는 해결되었다고 판단하여 사회복지를 확대할 필요성을 못 느낀 것이다.

우리의 지속적이고 높은 경제성장은 또한 실업률을 거의 완전고용 수준인 3% 이내에서 오랫동안 유지하여 실업자들의 숫자를 크게 줄였다. 유럽의 복지국가들은 1980년대부터 실업률이 크게 높아져 실업자의 문제가 사회복지 확대의 주요 요인이 된 반면에, 우리나라는 실

2) 절대빈곤율을 계산하는 방법은 다양한데, 이 연구에서는 1980년의 불변가격으로 계산한 중위소득의 50% 이하에 속하는 사람들이 전체 인구에서 차지하는 비율을 말한다. 이 연구에서의 빈곤율이 낮은 이유 가운데 하나는 여기서 분석한 자료가 도시가계연보인데 이때까지는 2인 이상 도시에 사는 근로자 가구만을 포함했기 때문이다. 즉 많은 수의 가난한 1인 가구는 제외되었기 때문이다.

업자들을 위한 사회복지가 불필요했다. 실제로 우리나라는 실업자를 위한 고용보험은 1995년에나 도입했고, 실업부조(공공부조)제도는 아예 없다.

이와 같은 상황은 1990년대 말 이른바 'IMF 외환위기' 이후 크게 변하였다. 특히 외환위기 직후에는 경제성장률이 마이너스로 추락하고 실업률도 크게 높아짐에 따라 단기적이나마 사회복지가 크게 확대되었다. 이후 2000년대에 들어와서 어느 정도 경제적인 안정을 찾기 시작했으나, 이제는 과거처럼 7~8% 이상의 높은 성장률이나 완전고용 수준의 낮은 실업률은 이루기 어렵게 되었다. 그래서 우리나라도 이제는 사회복지 확대의 필요성이 높아지게 되었고, 실제로 사회복지는 조금씩 확대되고 있다.

2) 노동집약적인 수출경제에의 의존

널리 알려졌듯이, 우리나라는 국내 수요의 한계로 경제성장이 수출에 크게 의존하는 국가이다. 많은 연구들에 의하면, 국제경제에의 의존도가 높을수록 사회복지는 확대된다고 주장한다(Cameron, 1978; Rodrik, 1998). 실제로 수출에 크게 의존하는 스웨덴과 같은 유럽의 작은 국가들은 사회복지가 크게 발전되어 있다.

그렇다면 우리나라는 수출에 크게 의존하는데도 사회복지가 낙후된 이유는 무엇일까? 이것은 적어도 두 가지로 설명할 수 있다.

첫째, 치열한 국제경쟁에서 필요한 국가경쟁력의 성격이 유럽 국가들과 우리나라가 다르다는 점이다. 수출에 크게 의존할 수밖에 없는 유럽의 작은 국가들은 일찍부터 국제경쟁에서 우위를 점하기 위하여 기술경쟁력을 강조하였다. 이러한 국가들에서는 노사 간의 합의에 따라 일정한 수준 이상의 임금(동일노동 동일임금의 제도를 통하여 혹은 이른바 '사회적 임금'이 시행되어)을 피고용자들에게 주어야 하기 때문에, 이러한 수준의 임금을 주지 못하는 기업은 비효율적인 기업으로 시장에서 도태될 수밖에 없다.

이러한 상황에서는 기업들은 비교적 높은 노동비용을 감수하면서 국제경쟁을 할 수밖에 없는데 여기서 자연스럽게 기술경쟁력을 강조하게 되는 것이다. 수출하는 재화나 서비스의 가격보다는 질로 경쟁력을 높이는 것이다. 여기서 국가는 다양한 사회복지정책으로 기업들의 기술경쟁력을 높이는 데 도와준다.

예를 들면, 후기산업사회에서는 기술 변화가 빠르게 일어나기 때문에 새로운 기술을 빠르게 흡수해야 국제경쟁력이 높아진다. 이러기 위하여는 새로운 기술의 개발과 이에 필요한 많은 수의 숙련된 기술 노동자들을 확보해야 한다. 그런데 새로운 기술이 도입되면 기존의 노동자들은 실업의 위험성이 커지고, 새로운 기술을 배우는 데 많은 시간과 노력이 필요하며, 이 기간 동안 생활이 어려워질 수 있기 때문에 노동자들은 새로운 기술의 도입에 저항하거나 아니면 적어도 적극적으로 새로운 기술을 배울 동기가 약해진다. 그래서 이런 노동자들을 위하여 새로운 기술을 배우거나 경쟁력이 있는 산업에 재취업하여 안정될 때까지 국가는 다양한 사회복지정책으로 생활안정을 이루고 새로운 기술 습득의 동기를 높여줄 필요가 있는 것이다.

반면에 우리나라는 오랫동안(최근에는 어느 정도 변하고 있지만) 값싼 노동력에 주로 의존하는 가격경쟁력으로 국제경쟁에서 버텨 왔다. 그래서 대부분의 기업들은 노동비용을 높이는 정책들에 대하여는 저항이 컸었고, 이러한 상황에서 사회복지는 대표적으로 노동비용을 높이는 것으로 간주되어 국가나 기업 모두 사회복지의 확대를 꺼려 왔던 것이다.

둘째, 수출에 크게 의존하는 유럽의 작은 복지국가들에서는 효율성이 높은 산업의 대기업들의 경쟁력이 높았다. 이렇게 산업집중률이 높게 되면 노동자들도 이러한 산업에 집중적으로 몰리게 되어 노동자들의 동질성이 높아지고 결속력도 커지게 되어, 결과적으로 노동자들의 조직을 강하게 만들어 강력한 노동조합이 만들어진다. 이러한 강한 노동조합은 사회주의 정당의 정치적 세력을 키우는 데 밑바탕이 되고 또한 사회민주적 조합주의의 정책결정 방식을 가능하게 하여 결과적으로 사회복지는 확대될 수 있는 것이다(Cameron, 1978).

반면에 우리나라는 이러한 모습을 갖지 못하였다. 우리나라도 효율성이 높은 산업에서의 대기업들의 경쟁력이 높았고, 따라서 많은 노동자들이 이러한 기업에서 일하게 되었다. 그러나 우리는 유럽의 작은 복지국가들과 달리, 오랫동안의 권위주의 정부들이 노동자들의 조직이 커지는 것을 물리적으로 탄압했고, 대기업들도 각종의 방법들을 동원하여 노동조합이 커지는 것을 막았다. 대표적인 예로 국제경쟁력이 높은 대기업인 삼성전자에는 오늘날까지도 노동조합이 존재하지 않는다.

3) 큰 규모의 지하경제

정도의 차이가 있지만 지하경제는 어느 나라에나 있다. 문제는 우리나라의 지하경제의 규모가 우리의 경제 수준에 비추어 지나치게 크다는 점이다. 얼마 전까지만 해도 우리의 지하경제의 규모는 연구에 따라 다르지만 대략 GDP의 15~20%대로 추정되며(유일호, 1995), 이것은 OECD 국가들 가운데 가장 높은 국가들 중의 하나이다.

우리의 지하경제가 유달리 큰 이유들은 앞에서 언급했듯이 우리의 사회문화적인 특수성으로 인하여 국민들 사이에 신뢰가 적은 불신사회라는 점, 그리고 그 동안의 정부들이 정확한 소득 파악의 노력을 충실히 하지 않았다는 점을 이야기할 수 있다. 그 동안의 권위주의 정부들은 의도적으로 소득 파악을 제대로 하지 않았는데, 중요한 이유는 이러한 정부들은 정당성을 확보하기 위하여 정치적으로 인기가 없는 철저한 소득 파악을 회피하였기 때문이다.

그러나 가장 단순하고 중요한 이유는 우리나라에서는 소득 파악이 어려운 자영업자들의 비율이 매우 높아, 비교적 소득이 정확히 파악될 수 있는 피고용자들의 근로소득이 전체 소득에서 차지하는 비율이 서구에 비해 크게 낮기 때문이다. 실제로 우리나라는 지금까지도 납세자의 숫자가 전체 근로자의 절반 정도에 지나지 않는다.

이렇게 지하경제가 큰 상황에서 사회복지를 확대하는 것은 정치적으로나 현실적으로 어렵게 된다. 사회복지를 확대하기 위하여는 조세수입을 늘려야 되는데 이렇게 소득 파악이 제대로 안 된 상황에서는 조세수입을 늘리는 데 한계가 있을 수밖에 없다. 일반 조세수입이나 각종의 사회보험제도들의 보험료 부과의 기준이 되는 것이 소득인데, 소득이 정확하게 파악되지 않은 상태에서 조세나 보험료를 부과하면 사람들의 조세저항이 커지기 때문이다. 우리나라의 조세부담률이 OECD 국가들 가운데 가장 낮고, 국민연금이나 건강보험에서의 낮은 보험료 납부율이 이를 말해준다.

특히 정확한 소득 파악이 어려운 자영업자들 사이에서의 탈세 문제가 심각하다. 그래서 자영업자들로부터의 조세수입이 낮은데, 문제는 여기서 그치지 않고 정직한 납세자들(피고용자들)도 조세부담의 비형평성을 이유로 조세저항이 커진다는 점이다.

이러한 상황에서 사회복지를 확대하기 위하여 조세부담을 높이거나 사회보험의 보험료율을 높이게 되면 지하경제의 규모는 지금보다 더욱 커질 수 있다. 즉 소득 파악이 제대로 되어 있지 않은 상황에서 사회복지의 확대를 위해 조세부담을 높이는 것은 조세저항을 더욱 크게 만들어 결과적으로 지하경제를 더욱 크게 만들 수 있다. 한마디로 말하여, 우리의 사회복지 확대를 위해 가장 먼저 해야 할 일은 정확한 소득 파악이다.

제 2 부

한국의 사회복지정책: 쟁점과 개선방안

5 chapter
사회보장정책: 총론

한국의 사회보장제도들을 논의하기에 앞서 여기서는 사회보장정책을 개괄적으로 설명하고자 한다. 구체적으로는 다음의 7가지의 질문을 중심으로 논의하고자 한다. 첫째, 사회보장이란 무엇인가? 둘째, 사회보장은 어떠한 방법으로 이루어지는가? 셋째, 왜 국가가 사회보장을 책임지는가? 넷째, 왜 사회보험인가? 다섯째, 사회보험과 민간 부문의 사보험과의 차이는 무엇인가? 여섯째, 왜 사보험으로 사회보장을 효율적으로 해결할 수 없는가? 일곱째, 사회보험은 소득재분배적인가?

제 1 절 사회보장이란 무엇인가?

사회보장(social security)이란 용어를 이해하기 위하여는 먼저 국가보장, 즉 국방(national security)의 개념과 비교해 볼 필요가 있다. 국방이란 외부의 적으로부터 국가의 영토와 그 안에 살고 있는 국민들의 재산과 생명을 안전하게 보장하는 것이라 할 수 있다.

반면에 사회보장은 국가(national)가 아닌 사회(social)를 보장한다는 것인데 이것은 무엇을 의미하는가? 이것은 국민들의 사회생활이 외부의 적에 의한 침입으로 불안전해질 뿐만 아니라, 사회 내부에서 발생하는 여러 가지의 요인들로부터도 불안전해질 수 있기 때문에 이 부분을 보장해 주어야 한다는 것이다.

그렇다면 어떤 종류의 사회생활을 보장하는가? 이러한 보장의 영역에 관하여는 논란이 많아 국가나 시대, 그리고 사람들에 따라 달라 사회보장의 정의가 달라진다. 어떤 국가들에서는 보장해야 할 사회생활의 범위를 좁게 보는 반면, 다른 국가들에서는 넓게 보는 것이다.

그럼에도 불구하고 일반적으로 대부분의 국가들에서 가장 널리 사용되고 또한 국제노동기구(ILO) 등에서 사용되는 사회보장의 정의는 다음과 같다: '사회보장이란 사람들이 살아가다가 직면하는 여러 가지의 위험들-질병, 노령, 실업, 장애, 빈곤, 출산, 사망 등-로 인해 첫째, 소득이 일시적으로 중단되거나, 둘째, 소득이 장기적으로(영원히) 없어지거나, 셋째, 지출이 크게 증가하여 사람들이 이전의 사회생활을 하지 못할 경우, 이전의 사회생활을 할 수 있도록 하게 하는 국가의 모든 프로그램들을 말한다.

예를 들면, 질병이 발생하여 소득이 일시적으로 중단되는 것은 질병수당으로, 치료비로 인해 지출이 늘어나는 것은 의료보험으로 해결해 준다. 또한 실업으로 인해 소득이 일시적으로 중단되면 재취업 시까지의 생활을 실업보험으로 보상한다. 이밖에도 노령, 장애, 가구주의 사망으로 소득이 장기적으로 중단될 때는 국민연금으로 해결한다.

그런데 여기서 지적할 것은 상기의 정의에서 보듯이 사회보장은 국가가 책임지는 것만을 말한다는 점이다. 사람들은 살아가다가 위험에 부딪혀 생활이 어렵게 될 때 가족, 친척, 이웃 등을 통해 많은 도움을 받을 수 있다. 그런데 이러한 민간 부문의 행위들은 사회보장의 범주에 포함되지 않는다. 즉 국가에 의한 프로그램들만을 사회보장이라 한다.

상기의 사회보장의 정의는 또한 사회생활의 보장을 물질적·경제적인 측면에서의 보장만으로 제한하는 경향이 있다. 이러한 측면에서 사회보장은 경제적 보장(economic security)의 개념과 유사하다. 또한 과거의 소득을 유지하거나 보상한다는 측면에서 소득유지(income maintenance)나 소득보장(income security)의 개념과 유사하다.

반면 어떤 국가들에서는 사회보장을 좀 더 넓게 해석하여 비물질적인 측면에서 서비스를 포함한 사회생활을 보장하는 수준까지 포함하는 경향이 있다. 예를 들면, 우리나라의 사회보장의 개념의 경우 경제적 보장뿐만 아니라 각종의 비물질적 사회복지 서비스(아동, 노인, 장애인 등을 대상으로 하는)도 포함한다.

반면에 미국에서는 사회보장의 개념은 좁아 대부분의 사람들에게 사회보장(social security)은 노령, 유족, 장애연금(OASDI: Old Age, Survivors, and Disability Insurance), 즉 우리 식으로 이야기하면 국민연금을 의미한다.

제 2 절 사회보장은 어떠한 방법으로 이루어지는가?

사회보장을 이루는 구체적인 방법들은 프로그램에 따라 다양하게 있을 수 있지만, 크게 보면 다음의 세 가지 방법으로 나눌 수 있다. 첫째는 비기여·비소득/자산조사 프로그램이고, 둘째는 기여·비소득/자산조사 프로그램이고, 셋째는 비기여·소득/자산조사 프로그램이다.

1. 비기여·비소득/자산조사 프로그램

이 유형은 한 나라 내에서 모든 국민 혹은 일정한 인구학적 조건(노인, 아동, 장애인 등)만 갖춘 모든 사람들에게 기여(보험료 납부) 여부에 상관없이, 그리고 소득이나 자산 조사를 하지 않고 급여를 하는 프로그램들을 말한다. 그래서 이러한 유형의 프로그램들은 흔히 보편적 프로그램(universal program) 혹은 디모그란트(demogrant)라 불린다.

이러한 유형의 대표적인 프로그램은 영국이나 북유럽 국가들을 포함한 일부 국가들에서 시행하고 있는 국민의료서비스(National Health Service)이다. 그리고 오늘날 선진산업국가들 대부분을 포함한 많은 국가들에서 시행하고 있는 가족수당(family allowance)과 일부 국가들에서 시행하고 있는 보편적 연금(universal pension)이나 장애수당 등이 있다.

최근 우리나라에서는 보육수당이라는 제도를 만들어 2세 이하의 아동이 있는 가구에게 소득이나 자산 조사 없이 급여를 하여, 비록 제한적이나마 가족수당과 같은 성격의 프로그램을 갖고 있다고 할 수 있다. 우리나라는 노인과 장애인을 위한 노인수당(기초노령연금)이나 장애인수당 등의 프로그램도 갖고 있으나, 이것들은 소득이나 자산 조사를 하고 급여하기 때문에 후술할 비기여·소득/자산조사 프로그램 유형에 속한다.

보편적 프로그램은 사회보장의 역사적 발전 과정을 통해 볼 때, 다른 프로그램들에 비해 가장 늦게 도입되었으나(대부분의 경우 2차 세계대전 이후에 도입되었다), 가장 발전된 형태라 할 수 있다. 이러한 유형의 프로그램들은 국민들이 사회보장을 받을 권리-이른바 사회권(social right)-를 가장 강하게 인정하기 때문이다.

그리고 이러한 프로그램들은 사회복지가 추구하는 가장 중요한 목표인 인간의 존엄성 향상을 크게 구현할 수 있고, 또한 사회복지 수급자와 납세자들 간의 반목을 줄여 연대의식을 높일 수 있어 궁극적으로 사회통합의 목표를 이루는 데 기여할 수 있다.

반면에 보편적 프로그램들은 많은 사람들을 대상으로 하기 때문에 전체 비용이 많이 들기 때문에 제한된 사회적 자원에서 급여액을 크게 높이는 데에는 한계가 있다. 또한 소득이나 자산에 상관없이 급여가 이루어지기 때문에 주어진 자원 내에서 소득재분배를 이루는 효과는 적기 때문에 비판이 있을 수 있다. 최근 우리나라에서 이른바 무상급식(?)을 둘러싼 논쟁이 대표적이라 할 수 있다. 왜 부잣집 아이들에게까지 무상(?)으로 급식을 하느냐에 관한 논쟁이다.

2. 기여·비소득/자산조사 프로그램

오늘날 복지국가라 불리는 선진산업국가들을 포함한 대부분의 국가들에서 가장 중요한 사회보장의 방법은 통상 사회보험이라 불리는 기여·비소득/자산조사 프로그램이다. 오늘날 복지국가들에서는 사회보험이 성숙하여 거의 모든 국민들이 다양한 사회보험들의 수급자 혹은 대상자들이고, 그래서 사회보험의 지출액이 다른 사회보장 프로그램보다 월등히 많기 때문에 사회보험이 사회보장제도의 핵심을 이루고 있다.[1]

사회보험은 사람들이 살아가는 동안에 발생하는 다양한 위험에 부딪힐 때 소득이 중단되거나 줄어드는 것에 대비하는 프로그램이다. 이러한 위험들은 크게 보면 다음의 형태로 구분할 수 있고 여기서 4대 사회보험이 필요한 것이다. 첫째는, 노령, 장애, 사망이라는 위험에 대비한 국민연금이 있고, 둘째는, 질병이 발생했을 때 의료서비스와 소득보장을 위한 질병보험(우리나라는 아직 소득보장은 없고 의료서비스만 제공한다)이 있고, 셋째는, 실업에 대비한 실업보험이 있으며, 마지막으로 작업 중 장애에 대비한 산재보상보험이 있다.

사회보험은 이렇게 중요하기 때문에 뒤에서 더 자세히 논의하고자 한다.

1) 오늘날 대부분의 복지국가들에서 사회보험 지출은 사회보장 총지출의 70% 이상을 차지하고 있다.

3. 비기여 · 소득/자산조사 프로그램

비기여 · 소득/자산조사의 방법은 사회보장 프로그램들 가운데 역사적으로 가장 오래되었다. 19세기 말 독일에서 최초의 사회보험이 등장하기 전에 모든 국가들에서 오랜 기간 동안 가장 중요한 사회보장의 기능을 한 것이 바로 이 프로그램이다.

이 프로그램들은 흔히 공공부조(public assistance)라 불리는데, 여기에는 다양한 형태가 있을 수 있으나 크게 두 가지 형태로 구분한다. 하나는 일반적 공공부조(general public assistance)로 일정한 소득이나 자산 수준 이하면 모든 사람들에게 급여를 하는 프로그램이다. 오늘날 유럽의 복지국가들에서의 공공부조는 대개 이러한 형태이다.

다른 하나는 이른바 범주적 공공부조(categorical public assistance)라 하여 일정한 소득/자산 수준 이하이면서 동시에 특정한 인구 집단(노인, 장애인, 아동)에 속하는 사람에게만 급여하는 프로그램이다. 우리나라의 과거의 생활보호제도가 대표적으로 이러한 유형이라 할 수 있다. 그리고 오늘날의 국민기초생활보장제도도 이러한 유형에 가깝다고 할 수 있다. 왜냐하면, 우리의 국민기초생활보장제도는 형식적으로는 일정한 소득이나 자산 이하의 사람들에게 급여를 하게 되었으나, 실질적으로는 근로능력이 있는 사람들에게는 상당한 제한을 두고, 또한 까다로운 부양의무자 규정 때문에 많은 가난한 사람들이 실질적으로 급여를 못 받고 있기 때문이다.

공공부조의 가장 큰 장점은 제한된 자원에서 가난한 사람들에게 집중적으로 급여를 하기 때문에 이른바 목표효율성 혹은 대상효율성(target efficiency)이 높아, 결과적으로 소득재분배 효과를 극대화할 수 있다는 점이다. 특히 우리나라처럼 위에서 소개한 보편적 프로그램이 거의 없고, 사회보험이 아직은 미성숙한 상태에서, 그리고 사회복지에 사용할 수 있는 재원이 많지 않은 상황에서 이러한 프로그램의 역할이 중요하다.

반면에 공공부조의 단점은 수급자들에 치욕을 줄 수 있어 인간의 존엄성이 훼손될 수 있고, 수급자와 납세자 사이에 반목을 발생시켜 국민연대감을 해칠 수 있다는 점이다. 또한 공공부조는 일정한 소득이나 자산 이하인 사람들에게 급여가 이루어지기 때문에 근로나 저축 동기를 약화시킬 수 있고, 수급을 위해 소득을 낮게 신고하는 등의 프로그램의 오용 혹은 남용의 문제점들이 나타날 수 있다.

이러한 점에서 볼 때 공공부조는 사회보장 발전의 초기 단계에서 어쩔 수 없이 의존할 수박에 없는 것이어, 다른 사회보장제도들이 충분히 성숙되면 그것의 역할은 축소되는 것이 바람직하다. 사실 서구 복지국가들의 사회보장의 발전 역사를 보면 공공부조는 초기에는 중요한 역할을 하였으나, 보편적 프로그램이나 사회보험이 성숙하면서 그것의 역할은 줄어든다. 예를 들면, 오늘날의 복지국가들에서는 대부분의 경우 공공부조의 지출은 GDP의 1~2% 이내로 제한적이다. 반면에 사회보험에의 지출은 GDP의 10%가 넘는다.

제 3 절 왜 국가가 사회보장을 책임지는가?

오늘날 대부분의 선진산업국가들에서는 국민들의 사회보장은 국가가 주로 책임지고 있다. 왜 그러한가? 이것을 이해하기 위하여는 먼저 국민들에 대한 사회보장이 제대로 안 된 상태, 즉 많은 수의 빈자들이 있을 때 어떠한 문제들이 발생하는지를 알아볼 필요가 있다.

무엇보다도 노동생산성의 측면에서 국가발전에 저해가 된다. 지속적인 경제발전을 이루기 위하여는 건강하고 잘 훈련된 노동력의 지속적인 공급이 있어야 한다. 따라서 제대로 먹지 못하여 영양 상태가 나쁘거나 질병을 제대로 치료를 받지 못하거나 교육과 훈련을 제대로 받지 못하는 경우 이러한 사람들의 노동생산성은 낮을 수박에 없다. 이것은 곧 국가 총 생산성의 감소로 이어지게 될 수밖에 없다.

또한 장기적인 관점에서 볼 때도 이러한 사람들이 많으면 이러한 가구에서 자라나는 아동들의 인적자본의 질도 낮아질 수밖에 없어 미래의 노동생산성도 낮아져 장기적인 국가발전에 해가 되는 것이다.

그래서 국민들의 노동생산성을 유지하거나 향상시키는 것은 자본주의 사회에서의 사회보장의 중요한 목표인 것이다. 이러한 측면에서 이른바 신마르크스주의 계열의 학자들(예를 들면, Ian Gough, James O'Connor 등)은 복지국가들의 사회보장정책은 강력한 정치적 영향력을 가진 자본가 계급들이 주도하여 만들었다고 주장한다. 왜냐하면, 자본가들의 이익을 위해서는 건강하고 잘 훈련된 노동력의 지속적인 공급이 필요하기 때문이다.

사회보장이 제대로 안 되어 빈곤한 사람들이 많아지면 경제안정의 측면에서 경제발전에 해가 된다. 빈곤한 사람들은 재화들에 대한 구매력이 낮기 때문에 그 규모가 커지게 되면 기업 활동이 위축이 되고, 이것은 결국 장기간의 불황으로 이어질 가능성이 커진다.

가난한 사람들이 많아지면 개별적으로는 범죄행위가 늘어나고, 집단적인 폭동이나 저항이 많아지게 되어 사회가 불안정해져 자본주의 기본 질서에 커다란 위협이 되어 국가발전에 해가 된다. 현대적 의미의 최초의 사회보장법이라 할 수 있는 19세기 말 독일의 비스마르크의 사회입법도 그 당시의 사회불안정으로 기존 질서에 위협이 되는 세력들(예, 사회주의 세력)이 커지는 것을 사전에 예방하기 위한 일종의 정치적인 선제 전략(preemptive strategy)의 일환으로 만들어졌다고 볼 수 있다.

또한 가난한 사람들이 많으면 빈곤하지 않은 사람들의 정신적인 안녕(well-being)에 영향을 주어 이들의 효용이 낮아질 수 있다. 예를 들면, 지하철에서 구걸하는 사람들이 많아지면 이기적인 사람들까지도 불쾌감을 갖게 되어 이들의 효용이 낮아질 수 있다. 그래서 박애주의자들(이타주의자들?)뿐만 아니라, 문명사회에 사는 이기적인 사람들조

차도 가난한 사람들이 줄어들기를 원하는 것이다.

이렇게 사회보장이 제대로 안 되면 여러 가지의 문제들이 발생하는데 왜 이러한 문제들을 국가가 해결해야 되는가? 왜 민간 부문에서 국가의 개입 없이 자연스럽게 해결할 수 없는가?

사회보장의 문제를 국가가 해결해야만 되는 이유는 산업사회에서 사회보장의 대상자의 숫자가 크게 늘어났다는 등의 여러 가지가 있지만, 가장 중요한 이유는 사회보장의 문제를 민간 부문에서 해결하도록 내버려두면 사회가 바람직하다고 보는 수준의 전체 국민들의 사회보장을 효율적으로 이루지 못하기 때문이다.

널리 알려졌듯이 사회보장이 잘 되어 가난한 사람들이 줄어들게 되면 사회구성원 모두에게 이익이 된다. 예를 들면, 사회보장제도를 통해서 빈곤한 가정의 아동들이 건강을 유지하면서 교육을 잘 받게 되면 이들의 생산성이 향상되어 국가 전체의 생산성 증가로 이어져 국가경제의 발전을 이룰 수 있어 결과적으로 사회구성원 모두에게 이득이 된다.

즉 사회보장은 일종의 공공재인 것이다. 그런데 공공재는 성격 상 민간 부문의 시장에서 제공되기 어렵다. 왜냐하면, 공공재는 사유재와 달리 그 재화를 소비하는 데 있어 비경쟁적이고 비배타적인 성격을 갖고 있기 때문이다. 사유재를 사용하기 위하여는 사람들은 비용을 지불해야 하고(경쟁적), 비용을 지불하지 않는 사람들에게는 그것의 사용을 막을 수 있다(배타적). 반면에 공공재는 일단 제공되면 사람들이 그 재화를 소비하는 데 드는 추가비용이 없고(비경쟁적), 또한 다른 사람들이 그 재화를 사용하는 것을 막기도 어렵다(비배타적).

공공재의 이러한 성격 때문에 시장에서는 이러한 재화의 공급이 비효율적으로 이루어진다. 우리가 논의하고 있는 사회보장과 같은 공공재는 사회구성원들이 원하고 또한 이득을 준다. 그러나 개인들은 사회보장에 대한 수요(필요)가 있더라도, 이른바 '무임승차(free rider)'의 현상으로 이러한 수요를 숨겨 일단 사회보장이 제공되면 비용을 지불하지 않고 혜택을 보려고 한다.

문제는 개인의 효용을 극대화하려는 합리적인 사람이라면 모두 이러한 '무임승차' 행위를 할 것이라는 점이다. 그래서 사회구성원들이 사회보장에 대한 수요를 모두 갖고 있음에도 불구하고 그 재화에 대한 지불을 하지 않게 되는데, 결과적으로 시장 기제에만 맡겨두면 사회보장이라는 재화는 제공되지 않거나, 제공되더라도 사회구성원들이 바라는 만큼 충분히 제공되지 않는 것이다.

또한 민간 부문의 자발적인 자선 행위에 의해서 사회보장의 문제가 해결되기도 어렵다. 왜냐하면, 누군가의 도움에 의하여 우리 주위의 가난한 사람들의 숫자가 줄어들면 그 이득은 자선을 안 한 사람들에게도 돌아가는 이른바 긍정적인 외부효과 현상 때문이다. 이렇게 되면 내가 안 해도 남이 하면 나도 이득을 보기 때문에 자신의 효용을 극대화하려는 사람들이라면 누구나 자발적으로 자선 행위를 하려고 하지 않기 때문이다.

이렇게 사회보장은 공공재적인 성격을 갖고 있고, 긍정적인 외부효과가 크기 때문에 민간 부문에서 자발적으로 충분히 제공되기 어렵기 때문에 국가가 나서서 자발적 자선이 아닌 강제적 자선인 세금을 걷어 사회보장을 제공해야만 사회적으로 바람직한(효율적인) 수준의 공급이 이루어지는 것이다.

사회보장을 국가에 의해 강제적으로 해야 하는 또 하나의 이유는 대부분의 사람들이 자발적으로 미래에 발생할 수 있는 다양한 사회적 위험에 대비하지 않는 경향이 있기 때문이다. 원론적으로 볼 때, 사람들이 일을 해서 소득이 있을 때 미래에 발생할 수 있는 위험에 대비해 모두 소비를 하지 않고 일부분을 저축을 하게 되면, 국가에 의한 사회보장의 필요성은 크게 줄어들 수 있다. 그러나 현실 세계의 대부분의 사람들은 미래의 위험에 대비해 충분한 저축을 하지 않는 경향이 있다. 이것은 대부분의 사람들이 미래에 발생하는 위험에 대비할 정보가 부족하기 때문이다. 예를 들면, 실업을 경험하지 않은 사람들은 실업에 처했을 때의 상황에 대하여 잘 모르기 때문에 실업에 대비할 충분한 저축을 할 동기가 약한 것이다.

또한 국가에 의한 강제저축(?)을 통한 사회보장은 저축을 한 사람들과 저축을 안 한 사람들 사이의 불공평의 문제를 해결할 수 있다. 즉 평소에 미래의 위험에 대비해 열심히 일을 하고 소비를 줄여 저축을 한 사람들이 위험에 대비하지 않고 소비만 한 사람들을 도와야 되는 문제가 발생할 수 있는 것이다. 바로 이러한 문제 때문이라도 국가가 개입하여 사람들이 평소에 일을 해서 소득이 있을 때 소득의 일부를 강제로 저축하게 하는 사회보장제도를 만드는 것이 사회적으로 더 바람직한 것이다.

지금까지 국가가 사회보장을 해야만 하는 이유를 크게 몇 가지로 나누어 논의하였는데, 이밖에도 세부적이고 기술적인 이유들이 많은데 이것들은 다음의 절들에서 다루기로 한다.

제 4 절 왜 사회보험인가?

1883년 독일에서 최초의 사회보험이라 할 수 있는 질병보험의 도입 이후 사회보험은 계속 발전하여 오늘날 대부분의 국가들에서 사회보험은 사회보장제도들 가운데 가장 중요한 역할을 하고 있다. 특히 선진 산업국가들에서는 사회보험은 거의 모든 국민들을 대상자로 하고, 수급자들의 규모나 지출액 등에서 다른 사회보장제도들에 비하여 월등히 크다. 그래서 사회보험이 사회보장의 문제를 가장 확실하게 해결하고 있는 것이다.

그렇다면 왜 사회보험이 다른 사회보장제도들(예를 들면, 공공부조나 보편적 프로그램)에 비하여 이렇게 압도적으로 중요하게 되었는가? 여기서는 크게 네 가지로 나누어 논의하고자 한다.

첫째, 국가에 의한 사회보장의 가장 중요한 목표는 물론 국민들의 기본적인 최저생활을 보장해 주는 것이다. 그러나 사회보장제도가 어느 정도 성숙된 국가들에서는 이러한 기본적인 목표 이외에, 사람들이 사회적 위험들(노령, 장애, 질병, 실업 등)에 봉착해 소득이 줄어들거나 중단될 때 이전의 생활수준을 최대한 유지해 주는 목표도 있다. 이러한 이유로 사회보장 프로그램은 흔히 소득유지(income maintenance) 프로그램으로 불리기도 한다.

기본적인 최저생활을 보장해 주는 것은 국민의 일반적인 세금을 재원으로 하는 공공부조나 보편적인 프로그램으로 이룰 수 있다. 반면에 후자의 경우, 즉 소득유지의 기능은 공공부조나 보편적인 프로그램으로 할 수 없고, 사회보험만이 할 수 있는 것이다. 왜냐하면, 사회보험은 국민들이 낸 보험료(기여금)를 주 재원으로 하고 보험료의 차이에 따라 급여액의 차이를 둘 수 있는 반면, 국민들의 일반 세금을 재원으로 하는 공공부조나 디모그란트는 그렇게 할 수 없기 때문이다.

예를 들면, 중산층으로 생활하던 사람들이 사회적 위험에 부딪혀 소득이 중단될 때, 이전의 중산층 수준의 생활을 유지하도록 국민들이 낸 세금을 통하여 급여를 하는 것은 정치적으로 불가능할 뿐만 아니라 무엇보다 공평하지 못하다. 정부의 일반 예산으로는 빈곤층이든 중산층이든 똑같이 기본적인 최저생활만을 보장해 줄 수밖에 없는 것이다.

반면에 사회보험을 통하여 평소에 기여를 많이 한 중산층은 더 많은 급여를 받는 것이 가능하기 때문에 위험 발생 이전의 생활수준을 유지할 수 있는 것이다.

둘째, 국가의 입장에서 볼 때, 강제적인 기여 방식의 사회보험을 통하여 빈곤해질 수 있는 많은 사람들을 빈곤해지지 않도록 미리 예방할 수 있기 때문에, 궁극적으로 전체적인 사회보장의 비용을 절감할 수 있다. 사회보험이 없는 상태에서는 아무런 개인적인 저축이 없이 많은 사람들이 사회적 위험에 부딪혀 생활이 어렵게 되면, 이를 해결하기 위하여는 결국 정부의 일반 예산을 재원으로 하는 공공부조가 필요하게 되며, 이 경우 많은 비용이 필요하게 된다.

실제로 사회보험의 초기 도입 시기인 19세기 말이나 20세기 초에 대부분의 선진산업국가들에서 산업화와 도시화 등의 이유로 빈곤한 사람들의 숫자가 크게 늘어나 정부는 빈곤 문제 해결이 큰 부담이 되었다. 이때, 사회보험은 국가부담을 줄이면서 공공부조를 대체할 수 있는 좋은 대안이 된 것이다.

셋째, 일반 국민들의 입장에서도 사회보험을 공공부조나 보편적 프로그램보다 선호하는 경향이 있다. 사회보험은 기여를 해야만 급여를 받을 수 있기 때문에 급여를 하나의 권리로 받아들이기 때문이다. 또한 기여를 많이 한 사람은 적게 한 사람보다 더 많은 급여를 받기 때문에 자본주의 사회에서 '공평'한 것으로 받아들이기 때문이다. 다시 말하여 '시장원리'에 충실한 것이다.

반면에 공공부조는 국가로부터 일방적으로 받는 시혜 혹은 적선(dole)으로 여기기 때문에 많은 사람들은 공공부조의 수급에 대하여 수치심을 느끼게 되고 비수급자들은 수급자들에게 사회적 낙인을 부여하는 경향이 있다.

또한 보편적 프로그램은 인구학적인 조건만 갖추면 소득이나 자산의 수준에 상관없이 누구에게나 급여를 하기 때문에 사회복지에 쓸 수 있는 제한된 재원을 낭비한다고 비판을 받는다. 최근 우리나라에서 이른바 '무상급식'이나 '무상보육' 논쟁에서 나타났듯이 많은 사람들은 '부자'들에게까지 급여를 하는 것에 대하여 거부감이 크다. 보편적 프로그램은 소득재분배의 측면에서도 그 효과가 미미하거나 부정적이다.

이러한 이유로 대부분의 국가들에서 사회보험은 공공부조에 비하여 국민들 사이에 인기가 높다. 그래서 사회복지 재정에 문제가 발생했을 때도 사회보험을 축소하는 것에 대하여 국민적인 저항이 크다. 예를 들면, 이익집단정치에 의하여 정책이 결정되는 경향이 강한 미국에서는, 사회보장제도의 재정위기에 처할 때 국민연금(미국에서는 OASDI라 한다)은 축소하지 않고, 대표적인 공공부조인 AFDC를 폐지하였다.

넷째, 전통적인 공공부조는 일정한 소득과 자산 수준 이하의 사람들에게만 급여가 이루어지기 때문에, 수급자들 혹은 잠재적 수급자들의 근로나 저축 동기가 약화될 수 있는 문제점이 있다. 그래서 많은 수급자들은 이른바 '빈곤 덫(poverty trap)'에 빠질 수 있고 결과적으로 빈곤에서 벗어나기 어려울 수 있다. 그래서 어느 나라나 공공부조를 크게 확대하는 것에는 현실적인 한계가 있다.

제 5 절 사회보험과 민영보험과의 차이는 무엇인가?

최근에 사회적 위험(노령, 질병, 장애 등)에 대비한 민간보험이 크게 확대되고 있다. 여기에는 개인연금이나 민간 의료보험 등에 대한 지출에 대한 정부의 세제상의 혜택이 크게 기여했다. 그래서 최근에 민영보험의 확대를 둘러싼 논란이 많아지고 있다. 민영보험의 확대를 반대하는 가장 중요한 논리는 민영보험이 확대되면 전 국민을 대상으로 하는 사회보험이 위축이 되어 결국 사회계층별로 2중체계가 될 수 있어 사회통합에 해가 될 수 있다는 점이다(중산층 이상은 주로 민간보험, 중산층 이하는 사회보험에 의존하는 체계). 반면에 민영보험의 확대를 옹호하는 입장에서는 현재 사회보험의 내용이 부실하기 때문에 이를 보완하여 중산층을 대상으로 민영보험이 필요하다는 점, 또한 민간보험 산업의 확대를 통하여 경제 활성화에 기여할 수 있다는 점을 강조한다(김태성 · 김진수, 2007). 어찌되었든, 민영보험의 확대가 우리 사회의 현 시점에서 바람직한가를 판단하는 데는 사회보험과 민영보험의 차이가 무엇인지를 명확히 짚고 넘어가는 것이 도움이 될 수 있다.

사회보험과 민영보험의 차이는 세부적으로는 더 많을 수 있지만 여기서는 다섯 가지 측면에서 논의하고자 한다.

첫째, 가장 중요한 차이는 사회보험은 강제가입이고, 민영보험은 자발적 가입인 점이다. 바로 사회보험의 이러한 강제성 때문에, 민영보험보다 사회보장의 문제를 더 효율적으로 해결할 수 있다. 다시 말하여, 민영보험처럼 자발적으로 가입하게 할 경우 역의 선택, 도덕적 해이, 불완전한 정보 등의 이유로 시장에서 사회보장의 문제를 제대로 해결할 수 없다는 것이다(이 점은 중요하기 때문에 다음 절에서 자세히 논의한다).

둘째, 일반적으로 보험에서는 가입자의 가입 대상이 되는 위험(질병, 사고, 화재 등)의 발생확률이 중요하다. 그래서 민영보험에서는 가입자의 이러한 위험의 발생확률에 따라 보험료가 다르게 책정된다. 위험의 발생확률이 높으면 높은 보험료가 책정되고, 낮으면 낮은 보험료가 부과된다. 예를 들면, 자동차 보험의 경우 자동차 사고가 날 확률이 높은 사람들(예, 미혼의 젊은 사람들)의 보험료가 확률이 낮은 사람들(예, 기혼의 중장년층)보다 높은 것이다.

반면에 사회보험은 강제 가입이기 때문에 보험료는 민영보험과 달리 가입자들의 개별적인 위험에 따라 결정되지 않고 사회 구성원 전체의 '평균적'인 위험이나 보험료 부담 능력, 즉 소득 수준에 비례하여 결정된다.

평균적인 위험에 따른 보험료를 부과하는 대표적인 사회보험은 정액기여(flat-rate contribution)와 정액급여(flat-rate benefit)의 국민연금이다(예, 영국의 기초연금, 일본의 국민연금 등). 반면에 우리나라의 건강보험이나 국민연금처럼 소득에 비례하여 보험료가 결정되는 방식(earnings-related contribution)은 가입 대상인 위험의 발생확률과는 상관없이 부담 능력(소득 수준)에 따라 결정된다. 따라서 이것은 진정한 의미의 보험료라는 개념과는 차이가 있으며, 오히려 일반 조세체계에서의 목적세(earmarked tax)라 할 수 있다(Barr, 1998). 즉 사회보장을 위한 목적으로 쓰이는 조세인 것이다. 실제로 많은 국가들에서 사회보험의 보험료를 사회보장세(social security tax)라 지칭하는 것이 바로 이러한 이유 때문이다.

이상의 논의가 의미하는 것은 현대 산업사회에서 발생하는 다양한 사회적 위험들은 모든 사람들에게 똑같은 발생확률-공통적이고도 보편적인 발생확률-을 가지고 있다는 가정을 전제로 하고 있다는 것이다. 한마디로 말하여, 사회보험은 민영보험과 달리 사람들의 위험 발생의 개별적인 차이를 무시하는 것이다. 예를 들면, 우리나라의 건강보험의 경우 어떤 사람이 질병이 자주 발생하여 건강보험의 급여를 자주 받았다 하여도 이 사람의 건강보험료는 오르지 않는다. 반면에 민간보험에서는 이 경우 보험료 상승이 불가피한 것이다.

셋째, 일반적으로 민영보험에서는 보험에 가입한 위험이 발생하면 보험급여의 자격이 주어진다. 예를 들면, 우리나라에서 대표적인 민영보험인 개인연금의 경우 일정한 가입기간이 지나거나 혹은 일정한 연령에 도달하면 보험급여의 자격이 주어진다.

반면에 사회보험에서는 위험이 발생했다 하여 자동적으로 급여가 주어지는 것이 아니라 다른 조건이 충족되어야 급여가 이루어진다. 예를 들면, 우리나라를 비롯한 대부분의 국가들에서 노령연금의 경우 보험 가입자가 일정한 기간 동안 보험료를 납부하고 일정한 연령(예를 들면, 65세)에 도달해야 할 뿐만 아니라, 노동시장에서 은퇴하거나 근로소득이 일정한 수준 이하이어야 정상적인(완전한) 급여자격이 주어진다.

왜 이러한가? 이것의 근본적인 이유는 사회보험은 민영보험과 달리 소득재분배적인 기능을 하기 때문이다. 다른 말로 이야기하면 사회보험은 사회보장에의 필요(need)가 많은 사람들에게 가능한 한 급여를 많이 하고자 하는 것이다. 이렇게 사회보험은 사람들의 필요(need)를 고려한다는 점은 다음의 급여계산 방식에서 더 명확히 나타난다.

넷째, 민영보험에서는 보험급여액이 보험수리원칙(actuarial principle)에 따라 보험료 납부액에 비례한다. 보험 가입자의 보험료 납부액이 많으면 보험급여액도 비례적으로 많아진다. 예를 들면, 개인연금의 경우 보험료를 2배 많이 납부하면 원칙적으로 급여액도 2배 증가한다.

즉 개별적 공평성(individual equity)의 원칙을 그대로 반영한다.

반면에 사회보험에서는 이러한 보험수리원칙에서 벗어나 급여액이 보험료에 비례하지 않는다. 우리나라를 비롯한 대부분의 국가들에서 사회보험의 급여액은 별도의 '급여계산 방식'에 따라 결정되는데, 이때 고려하는 것이 사회적 적절성(social adequacy)의 원칙이다. 이 원칙에 따라 소득계층별 급여계산을 다르게 한다. 그래서 저소득층은 자신들이 낸 보험료에 비하여 고소득층과 비교할 때 더 많은 급여액을 받고, 반대로 고소득층은 상대적으로 적은 급여액을 받도록 하는 것이다. 즉 저소득층의 소득대체율이 고소득층의 그것보다 큰 것이다.

왜 이러한가? 이것의 주된 이유도 위에서 언급했듯이 사회보험은 소득재분배의 목표를 갖고 있기 때문이다. 또한 현실적으로 저소득층의 경우 많은 사람들은 가입기간이 짧거나(중간에 실업기간이 길었다는 이유 등으로), 가입기간에도 소득이 낮아 보험료 납부액이 미미하기 때문에 보험수리원칙에 따라 급여액이 계산되면 급여액이 매우 적어 최저생활을 하기에도 부족할 수 있기 때문이다. 사회보험의 급여액으로 원론적으로 어느 정도의 최소한의 기본 생활을 할 수 있도록 하고자 하는 것이다.

그렇다면 사회보험에서 보험료를 적게 납부한 사람이 보험료를 많이 납부한 사람보다 급여액이 많을 수 있는가? 그렇지 않다. 어떠한 국가에서의 사회보험에서도 보험료를 적게 납부한 사람은 많이 납부한 사람보다 급여의 절대액이 클 수 없도록 설계되었다. 사회보험이 사회적 적절성의 가치를 강조하여 국민들의 최소한의 기본적인 생활을 보장해 주는 것이 목표라면, 왜 저소득층에 대한 급여액을 크게 높이지 않는가?

바로 여기에 사회보험의 이중적인 성격이 나타난다. 한편으로는, 사회보험도 보험이기 때문에 민영보험처럼 개별적 공평성의 가치를 반영할 수밖에 없지만, 다른 한편으로는 민영보험과 달리 사회적 적절성의 가치도 반영하는 이중적인 기능을 하는 것이다. 사회보험이라 해서 자본주의 사회의 '시장원리'를 완전히 무시할 수 없는 것이다. 만일 개별적 공평성을 완전히 무시하고 사회적 적절성의 가치만을 반영한다면, 사회보험은 더 이상 사회보험이 아니고 공공부조가 되는 것이다.

이러한 사회보험의 이중적인 성격은 최근에 '시장주의자'들에 의하여 많은 비판을 받는다. 최근에 많은 국가들에서 사회보험(특히, 국민연금)이 재정위기에 봉착하자 '시장주의자'들은 사회보험에서 사회적 적절성의 가치를 반영하는 부분, 즉 저소득층에게 많은 급여를 하는 부분을 제거해서 재정안정을 이루어야 한다고 한다. 이들은 보험수리 원칙에 따라 보험료 납부에 비례해서 급여액이 결정되는 방식, 즉 민영보험화를 주장하는 것이다.

이러한 주장은 적어도 두 가지 측면을 간과한 것이다. 하나는, 위에서 언급했듯이 사회보험이 왜 필요한지, 즉 공공부조와 디모그란트가 할 수 없는 기능을 사회보험이 할 수 있다는 점을 간과한 것이다. 이들의 주장처럼 사회보험을 민영화하면 공공부조의 수급자는 엄청나게 늘어나 국가재정을 감당하기 힘들어 궁극적으로는 빈자의 숫자가 크게 늘어날 수밖에 없다(하기는 시장주의자들은 자본주의 사회에서 빈자의 숫자가 크게 늘어나는 것도 당연한 것으로 받아들이는 경향이 있다).

다른 하나는 오늘날까지 모든 국가들에서 사회보험의 급여액은 소득계층에 상관없이 자신들이 낸 보험료(시장에서의 이자율을 계산에 포함하여)의 총합보다 크다. 고소득층들도 자신들이 낸 보험료보다 더 많은 급여액을 받는다. 이것이 의미하는 것은 고소득층도 국가로부터 일정한 소득이전(transfer)을 받는다는 것이다. 이렇기 때문에 국가가 사회보험을 통하여 저소득층에게 좀 더 많은 급여를 하는 것이 자본주의 사회의 시장의 질서를 크게 훼손하는 것은 아닌 것이다.

다섯째, 원칙적으로 민영보험은 보험재정이 보험수리원칙에 따라 이루어진다. 그래서 민영보험은 현재와 미래에 들어오는 보험료 수입과 현재와 미래에 지출되는 보험지출액의 재정적 균형을 맞춘다(물론 여기에는 보험회사의 운영비용과 적정한 이윤이 포함된다).

반면에 사회보험은 민영보험과 달리 이러한 보험수리적인 재정적 균형을 반드시 맞출 필요가 없다. 그래서 사회보험은 대개의 경우 미래에 지급해야 할 보험급여 지출액 모두를 항상 적립하는 것은 아니다. 대표적인 예가 오늘날 대부분의 선진산업국가들에서 시행하고 있는 국민연금제도의 재정방식인 부과방식(pay-as-you-go)이다. 이러한 부과방식에서는 미래에 지급해야 할 보험급여액을 현재에 적립하지 않고, 미래에 들어오는 보험료 수입으로 해결한다.

우리나라의 국민연금은 선진산업국가들과 달리 아직은 부분적으로 적립방식을 택하고 있다. 그래서 오늘날 우리의 국민연금은 300조원 이상을 적립하여 미래에 지급해야 할 보험급여에 대비하고 있다. 우리의 국민연금이 이렇게 막대한 돈을 적립할 수 있는 것은 우리의 제도가 아직 미성숙하여 보험료 납부자에 비하여 연금 수급자의 숫자가 매우 적기 때문이다. 가까운 미래에 우리의 국민연금이 성숙되면, 즉 노인들의 숫자가 증가하여 연금 수급자가 대폭 늘어나면 우리도 더 이상 보험급여에 대비한 막대한 돈을 적립하기 어렵게 된다. 실제로 국민연금 재정추계에 의하면 우리나라도 2050년경에는 모든 적립금이 소진이 될 것으로 보고 있다. 이때가 되면 우리도 서구의 복지국가들처럼 부과방식으로 갈 수밖에 없는 것이다.

왜 사회보험의 재정을 부과방식으로 운영하는가? 가장 핵심적인 이유는 국가가 국민들의 사회보장을 책임지겠다는 것이고, 이러한 약속은 국가만이 할 수 있기 때문이다. 예를 들면, 국민연금의 경우 현재 일하는 사람들이 낸 보험료로 현재 은퇴한 노인들에게 급여를 할 수 있는 것은 현재 일하는 사람들이 미래에 은퇴할 때 그 당시에 일하는 사람들이 낸 보험료로 급여를 받을 수 있다는 보장이 있기 때문에 가능한 것이다.

그렇다면 누가 이러한 세대 간의 보험급여의 약속을 보장해 줄 수 있는가? 이것은 민주주의 사회에서 국민으로부터 부여받은 법적인 권한을 가진 국가만이 할 수 있는 것이다. 이 점이 보험가입자와 보험회사 사이의 개별적인 계약이 이루어지는 민영보험과의 근본적인 차이인 것이다.

이렇게 개별적인 계약에 따른 민영보험은 국가경제의 상황의 변화에 안정적으로 대응하기가 어려워 미래에 받을 보험급여가 불확실해질 수 있다. 예를 들면, 최근에 우리의 대표적인 민영보험인 개인연금은 원래 약속한 급여액을 지급하기가 어려운 상황을 맞고 있다. 이것은 우리나라에서 최근의 이자율이 원래 예상되었던 이자율보다 낮아졌기 때문이다.

반면에 국민연금은 국가가 완전히 파산하기 전에는 급여액을 크게 줄이지 않는다. 최근에 서구 복지국가들의 경제가 좋지 않아, 즉 일하는 사람들(보험료 납부자들)의 숫자가 줄고 연금 수급자들의 숫자는 늘어나 연금 급여에 어려움을 겪고 있다. 그럼에도 불구하고, 대부분의 국가들은 국채를 발행하여, 즉 빚을 내서라도 국민들의 사회보장을 보장한다는 약속을 지키는 것이다.

여섯째, 일반적으로 민영보험에서는 보험가입자와 보험회사 간의 계약이 매우 구체적이다. 대상이 되는 위험, 급여의 범위, 급여수준, 자격조건 등에 관한 상세한 약관이 필요하다. 이렇게 해야만 영리를 추구하는 민간보험회사들의 보험재정의 안정을 극대화할 수 있기 때문이다.

반면에 사회보험은 개별적인 계약이 아니라 국민과 국가 간의 집합적인 계약의 성격을 갖고 있기 때문에, 민영보험과 달리 계약(?)이 상당히 포괄적으로 이루어진다.

이러한 계약의 성격의 차이 때문에 민영보험은 계약상에 나타난 구체적인 위험만을 해결하는 반면, 사회보험은 시대에 따라 변하는 위험이나 장기간에 걸쳐 나타나는 예측하기 어려운 위험도 해결한다. 사회보험은 위험뿐만 아니라 위험 여부인지 모르는 불확실성(uncertainty)의 문제까지 해결할 수 있는 것이다(Barr, 1998).

대표적인 예가, 국민연금에서 먼 미래에 발생하는 물가상승이라는 위험을 해결하는 것이다. 우리나라를 비롯한 대부분의 국가들에서의 국민연금의 수급액은 물가상승에 따라 자동적으로 상승되는 것이다. 반면에 어떠한 민영보험도 먼 미래에 나타나는 물가상승을 반영한 급여액을 주지 못한다.

제 6 절 왜 민영보험은 사회보장의 문제를 효율적으로 해결하지 못하는가?

최근 전 세계를 풍미하고 있는 신자유주의의 영향으로 일부 서구의 복지국가들이 국가복지의 재정위기의 상황에서 사회복지의 민영화를 강조하고 있다. 그래서 일부 국가들에서는 사회보험도 민영보험으로 대체하거나 역할을 분담해야 한다고 주장한다. 우리나라에서도 최근에 민간보험회사들이 국민연금이나 건강보험을 대체 혹은 보완할 민영보험의 필요성을 강하게 주장하면서 현재 이를 둘러싼 논쟁이 치열하게 전개되고 있다.

그렇다면 과연 민영보험이 국가에 의한 사회보장의 기능을 제대로 할 수 있을까? 앞에서 간단히 언급했듯이, 자발적 가입의 민영보험은 여러 가지 측면에서 국가에 의한 강제가입의 사회보험보다 사회보장의 문제를 해결하는 데 훨씬 비효율적이다. 지금부터는 이 문제에 관하여 상세히 논의하고자 한다.

일반적으로 자발적 가입의 민영보험이 효율적으로 운영되기 위하여는 적어도 다음의 6가지의 전제 조건이 충족되어야 한다(Barr, 1998).

첫째, 민간보험회사는 보험에 가입하고자 하는 사람들의 보험의 대상이 되는 개별적인 위험 발생확률을 알아야 하고, 이것을 근거로 보험료를 책정해야 한다. 이렇게 해야만 보험수리상 보험회사는 수지타산을 맞출 수 있는 것이다.

둘째, 어떤 보험가입자들에게 발생하는 위험확률은 다른 사람들의 위험 발생확률과 독립적으로 결정되어야 한다. 예를 들면, 갑이라는 사람이 질병에 걸릴 확률은 을이라는 사람의 그것과는 별개로 결정되어야 한다. 이래야만 보험의 원리, 즉 위험이 발생하지 않은 사람들이 낸 보험료로 위험이 발생한 사람들에게 급여가 이루어질 수 있는 것이다. 만일 사람들의 위험 발생확률이 서로 밀접하게 연계되어 있다면, 극단적으로 모든 사람들이 위험 발생을 경험하게 된다면, 보험의 원리는 성립되지 않는다.

예를 들면, 대규모의 전염병이 발생하면 개별 사람들이 그 병에 걸릴 확률은 서로 연계되어 있기 때문에 전염병에 대한 보험은 성립이 되지 않는다. 이러한 이유로, 역사적으로 볼 때 어느 국가나 전염병은 국가가 직접 해결하는 것이다.

셋째, 보험에 가입하고자 하는 사람들의 위험의 발생확률이 1보다 작아야 한다. 예를 들면, 만성질환자처럼 위험 발생확률이 거의 1에 가까우면 민영보험회사는 이러한 사람들의 보험가입을 막는다.

넷째, 역의 선택(adverse selection)의 문제가 없어야 한다. 역의 선택의 문제는 보험회사가 보험에 가입하려고 하는 사람들의 위험 발생확률에 대한 정보가 불충분하거나 혹은 보험 가입자가 그러한 정보를 숨길 때, 보험회사가 개별적인 사람들에 대한 적정한 보험료를 책정하기 어려울 때 발생한다. 이러한 상황에서는, 위험 발생 가능성이 높은 사람들이 집중적으로 보험에 가입하는 역의 선택의 문제가 발생하는데 이렇게 되면 보험회사는 수지를 맞추기 위하여는 높은 보험료를 책정할 수밖에 없다.

이렇게 되면 다시 '역의 선택'의 문제를 악화시켜 그나마 위험 발생확률이 상대적으로 작다고 생각하는 사람들도 높은 보험료 때문에 가입을 하지 않거나 기존에 가입했던 사람들도 보험계약을 해지할 수 있다. 그래서 궁극적으로는 위험 발생 가능성이 매우 높은 소수의 사람들이 매우 높은 보험료를 내는 보험이 될 수밖에 없어, 대부분의 사람들은 보험을 기피하게 되어 결국 시장에서 민영보험은 판매가 어렵게 되는 것이다.

다섯째, 도덕적 해이(moral hazard)의 문제가 크지 않아야 한다. 일반적으로 사람들이 보험에 가입했을 때 보험의 대상이 되는 위험의 발생확률은 가입자들의 개별적인 행위와는 무관하게 외향적(exogenous)으로 결정되어야 한다. 그래야만 위험의 발생확률은 일정한 정도로 제한적일 수 있다. 반면에 어떤 경우에는 보험에 가입한 사람들의 의도적인 행위에 의하여 보험의 대상이 되는 위험의 발생 가능성이 결정되는데 이러한 현상을 흔히 도덕적 해이라 부른다.

일반적으로 사람들은 어떤 위험에 대비한 보험에 가입하면 사람들은 그러한 위험의 발생 가능성에 대한 예방적인 행위를 등한시하는 경향이 있다. 예를 들면, 자동차 보험의 경우 보험에 가입한 사람들은 그렇지 않은 사람들에 비하여 사고(특히 경미한 사고)를 예방하기 위해 조심스럽게 운전할 동기가 약해질 수 있다(대형사고의 경우는 심리적 부담이 크기 때문에 예방할 동기가 있다). 왜냐하면, 이러한 예방행위를 해 보아야 개인들의 입장에서는 큰 이득이 없기 때문이다(보험료가 크게 줄지 않는다).

최근에 우리나라에서 이른바 '실손보험'이란 민영보험이 생겨 질병이 발생하여 병원에 입원하였을 경우 비용의 일부를 급여하고 있는데, 사람들은 이 보험을 남용하여 불필요한 입원을 많이 하고 있고, 문제는 이로 인해 국가보험인 건강보험으로부터의 급여까지도 크게 늘어나고 있는 실정이다.

이렇게 보험 가입자들의 도덕적 해이가 팽배하면, 결과적으로 보험의 대상이 되는 위험의 발생확률은 높아져 결국 가입자들의 보험료는 높아질 수밖에 없다. 이렇게 높은 보험료가 부과되면 장기적으로는 보험 가입자 숫자가 줄어들 수 있고 결국에는 민영보험이 시장에서 상품으로 존재하기 어렵게 된다.

이러한 도덕적 해이를 막기 위하여 민영보험에서는 여러 가지의 방법을 사용한다. 위험이 자주 발생하는 경우 보험료를 올리거나, 일정액 미만의 경미한 위험이 발생할 경우 보험금을 지불하지 않거나, 또한 위험이 발생했다 하더라도 보험금의 일부만을 지불하고, 나머지는 본인이 부담하게 하는 방법 등이다. 그러나 이러한 방법들에도 불구하고 도덕적 해이 현상이 만연하면 민간보험회사들은 이것을 통제하는 것이 쉽지 않다.

여섯째, 보험 가입자들이 가입한 보험 상품에 대한 충분한 정보를 갖고 있어야 한다. 가입하는 위험의 종류, 보험의 내용, 질, 가격 등에 관한 많은 정보가 필요한 것이다. 일반적으로, 일반 국민들은 자신들이 가입하려고 하는 보험 상품에 대한 정보를 많이 갖고 있지 않다. 특히 의료보험과 같은 전문적이고 기술적인 정보가 필요한 보험 상품은 더욱 그러하다. 또한 일반적으로 보험 공급자들(보험회사나 서비스를 제공하는 전문가들)은 보험 가입자들보다 더 많은 정보를 갖고 있다. 따라서 보험 가입자들이 보험 상품에 대한 충분한 정보를 갖고 있지 못하면, 보험 공급자들에 유리한 보험 계약이 이루어질 가능성이 크다.

지금까지 민영보험이 효율적으로 운영될 수 있는 조건들을 소개하였는데, 지금부터는 이것을 바탕으로 효율적인 민영보험의 예를 들어 보겠다(Barr, 1998). 최근 우리나라에서도 도입된 보험 상품인 '악천후 보험'이다. 이 보험은 보험 가입자들이 특정한 날에 어떤 행사를 하려고 하는데, 만일 비가 와서 행사를 못할 경우의 위험에 대비한 보험이다. 그래서 보험 가입자들이 일정한 보험료를 내고 만일 특정한 날에 비가 와서 행사를 못해 손해를 보면, 보험회사로부터 보험금을 받을 수 있는 보험이다.

이러한 보험은 시장에서 효율적으로 운영될 수 있다. 왜냐하면, 이러한 보험은 위에서 소개한 조건들을 충족시킬 수 있기 때문이다. 첫째, 보험회사는 특정한 날에 비가 올 확률을 알기 때문에 거기에 적정한 보험료를 책정할 수 있다(요즈음에는 기상예측이 비교적 정확하기 때문에 적어도 단기간 내의 비가 올 확률은 알 수 있다). 둘째, 특정한 날에 비가 올 확률은 다른 날에 비가 올 확률과 독립적으로 결정된다(우리나라의 장마철은 예외다). 셋째, 비가 올 확률은 1보다 작고, 넷째, 보험 가입자들이 비가 올 확률에 대한 정보를 숨겨 보험회사보다 더 많은 정보를 갖는 것은 불가능하고, 다섯째, 보험 가입자들이 비가 올 확률에 영향을 줄 수 없고, 마지막으로 보험 가입자들도 비가 올 확률에 대한 충분한 정보를 가질 수 있다.

그렇다면 이러한 '악천후 보험'처럼 사회보험인 실업, 질병, 노령 등의 위험에 대비한 실업보험, 질병보험, 노령연금 등을 민영보험에서 효율적으로 제공할 수 있는가?[2)]

1. 실업(고용)보험

실업보험이 시장에서 보험 상품으로 팔릴 수 있을까? 결론부터 이야기하면 실업보험은 민영보험으로 판매될 수 없다. 실제로 전 세계 어느 국가에서도 실업보험은 시장에서 제공되지 않는다. 그 이유는 다음과 같다.

첫째, 보험회사는 실업보험에 가입하려고 하는 사람들의 실업 발생 가능성에 대한 확률은 어느 정도 알 수 있다. 인구학적, 학력, 사회·경제적인 특성에 따른 평균적인 실업률에 대한 정보가 있기 때문이다. 따라서 보험회사는 이러한 정보를 바탕으로 보험에 가입하려고 하는 사람들의 실업확률을 유추할 수 있고, 적정한 보험료를 정할 수 있다.

둘째, 사람들 간의 실업이 될 확률이 서로 연계되었는가의 문제이다. 과거에는 실업의 문제는 국가 내의 경제 상황에 따라 결정되었다.

2) 여기서는 또 하나의 중요한 사회보험인 산재보험에 관한 논의를 하지 않는다. 그 이유는 산재보험은 다른 세 가지 사회보험과 달리 '사용자의 보험'이기 때문이다. 대부분의 국가들에서 산재보험은 피고용자가 보험료를 내지 않는다. 즉 사용자들만이 보험에 가입하는 것이다. 이러한 측면에서 산재보험은 다른 세 가지 보험과 성격이 다르기 때문에 여기서 논의하는 것은 부적절하다.

이 경우도 경기 상황에 따라 다를 수 있는데 장기적인 불황이 지속될 경우 사람들 간의 실업확률은 상당한 정도로 연계되어 있다고 볼 수 있다. 오늘날의 이른바 지구경제의 시대에서는 어떤 한 나라에서의 어떤 사람들의 실업이 될 확률은 다른 국가들의 경제 상황과 밀접히 연계되어 있기 때문에, 과거보다 더욱 사람들 간의 실업확률은 연계되어 있다고 볼 수 있다. 이러한 상황에서는 민영보험으로 실업보험 상품을 판매하는 것은 어렵다고 볼 수 있다.

셋째, 일반적으로 실업확률은 1보다 작다. 그러나 이것은 인구학적이나 학력 등의 특성에 따라 상당히 차이가 난다. 예를 들면, 미숙련 청년들의 실업확률은 높기 때문에, 이 경우 민영보험으로 판매하는 것이 쉽지 않다.

넷째, 역의 선택의 문제가 심각해질 수 있다. 보험회사는 실업보험에 가입하려고 하는 사람들의 실업 가능성에 대한 정보를 어느 정도 구할 수 있다. 예를 들면, 가입자들의 과거의 직업 경력, 학력, 사회·경제적 특성들에 대한 정보를 통하여 실업 가능성의 확률을 유추할 수 있다. 그러나 이러한 작업은 많은 비용이 들고 또한 정확성도 떨어져 보험회사가 실행하기가 쉽지 않다. 그리고 무엇보다도 보험 가입자들이 자신들이 실업이 될 가능성에 대한 정보를 숨길 경우, 보험회사가 이러한 정보를 알아내기가 쉽지 않다. 따라서 실업보험의 경우 역의 선택의 문제가 심각해질 수 있는 것이다.

이렇게 되면 실업보험에는 실업 가능성이 높은 사람들만 보험에 가입하게 되어 보험료는 크게 올라갈 수밖에 없고, 반대로 실업 가능성이 낮은 사람들은 가입을 안 하게 되어, 매우 높은 보험료를 내는 소수의 사람들만 보험에 가입하게 되고 궁극적으로는 이러한 보험 상품은 시장에서 사라질 수밖에 없는 것이다.

다섯째, 실업보험을 민영보험으로 하기 힘든 가장 중요한 이유는 도덕적 해이의 문제 때문이다. 위에서 언급했듯이 보험 상품이 시장에서 판매될 수 있는 조건에는 보험 가입자들의 의도적인 행위에 의하여 보험의 대상이 되는 위험의 발생 여부에 영향을 줘서는 안 된다는 것이다. 그런데 실업보험의 경우 보험 가입자들의 행위에 따라 실업 여부에 크게 영향을 줄 수 있다. 일반적으로 실업보험에서의 실업은 비자발적 실업이어야만 하는데, 현실적으로 자발적 실업과 비자발적 실업의 구분이 쉽지 않다(자발적인 업무 태만에 의한 해임으로 비자발적 실업이 된다). 설사 구분이 된다 하더라도, 이러한 작업을 하는 데는 많은 비용이 들어가는데 다른 보험회사들과의 경쟁이 심한 상황에서 보험회사들이 이러한 비용을 감수하고 이러한 구분을 시도하는 것은 현실적으로 어렵다.

또한 일단 실업보험에 가입한 이후에도 보험 가입자들은 자신들이 실업 상태에서 벗어날 가능성에도 영향을 줄 수 있다는 점이다. 즉 보험 가입자들이 적극적으로 구직을 하지 않고 장기간 실업 상태에 머무르려고 할 때 보험회사들이 보험 가입자들의 이러한 행위를 통제하는 것이 시장에서의 다른 보험회사들과의 경쟁적인 상황에서는 현실적으로 불가능하다고 할 수 있다.

실업보험에서 다른 보험들에 비하여 도덕적 해이의 문제가 심각한 근본적인 이유는 실업이라는 위험이 다른 위험들(예, 질병)에 비하여 실업상태에 있을 때의 정신적인 비용(psychic costs)이 작기 때문이다. 예를 들면, 보험급여를 받기 위하여 혹은 더 오래 받기 위하여 질병(꾀병)에 걸리거나 질병상태를 연장시키려는 행위는 실업상태보다 적을 수밖에 없다.

이러한 도덕적 해이의 문제는 국가에 의한 사회보험으로서의 실업보험에서도 나타날 수 있다. 그러나 국가는 공권력으로 혹은 집단적으로 이러한 도덕적 해이를 통제할 수 있기 때문에 민간보험회사들이 개별적으로 시장에서의 경쟁적인 상황에서 해결하는 것보다 비용이 적게 들고 효율적일 수 있다(국가보험인 실업보험을 남용하는 것은 형사 처벌을 받을 수 있다).

지금까지 논의했듯이, 실업보험은 시장에서 민영보험으로 하기에는 여러 가지 측면에서 비효율적이다. 이러한 이유로 전 세계 어느 국가에서도 실업보험이 시장에서 판매되지 않고, 국가에 의한 사회보험으로서만 존재하는 것이다.

2. 의료보험(건강보험)

의료보험은 상기의 실업보험과 달리 일부 국가들에서 민영보험으로 판매되고 있다. 대표적으로, 미국에서는 의료보험을 대부분의 사람들(65세 이상의 노인들과 가난한 사람들을 제외한 사람들)은 민영보험으로 해결하고 있다. 최근 우리나라에서도 민영보험이 비록 대상이 되는 의료서비스의 항목이 제한적이지만 크게 늘어나고 있다. 이렇게 질병이라는 위험은 민영보험에서 해결하는 것이 효율적인가?

첫째, 일반적으로 보험회사들은 의료보험 가입자들이 질병에 걸릴 대략적인 확률을 가입자들의 기본적인 정보(예, 연령, 과거 병력, 가족병력 등)를 통해 어느 정도 알 수 있다. 그리고 이러한 정보를 바탕으로 대략적인 보험료를 책정할 수 있다. 실제로 많은 경우 민영보험에서의 보험료는 이러한 방식으로 결정된다(특히 대상이 되는 의료서비스의 항목이 제한적인 경우, 예를 들면 우리나라의 실손보험).

그러나 민간의료보험이 더 효율적이기 위하여는 좀 더 정확한 질병발생확률에 대한 정보가 필요한데, 이렇게 하기 위하여는 많은 비용이 들고, 또한 많은 경우 보험 가입자들이 본인들의 질병에 관한 정보들을 숨길 수 있기 때문에 효율적인 적정한 보험료를 책정하는 것이 쉽지 않다.

둘째, 대규모 전염병을 제외하고, 일반적으로 사람들이 질병에 걸릴 확률은 서로 독립적으로 결정된다.

셋째, 대부분의 사람들이 질병에 걸릴 확률은 1보다 작다. 반면에 만성질환(예, 당뇨병, 신장질환, 고혈압 등)의 경우 민영보험에서 해결하기 어렵다. 그래서 이 경우 민영보험에만 맡겨두면 많은 수의 만성

질환자들은 가입이 어렵게 된다(가입이 된다 하더라도 매우 높은 보험료를 내야 한다). 따라서 대부분의 국가들에서는 만성질환자들은 국가에 의한 의료서비스가 필요하게 된다(예를 들면, 심지어 미국에서도 만성신장질환자들을 위한 투석은 국가가 일부 부담한다).

넷째, 이렇게 보험회사가 보험 가입자들의 질병 발생 가능성에 대한 정보가 부족한 상황에서는, 질병 발생확률이 높은 보험 가입자들은 자신들의 질병에 관한 정보를 숨기는 것이 가능하고 이렇게 되면 역의 선택의 문제가 발생할 수 있다.

그래서 질병에 걸릴 확률이 높은 사람들이 보험에 가입할 가능성이 큰 반면, 질병에 걸릴 확률이 낮은 사람들은 보험에 가입할 동기가 낮아져 결과적으로 보험료는 크게 올라간다. 이렇게 보험료가 크게 올라가면 질병에 걸릴 확률이 낮은 사람들은 더더욱 가입하지 않게 되어 궁극적으로는 이러한 보험 상품은 시장에서 효율적으로 판매되지 못하는 것이다. 즉 많은 사람들이 적정한 보험료라면 가입하기를 원하는데 불필요하게 보험료가 높기 때문에 보험에 가입을 못하는 비효율의 문제가 발생하는 것이다.

오늘날 미국에서는 약 5천만 명의 사람들이 어떠한 형태의 의료보험에도 가입이 되어 있지 않아 큰 사회 문제가 되고 있다. 이들이 의료보험에 가입을 못하는 가장 중요한 이유는 높은 의료보험료 때문이고, 이것은 바로 역의 선택의 문제 때문이다. 이렇게 역의 선택의 문제가 심각한 상황에서는 모든 사람들을 질병 발생확률에 상관없이 강제적으로 가입시키는 사회보험이 더 효율적이다. 왜냐하면, 이렇게 하면 낮은 보험료에 모든 사람들을 가입시킬 수 있어 결과적으로 전체 의료비가 줄어들 수 있기 때문이다. 실제로 민영보험 위주의 미국은 GDP 대비 전체 의료비는 전 세계에서 가장 높은데도 불구하고 많은 사람들이 의료서비스를 제대로 못 받고 있는 비효율의 극치를 보이는 것이다.

다섯째, 도덕적 해이가 발생할 수 있다. 사람들은 일단 질병보험에 가입하면, 보험 가입 전보다 질병에 대한 예방을 게을리할 동기가 커질 수 있다. 특히 경미한 질병(예, 감기)의 경우는 더욱 그러하다. 이렇게 되면 사람들의 질병 발생확률이 높아질 수 있다. 또한 포괄적인 급여를 제공하는 질병보험의 경우 사람들은 선택에 의하여도 의료서비스를 받을 수 있다(예를 들면, 임신의 경우이다. 그래서 많은 민간의료상품에는 임신은 급여 항목에서 제외하거나, 포함할 경우 보험료가 크게 높아진다).

이렇게 도덕적 해이가 나타나면, 질병보험은 불필요하게 과대하게 소비되고, 결과적으로 보험료는 효율적인 수준 이상으로 높아지게 된다. 이러한 문제는 특히 민영보험에서 전통적으로 활용되고 있는 이른바 '제3자 지불방식(third-party payment system)'에서의 행위별 수가제(fee for service)에서 심각해질 수 있다. 이 방식에서는 보험회사가 의료서비스 공급자인 의료전문가들과 수요자인 환자들의 행위를 충분히 통제하지 못하는 상황에서 환자들은 의료서비스를 과대하게 소비하려고 하고, 의료전문가들도 소비자들의 경제적 능력에 상관없이 최대한도로 의료서비스를 제공하려고 하기 때문이다.

이러한 도덕적 해이의 문제는 일정액수 미만의 경미한 질병(예, 감기)은 보험에서 제외하거나, 본인부담액을 증가시키거나 혹은 의료서비스 급여 항목을 제한하는 등의 방법으로 어느 정도 해결할 수 있다. 그러나 민영보험에서 보험회사들 사이의 치열한 경쟁적인 상황에서, 보험 가입자들의 행위에 관한 충분한 정보가 없는 상황에서 이러한 문제를 통제하는 것은 현실적으로 어렵다. 이러한 도덕적 해이의 문제는 국가에 의한 질병보험에서도 나타날 수 있으나, 단일 보험자인 국가가 독점적인 상황에서 법적인 권한을 이용하여 도덕적 해이의 문제를 더 효율적으로 통제할 수 있다.

여섯째, 위에서 언급한 역의 선택이나 도덕적 해이의 문제는 보험공급자(보험회사)의 정보 불완전성에서 기인한 문제인데, 여기서 논의하는 문제는 보험 수요자(보험 가입자)의 질병보험에 관한 정보가 제한되었다는 점이다.

일반적으로 의료서비스에 관한 정보는 대부분의 사람들에게는 구하기도 어렵고, 설상 구한다 하더라도 이해하기가 어려운 기술적이고 전문적인 내용들이 많다. 그래서 일반 사람들에게 시장에서 민영보험의 형태로 의료서비스를 제공받도록 하면, 대부분의 사람들은 보험의 내용과 가격에 대하여 충분한 정보가 없이 선택할 가능성이 크다. 반면에 민간질병보험의 공급자는 여러 가지의 이유로 보험 가입자들보다 의료서비스에 대한 더 많은 정보를 갖고 있다. 이렇게 보험회사와 보험 가입자 간의 비대칭적 정보의 상황에서는 보험의 형태, 의료서비스의 질, 가격 등에 있어 보험 공급자들에 유리하게 결정될 가능성이 크다. 그래서 민영보험에서 일반 국민들이 충분한 정보가 없는 상황에서 선택하는 것보다, 국가가 일반 보험 가입자들을 대신해서 보험의 내용과 가격 등을 결정하는 사회보험이 더 효율적이고 사회적으로 바람직한 것이다.

3. 노령연금

노령연금은 위에서 언급한 두 가지의 보험, 즉 실업보험과 질병보험에 비하여 시장에서 민영보험의 형태로 판매될 수 있는 가능성이 이론적으로나 실제적으로 크다. 실제로 대부분의 국가들에서 노령에 대비한 연금 상품은 민영보험으로 많이 판매되고 있다. 그렇다면 노령연금을 왜 국가에서 사회보험의 형태로 강제로 가입하게 하는가? 노령연금을 민영보험으로 하는 것이 과연 얼마나 효율적인가?

첫째, 오늘날 적어도 대부분의 선진산업국가들에서는 국민들의 기대여명(life expectancy rate)에 관한 정보는 비교적 정확하기 때문에, 보험회사들은 개별 보험 가입자들의 기대여명을 어느 정도 알 수 있기 때문에 이를 바탕으로 적정한 보험료를 책정할 수 있다.

둘째, 보험 가입자들이 특정한 연령까지 생존할 확률은 서로 간에 독립적으로 결정되고, 또한 그 확률은 1보다 작다.

셋째, 그리고 노령이라는 위험은 역의 선택의 문제가 발생할 가능성이 크지 않다. 왜냐하면 대부분의 사람들은 그들이 보험에 가입한 시점에서 언제 죽을지 정확히 모른다. 따라서 역의 선택이 발생할 가능성, 즉 오래 생존할 사람들만 집중적으로 가입하고, 곧 사망할 가능성이 높은 사람들은 가입하지 않는 현상은 발생할 가능성이 높지 않다(대부분의 사람들은 연령대별 기대여명에 따라 선택할 것이다).

넷째, 도덕적 해이의 문제도 없다. 보험에 가입했다 하여 노령이나 죽음에 가입자들이 영향을 줄 수 없기 때문이다.

이렇게 볼 때 노령연금은 위에서 논의한 실업보험이나 질병보험에 비해 민영보험으로 제공되더라도 효율적으로 이루어질 수 있다. 그렇다면 민영보험으로 국가에 의한 노령연금을 완전히 대체할 수 있는가? 왜 국가에 의한 노령연금이 필요한가? 국가에 의한 노령연금이 필요한 이유는 크게 보면 두 가지다.

첫째는, 민영보험은 먼 미래에 발생하는 거시경제의 상황, 즉 이자율과 물가상승률을 반영하여 급여를 안정적으로 보장해 줄 수 없다는 점이다. 민영보험으로서의 노령연금은 기본적으로 가입자들이 소득이 있을 때 낸 보험료를 적립하여 쌓인 기금(적정한 이자율을 포함하여)으로, 가입자들이 은퇴한 이후 죽을 때까지 일정한 급여를 하는 것이다. 따라서 보험급여는 대개 상당한 기간이 지난 먼 미래에 이루어지는데, 이 기간 동안의 이자율과 물가상승률에 대한 예측이 어렵기 때문에 잘못하면 먼 미래의 보험급여액의 실질 가치가 크게 낮아질 위험이 있다. 이렇게 되면 노후생활의 보장이 제대로 이루어지기 어려운 것이다(최근 우리나라에서 이자율이 예상보다 낮아짐에 따라 민영보험인 개인연금의 급여액이 원래 예상했던 것보다 낮아져 소비자들의 원성이 크다).

반면에 국가에 의한 노령연금(특히 부과 방식의 노령연금)은 일정한 공식에 의하여 연금 급여액이 결정되고, 동시에 임금상승률이나 물가상승률을 급여액에 반영하기 때문에 먼 미래에 발생하는 거시경제의 상황의 변화에 비교적 덜 민감하다.

둘째, 국가에 의한 노령연금으로 사람들을 강제적으로 가입시킬 필요가 있다는 점이다. 민영보험처럼 자발적으로 가입하게 할 경우 많은 사람들은 자신들이 노인이 되었을 때 생활이 어려워지는 것을 대비해 자발적으로 젊을 때 저축을 하거나 보험에 가입하지 않는다는 점이다. 따라서 사람들의 자발적 행위에 맡겨두면, 많은 수의 빈곤한 노인들이 발생할 수 있고 이 경우 결국 국가가 이 문제를 해결할 수밖에 없기 때문에 국가에 의한 강제가입의 노령연금이 필요한 것이다.

제 7 절 사회보험은 소득재분배적인가?

위에서 언급했듯이 사회보험과 민영보험의 가장 중요한 차이 중의 하나는 사회보험은 소득재분배의 목표를 갖고 있는 반면에, 민영보험은 그렇지 않다는 점이다. 그러나 엄밀히 말하면 소득재분배가 사회보험의 주된 목표는 아니다. 앞에서 논의했듯이, 사회보험의 가장 중요한 목표는 사람들이 살아가는 동안에 부딪히는 사회적 위험으로 소득이 중단되거나 줄어들 때, 이전의 생활수준(소득 수준)을 유지시키는 것이다. 그리고 민영보험이 이러한 기능을 효율적으로 수행하지 못하기 때문에 사회보험이 필요한 것이다. 사실 소득재분배가 주요 목표라면 빈자들에게 집중적으로 급여가 이루어지는 공공부조가 사회보험보다 더 효율적이다.

그럼에도 불구하고 현실 세계의 대부분의 국가들에서 사회보험은 소득재분배 기능을 하고 있다. 실제로 많은 실증적인 연구들에 의하면 사회보험은 소득불평등을 줄일 뿐만 아니라, 다른 사회보장 프로그램들보다 그 효과가 큰 것으로 나타난다.

그렇다면 왜 대부분의 국가들에서 사회보험을 통해서 소득재분배를 이루고자 하는가? 일반적으로 시장경제의 체제에서는 국가의 개입이 없으면 시장소득에서의 소득불평등이 매우 크다. 이렇게 소득불평등이 지나치게 크면, 여러 가지의 측면에서 국가발전에 해가 된다. 그래서 정도의 차이가 있지만 거의 모든 국가들에서 국가는 소득불평등을 줄이기 위하여 개입을 한다. 대표적인 방법이 이른바 '조세와 이전 정책(tax and transfer)'이다. 조세제도를 통하여 소득이 높은 사람들에게 누진적으로 세금을 부과하고, 이러한 재원으로 소득이 낮은 사람들에게 급여를 하여 소득재분배를 이루는 것이다.

소득재분배의 효과를 극대화할 수 있는 대표적인 이전정책은 공공부조이다. 공공부조는 누진적인 일반 예산(특히 개인소득세)을 재원으로 하여 소득이 낮은 사람들에게만 급여를 하기 때문이다. 그러나 소득재분배의 효과가 크다 하여 공공부조를 크게 확대하는 것은 현실적으로 어렵다. 정치적으로는 누진적인 세금을 부담하는 사람들의 저항이 크고, 경제적으로도 공공부조를 크게 확대하는 것은 경제성장에 해가 될 수 있다는 인식이 많고, 사회적으로도 공공부조는 인간의 존엄성을 훼손시킬 수 있는 비문명적(?)인 제도이기 때문이다. 그래서 실제로 대부분의 국가들에서 공공부조의 규모는 크지 않고, 고도로 발전된 복지국가들에서는 기피하는 제도이다.

공공부조의 이러한 한계 때문에 소득재분배를 이룰 수 있는 다른 사회보장정책이 필요한데 여기서 나타난 것이 사회보험이다. 사회보험이 소득재분배의 기능을 해야 한다는 논리적 근거는 사회보험의 강제성에서 찾을 수 있다.

앞에서 논의했듯이, 많은 사람들은 미래의 위험에 대비하여 평소 일을 하여 소득이 발생할 때 충분한 저축을 하지 않는다. 그래서 만일 강제저축의 성격을 지닌 사회보험이 없다면, 많은 사람들은 위험에 부딪혀 빈곤해질 가능성이 높다. 이렇게 사회에 빈곤한 사람들이 많으면 국가는 결국 소득이 높은 사람들에게 세금을 부과하여 해결할 수밖에 없다. 이것이 의미하는 것은 강제적인 사회보험은 결국 소득이 높은 사람들의 부담을 덜어줄 수 있다는 것이다.

바로 이 점에서 사회보험을 통하여 소득이 높은 사람들로부터 소득이 낮은 사람들에게 소득재분배를 해야 할 필요성이 존재하는 것이다. 다른 말로 이야기하면, 사회보험은 궁극적으로는 소득이 낮은 사람들보다 소득이 높은 사람들에게 주는 이득이 크기 때문에 사회보험에 일정한 수준의 소득재분배 기능을 하도록 하는 것이 합리화될 수 있는 것이다.

그렇다면 사회보험은 어느 정도로 소득재분배적인가? 이것은 국가들이 갖고 있는 사회보험제도들의 세부적인 내용에 따라 다르기 때문에 일반화하기가 어렵다. 그럼에도 불구하고 사회보험의 소득재분배 효과는 크게 재원과 급여의 두 가지 측면에서 분석할 수 있다.

1. 재원

먼저 재원의 측면에서는, 사회보험의 소득재분배 효과는 약하고 오히려 역진적일 수 있다. 즉 소득이 높은 사람들이 소득이 낮은 사람들보다 상대적으로 부담이 적을 수 있다. 그 이유는 다음의 다섯 가지로 설명할 수 있다.

첫째, 오늘날 대부분의 국가들에서 사회보험의 주된 재원은 가입자들이 낸 보험료(명칭은 국가들에 따라 상이하여 기여금, 사회보장세 등 다양하게 불린다)이다. 그리고 이러한 보험료는 대부분 근로소득(earning)에 동일한 비율로 부과한다. 즉 대개의 경우 자산소득(이자소득, 배당소득, 부동산 임대소득 등)을 포함하지 않는다. 이것의 이유는 본질적으로는 사회보험은 일을 하는 사람들을 대상으로 하기 때문이다.

우리나라는 많은 사람들에 대한 소득 파악이 제대로 안 되어 있어 직장 근로자들을 제외한 사람들(자영업자, 일반 국민들)에 대하여는 그들의 자산 상태를 고려하여 보험료를 책정한다. 이 경우에도 보험료의 책정에서 자산소득을 포함하는 것은 아니다.

이렇게 주로 근로소득에 동일한 비율로 부과하면, 고소득층은 저소득층에 비하여 자산소득이 많기 때문에, 총소득의 측면에서 보면 실질적으로 저소득층의 부담이 고소득층에 비하여 크다고 할 수 있다. 이 문제를 해결하기 위하여 일부 국가들에서는 사회보험의 보험료도 소득계층에 따라 보험료율을 달리 하여 고소득층에 더 높은 보험료율을 적용하기도 한다.

둘째, 대부분의 국가들에서 사회보험의 보험료는 보험료 부과 대상소득의 일정한 상한액(ceiling) 내에서만 부과하게 된다. 예를 들면, 우리나라의 국민연금의 상한액은 현재 390만원이다. 그래서 고임금 근로자들도 390만원 내에서 보험료가 결정된다. 이렇게 상한액을 두는 이유는 고임금 근로자에게 주는 급여액이 너무 많아지는 것을 방지하기 위해서다.

그러나 이렇게 상한액이 있으면, 특히 상한액이 낮으면 고소득층이 저소득층에 비하여 보험료 부담이 낮아져 역진적이 될 수 있다. 그래서 일부 국가들에서는 사회보험의 소득재분배 효과를 극대화하기 위하여 상한액 제도를 없애거나, 상한액을 크게 높이고 대신 급여를 할 때는 고소득층에 대하여 일정한 상한액을 둔다.

셋째, 대부분의 국가들에서 사회보험은 보험료를 사용자와 피고용자가 반씩 부담하고(우리나라도 그러하다), 일부 국가들에서는 사용자가 좀 더 부담한다. 그런데 사용자의 피고용자를 위한 사회보험료 부담이 실질적으로 피고용자의 부담이라면, 사회보험의 재원 마련 방식의 역진성은 커질 수 있다.

많은 연구들에 의하면, 사회보험료의 사용자 부담은 실질적으로 피고용자의 부담으로 귀착된다고 본다. 왜냐하면, 사용자의 입장에서는 피고용자들을 고용할 때 총 노동비용이 중요한데, 주어진 경제적인 조건에서 사용자로 하여금 강제적으로 피고용자의 보험료를 일정 부분 부담시키면 그만큼 피고용자의 임금은 감소할 수밖에 없다. 그래서 사용자의 보험료 부담은 피고용자의 임금의 일부라고 볼 수 있다. 일반적으로 사용자의 소득은 피고용자의 소득보다 높기 때문에 여기서도 역진적인 소득재분배가 나타날 수 있다.

넷째, 일반적으로 개인소득세는 가족의 숫자나 필요(need)에 따라 세부담을 경감시켜 주거나 일정한 소득 이하의 사람들에게는 아예 세금을 부과하지 않는다. 그래서 개인소득세는 소득재분배 효과가 크다. 반면에 사회보험의 보험료는 보험의 성격상 모든 근로소득에 예외 없이 부과하기 때문에 저소득층은 보험료가 부담이 될 수 있다.

다섯째, 사회보험의 보험료는 주로 근로소득에 부과하기 때문에 노동집약적인 산업이 자본집약적인 산업에 비하여 총 노동비용이 더 커질 수 있다. 그래서 산업 간의 경쟁에서 불리할 수 있다. 그런데 일반적으로 저소득층의 사람들이 고소득층의 사람들보다 노동집약적인 산업에서 일할 가능성이 높기 때문에, 노동집약적인 산업의 쇠퇴로 발생하는 임금 하락이나 실업은 주로 저소득층의 사람들이 겪게 될 가능성이 크기 때문에 결국 사회 전체의 소득재분배는 역진적으로 될 수 있다.

이렇게 사회보험이 재원을 조달하는 방식에서는 소득재분배가 역진적으로 될 가능성이 크지만, 전체적으로는 사회보험의 소득재분배의 효과가 나타나는 것은 사회보험의 급여의 성격 때문이다.

2. 급여

사회보험 급여의 소득재분배 효과는 크게 보면 다음의 세 가지 형태로 나타난다. 첫째는, 세대 간 재분배(generational redistribution)로 현재 일하는(보험료를 내는) 세대로부터 현재 사회보험급여를 받는 세대로의 재분배를 말한다. 둘째는, 수평적 재분배(horizontal redistribution)로 사회적 위험에 부딪히지 않은 사람들로부터 그러한 위험에 부딪힌 사람들로의 재분배를 말한다. 예를 들면, 건강보험에서 질병에 걸리지 않은 사람들로부터 질병에 걸린 사람으로의 재분배를 말한다. 셋째는, 수직적 재분배(vertical redistribution)로 소득이 높은 사람들로부터 소득이 낮은 사람들에게의 소득재분배를 말한다. 흔히 우리가 소득재분배를 이야기할 때는 이러한 수직적 재분배를 말한다. 예를 들면, 우리의 국민연금의 급여계산 방식은 소득이 높은 가입자로부터 소득이 낮은 가입자로의 소득재분배가 이루어지도록 되어 있다.

사회보험의 급여는 상기의 세 가지 형태의 재분배가 혼합되어 있기 때문에 이론적으로 사회보험의 소득재분배 효과를 명확히 예측하기 어렵다. 예를 들면, 수평적 재분배는 역진적이 될 수도 있다. 질병에 걸리지 않은 사람들이 질병에 걸린 사람들보다 소득이 낮을 수 있는데, 이 경우 소득이 낮은 사람들로부터 소득이 높은 사람들로의 소득이전이 나타날 수 있기 때문이다.

그래서 많은 국가들에서 사회보험이 소득불평등이나 빈곤을 얼마나 줄일 수 있는가에 대한 실증적인 연구들이 있는데, 그 연구 결과에 의하면 사회보험은 명확히 소득불평등이나 빈곤을 줄이고 있다. 이러한 연구들은 대개 사회보험으로부터 급여를 받기 전의 시장소득만의 소득불평등이나 빈곤의 정도와 사회보험으로부터 급여를 받은 후의 그것들과 비교를 하여 소득불평등이나 빈곤이 얼마나 줄었는가를 밝혀낸다.

사회보험들 가운데 소득재분배 효과가 가장 큰 것은 국민연금이다. 이것은 국민연금의 수급자 숫자나 급여액이 많고, 또한 급여계산 방식이 저소득층에게 유리하게 되어 있기 때문이다. 건강보험의 경우는 주로 의료서비스를 제공하고, 질병수당의 경우 소득이 높은 사람들과 소득이 낮은 사람들의 급여액의 차이가 별로 없기 때문이다. 또한 실업보험의 경우 수급자의 숫자도 많지 않을 뿐만 아니라 급여기간이 대부분 짧기 때문에 재분배 효과가 적을 수밖에 없다. 이렇게 국민연금의 소득재분배 효과가 크기 때문에 오늘날 서구의 복지국가들에서 빈곤에 처할 수밖에 없는 많은 노인들이 국민연금 때문에 빈곤에서 벗어난다(예를 들면, 미국의 경우 노인빈곤율은 일반 빈곤율보다 오히려 낮다. 반면에 우리나라는 국민연금이 아직 미성숙하여 많은 노인들이 국민연금을 받지 못해 노인빈곤율이 매우 높다).

국민연금의 소득재분배 효과가 큰 것은 기본적으로 세대 간 재분배 때문이라고 할 수 있다. 현재 거의 모든 선진산업국가들에서 시행하고 있는 국민연금의 부과 방식을 통하여, 현재 일하고 있는 세대가 낸 보험료로부터의 급여액이 현재 은퇴한 국민연금의 수급자들이 과거에 자신들이 낸 보험료(이자 포함)에 비해 더 많기 때문이다. 즉 더 많이 받는 부분이 세대 간 소득재분배인 것이다.

이렇게 세대 간 재분배가 이루어질 수 있는 것은 원론적으로 볼 때 세대 간의 경제 수준과 인구 숫자의 차이 때문에 발생한다. 일반적으로 실질 경제성장률이 오랫동안 지속되면 후 세대의 소득 수준이 전 세대의 그것보다 높다. 소득 수준이 낮은 전 세대가 낸 보험료와 이자를 적립해서 계산된 급여액은 그 동안의 실질적인 경제성장으로 후 세대의 소득 수준이 높아졌을 때의 생활 수준에 비해서 낮을 수밖에 없다. 즉 과거에 낸 기여금만으로는 현재의 수준에서의 사회보장을 이룰 수 없기 때문에, 집합적인 방식으로 소득 수준이 높은 현 세대가 소득 수준이 낮았던 전 세대의 현재의 노후생활을 보장하기 위하여 재분배가 이루어지는 것이다(Barr, 1998).

세대 간 재분배가 가능한 또 하나의 이유는 인구 규모의 측면인데 현재 일하는 세대(즉 국민연금에 보험료를 내는 사람들)의 인구 숫자가 전 세대(현재 국민연금의 수급자)의 그것보다 훨씬 많기 때문이다. 즉 이른바 의존율(dependency rate)-$\frac{\text{현재 국민연금 수급자}}{\text{현재 일하고 있는 사람}}$-이 낮은 상태에서는 후 세대의 경제적인 부담이 크지 않으면서 전 세대를 위해 소득재분배를 할 수 있는 것이다.

그렇다면 지금까지 논의한 세대 간의 소득재분배 효과가 앞으로도 지속적으로 나타나는가? 이것은 위에서 언급한 실질 경제성장률과 의존율이 어떻게 되느냐에 달려 있다. 만일 실질 경제성장률이 크게 둔화되고(극단적으로 마이너스가 되고) 의존율이 커지게 되면, 이러한 세대 간 소득재분배 효과는 줄어들 수 있다. 즉 현재 일하고 있는 세대가 미래에 은퇴하여 받을 수 있는 급여액 가운데 세대 간 소득재분배 부분은 크게 줄어들 수 있다.

사실 이러한 문제가 오늘날 서구의 복지국가들에서 어느 정도 나타나고 있다. 이것은 서구 복지국가들이 1980년대부터 오늘날까지 실질 경제성장률이 크게 둔화되었고, 반면에 의존율이 크게 높아졌기 때문이다. 그래서 오늘날에는 세대 간 소득재분배 효과는 점차 약해지고 있다.

그런데 이러한 세대 간 소득재분배는 수직적 소득재분배를 얼마나 이룰 수 있는가? 원론적으로 볼 때, 집합적인 세대 전체로 보면 수직적 소득재분배가 있다고 할 수 있다. 왜냐하면, 위에서 언급했듯이 실질 경제성장률이 조금이라도 있으면 어느 시대나 현재 일하고 있는 세대 전체의 소득이 현재 은퇴한 세대 전체의 소득보다 높기 때문이다. 그래서 대부분의 국가들에서 어느 한 시점에서 실증적인 소득불평등을 조사해 보면 노령연금의 수직적 소득재분배 효과는 크게 나타나고 있다.

반면에 개별적인 측면에서 보면, 세대 간 재분배는 역진적으로 재분배가 될 수도 있다. 즉 현재 일하는 저임금 근로자들로부터 현재 은퇴한 소득이 높은 연금 수급자들에게로 소득재분배가 일어나는 현상이 발생할 수 있기 때문이다. 이러한 현상을 부분적으로라도 막기 위하여 노령연금에는 근로소득 조사(earnings test) 제도를 두어 노령연금의 수급자가 일정한 소득 이상을 벌면 연금의 급여액을 축소하고 있다.

6 chapter 국민연금

제1절 개 관

1절에서는 국민연금에 대한 일반적이고 기본적인 설명을 하고자 한다. 여기서는 다음의 7가지의 측면에서 논의한다. 첫째, 국민연금이란 무엇인가? 둘째, 국민연금이 왜 필요한가? 셋째, 국민연금의 형태는 어떠한 것들이 있는가? 넷째, 국민연금의 재정방식은 어떻게 이루어지는가? 다섯째, 국민연금과 민영연금의 차이는 무엇인가? 여섯째, 국민연금의 소득재분배 효과는 어떠한가? 일곱째, 인구구조의 변화와 국민연금의 관계는 어떠한가?

1. 국민연금이란?

여기서 말하는 국민연금이란 국제적으로 가장 많이 사용되는 용어인 'National Pension'을 번역한 것이다. 사실 국민연금은 국가들마다 다양한 이름을 갖고 있고(예를 들면, 미국에서는 Social Security라 한다), 또한 그것의 형태들도 다양하다.

이름을 어떻게 부르든 간에, 국민연금이란 기본적으로 사람들이 살아가는 동안에 부딪히는 사회적 위험들인 노령, 장애, 사망을 당했을 때 생활이 어려워지는 것을 막기 위한 사회보장제도이다. 국민연금의 형태는 국가들마다 다양하지만 다음의 세 가지의 공통적인 특성을 갖고 있다. 첫째는, 사회보험 방식인 경우 강제가입을 시키고 보편적 연금(기초연금)의 경우 일정한 연령 이상의 모든 노인을 대상으로 한다. 둘째는, 국가 혹은 국가를 대리한 공공기관에서 관리·운영하고, 재원이나 급여에서의 최종책임은 국가에 있다. 셋째는, 대부분의 경우 소득재분배의 기능을 하고 있다.

국민연금은 오늘날 대부분의 국가들이 갖고 있고(대략 180개 국가), 선진산업국가들에서는 지출액이나 수급자의 숫자 등의 측면에서 가장 중요한 사회복지제도 가운데 하나이다.

2. 국민연금이 왜 필요한가?

앞의 5장에서 국민연금과 같은 사회보험이 왜 필요한지를 설명하였는데, 여기서는 국민연금이 필요한 특수한 이유들을 논의하고자 한다. 왜 국가가 개입하여 사람들을 국민연금에 강제로 가입하게 하는가?

첫째, 많은 사람들은 먼 미래를 대비하여 현재 행동하지 않는다는 점이다. 많은 사람들은 나이가 들어 은퇴한 후의 생활에 대비하여 현재의 소비를 줄여 저축을 하지 않는 것이다. 최근 우리나라의 조사에 의하면, 노후의 생활에 대비하여 어느 정도 저축을 한 사람들은 전체 근로자의 30%가 안 된다. 이러한 상황에서, 사람들의 선택을 그대로 내버려두면 많은 사람들은 노후의 생활에 큰 어려움을 겪게 되고, 이렇게 되면 국가가 이들의 최소한의 생활을 책임질 수밖에 없는 부담을 갖게 된다. 그래서 국가는 이러한 상황을 피하기 위하여 사람들로 하여금 노후생활에 대비하도록 국민연금의 형식으로 강제저축을 시키는 것이다.

둘째, 첫째와 관련된 것으로, 강제가입의 국민연금이 없으면, 노후를 대비하여 현재의 소비를 줄여(효용이 줄어들어) 저축을 한 사람들이 노후를 대비 안 하고 현재의 소비를 많이 한 사람들을 나중에 결과적으로 도와주게 되는 형평성의 문제가 있다는 점이다. 이렇게 되면, 현재 미래에 대비하여 저축을 하는 사람들도 저축을 해야 할 동기를 약화시킬 수 있는 것이다.

셋째, 일반적으로 자본주의 사회의 시장에서 결정된 소득분배는 국가들마다 정도의 차이가 있지만 매우 불평등하다. 어느 사회나 소득불평등이 크면 경제적으로나, 정치사회적으로 많은 문제가 발생하기 때문에 다양한 방식으로 소득불평등을 줄이려고 노력한다.

국민연금을 통하여 소득재분배를 하고자 하는 가장 단순한 이유는 노동시장에서의 불평등을 노동시장을 떠난 은퇴 후의 생활에까지 가져갈 필요는 없다는 것이다. 그래서 국민연금을 통하여 은퇴한 사람들의 소득분배를 조금이라도 평등하게 하고자 하는 것이다. 이것은 어떻게 보면, 소득이 낮은 사람들을 강제로 국민연금에 가입시켜 소비를 줄인 것에 대한 반대급부로, 은퇴 후에 받게 되는 국민연금을 소득재분배의 기제를 통하여 저소득층에 유리하게 하는 것으로 해석할 수 있다.

넷째, 일반적으로 시장에서 판매되는 민영연금은 먼 미래의 국민들의 소득수준, 경제성장률, 이자율, 물가상승률을 예측하면서 설계를 하기가 어렵다. 민영연금은 기본적으로 가입자들이 낸 기여금에다 이자나 배당금을 더해 적립하고, 또한 대부분 확정기여방식으로 먼 미래의 급여액은 그 때의 상황에 따라 결정되기 때문에 미래의 거시경제의 상황의 변화에 대응을 못한다. 예를 들면, 먼 미래의 물가상승률이 높으면 급여액의 실질구매력은 크게 떨어지는 것이다.

반면에 국민연금은 적립방식이든 부과방식이든(여기에 관하여는 뒤에서 자세히 논의한다), 대부분 확정급여의 방식이고 또한 일정한 급여계산공식을 갖고 있기 때문에 먼 미래의 소득수준이나 물가수준의 변동에 따라 연동하여 급여액을 결정할 수 있다. 예를 들면, 먼 미래의 국민들이 소득수준이 높아지거나 물가수준이 오르면 여기에 연동하여 급여액도 상향조정을 하는 것이다. 한마디로 말하여 국민연금은 민영연금이 못하는 먼 미래의 불확실성에 대한 보험이라는 기능까지도 할 수 있는 것이다.

3. 국민연금의 형태

위에서 언급했듯이 국민연금은 국가들마다 이름도 형태도 다양하기 때문에 국민연금을 유형화하는 것은 쉽지 않다. 그럼에도 불구하고 여기서는 국민연금을 크게 세 가지 형태로 나누어 설명하고자 한다.

첫째는, 사회보험 방식의 국민연금이다. 이것은 오늘날 대부분의 국가들에서 시행하고 있어, 국민연금이라 하면 대부분의 사람들은 이러한 방식을 생각하고 있다. 사회보험 방식의 국민연금은 몇 가지 공통적인 요소들을 갖고 있는데, 우선 가입을 강제화하고 기여금도 강제적으로 내야 한다. 기여금은 피고용자는 사용자와 분담해서 내고(국가들마다 분담률은 다른데 대개의 경우 반씩 부담하나, 어떤 국가들은 사용자의 부담률이 높다), 자영자는 대개 전액 본인들이 부담한다. 기여금의 지불방식은 대개 소득의 일정비율로 내나 어떤 국가들은 정액방식을 택하기도 한다(예를 들면, 일본). 따라서 사회보험 방식 국민연금의 주재원은 가입자들이 낸 기여금이나 일부 국가들에서는 국가가 일정한 부분을 일반 조세에서 보조한다.

한편 급여액은 대개의 경우 일정한 급여계산방식에 의하여 결정되는데 일반적으로 과거의 소득과 기여기간에 따라 달라져, 기여기간 동안의 소득이 높아 기여금을 많이 냈거나 기여기간이 길면 급여액은 커진다. 그러나 사회보험 방식이기 때문에 민간보험처럼 완전히 소득비례적으로 급여액이 결정되는 것이 아니고, 소득재분배를 위하여 소득이 낮은 사람들(즉 기여금이 적은 사람들)은 자기들이 낸 기여금보다, 소득이 높은 사람들에 비하여 상대적으로 더 많은 급여를 받는다. 다시 말하여 이러한 방식은 한편으로는 개별적 공평성(소득비례)의 가치도 구현하지만, 다른 한편으로는 사회적 적절성의 가치도 고려한다.

또한 일부 국가들에서는, 정액으로 기여한 사람들에게는 급여도 정액으로 하는 방식을 택하고 있다(예를 들면, 일본, 캐나다 등).

둘째는, 보편적 연금(universal pension)의 방식이다. 흔히들 기초연금이라 부르는 이것은 상기의 기여를 바탕으로 하는 사회보험 방식과 달리 기여나 소득에 상관없이 일정한 연령 이상의 모든 노인들에게 급여를 하는 방식이다. 재원은 대개 정부의 일반예산으로 이루어지고 어떤 국가들에서는 사용자가 일부 부담을 한다(예, 스웨덴).

보편적 연금은 사회복지제도로부터의 수급을 권리로 인정하는, 즉 사회권(social right)을 가장 크게 반영한다는 의미에서 가장 발전된 형태라 할 수 있다. 이것은 상기의 사회보험 방식의 연금으로는 급여액이 낮은, 과거의 소득활동이 많지 않거나 기여기간이 짧은 사람들에게 노후생활의 안정을 위하여 마련된 제도이다.

그러나 보편적 연금은 소득에 상관없이 모든 노인들에게 급여를 하고 또한 재원은 대개 정부의 일반예산에 의존하기 때문에 복지에 쓸 수 있는 재정의 한계 때문에 급여액은 클 수가 없다. 그래서 보편적 연금을 갖고 있는 대부분의 국가들에서는 상기의 사회보험 방식의 소득비례연금과 같이 운영하고 있다.

보편적 연금은 북유럽 국가들(스웨덴, 덴마크)이나 영국을 비롯한 영연방 국가들인 뉴질랜드, 캐나다 등에서 실시하고 있는데 최근 복지재정의 어려움 때문에 축소하는 경향이 있다. 이것은 우리나라처럼 국민연금이 성숙이 안 되어 많은 수의 저소득 노인이 있는 나라에서는 필요하다. 그러나 재정이 많이 소요되기 때문에, 복지재정이 풍부하지 않은 상황에서는, 소득이 높은 노인들에게 급여하는 사회적 자원의 낭비라는 문제와 정말로 사회복지에의 필요가 높은 노인들에게는 급여액이 적을 수밖에 없는 한계가 있다.

셋째는, 사회부조 방식이다. 이것은 자산 혹은 소득조사를 통하여 일정한 소득 이하의 노인들(나이는 국가들마다 다를 수 있다)에게 연금을 지급하고, 여기에 필요한 재원은 전액 정부의 일반예산에서 마련한다.

사실 사회부조 방식의 연금은 엄격히 말하면 국민연금의 형태로 분류하기에는 무리가 있다. 이것은 전형적인 사회부조 프로그램이라 할 수 있다. 그래서 이러한 방식의 연금은 극히 일부 국가들에서 시행하고 있다. 대표적으로 호주이고, 미국의 SSI(Supplemental Security Income)가 여기에 포함될 수 있다.

이것은 소득이 낮은 사람들에게만 급여를 하기 때문에 비교적 재원이 많이 들지 않고, 이들에게 집중적으로 급여를 하여 이른바 대상효율성이나 목표효율성을 높일 수 있는 장점이 있다. 우리나라처럼 복지재정이 충분치 않은 국가들에서는 적어도 한시적으로 필요한 제도라 할 수 있다. 그러나 이 방식은 전형적인 사회부조의 단점들인 수급자들이 치욕을 느낄 수 있거나 근로나 저축 동기를 약화시키는 단점이 있다.

이상에서 논의한 세 가지 방식 이외에 이른바 '퇴직준비금제도(provident fund)'와 '강제가입식 개인연금제도'가 있다. 전자의 경우는 싱가포르를 포함한 동남아시아 국가들에서 시행하고 있는데, 강제가입을 제외하고는 국민연금의 특성을 갖추지 못하고 오히려 사보험에 가까워 급여액은 기여금에다 이자를 합한 일시금으로 주어진다(이인재 외, 2005).

강제가입식 개인연금도 칠레를 비롯한 중남미 국가들 일부에서 시행하고 있는데 이것도 강제가입을 제외하고는 사보험인 개인연금의 특성을 갖고 있다. 이러한 이유로 이 두 가지의 연금 형태를 국민연금의 형태로 포함시키는 것은 무리가 있다고 할 수 있다.

4. 국민연금의 재정방식

국민연금이든 민영연금이든 연금이란 개인적인 관점에서 볼 때 기본적으로 생애기간 동안에 소비형태를 조정하는 것이다. 미래에 생산활동이 없어 소득이 없을 때를 대비하여 현재 생산활동이 있을 때 소비를 줄이는 것이다. 이것을 위하여는 크게 보면 두 가지 방법이 있다. 하나는 현재 소득이 있을 때 소득의 일부를 저축하여 쌓은 후 미래에 빼서 소비를 하는 방식이고, 다른 하나는 내가 미래에 은퇴 후에 미래의 누군가에 의하여 나의 소비를 책임지게 하는 방식이다(Barr, 1998).

전자의 방식을 흔히들 적립방식(funded)이라 하고, 후자를 부과방식(pay-as-you-go)이라 한다. 적립방식은 기본적으로 가입자들이 낸 기여금에다 이자나 배당금 등을 합하여 적립한 후에 가입자들이 미래에 은퇴할 때 급여를 하는 방식이다.

적립방식은 크게 두 가지로 나눌 수 있다. 하나는, 확정기여의 방식(defined contribution)으로 가입자들이 내는 기여금은 일정률로 정하는 반면, 급여액은 적립된 기금의 규모에 따라 달라질 수 있다. 예를 들면, 이자율이나 물가상승률이 어떻게 되느냐에 따라 적립된 기금의 실질적 가치는 달라질 수 있어 급여액도 달라지는 것이다.

다른 하나는 확정급여의 방식(defined benefit)으로 가입자들은 일정한 급여액을 급여계산공식에 따라 보장받는다. 다만 여기서는 가입자들의 소득수준(기여금의 차이)이나 기여기간 등의 차이에 따라 급여액은 차이가 있다.

부과방식은 기본적으로 현재 소득활동이 있는 사람들로부터 기여금을 받아 현재 은퇴한 사람들에게 급여를 하고, 반면에 현재 일하는 사람들이 미래에 은퇴할 때 그 당시의 소득활동이 있는 사람들이 낸 기여금으로부터 급여를 받는 방식이다. 여기서 중요한 것은 이러한 세대 간의 계약을 국가가 보증하고 최종적으로 책임을 진다는 점이다. 부과방식은 집합적으로 보면 국가가 어떤 집단들로부터 세금을 걷어 다른 집단들에게 소득이전(income transfer)을 하는 것이라 할 수 있다(Barr, 1998).

적립방식과 부과방식은 각기 장점과 단점들이 있다. 부과방식의 가장 큰 장점은 빠른 기간 내에 은퇴한 노인들에게 급여를 할 수 있다는 점이다. 오늘날 선진산업국가들은 대부분 국민연금을 부과방식으로 운영하고 있는데, 이러한 국가들도 국민연금의 도입 초기 단계에는 적립방식으로 운영하였으나 얼마 지나지 않아 부과방식으로 바꾸었는데 가장 큰 이유는 정치적으로 생활안정이 필요한 많은 노인들에게 빠른 기간 내에 급여를 해야 할 필요가 있었기 때문이다. 적립방식에만 의존하면 급여가 이루어지기에는 긴 기간이 필요하기 때문이다.

또한 부과방식으로 이루어지면 거시경제의 위험들-이자율, 물가상승률, 소득증가율-의 변화에 적립방식에 비하여 상대적으로 덜 노출되어 급여액의 실질가치를 유지할 수 있다. 예를 들면, 물가상승률이 오랫동안 가파르게 높아지면 적립방식에서의 적립금의 실질가치는 크게 떨어지나 부과방식에서는 그렇지 않다. 부과방식에서는 물가상승률에 따라 급여액을 조정할 수 있다. 또한 부과방식에서는 실질소득이 오르면 연금급여액도 임금상승률을 고려하여 상향조정할 수 있다(이른바 wage index).

반면에 부과방식은 적립방식에 비하여 인구의 고령화의 문제에 좀 더 어려움을 겪을 수 있다. 일반적으로 노인인구는 늘어나고 반면에 생산활동인구는 줄어들면, 이른바 의존율(dependency ratio)이 커지면, 은퇴한 노인들에게 줄 급여액을 마련하는 데 어려움이 발생할 수 있다(이 문제는 뒤에서 다시 논의한다).

그러나 적립방식이라 하여 인구 고령화의 문제를 완전히 벗어날 수는 없다. 미래에 생산활동인구가 줄면 생산량 자체가 줄어 적립된 기금이 많다 하더라도 미래의 은퇴한 노인들의 소비량은 본질적으로 볼 때 줄어들 수밖에 없는 것이다(Barr, 1998).

부과방식의 또 하나의 단점은 세대 간의 약속이 깨질 수 있는 위험이 있다는 점이다. 아무리 세대 간의 약속을 국가가 책임진다 하더라도, 먼 미래에 후세대가 전세대의 급여를 위해 기여를 많이 못한다는 정치적인 저항을 했을 때 그 약속은 깨질 수도 있는 것이다(이것은 오늘날의 유럽의 복지국가들에서 일정 부분 나타나고 있다).

적립방식의 가장 큰 장점은 위에서 언급한 인구구조의 변화에 덜 취약하다는 것 이외에 적립된 기금으로 경제성장이나 사회발전을 위하여 투자를 할 수 있다는 점이다(현재의 우리나라처럼). 또한 세대 간의 약속이 깨질 수 있는 정치적 위험에 덜 노출될 수 있다.

반면에 적립방식은 거시경제의 변화, 특히 이자율이나 물가상승률의 변화에 취약하고, 또한 적립된 기금이 일정 수준을 넘어 많아지면, 즉 한 나라의 부를 국민연금의 적립기금의 형태로 엄청나게 큰 규모로 축적하면 국가의 자원배분의 왜곡을 초래해 국가경제에 해를 줄 수 있다. 그래서 국민연금의 일부를 적립방식으로 운영하는 국가들(예를 들면, 일본, 스웨덴 등)은 이른바 부분적립방식으로 운영해 미래에 발생하는 모든 가입자들의 모든 급여를 보장하는 완전적립방식을 택하지 않고, 그래서 적립된 기금의 규모는 일정한 한계 내에서 이루어지고 있다.

5. 국민연금과 민영연금

왜 자발적 가입의 민영보험으로는 안 되고 강제가입의 국민연금이 필요한지는 앞에서 논의하였다. 여기서는 그 외에 민영연금에 비하여 국민연금이 은퇴한 노인들의 노후생활의 안정을 위하여 우월한 점들을 논의하고자 한다. 우선 일반적으로 대부분의 선진산업국가들에서(우리나라를 포함하여) 국민연금의 수익률(소득대체율로 나타나는)이 민영연금의 수익률보다 높다는 점이다. 여기에다 국민연금은 민영연금이 못하는 물가수준이나 소득수준이 올라가는 것에 연동하여 급여액을 조정한다는 점이다. 특히 물가상승을 고려한 국민들의 실질소득이 오르는 상황에서는, 국민연금의 급여액이 실질소득의 향상에 따라 높아지게 하는 것은 연금수급자들이 국민들의 전반적인 생활수준의 향상에 뒤처지지 않게 할 수 있는 장점이 있다(최근 서구의 복지국가들의 일부 국가에서 국민연금의 재정의 한계로 이러한 조정-흔히 wage index라 부른다-을 못하고 있지만).

둘째, 국민연금은 저소득층에게 유리하게 되어 있다는 점이다. 민영보험은 개별적 공평성(individual equity)의 원칙 아래 완전한 소득비례방식으로 운영된다. 그래서 기여를 많이 한 사람은 기여를 적게 한 사람에 비해 완전히 비례하여 급여도 많이 받는다. 반면에 국민연금은 사회적 적절성(social adequacy)의 가치를 반영하여 이른바 '최저급여액' 제도를 두어 급여를 정하는 급여계산공식이 저소득층에 유리하게 되어 있어, 저소득층은 고소득층에 비해 자기가 낸 기여금에 상대적으로 더 많은 급여액을 받는다. 즉 저소득층의 소득대체율이 고소득층의 소득대체율보다 높게 만들었다. 예를 들면, 우리나라의 경우 급여계산공식에 전체 가입자의 평균임금이 포함되어 있어 평균임금보다 낮은 임금의 가입자는 평균임금보다 높은 임금을 받는 가입자들보다 급여계산에서 유리한 것이다.

셋째는, 국민연금의 기여금은 대개 사용자와 피고용자가 분담해서 내고(대개의 경우 반씩, 어떤 국가들에서는 사용자가 더 많이 낸다), 어떤 국가들에서는 국가가 국민연금의 재정의 일부를 보조하여 가입자들의 부담을 덜어준다. 또한 기여금도 이른바 '평균보험료'의 개념으로 소득수준의 일정 비율로 정하고 여기에 일정한 상한액을 설정하여, 지나치게 많은 기여금을 내고 많은 급여를 받을 수 있는 민영연금과는 다르게 만들었다.

오늘날 선진산업국가들에서는 국민연금이 은퇴한 노인들의 노후생활에 가장 기본적인 역할을 하고 있어, 국민연금이 발전할수록 민영연금의 기능은 줄어든다. 그럼에도 불구하고 대부분의 선진산업국가들에서는 국민연금 이외에 민영연금인 기업연금(퇴직연금)과 개인연금이 보완적인 역할을 하고 있다. 특히 중산층 이상의 사람들에게는 국민연금의 급여액이 충분치 않기 때문에 기업연금이나 개인연금으로 보충을 하는 이른바 '3층 구조'의 연금제도를 갖고 있다.

6. 국민연금의 소득재분배

대부분의 국가들의 국민연금은 소득재분배 기제를 갖고 있다. 실제로 많은 실증적인 연구들에 의하면 국민연금을 통해서 소득재분배가 나타나고 있다. 국민연금을 통한 소득재분배는 크게 보면 세 가지의 형태로 이루어진다.

첫째는, 세대 간 재분배이다(generational redistribution). 이것은 특히 부과방식에서 크게 나타나는 것으로, 후세대(젊은 사람들)로부터 전세대(노인들)로 소득재분배가 이루어지는 것이다. 세대 간 재분배가 이루어질 수 있는 것은 조금이라도 실질소득이 높아지는 사회에서는 후세대의 실질소득이 전세대의 그것보다 높기 때문에, 부과방식 하에서 후세대가 낸 기여금이 전세대가 낸 기여금보다 많아져서 재분배가 일어나는 것이다. 오늘날까지도 대부분의 선진산업국가들에서 가입자들은 자신들이 낸 기여금보다 더 많은 급여를 받는 것이 바로 이러한 세대 간 재분배 때문이다. 최근 유럽의 복지국가들에서는 국민들의 실질소득이 높아지지 않거나 오히려 줄어드는 경향이 있는데 이러한 현상이 오래 지속되면 세대 간 소득재분배는 약화되거나 나타나지 않을 수 있다.

둘째는, 수직적 소득재분배이다(vertical redistribution). 이것은 소득이 높은 사람들로부터 소득이 낮은 사람들에게로 소득재분배가 나타나는 것을 말한다. 이것이 대부분의 사람들이 생각하는 실질적인 소득재분배이다. 국민연금에서 수직적 재분배가 나타나는 것은 국가가 의도적으로 급여계산방식을 그렇게 만들었기 때문이다. 예를 들면, 우리나라의 경우 급여계산공식에서 연금액은 기본적으로 1.8×(A+B)×(1+0.05n)으로 결정되는데, 여기서 A값은 전체 가입자의 평균소득이기 때문에 평균소득보다 소득이 낮은 근로자들은 고소득층보다 상대적으로 더 많은 연금을 받기 때문에 소득재분배가 일어나는 것이다.

그러나 국민연금에서는 얼마나 오랫동안 연금을 받을 수 있느냐도 소득재분배에 영향을 주는데, 일반적으로 고소득층이 저소득층에 비하여 오래 살기 때문에, 즉 그만큼 연금을 오래 받기 때문에 상기의 급여계산공식에 의한 고소득층으로부터 저소득층으로의 소득재분배는 일정 부분 상쇄가 될 수 있다. 따라서 국민연금을 통한 수직적 재분배는 어느 정도인지는 실증적인 조사에 의하여만 알 수 있다. 실제로 많은 실증적인 연구들에 의하면, 국민연금의 수직적 재분배 효과는 크게 나타나고 있다.

셋째는, 이른바 수평적 소득재분배(horizontal redistribution)이다. 대표적인 것이 남자로부터 여자에게로의 소득재분배이다. 이것의 이유는 일반적으로 여성들이 남성들보다 더 오래 살아 연금 수급기간이 길다는 것과, 여성 근로자들이 일반적으로 남성 근로자들에 비하여 임금이 낮고 또한 국민연금에의 기여기간이 짧기 때문에 급여계산공식에 의하여 고소득자(?)들인 남성 근로자들에 비하여 더 후한 연금을 받을 수 있기 때문이다.

이렇게 국민연금을 통한 소득재분배는 적어도 세 가지의 형태로 복합적으로 나타나기 때문에 국민연금으로 인한 소득재분배의 변화는 어떠한지는 실증적인 조사를 통해서만 알 수 있다. 실제로 많은 국가들에서 국민연금의 소득재분배 효과는 큰 것으로 나타나고 있다.

7. 인구구조의 변화와 국민연금

서구복지국가들에서 국민연금이 만들어지고 오랫동안 일하는 사람들의 숫자가 연금 수급자들보다 압도적으로 많아 국민연금은 재정적으로 문제가 없이 안정적으로 운영되었다. 그런 것이 1980년대부터 인구 고령화의 문제로, 즉 출산율이 낮고 노인들의 수명이 길어져 일하는 사람들의 숫자는 계속 줄어드는 반면 연금 수급자의 숫자는 계속 늘어 국민연금은 재정적으로 큰 어려움에 처하게 되었다. 우리나라도 최근부터 이러한 인구 고령화의 문제에 따라 국민연금의 제도 개선에 관심이 높아지고 있다.

인구 고령화에 대응할 수 있는 국민연금의 제도 개선은 어떻게 해야 하는가? 크게 보면 두 가지의 방법이 있다(Barr, 1998). 하나는 수요의 측면에서 수요를 줄이는 방법이 있다. 여기에는 적어도 두 가지의 방법을 생각할 수 있는데 기여금을 늘리는 방법, 즉 현재 일하는 근로자들의 소비를 줄이는 것이다. 그런데 이것은 서구복지국가들에서 적어도 정치적으로 시행하기가 어려운데, 왜냐하면 현재도 기여금의 수준이 높기 때문에 근로자들의 소비수준을 더 이상 줄이기는 상당히 어렵기 때문이다.

다른 하나는 연금 급여액을 줄이거나 연금 수급연령을 늦추는 방식이다. 이 방식은 일부 국가들에서 연금 급여액을 물가상승에만 연동해서 올려주거나(과거에는 근로자들의 임금상승에 연동하여 올려주었다), 물가에 따른 연동도 매년 하지 않고 몇 년에 한 번씩 하여 실질적으로 연금 급여액을 줄이는 것이다. 그러나 이 방식도 연금 수급자들의 저항으로 쉽지 않다. 어찌되었든 수요를 줄이는 방식은 근로자들이나 수급자들 모두로부터 저항이 있어 정치적으로 시행하기가 어렵다.

다른 또 하나의 방법은 공급의 측면에서 공급을 늘리는 방식이다. 이것도 두 가지로 나눌 수 있는데, 하나는 노동의 질 향상(인적 자본의 투자로)이나 물적 자본 투자를 통한 기술 혁신으로 생산성을 높여 일인당 생산량을 늘리는 것이다.

다른 하나는 노동자들의 숫자를 늘리는 방법이다. 이것은 경제활동인구를 늘리거나(여성이나 노인들의 경제활동을 장려하여), 아니면 외국으로부터 노동력을 수입하는 방식이다.

공급을 늘리는 방식은 수요를 줄이는 방식보다 정치적으로 저항이 적어, 인구의 고령화에 대응하는 국민연금의 제도 개선에 좀 더 쉽게 시행할 수 있다.

우리나라의 경우는 인구 고령화의 문제가 아직은 유럽의 복지국가들에 비하여 덜 심각하고, 또한 국민연금을 시행한지 얼마 안 되어 충분히 성숙하지 않았기 때문에 아직은 여유가 있다 할 수 있다. 그래서 앞으로 공급을 늘리는 방식을 잘 운영하면 우리의 국민연금은 오늘날 서구의 복지국가들이 겪고 있는 어려움을 피해갈 수 있다.

제 2 절 우리나라의 국민연금

1. 연혁

오늘날의 우리의 국민연금은 1973년에 만들어진 국민복지연금법으로 시작되었다. 그러나 국민복지연금법은 1974년 1월부터 시행할 예정이었으나 여러 가지 이유로 무기한 연기가 되었다. 그 당시의 우리의 경제·사회적 여건이 국민연금을 시행하기에는 어려웠다. 예를 들면 일인당 국민소득이 200달러가 안 되었고, 취업자 가운데 대략 반 이상이 농어업에 종사하였고, 또한 65세 이상 노인인구도 3%에 불과하였다. 무엇보다도 1970년대 초에 발생한 오일쇼크로 경제적 위기의 상황에서 시행하기가 어려웠던 것이다.

이러다가 1980년대에 경제상황이 좋아지고 노인인구도 늘어나는 상황에서 국민연금에 대한 관심이 높아져, 1986년 국민연금법을 새로이 만들면서 1988년 1월부터 국민연금이 실시가 되었다. 처음에는 10인 이상 고용하는 사업장에서 일하는 근로자들을 대상으로 실시하였는데,

이후 점차 확대하였다. 그래서 1992년에는 5인 이상 사업장으로 확대하였고, 1995년에는 농어촌 지역 자영업자 및 농어민을 포함하였고, 1999년에는 도시 지역 주민으로 확대하여 전 국민을 대상으로 한 국민연금의 시대가 되었다. 이후 2006년 1월부터는 근로자 1인 이상 사업체 전체를 포함시켜 실질적으로 전 국민으로 국민연금의 적용을 확대하여 오늘날에 이르고 있다.

2. 적용대상

우리의 국민연금은 원칙적으로 국내에 거주하는 국민으로서 18세 이상 60세 미만인 사람들은 국민연금 가입 대상이 된다. 다만 공무원, 군인, 사립학교 교직원 등과 같이 특수직역연금인 공무원연금, 군인연금, 사립학교교직원연금의 적용을 받는 사람들과 이밖에 대통령령으로 정하는 사람들은 제외한다.

국민연금의 가입자는 크게 보면 4가지 형태로 구분할 수 있다. 첫째는, 사업장가입자로 1인 이상의 근로자를 사용하는 사업장에서 일하는 18세 이상 60세 미만인 근로자와 사용자를 말한다. 〈표 6-1〉에서 보듯이 사업장가입자는 2013년 6월 현재 국민연금의 총 가입자인 20,457,340명 가운데 11,743,442명으로 약 56%에 이른다(국민연금공단, 2013). 사업장 가입자는 1988년 이후 지금까지 꾸준히 늘어나고 있다.

〈표 6-1〉 국민연금 연도별 가입자 현황(단위: 개소, 명)

구분 연도별	총 가입자	사업장가입자		지역가입자			임의 가입자	임의 계속 가입자
		사업장	가입자	계	농어촌	도시		
’88.12	4,432,695	58,583	4,431,039	-	-	-	1,370	286
’92.12	5,021,159	120,374	4,977,441	-	-	-	32,238	11,480
’95.12	7,496,623	152,463	5,541,966	1,890,187	1,890,187	-	48,710	15,760
’96.12	7,829,353	164,205	5,677,631	2,085,568	2,085,568	-	50,514	15,640
’99.12	16,261,889	186,106	5,238,149	10,822,302	2,083,150	8,739,152	32,868	168,570
’03.12	17,181,778	423,032	6,958,794	9,964,234	2,062,011	7,902,223	23,983	234,767
’04.12	17,070,217	573,727	7,580,649	9,412,566	2,009,142	7,403,424	21,752	55,250
‘05.12	17,124,449	646,805	7,950,493	9,123,675	1,969,017	7,154,658	26,568	23,713
‘06.12	17,739,939	773,862	8,604,823	9,086,368	1,972,784	7,113,584	26,991	21,757
‘07.12	18,266,742	856,178	9,149,209	9,063,143	1,976,585	7,086,558	27,242	27,148
‘08.12	18,335,409	921,597	9,493,444	8,781,483	1,940,510	6,840,973	27,614	32,868
’09.12	18,623,845	979,861	9,866,681	8,679,861	1,925,023	6,754,838	36,368	40,935
’10.12	19,228,875	1,031,358	10,414,780	8,674,492	1,951,867	6,722,625	90,222	49,381
’11.12	19,885,911	1,103,570	10,976,501	8,675,430	1,986,631	6,688,799	171,134	62,846
’12.12	20,329,060	1,196,427	11,464,198	8,568,396	1,956,215	6,612,181	207,890	88,576
‘13.06	20,457,340	1,258,153	11,743,442	8,422,611	1,937,783	6,484,828	189,319	101,968

자료: 국민연금공단(2013), 2013년 6월말 기준 국민연금 공표통계

둘째는, 지역가입자로 사업장가입자가 아닌 사람으로 18세 이상 60세 미만인 사람들은 의무적으로 가입을 해야 하는 사람들이다. 다만 18세 이상 27세 미만인 학생이나 군인처럼 소득이 없는 사람들, 그리고 연금 가입자의 배우자로서 소득이 없는 사람들은 제외한다. 2013년 6월 현재 지역가입자의 숫자는 8,422,611명이고 이 가운데 농어촌 가입자가 1,937,783명이고 도시지역 가입자는 6,484,828명이다. 그러나 지역가입자 가운데 약 500만 명이 납부예외자(즉 보험료를 납부하지 않는 사람)로 국민연금 전체 가입자의 약 25%에 이르는데, 이들은

보험료를 내지 않았기 때문에 연금을 받을 수 없다. 또한 지역가입자의 숫자는 1999년의 10,822,302명을 정점으로 이후 계속 줄고 있는 추세이다.

셋째는, 임의가입자로 상기의 사업장가입자나 지역가입자가 아닌 사람으로 본인이 희망할 경우 국민연금에 가입하여 연금을 받을 수 있는 사람들을 말한다. 이들은 대부분 소득이 없는 배우자들이다. 최근 이러한 사람들의 숫자가 크게 늘어나고 있는데(국민연금의 수익률이 민간금융기관의 수익률보다 좋기 때문에), 2013년 6월 현재 189,319명이다(2012년까지는 크게 늘어났는데 2013년부터는 줄고 있다. 이것은 최근의 기초연금과의 연계에 따라 손해를 본다고 생각하는 사람들이 늘었기 때문인 것으로 추정할 수 있다).

넷째는, 임의계속가입자라 하여 1개월 이상 가입기간이 있는 가입자 또는 가입자였던 자로서 60세에 달한 사람들이 가입기간이 부족하여 연금을 받지 못하거나 가입기간을 연장하여 더 많은 연금을 받고자 하는 경우 65세에 이를 때까지 신청에 의하여 임의계속가입자가 될 수 있게 하였다. 현재 이러한 형태의 가입자도 늘어 101,968명이다.

이렇게 볼 때 우리의 국민연금은 외형상으로는 전 국민을 대상으로 적용대상을 확대하였으나, 소득이 없는 많은 수의 납부예외자를 포함하고 있어(납부예외자), 실질적인 적용대상은 대략 1,500만 명 정도이고, 이 가운데에서도 많은 수의 지역가입자들 가운데 소득이 낮은 사람들은 보험료를 납부하지 못하고 있어(지역가입자들의 보험료 납부율은 90%가 안 된다), 실질적인 적용대상은 더욱 줄어든다.

3. 재원조달방식

우리의 국민연금의 재원은 크게 보면 세 가지로 이루어졌다. 첫째는 가입자들이 내는 보험료이고, 둘째는 국민연금 적립금의 운용수입금이고, 셋째는 농어민 가입자의 보험료 일부와 국민연금의 관리·운영비를 보조하는 국가재정이다.

국민연금의 재원 가운데 가장 큰 비중을 차지하는 것이 가입자들이 내는 보험료인데 이것은 가입자의 기준소득월액×연금보험료율로 결정한다. 기준소득월액이란 가입자가 신고한 소득월액인데, 2012년 현재 최저액은 24만원이고 최고액은 389만원으로 정하였다. 즉 신고한 소득월액이 24만원보다 적다 하더라도 24만원으로 인정하고, 389만원보다 많은 고소득자인 경우도 389만원까지만 인정한다. 예를 들면, 월소득이 1,000만원이 넘는 고소득자의 경우도 389만원까지만 보험료 산정대상 소득이 된다. 이렇게 소득상한선이 너무 낮게 되어 있어 우리의 국민연금제도는 소득재분배 효과가 약할 수 있다.

한편 보험료율은 현재 9%인데, 이것은 국민연금 도입 초기단계인 1988년~1992년에는 3%이던 것이 점차 늘어나 1998년부터 9%가 되었다(김태성 · 김진수, 2007). 사업장 가입자들은 사용자와 근로자가 半씩 부담하여 4.5%이고, 지역가입자나 임의가입자는 가입자 본인이 9% 모두 부담한다.

이렇게 가입자들이 내는 보험료는 계속 적립이 되어 2013년 6월 현재 국민연금에 적립된 기금 약 460조원 가운데 대략 70%인 310조원에 이른다(국민연금공단, 2013). 〈표 6-2〉에서 보듯이, 적립기금은 2005년 이후 매년 크게 늘어나고 있다. 이것은 가입자들에 비하여 수급자들의 숫자가 워낙 적기 때문에 그러한데 이러한 추세는 앞으로도 상당 기간 계속될 것이기 때문에 가입자들이 낸 보험료의 비중은 앞으로도 가장 중요한 재원이 된다.

〈표 6-2〉 국민연금 연도별 기금관리 현황(매입가 기준)(단위: 억원, %)

구분	'05.12	'06.12	'07.12	'08.12	'09.12	'10.12	'11.12	'12.12	'13.06
조성 (증감률)	1,824,597 17.35%	2,131,545 16.82%	2,485,535 16.61%	2,809,018 13.01%	3,132,516 11.52%	3,518,728 12.33%	3,930,539 11.70%	4,379,790 11.43%	4,600,883 5.05%
연금 보험료	1,294,981	1,496,504	1,713,206	1,943,061	2,181,642	2,434,496	2,708,842	3,010,119	3,166,221
운용수익	526,987	630,760	766,683	860,113	944,840	1,078,099	1,215,422	1,363,294	1,428,212

자료: 국민연금공단(2013), 2013년 6월말 기준 국민연금 공표통계

다음으로 중요한 재원은 그동안 적립된 기금을 운용해서 얻는 수익금인데 2013년 6월 현재 대략 142조원에 이른다. 이것은 적립된 기금의 대략 30% 정도이다. 그리고 앞으로 상당 기간 동안 적립된 기금이 계속 크게 늘어날 것이기 때문에 운용수익금도 계속 늘어날 것이다. 다만 오늘날 적립기금의 대부분은 금융부문(주식, 채권 등)에 투자하여 수익을 창출하는데, 이러한 투자는 어느 정도 위험 부담이 있기 때문에 안정적인 수익을 얻을 수 있는 투자를 해야 할 필요가 있다.

마지막으로 국가는 농어민 가입자들의 보험료의 일부와 국민연금을 관리·운영하는 데 필요한 비용을 부담한다. 특이한 것은 2012년 7월부터 시행된 이른바 '두루누리 사회보험 지원사업'이라 하여 저임금 근로자들의 국민연금의 보험료 일부를 국가에서 지원하는 제도이다. 이 제도는 10인 미만의 소규모 사업장에서 일하는 근로자들 가운데 기준소득월액이 125만원 미만인 근로자들을 대상으로 보험료의 1/3에서 1/2까지 지원하는데 1년에 대략 4,400억 정도로 추산하고 있다.

4. 급여

1) 급여액 산정

우리의 국민연금은 확정급여의 소득비례방식이라 할 수 있다. 급여액은 미리 정해진 급여산정공식에 의하여 결정되고, 이 공식에 따르면

급여액은 가입자들의 소득수준(기여액 수준)과 기여기간에 비례하여 결정된다. 즉 가입자의 소득수준이 높을수록, 기여기간이 길수록 급여액은 많아진다.

그러나 우리의 국민연금은 민영보험처럼 개별적 공평성의 가치만을 반영하는 완전한 소득비례방식은 아니다. 가입자의 소득이 높아 납부한 보험료가 많으면 급여액의 절대액은 많아지나, 자신들이 낸 보험료에 완전히 비례하여 많아지는 것은 아니다. 우리의 국민연금의 급여산정공식은 사회적 적절성의 가치도 반영하여 저소득층에게 유리하게 되어 있다. 저소득층은 고소득층과 비교할 때 자신들이 낸 기여금보다 더 많은 급여액을 받는다. 즉 저소득층의 국민연금에서의 소득대체율, 즉 급여액이 자신들의 소득에서 차지하는 비율은 고소득층의 그것보다 높은 것이다. 여기서 국민연금을 통하여 고소득층으로부터 저소득층으로 소득재분배가 발생하는 것이다.

이것은 2007년 국민연금 개정 이전의 기본급여액의 급여계산공식인 기본연금액=1.8(A+B)×(1+0.05n/12)에서 볼 수 있다. 여기서 A가 사회적 적절성의 가치를 반영하고 소득재분배를 발생시키는 기제인데, 연금수급 전의 3년 동안의 전체 가입자들의 평균소득월액인, 이른바 균등부문이다.

반면에 B는 가입자들 개인의 전 가입기간 동안의 평균 기준소득월액으로 이른바 소득비례부문이다. n은 가입기간이 20년을 초과하는 개월수로 가입기간이 길수록 급여액이 많아지는 장치이다.

여기서 A는 가입자들 개인의 소득에 상관없이 정액으로 결정되기 때문에 A보다 소득이 낮은 가입자들은 급여액을 더 많이 받는 반면, A보다 소득이 높은 가입자들은 낮은 급여액을 받게 되어 있는 것이다.

예를 들면, 위의 공식에 따르면 40년을 국민연금에 가입한 경우 가입자의 소득이 전체 가입자의 평균소득과 같은 사람은 소득대체율이 60%이다. 반면에 가입자의 소득이 전체 가입자의 평균소득의 1/2인 사람의 소득대체율은 90%이고, 반대로 가입자의 소득이 전체 평균보다 2배인 경우는 소득대체율이 45%이고, 소득이 높을수록 소득대체율은 더 낮아진다.

현재의 급여산정공식은 다소 복잡하다. 그 이유는 국민연금의 재정안정의 이유로 두 차례에 걸쳐 개정하여 소득대체율을 낮추었기 때문이다. 그래서 1999년 개정 이전에 가입한 경우는(이때는 소득대체율이 70%이었다), 기득권을 인정하여 과거의 급여산정공식인 $[2.4(A+0.75B)\times P1/P+1.8(A+B)\times P2/P]\times(1+0.05n/12)$를 적용한다. 여기서 P1=1999년 1월 1일 이전 가입월수이고, P2=1999년 1월 1일 이후 가입월수이며, P=가입자의 전체 가입월수이다.

한편 2007년 국민연금의 개정으로 급여산정공식은 또 한 번 바뀌는데 이것은 평균소득대체율을 지금까지의 60%에서 40%로 줄이고자 하기 때문이다. 그래서 2008년의 국민연금액의 기본연금액=$1.5(A+B)\times(1+0.05n/12)$로 만들었고 이후부터는 상수 1.5를 매년 0.015씩 줄여나가, 2028년의 기본연금액을 $1.2(A+B)\times(1+0.05n/12)$로 만들어 소득대체율을 60%에서 40%로 줄인 것이다.

이와 같은 기본연금액은 국민연금의 세 가지의 형태인 노령연금, 장애연금, 유족연금의 급여액 산정의 기본이 된다. 또한 연금액은 매년 통계청이 발표하는 소비자물가지수를 적용하여 물가상승에 따라 조정하도록 되어 있다.

기본연금액 이외에 부양가족연금액(과거의 가급연금)이라 하여 수급권자의 배우자, 자녀 또는 부모로서 수급권자에 의하여 생계를 유지하고 있는 사람들에게 지급하는 부가급여가 있는데, 급여액은 미미하여 배우자의 경우 연 236,360원에 불과하다.

2) 급여의 종류

국민연금의 급여의 종류는 크게 보면 세 가지로 노령연금, 장애연금, 그리고 유족연금이다. 이밖에 일시금급여의 형태로 반환일시금과 사망일시금이 있다.

(1) 노령연금

노령연금은 가입자가 일정한 나이가 되어 소득활동이 없을 때 소득 안정을 위해 급여하는 제도이다. 노령연금은 국민연금의 핵심으로 수급자의 숫자나 급여액에 있어 장애연금이나 유족연금에 비하여 압도적으로 크다.

〈표 6-3〉에서 보듯이, 2012년 현재 노령연금의 수급자의 숫자는 약 275만명인데 비하여, 유족연금과 장애연금의 수급자는 각 약 48만명과 7만 6천명에 불과하여 노령연금의 수급자의 숫자가 전체 국민연금 수급자의 약 87%에 이른다.

노령연금 수급자의 숫자는 국민연금이 전 국민을 대상으로 한 시점인 1999년에 약 17만명에 불과하였는데, 이후에 계속 늘어나 현재에 이르고 있다.

또한 노령연금의 급여액도 압도적으로 커 2012년에 약 9조 3천억원이 급여가 이루어진 반면에, 유족연금은 약 1조 2천억원, 장애연금은 약 3천억원 정도이다.

반면에 노령연금의 급여액은 낮아, 〈표 6-4〉에서 보듯이 연금수급자의 60% 이상이 월 30만원 이하의 연금을 받고 있다. 100만원 이상의 연금수급자는 51,985명으로 전체의 2%가 안 된다. 〈표 6-5〉에서 보듯이, 노령연금 평균 급여액은 약 32만원에 불과하다. 〈표 6-4〉에서 보듯이 이렇게 급여액이 낮은 것은 급여액이 낮을 수밖에 없는 특례 노령연금 수급자의 숫자가 전체 수급자의 대략 50%를 차지하기 때문이다.

노령연금은 가입기간, 연령, 소득활동 유무에 따라 다양한 형태가 있고 이혼을 하는 경우 배우자에게 지급되는 분할연금도 있다.

〈표 6-3〉 국민연금 연도별 급여종별 급여지급현황(단위: 건, 백만원)

구 분		계	연금				일시금			
			소계	노령	장애	유족	소계	장애	반환	사망
2012	수급자	3,499,522	3,310,211	2,748,455	75,934	485,822	189,311	2,862	175,716	10,733
	금 액	11,550,754	10,837,244	9,327,087	314,463	1,195,694	713,510	34,654	648,045	30,811
2011	수급자	3,166,983	3,015,244	2,489,614	75,895	449,735	151,739	3,480	136,628	11,631
	금액	9,819,296	9,273,039	7,905,180	305,547	1,062,312	546,257	41,919	475,051	29,287
2010	수급자	2,975,336	2,820,649	2,330,128	76,280	414,241	154,687	3,447	141,347	9,893
	금 액	8,635,467	8,107,420	6,861,876	296,305	949,239	528,047	37,299	465,123	25,625
2009	수급자	2,770,344	2,602,630	2,149,168	74,535	378,927	167,714	3,836	154,119	9,759
	금 액	7,471,934	6,946,490	5,814,825	287,016	844,649	525,444	40,940	460,476	24,028
2008	수급자	2,517,579	2,366,626	1,949,867	72,166	344,593	150,953	4,902	137,654	8,397
	금 액	6,180,804	5,764,986	4,765,528	268,100	731,358	415,818	47,921	348,026	19,871
2007	수급자	2,244,477	2,110,519	1,731,560	67,091	311,868	133,958	5,167	121,200	7,591
	금 액	5,182,611	4,748,988	3,857,709	245,878	645,401	433,623	48,325	368,374	16,924
2006	수급자	1,985,502	1,858,769	1,517,649	61,762	279,358	126,733	4,898	115,394	6,441
	금 액	4,360,239	3,899,369	3,103,161	225,607	570,601	460,870	44,239	400,674	15,957
2005	수급자	1,757,674	1,651,681	1,349,626	54,467	247,588	105,993	4,147	96,078	5,768
	금 액	3,584,901	3,210,044	2,531,536	193,931	484,577	374,857	35,713	324,885	14,259
2004	수급자	1,533,059	1,424,083	1,156,098	47,260	220,725	108,976	3,609	99,750	5,617
	금 액	2,914,015	2,568,966	1,987,451	163,629	417,886	345,049	29,297	303,194	12,558
2003	수급자	1,169,441	1,052,414	819,800	39,727	192,887	117,027	2,853	108,740	5,434
	금 액	2,328,449	2,017,911	1,533,339	131,921	352,651	310,538	21,978	278,232	10,328
2002	수급자	1,052,327	916,630	717,488	32,876	166,266	135,697	2,194	129,239	4,264
	금액	1,915,255	1,652,529	1,254,730	103,849	293,950	262,726	16,419	238,685	7,622
2001	수급자	948,164	770,568	602,197	27,456	140,915	177,596	2,469	170,542	4,585
	금액	1,569,257	1,301,142	973,630	83,583	243,929	268,115	18,286	243,445	6,384
2000	수급자	927,545	618,232	482,042	21,914	114,276	309,313	2,170	304,127	3,016
	금액	1,607,035	924,518	651,368	70,098	203,052	682,517	15,799	662,420	4,298
1999	수급자	1,249,257	282,407	175,572	16,906	89,929	966,850	1,944	962,578	2,328
	금액	3,871,969	477,350	299,592	45,740	132,018	3,394,619	11,887	3,378,752	3,980
’88~‘98	수급자	6,240,248	206,523	115,008	15,273	76,242	6,033,725	11,567	6,015,169	6,989
	금액	7,026,628	848,686	411,251	101,596	335,839	6,177,942	30,276	6,138,606	9,060

자료: 국민연금공단(2013), 2013년 6월말 기준 국민연금 공표통계

〈표 6-4〉 국민연금 연금(월급여) 급여수급자 현황(단위: 명, 만원)

수급자			계	금액(월급여)								
				10미만	10~20	20~30	30~40	40~50	50~60	60~80	80~100	100 이상
계		계	3,361,815	40,524	1,165,711	912,255	482,420	253,254	162,479	193,857	99,330	51,985
		남자	2,026,903	7,844	562,977	476,738	326,293	188,609	134,628	181,160	97,159	51,495
		여자	1,334,912	32,680	602,734	435,517	156,127	64,645	27,851	12,697	2,171	490
노령	소계	소계	2,792,269	40,477	978,949	692,572	393,885	209,728	142,613	184,175	98,128	51,742
		남자	1,930,687	7,813	544,751	452,505	303,721	172,424	126,267	175,947	95,998	51,261
		여자	861,582	32,664	434,198	240,067	90,164	37,304	16,346	8,228	2,130	481
	가입기간 20년~	소계	123,902	1	2	22	523	4,042	15,021	42,777	32,750	28,764
		남자	113,679	0	2	17	474	2,628	10,261	39,919	31,918	28,460
		여자	10,223	1	0	5	49	1,414	4,760	2,858	832	304
	가입기간 10~19년	소계	703,716	4	14,396	228,554	185,381	103,030	65,540	68,520	28,413	9,878
		남자	518,595	1	4,136	128,536	139,577	82,653	59,716	66,168	27,992	9,816
		여자	185,121	3	10,260	100,018	45,804	20,377	5,824	2,352	421	62
	조기	소계	387,062	3	17,162	90,179	77,440	55,338	42,826	57,037	33,977	13,100
		남자	275,005	1	4,641	39,700	50,030	42,576	37,686	54,258	33,128	12,985
		여자	112,057	2	12,521	50,479	27,410	12,762	5,140	2,779	849	115
	특례	소계	1,568,368	37,161	943,975	372,336	129,889	47,038	19,149	15,832	2,988	0
		남자	1,022,317	7,221	535,549	284,189	113,627	44,566	18,603	15,602	2,960	0
		여자	546,051	29,940	408,426	88,147	16,262	2,472	546	230	28	0
	분할	소계	9,221	3,308	3,414	1,481	652	280	77	9	0	0
		남자	1,091	590	423	63	13	1	1	0	0	0
		여자	8,130	2,718	2,991	1,418	639	279	76	9	0	0
장애		소계	69,706	36	134	11,844	24,541	17,496	8,804	5,409	1,199	243
		남자	59,331	31	81	8,436	20,383	15,609	8,216	5,180	1,161	234
		여자	10,375	5	53	3,408	4,158	1,887	588	229	38	9
유족		소계	499,840	11	186,628	207,839	63,994	26,030	11,062	4,273	3	0
		남자	36,885	0	18,145	15,797	2,189	576	145	33	0	0
		여자	462,955	11	168,483	192,042	61,805	25,454	10,917	4,240	3	0

주: 1/2중복급여 조정자 및 동순위자는 조정전 금액 기준임.
자료: 국민연금공단(2013), 2013년 6월말 기준 국민연금 공표통계

〈표 6-5〉 국민연금 연금종별 월평균 지급액(단위: 원)

구분	계 (특례 제외)	노령연금							장애연금				유족연금
		소계 (특례 제외)	20년 이상	10~19년	소득활동	조기	특례	분할	소계	1급	2급	3급	
최고	1,658,690	1,658,690	1,658,690	1,639,810	1,425,960	1,385,960	950,890	650,860	1,327,510	1,327,510	1,085,860	893,470	810,240
평균	312,350 (407,980)	321,450 (474,410)	844,410	413,090	517,550	477,030	203,180	160,370	420,060	573,870	455,700	352,530	247,860

주: 해당월 지급자의 기본+부양가족연금월액 기준이며, 중복급여 및 동순위 조정전 금액임, 사회보장협정기간 보유자는 최고, 최저 연금액 대상에서 제외, 계 및 노령소계 평균액 산정시 분할연금 제외.
자료: 국민연금공단(2013), 2013년 6월말 기준 국민연금 공표통계

① 완전노령연금

완전노령연금이란 위에서 설명한 기본연금액의 100%를 급여하는 연금으로 가입기간이 20년 이상이어야 하고 60세부터 급여가 이루어지는데 65세 미만일 때까지는 소득활동이 없어야 한다(소득활동이 있을 경우는 일정한 비율로 급여를 삭감한다).

우리나라는 국민연금을 1988년에 처음 도입하였고, 초기에는 적용대상이 제한되었기 때문에 오늘날까지도 완전노령연금의 수급자의 숫자는 약 12만명으로 전체 노령연금 수급자의 4.2%에 불과하다. 완전노령연금의 평균 급여액은 약 84만원이고, 최고급여액은 약 166만원이다.

② 감액노령연금

감액노령연금은 완전노령연금의 수급자격이 안 된 사람들, 즉 가입기간이 10년 이상 20년 미만이고 60세에 도달한 사람들에게 급여하는 제도이다. 감액노령연금의 급여액은 가입기간이 10년인 경우는 기본연금액의 50%를 급여하고, 이후 가입기간이 1년 증가 시마다 기본연금액의 5%를 증액하여 19년 가입자는 기본연금액의 95%를 받는다. 우리의 국민연금은 위에서 언급했듯이 아직 충분히 성숙이 되지 않아 감액노령연금 수급자의 숫자가 완전노령연금 수급자의 숫자보다 월등히 커서 대략 65만명으로 전체 노령연금 수급자의 24% 정도이다.

현재 완전노령연금이나 감액노령연금의 수급자격 연령은 60세이나 앞으로는 높아져 2013년부터 5년마다 1세씩 늘어나 2033년부터는 65세가 되어야 수급자격이 생긴다. 예를 들면, 1953년생은 61세부터 수급연령이 되나, 1969년생 이후부터는 65세부터이다.

③ 조기노령연금

조기노령연금은 가입기간이 10년 이상이고 55세 이상이면 소득활동을 안 하고 본인이 신청하면 60세 이전이라도 연금을 받을 수 있는 제도이다. 이것은 가입기간과 처음 연금을 받는 연령에 따라 급여액이 달라진다. 예를 들어 가입기간이 10년이고 55세인 경우는 기본연금액의 50%(가입기간 10년의 감액노령연금 급여액)의 70%를 급여하고, 가입기간이 1년 증가 시마다 기본연금액의 5%를 증액하고, 수급개시 연령이 1세 증가 시마다 연령별 지급률 6%를 증액한다(예를 들면, 55세는 70%이나, 56세면 76%, 57세는 82% 등이다).

우리나라의 경우 대부분의 일반 회사들의 퇴직연령이 55세 정도이고, 퇴직한 후의 마땅한 일자리를 찾기도 어렵고 또한 많은 사람들의 노후생활이 불안정하여 조기노령연금을 신청하는 사람들이 많다. 현재 약 38만명의 사람들이 조기노령연금을 받고 있는데 이것은 전체 노령연금 수급자의 11% 정도이다. 조기노령연금의 평균 연금액은 약 월 48만원이다.

④ 특례노령연금

지금까지 설명한 세 가지의 노령연금에서 보듯이 우리의 노령연금의 수급자격이 되는 가입기간은 10년이어야 하고, 수급연령도 최소한 55세는 되어야 한다. 그런데 앞에서 언급했듯이 우리의 국민연금은 시작된 지 얼마 안 되어 가입기간이 짧을 수밖에 없는 사람들이 많고, 또한 퇴직연령이 이른 상태에서 노후생활을 대비해 준비를 하지 않은 사람들이 많아서, 우리나라는 많은 사람들이 50대부터 생활이 어렵게 된다. 특례노령연금은 바로 이러한 사람들을 위해 문자 그대로 예외적으로 만든 제도이다. 이것은 가입기간이 5년 이상이면 되고 수급연령은 50세부터 60세 미만이어야 한다. 급여액은 50세일 경우 기본급여액의 25%이고, 가입기간이 1년 증가할 때마다 기본급여액의 5%를 증액한다.

특례노령연금은 성격 상 국민연금이 성숙이 되면 줄어들게 되어 있어, 장기적으로는 유명무실해지나 현재까지는 수급자의 숫자에서 노령연금에서 가장 많다. 현재 특례노령연금 수급자의 숫자는 대략 159만명이고, 전체 노령연금 수급자의 60%에 이른다. 반면에 연금액은 낮아 평균 연금액은 약 20만원에 불과하다.

⑤ 분할연금

분할연금은 이혼한 사람에게 배우자였던 사람의 노령연금액 중 혼인기간에 해당하는 연금액을 나누어 지급하는 연금이다. 분할연금을 받기 위한 수급요건은 혼인 기간 중 국민연금 보험료 납부기간이 최소한 5년 이상이어야 하고, 배우자였던 사람이 노령연금을 받아야 하고, 마지막으로 본인이 60세가 되어야 한다. 급여액은 배우자이었던 사람의 노령연금액 중 혼인기간에 해당하는 연금액의 1/2이다.

지금까지 노령연금의 주요 형태들을 소개하였는데 마지막으로 노령연금과 관련된 두 가지의 제도들을 소개한다. 하나는, 과거에 '재직자 노령연금'이라 불리는 것으로(2012년부터 이러한 용어를 사용 안 한다), 노령연금 수급자가 소득활동을 할 경우 급여액을 조정하는 제도이다. 원래 노령연금이란 기본적으로 은퇴를 전제로 하여 급여하는 제도이기 때문에 은퇴를 안 하고 소득활동을 계속하면 급여액을 조정할 필요가 있는 것이다.

우리의 제도는 가입기간이 10년 이상이고 60세에 도달하여 노령연금을 받는 사람이 소득이 있는 업무에 종사하는 경우 60세 이상 65세 미만의 기간 동안 일정액을 연금액에서 감액하여 지급하게 되어 있다. 여기서 소득은 '월평균소득금액'이 최근 3년간의 국민연금 전체 가입자의 평균소득월액의 평균액을 초과하는 경우를 말한다. 따라서 낮은 임금을 주는 업무는 제외한다.

가입기간이 10년이고, 60세인 경우는 기본연금액의 50%(감액연금액)에서 50% 감액하고, 가입기간이 1년 증가 시마다 기본연금액의 5%를 증액하고, 또한 연령이 1세 증가 시마다 연령별 감액률을 10%씩 줄인다. 예를 들면, 61세는 48%만 감액하고, 64세는 10% 감액하고, 65세부터는 감액을 안 한다.

다른 하나는, 이른바 '연기연금' 제도로 노령연금을 받을 자격이 되었는데도 연금급여를 연기할 경우 나중에 연금액을 늘려 받는 제도이다. 이것은 노령연금 수급자가 희망하는 경우 1회에 한하여 연금지급의 연기를 신청할 수 있다. 연금지급의 연기기간은 연금수급권을 취득한 이후부터 65세가 될 때까지의 기간에 한하고, 연금을 받을 때는 지급이 연기된 매 1년당 7.2%(월 0.6%)의 연금액을 더 많이 받는다.

(2) 장애연금

장애연금은 국민연금 가입자의 가입 중에 발생한 질병 또는 부상이 완치되었으나 신체적 또는 정신적 장애가 남아서 소득활동이 어려워질 때 소득안정을 보장하기 위한 급여로서 장애 정도(1~4급)에 따라 일정한 급여를 지급하는 제도이다.

장애연금은 장애가 존속하는 동안만 지급하기 때문에, 수급자들에 대한 정기적인 장애 정도에 대한 심사를 통하여 장애가 아니라고 판정이 되면 장애연금은 지급하지 않는다.

현재 장애등급이 1급인 경우는 기본연금액의 100%를 지급하고 2급은 기본연금액의 80%, 3급은 60%, 4급은 월별 연금으로 지급하지 않고 일시금으로 기본연금액의 225%를 지급하게 되어 있다.

2012년의 경우 장애연금을 수급한 사람은 대략 7만6천명이고, 급여액은 대략 3,100억원이 지급되었다. 수급자 평균액은 1급인 경우 월 57만, 2급은 46만원, 3급은 35만원이다.

(3) 유족연금

유족연금은 국민연금에 가입하고 있는 사람 또는 연금을 받는 사람이 사망한 경우 그 유족의 소득안정을 위해 가입기간에 따라 기본연금액의 일정률을 지급하는 제도이다.

여기서 유족연금을 받을 수 있는 유족은 사망자에 의하여 생계를 유지하고 있던 가족으로 배우자, 자녀(19세 미만 또는 장애등급 2급 이상), 부모(배우자의 부모 포함하고, 60세 이상 또는 장애등급 2급 이상), 손자녀(19세 미만 또는 장애등급 2급 이상), 조부모(배우자의 조부모 포함, 60세 이상 또는 장애등급 2급 이상)를 말한다. 그리고 이 순서에 의하여 유족연금이 지급된다. 예를 들면, 배우자가 최우선적으로 유족연금을 받을 수 있는데, 만일 배우자가 없는 경우는 자녀가 유족연금을 받는 식이다.

유족연금의 급여수준은 국민연금 가입기간이 10년 미만인 경우는 기본연금액의 40%를 급여하고, 10년 이상 20년 미만은 50%, 20년 이상은 기본연금액의 60%를 받는다(물론 모든 경우에 부양가족연금은 별도로 받는다).

우리의 유족연금은 수급권자가 배우자인 경우, 배우자가 소득이 있을 때는 처음 3년 동안만 유족연금을 지급하고 이후는 55세가 될 때까지 유족연금을 지급하지 않는다. 이것은 우리나라의 '복지이념'인 '가능하면 일을 해서 먹고 살아라'를 반영한다고 볼 수 있다. 다만 수급권자가 장애등급 2급 이상인 경우와 사망자의 18세 미만 자녀 또는 장애등급 2급 이상의 자녀와 생계를 같이 할 경우는 예외로 한다.

또한 유족연금은 수급권자가 사망하거나, 배우자인 수급권자가 재혼하거나, 자녀 또는 손자녀인 수급권자가 19세가 되거나 할 경우에는 지급되지 않는다.

2012년의 경우 유족연금 수급자의 숫자는 대략 48만명이고, 여기에 지급되는 급여액은 대략 1조 1천억원 정도이다. 그리고 평균 급여액은 낮아 약 25만원에 불과하다.

(4) 반환일시금

반환일시금은 국민연금 가입자가 60세에 도달했거나, 사망, 국외이주 등으로 국민연금에 더 이상 가입할 수 없게 되었으나 연금수급요건을 채우지 못한 경우, 그 동안 납부한 보험료에 이자를 더해 일시금으로 지급하는 제도이다.

반환일시금은 다음의 세 가지 경우에 지급된다. 첫째는 가입기간이 10년 미만인데 60세가 된 경우(다만, 위에서 설명한 특례노령연금 수급권자는 예외로 한다), 둘째는 가입자 또는 가입자였던 사람이 사망하였으나 유족연금을 받을 자격이 없는 경우, 셋째는 한국 국적을 상실하거나 국외로 이주한 경우이다.

반환일시금의 액수는 가입자가 납부한 연금보험료에 가입기간 동안의 이자(3년 만기 정기예금이자율을 적용)을 더해 결정된다. 2012년의 경우 평균 지급액은 약 4백만원이다.

(5) 사망일시금

사망일시금은 가입자 또는 가입자였던 사람이 사망하였으나 상기의 유족연금이나 반환일시금을 받을 수 있는 유족이 없는 경우 더 넓은 범위의 유족에게 지급하는 장제보조적·보상적 성격의 급여이다.

이 제도는 유족연금을 받을 수 있는 유족 범위에 해당하는 사람이 없는 경우, 배우자, 자녀, 부모, 손자녀, 조부모, 형제자매 또는 사망자에 의해 생계를 유지하고 있던 4촌 이내의 방계혈족 순위 중 최우선 순위자에게 지급한다.

지급되는 일시금은 가입자 또는 가입자였던 사람의 반환일시금에 상당하는 금액으로, 기준소득월액 또는 가입 중의 기준소득월액의 평균액 중 많은 금액의 4배를 초과할 수는 없다. 2012년의 경우, 사망일시금의 평균 지급액은 약 3백만원이다.

지금까지 국민연금의 주요 형태들을 소개하였는데, 이밖에 국민연금과 관련된 몇 가지 제도들을 설명할 필요가 있다.

첫째는, 이른바 '국민연금 사각지대'를 해결하기 위한 방안들이다. 우리나라는 국민연금이 시작된 지도 얼마 안 되었고, 또한 영세자영업자들이나 저임금·비정규직 근로자들이 유달리 많아 국민연금에 가입이 되었는데도 불구하고 실질적으로 소득을 신고하여 보험료를 납부하여 국민연금을 수급할 수 있는 사람들이 크게 줄어든다. 예를 들면, 2010년의 경우 국민연금 당연가입자 1,866만명 가운데 실제로 소득을 신고하여 보험료를 납부하는 사람은 1,342만명이고, 무려 524만명이 납부예외자라 하여 이런저런 이유로 실질적인 국민연금 수급자가 안 되고 있다. 따라서 이 문제를 해결하기 위하여 몇 가지 제도들을 만들었다.

① '두루누리' 사회보험 지원사업

이것은 영세자영업장에 근무하는 저임금 근로자들을 대상으로 국민연금 보험료의 일부를 국가가 지원하는 제도이다. 현재 근로자 숫자가 10인 미만인 사업장에 근무하는 근로자들을 대상으로, 근로자의 임금이 35만원~105만원인 경우에는 사용자와 근로자의 보험료의 50%를 지원하고, 임금이 105만원~125만원인 경우는 사용자와 근로자의 보험료의 1/3을 정부가 지원한다. 여기에는 연간 약 4,400억 원이 소요된다.

② 출산 크레딧

일반적으로 연금 크레딧 제도는 사회적으로 가치 있는 행위나 사회적 배려가 필요한 집단을 대상으로 연금보험료를 납부하지 못한 기간을 보험료 납부기간에 포함시켜, 연금 수급의 가능성을 높이고 또한 연금급여액을 적절한 수준으로 높이고자 하는 제도이다.

우리의 출산 크레딧의 경우 2자녀 이상의 자녀가 있는 사람을 대상으로 노령연금 수급권을 취득할 때 자녀 숫자에 따라 최대 50개월을 가입기간에 포함시킨다. 자녀가 2명인 경우는 12개월, 자녀가 3명 이상인 경우에는 셋째 자녀부터 1명마다 18개월을 더한 수를 가입기간으로 인정하고 있다. 해당기간의 소득은 평균소득월액으로 정하고, 이에 필요한 재원은 국가에서 전부 또는 일부를 부담하도록 되어 있다.

③ 군복무 크레딧

군복무 크레딧은 현역병 또는 공익근무요원으로 6개월 이상 복무한 사람은 6개월을 국민연금 가입기간으로 인정하여 주는 제도이다. 해당 기간의 소득은 평균소득월액의 50%로 인정한다.

둘째는, 연금급여액의 최고한도를 설정한 것이다. 이것은 소득재분배를 위한 장치로 소득이 높은 사람에게 급여하는 연금액이 많아지는 것에 제한을 두는 것이다. 현재 우리의 국민연금의 급여액은 가입자였던 최종 5년 동안의 기준소득월액의 평균액을 전국 소비자물가 변동률을 감안하여 조정한 금액이나 가입기간 동안의 기준소득월액의 평균액을 물가변동률로 조정한 금액을 초과할 수 없게 되어 있다.

셋째는, 중복급여의 조정이다. 이것은 동일인에게 2개 이상의 급여의 수급권이 발생할 때, 수급권자의 선택에 의해 1개의 급여만 지급하게 되어 있는 것이다. 예를 들면, 장애연금을 받고 있는 사람이 나이가 들어 노령연금 수급권자가 될 때 두 가지 중 하나를 선택하여 받는다.

또한 장애연금 또는 유족연금 수급권자가 해당 연금의 지급 사유와 같은 사유로 근로기준법, 산업재해보상보험법 등에 의하여 장애보상 또는 유족보상을 받을 경우 장애 또는 유족연금의 50%만을 지급받는다.

제 3 절 문제점과 개선방안

우리의 국민연금은 아직 충분히 성숙되지 못한 상태이고 우리의 여러 가지의 특수한 상황들 때문에 많은 문제점들을 갖고 있다. 이 절에서는 이러한 문제점들과 개선방안을 논의하고자 한다. 세부적으로는 많은 문제점들이 있을 수 있으나, 여기서는 크게 6가지의 측면에서 논의하고자 한다.

첫째는 재정안정의 이유로 연금급여액을 지나치게 낮게 책정했다는 것이고, 둘째는 소득파악이 제대로 안 된 상태에서 직장가입자와 자영업자 간의 보험료 납부의 비형평성의 문제이고, 셋째는 강제가입인데도 불구하고 국민연금의 실질적인 적용대상이 되지 못하는 많은 사람들이 있다는 문제이고, 넷째는 국민연금과 기초연금의 관계에서 발생하는 문제점들이고, 다섯째는 최근에 논의되고 있는 이른바 다층보장체제를 둘러싼 쟁점들이고, 마지막으로는 엄청난 적립금을 어떻게 운용할 것인가를 둘러싼 문제점들이다.

1. 낮은 연금급여액

우리의 국민연금은 처음 시작할 때는 40년 가입기간과 평균소득자를 기준으로 할 때 소득대체율이 70%이었다. 그러던 것이 이렇게 급여액을 높게 하면 멀지 않아 적립된 기금이 고갈된다는 우려 하에 1999년과 2007년 두 차례에 걸쳐 국민연금을 개정하여 급여액을 낮추어 현재는 소득대체율을 40%로 낮추었다. 그러다 보니 이제는 급여액이 너무 낮다는 비난에 봉착하게 된다.

실제로 우리의 국민연금의 급여액은 낮아 2013년 현재 노령연금 수급자들의 평균 연금액은 월 32만원이고, 연금 수급자들 가운데 60% 이상이 월 30만원 이하의 연금을 받고 있다. 2012년 1인 가구의 최저생계비가 약 55만원인 것에 비추어 볼 때 매우 낮은 것이다. 이 문제는 특히 최근에 국민연금에 가입한 사람들은 더욱 심각해질 수 있다. 아래의 표에서 보듯이 2011년 신규 가입자들의 경우, 평균 소득자라 하더라도 20년의 가입기간이 있는 완전노령연금 수급자도 40만원의 연금을 받도록 되어 있다.

〈표 6-6〉 소득계층별 국민연금 예상액(2011년 현재가치, 만원)

가입기간 중 평균소득(만원)	2011년 신규가입 이후 가입기간		
	20년	25년	30년
375(최고소득)	61	75	89
186	40	50	59
92	30	37	44
23(최저소득)	23	23	23

자료: 국민연금관리공단 홈페이지(2012.08.)

널리 알려졌듯이 우리나라의 노인 빈곤율은 OECD 국가들 중에서 가장 높고, 빈곤한 상태(중위소득 50% 이하)에서 사는 노인들이 전체 노인의 45.1%로 OECD 평균인 15.1%보다 압도적으로 많다(김교성 · 노혜진, 2011).

따라서 심각한 노인빈곤 문제를 해결하기 위하여도 국민연금의 낮은 급여의 문제를 어떤 방식으로든 해결할 필요가 있다. 그런데 세부적인 방안을 논의하기 전에, 급여액을 낮출 수밖에 없는 이유가 되는 국민연금의 재정안정이라는 것이 어떠한 의미를 갖는가를 검토할 필요가 있다.

우리의 국민연금의 재정방식은 대부분의 선진산업국가들에서 하고 있는 부과방식이 아닌 적립방식이다. 그런데 국민연금의 적립방식은 민영보험처럼 개인 단위로 보험수리적으로 완전적립하는 것은 불가능하기 때문에, 이른바 '부분적립방식'이다. 이것이 의미하는 것은, 미래세대의 급여를 위하여 계속 기금을 쌓아두나 완전히 적립하지 못한 상황에서는 언젠가는 기금이 고갈될 수 있다는 것이다.

이른바 '기금의 고갈'을 막기 위하여는 가입자들이 내는 보험료를 올리거나 아니면 수급자들이 받는 연금급여액을 줄이거나 수급연령을 늦추는 방법이 있다. 우리의 경우는 보험료를 올리는 것이 정치적으로 어렵다고 판단하여, 후자를 택하여 두 차례에 걸쳐 연금급여액을 줄였고 수급연령도 늦추었다.

이렇게 '기금의 고갈'을 막기 위하여 급여액을 줄여가면서까지 엄청난 액수의 기금(몇 년 후에는 수천조원이 된다)을 수십 년 동안 쌓아두는 것이 바람직한가? 지나치게 많은 기금을 국가 관리 하에 쌓아두는 것은 시장경제의 원활한 작동을 위해 바람직하지 않다. 국가 전체로 볼 때 소비가 위축이 될 수 있고, 시장경제의 왜곡을 가져올 수 있어 경제성장에 부정적인 영향을 줄 수 있는 것이다.

따라서 '기금 고갈'에 집착하지 말고, 적정한(?) 규모의 기금만 유지하다가 어느 시점에서 기금이 고갈이 되면 서구복지국가들처럼 국민연금을 부과방식으로 운영하는 것이 더 바람직할 수 있다. 앞으로 기금이 고갈이 되는 시점까지는 상당한 기간이 있고(조사방법에 따라 다르지만 대략 2050~2060년), 그동안 기술 혁신 등을 통해 생산성을 향상하거나, 노동인구를 늘리는 방안(여성이나 노인의 경제활동참가율을 높이거나, 외국으로부터 노동력을 수입하는 방법 등) 등을 마련하여, 실질 경제성장을 지속적으로 이루면 기금이 고갈되는 시점에서 서구복지국가들처럼 부과방식으로 운영하면 되는 것이다.

이렇게 볼 때 지금 많은 사람들이 주장하고 있는 국민연금의 재정안정이라는 정책 목표는 절대적인 것은 아니다. 현재 우리에게 급한 것은 노인빈곤 문제를 해결하는 것이다. 이것은 크게 보면 단기적 방안과 중장기적 방안으로 나눌 수 있다.

단기적 방안으로는, 우리의 국민연금이 아직 성숙이 안 되어 있기 때문에 국민연금을 받고 있지 않는 사람들이나, 국민연금을 받더라도 연금액이 미미한 사람들을 대상으로, 미국의 SSI(Supplemental Security Income)처럼 일정한 소득이나 자산 이하의 사람들에게 최저생계비 수준의 급여를 하는 제도를 만드는 것이다. 우리는 현재 '기초연금'이라 하여 모든 노인들에게 급여를 하려고 하는데, 우리나라처럼 복지재원이 제한적인 상황에서는 기초연금은 사회적 자원의 낭비이기 때문에 가난한 노인들에게만 집중적으로 후한 급여를 하는 것이 더 바람직하다(최근의 정부안은 소득 하위 70%까지 급여하도록 바꾸었다).

중장기적 방안으로는 서구복지국가들처럼 국민연금만으로도 노인들이 빈곤선 이하에서 살지 않도록 하기 위하여 국민연금의 급여액을 높여야 한다. 여기에는 두 가지 방법을 생각할 수 있다. 하나는 보험료를 어느 정도 올려서라도 급여액을 높이는 방법이다. 사실, 우리의 국민연금 보험료는 서구복지국가들에 비하면 크게 낮은 편이다. 그리고 앞으로 어느 정도 시간이 지나가면 국민들의 국민연금에 대한 인식도 바뀔 수 있어 국민연금 보험료 인상에 대한 저항도 줄어들 수 있다. 한마디로 말하여 '많이 내고 많이 받자'는 방향으로 가자는 것이다.

다른 하나는, 좀 더 진보적인 방법으로, 국민연금의 급여 방식을 바꾸어 이른바 '최저연금·최고연금제도'를 만드는 것이다. 우리의 국민연금은 현재 월 389만원까지의 소득만 보험료 부과대상이 된다. 그래서 많은 수의 고소득자들은 월 389만원 이상의 소득에 대해서는 보험료를 안 내고 있다. 이러한 부과대상 소득 상한액을 크게 높이면(예를 들면, 건강보험처럼 월 6,579만원) 보험료 수입이 크게 늘어날 수 있다. 다만 이렇게 되면 현재의 국민연금의 급여계산방식에서는 고소득자들에게 연금급여액도 많이 주어야 하니까, 급여방식을 바꾸어 최고연금을 설정하여 일정한 액수 이상의 급여는 안 하는 것으로 만들어야 한다.

이렇게 하면 보험료 수입이 크게 늘어나기 때문에 이러한 재원으로 소득이 낮은 국민연금 가입자들에게 적어도 최저생계비 수준의 최저연금을 급여할 수 있는 제도를 만드는 것이다. 이 방식은 고소득층으로부터 강한 저항을 받을 수 있지만, 국민 전체를 대상으로 하는 보험료 인상을 줄일 수 있고, 무엇보다도 소득재분배를 확실하게 이룰 수 있어 사회 전체적으로 볼 때 바람직하다고 할 수 있다.

2. 국민연금 보험료 납부의 비형평성

널리 알려졌듯이 우리나라의 지하경제의 규모는 GDP의 20%를 넘어 OECD 국가들 가운데 가장 큰 국가들에 속한다. 지하경제의 규모가 크다는 것은, 그만큼 국민들의 소득파악이 제대로 안 되고 있다는 것을 의미한다. 소득파악이 제대로 안 되어 있는 것은 모든 복지제도들을 운영하는 데 커다란 문제를 야기시키는데, 국민연금에서도 마찬가지다.

국민연금에서는 소득파악이 제대로 안 된 상태에서 직장가입자와 지역가입자(특히 도시 지역 자영업자) 간의 보험료 납부의 비형평성이 문제가 된다. 직장가입자들은 성격상 소득파악이 잘 되어 있어 비교적 정확한 소득신고에 따라 보험료를 납부한다. 반면에 자영업자들은 성격상 소득파악이 쉽지 않아, 많은 사람들은 자신들의 실제적인 소득보다 낮게 소득을 신고하여 보험료를 낮게 납부한다. 사실 선진산업국가들에서도 자영업자들의 소득파악은 완전하지 않은데, 우리의 경우는 자영업자들이 유달리 많고 또한 이들에 대한 소득파악이 거의(?) 안 되어 있다는 것이 문제이다.

이렇게 직장가입자들은 제대로 보험료를 내고, 자영업자들은 실제소득보다 낮게 보험료를 내면 어떤 문제가 발생하는가? 크게 보면 두가지다. 하나는, 이렇게 자영업자들이 직장가입자들에 비하여 낮은 소득을 신고하면(실제로 2000년의 자료에 의하면, 국민연금의 도시 가입자의 평균 소득신고액은 96만원이고, 직장가입자는 139만원이다), 보험료 수입이 적어지고 전체적으로 급여액이 낮을 수밖에 없다. 왜냐하면, 급여계산 방식의 A값, 즉 가입자 전체의 평균소득액이 낮아지기 때문이다.

더 큰 문제는 국민연금으로 소득이 낮은 직장가입자로부터 실제 소득이 높은 자영업자에게로 소득이전이 되어 전형적인 역진적인 소득재분배가 일어날 수 있다는 점이다. 현재 우리의 국민연금에서는 모든 가입자들이 자신들이 낸 보험료의 총합(이자 포함)보다 많은 급여액을 받고, 특히 소득을 낮게 신고할수록 급여의 혜택은 더 커진다. 이러한 구조에서 실질적으로 높은 소득을 올리는 자영업자들이 소득을 낮게 신고하면, 결과적으로 정직하게 소득을 신고한 소득이 낮은 직장가입자들이 낸 보험료로 실제 소득이 높은 자영업자들에게 급여액을 높여주게 되는 것이다.

이 문제를 해결하기 위하여는 지역가입자들(특히 도시 자영업자들)에 대한 소득을 철저히 파악하는 작업이 필요하다. 최근 우리나라에서는 신용카드 사용이 크게 늘어나면서 자영업자들의 소득파악이 높아지고 있는 것은 사실이나, 아직도 이들에 대한 소득파악률(?)이 대략 30% 정도 수준이라 한다. 따라서 최근 소득을 파악하기 위한 전산망의 확충이 되고 있는 국세청의 협조를 얻어 지역가입자들의 소득파악을 더 확실히 해야 할 필요가 있다.

3. 국민연금의 '사각지대'의 문제

국민연금은 18세 이상 60세 미만인 사람이 가입대상이 된다. 가입대상 인구는 2010년 8월 기준으로 대략 3,216만명이다. 이 가운데 국민연금은 사회보험이기 때문에 의무적(강제적)으로 가입해야 할 사람들(당연가입자)이 대략 1,866만명이고, 나머지 1,350만명은 강제가입의 적용을 안 하고 있는 이른바 적용제외자이다. 적용제외자는 학생, 군인, 소득이 없는 배우자, 공무원연금 등의 타 공적연금 가입자와 수급자, 기초생활보장제도의 수급자 등으로 구성되어 있다.

적용제외자는 성격상 '사각지대'에서 큰 문제는 아니다. 이들은 대개 소득활동을 안 하거나, 다른 공적연금 체계에서 적용을 받기 때문이다. '사각지대'의 가장 큰 문제점은 국민연금에 의무적으로 가입해야 할 당연가입자들 가운데 지나치게 많은 사람들이 실질적으로 가입이 안 되어 있다는 점이다.

2010년 통계에 의하면, 당연가입자 1,866만명 가운데 약 1,342만명만 소득신고를 하여 국민연금 보험료를 납부하고 있고, 나머지 약 524만명은 이른바 '납부예외자'라 하여 보험료 납부를 면제받아 보험료를 납부 안 하고 있다. 당연가입자 가운데 약 30%가 실질적으로 국민연금에 가입이 안 되어 있는 것이다(윤석명, 2012). 여기서 '납부예외자'에 속하는 사람들은 대부분 비정규직 근로자, 임시·일용직 근로자, 영세자영업자, 특수형태 근로자 등으로 불안정한 일자리에서 정기적인 임금을 받지 못하거나 임금이 매우 낮은 사람들로 구성되어 있다. 이들을 '납부예외자'로 분류하는 이유는 이러한 사람들이 대부분 일정한 직장에서 정기적인 임금을 받는 것이 아니기 때문에 국민연금 체계에 들어오게 하는 것이 관리행정 측면에서 어렵기 때문이다.

또한 소득신고를 하여 보험료를 납부하고 있는 사람들 가운데 많은 사람들이 보험료를 정기적으로 내고 있지 않다. 이러한 현상은 특히 지역가입자들 가운데 심각한데, 보험료를 매월 정기적으로 납부하는 비율(징수율)이 사업장 가입자는 대략 90%가 넘는데 반하여, 지역가입자는 대략 60%대에 불과하다. 이 가운데는 장기적으로 보험료를 납부하지 않는 사람들도 상당수에 이른다. 소득신고를 했는데도 보험료를 정기적으로 납부하지 않는 사람들은 실질적으로 '납부예외자'와 유사하다고 할 수 있다.

이렇게 국민연금에 의무적으로 가입해야 되는데도 불구하고 많은 사람들이 실질적으로 국민연금에 가입을 못하고 있으면 이들은 나중에 노인이 되었을 때도 국민연금의 급여를 전혀 못 받거나, 받더라도 극히 미미한 액수만을 받을 수밖에 없다. 실제로 2013년 현재 국민연금의 수급자의 숫자는 약 340만명(이 가운데 연금액이 20만원에 불과한 특례노령연금 수급자가 대략 160만명이다)으로, 국민연금 수급연령인 60세 이상 노인의 약 30%에 불과하다. 서구복지국가들의 노인들의 90% 이상이 국민연금의 수급자라는 사실과 크게 대비된다. 국민연금은 은퇴한 노인들의 노후생활의 안정이라는 목표를 이루기 위하여 만든 것인데, 이렇게 실질적으로 국민연금에 가입을 못한 사람들이 많으면 국민연금의 의미가 크게 줄어들 수밖에 없다.

왜 이러한가? 크게 보면 두 가지다. 하나는 우리의 국민연금이 도입한 지 얼마 안 되어 아직 충분히 성숙하지 않았기 때문이다. 특히 도시지역 가입자를 대상으로 하는 국민연금은 이제 도입한 지 10년 정도에 불과하다. 그래서 많은 사람들이 국민연금에 대한 인식도 충분하지 못하고 무엇보다도 지역가입자들을 대상으로 하는 소득파악 및 운영·관리체계가 아직은 충분히 자리 잡지 못하고 있기 때문이다.

더 근본적이고 중요한 이유는, 우리나라의 산업·직업 구조가 OECD 국가들에 비교해 볼 때, 영세자영업자나 저임금·비정규직 근로자들의 숫자가 너무 많다는 점이다. 원래 국민연금을 비롯한 사회보험은 안정적인 직장에서 정기적인 임금을 받는 근로자들이 많아야, 그래서 대다수의 근로자들이 사회보험의 보험료를 정기적으로 납부해야 제도가 안정적으로 운영될 수 있다. 서구복지국가들의 경우도 국민연금을 비롯한 주요 사회보험을 도입한 지 대략 50년이 지난 2차 세계대전 이후에 가서야 대다수의 근로자들이 실질적인 가입자가 되었다.

이렇게 볼 때 우리의 국민연금은 앞으로도 상당한 시간이 지나서, 자영업자들의 숫자나 저임금·비정규직 근로자들의 숫자가 줄어들 때야 비로소 안정적이 되어 실질적인 가입자가 크게 늘어날 수 있다.

그렇다면 국민연금의 '사각지대'의 문제를 어떻게 해결해야 하는가? 앞의 2절에서 설명했듯이, 우리나라는 현재 이 문제를 해결하기 위하여 이른바 '두루누리' 사회보험 지원사업이라 하여 10인 미만 영세사업장에 근무하는 월 125만원 미만의 임금을 받는 근로자들에게 국민연금의 보험료 일부를 보조하는 제도를 갖고 있다.

그런데 이 제도는 적어도 2가지의 문제가 있다. 하나는 수평적 형평성에 위배된다는 점이다. 소득이 낮은 사람이면 누구에게나 지원해야 되는데 10인 미만 사업장에 근무하는 사람에게만 지원하는 문제이다. 월수입이 125만원이 안 되는 많은 수의 영세자영업자들이나 10인 이상 사업장에 근무하는 근로자들에게는 왜 지원을 안 하느냐의 문제이다.

더 중요한 문제는, 많은 사용자들이나 근로자들이나 모두 국민연금에 보험료를 납부하는 것을 부담으로 여기는 상황에서, 정부에서 보험료의 일부를 지원해 주면 많은 사람들에게 '도덕적 해이'를 유발시켜 소득을 낮게 신고하여 지원금을 받으려는 동기 부여를 할 수 있다. 이렇게 되면 가뜩이나 불안정한 국민연금을 정착하기까지 더 많은 시간이 소요될 수 있다.

그렇다면 어떻게 해야 하나? 국민연금의 '사각지대'의 문제는 국민연금 제도 자체만으로 해결할 수 없다. 위에서 언급했듯이 우리의 국민연금의 실질적 가입자가 크게 늘어나는 것에는 구조적으로 상당한 시간이 걸릴 수밖에 없다(서구의 복지국가가 그러했듯이). 따라서 그동안 적어도 한시적으로는 국민연금 이외의 방법으로 해결할 수밖에 없다. 국민연금의 '사각지대'의 문제는 본질적으로 노인빈곤 문제이다. 따라서 노인빈곤 문제를 해결하는 방법으로 접근해야 한다. 그래서 앞에서 논의했듯이 적어도 한시적으로 가난한 노인들을 대상으로 공공부조의 방법으로 접근하여 가난한 노인들에게 집중적으로 후한 급여를 하는 제도를 만들어야 한다.

4. 국민연금과 기초노령연금(기초연금)의 관계

앞에서 언급했듯이, 우리의 국민연금은 아직 충분히 성숙되지 않은 이유로 국민연금의 수급자의 숫자는 적고, 또한 수급을 하더라도 연금 급여액이 낮아 노인들의 노후생활의 안정에 제대로 역할을 못하고 있다. 그래서 우리나라는 OECD 국가들 가운데 노인빈곤율이 가장 높게 된 것이다. 이 문제를 해결하기 위하여, 정부는 2007년에 한시적으로 기초노령연금을 만들어 65세 이상의 노인들 가운데 소득하위 70% 이하인 사람들에게 국민연금 가입자들의 평균소득의 5%인 94,600원을 급여하고 있다(부부가구인 경우는 151,400원).

이러던 것이 최근에 새로운 정부가 탄생하면서 보편적 연금(universal pension)의 형태로 기초연금이라는 이름하에 65세 이상의 모든 노인들에게 월 20만원을 급여하자는 안이 제시되었다. 그러자 이 제안은 많은 논란에 휩싸이게 된다.

우선 부자노인(?)들에게까지 급여를 할 필요가 있느냐는 문제이다. 사실 우리의 열악한 복지재정의 상황, 그리고 우리나라 사람들의 정서(?)에 비추어 볼 때 돈이 많은 노인들에게까지 월 20만원의 급여를 하는 것은 받아들이기 어렵다. 서구의 복지국가들의 경우도 보편적 연금을 시행하는 국가들은 복지재정이 풍부했기에 가능했다. 오늘날 스웨덴을 비롯한 보편적 연금을 시행했던 국가들도, 복지재정이 어려워지니까 보편적 연금을 축소하는 추세에 있다.

둘째는, 현재 국민연금 수급자들의 60% 이상이 받고 있는 연금액이 월 30만원 이하인 상황에서, 국민연금에 가입도 안 한 사람들에게 월 20만원의 기초연금을 급여하는 것은 형평성의 문제가 있다는 지적이다.

셋째는, 기초연금을 하기 위하여는 막대한 재원이 필요한데 이를 위하여는 세금을 올려야 하는데 조세저항 때문에 세금을 올리는 것은 정치적으로 어려워 현재 많은 적립금을 쌓아두고 있는 국민연금으로부터 재원을 마련하자는 제안을 둘러싼 논란이다.

이렇게 기초연금에 대한 논란이 커지자, 현 정부는 몇 가지 방안을 다시 제시한다. 하나는 기초연금에 필요한 재원을 줄이기 위하여 기초연금의 대상자를 소득 하위 70% 이하로 제한하고 최대급여액을 20만원으로 하고 소득 수준별로 급여액을 차등화한다. 다른 하나는, 국민연금과 기초연금을 연계하여 국민연금에의 가입기간이 길수록 기초연금의 급여액을 줄이는 것이다. 마지막으로, 기초연금의 재원을 국민연금의 적립금에서 마련하지 않고 정부의 일반예산에서 부담한다는 것이다. 그러나 이러한 방안에도 불구하고 국민연금과 기초연금과의 관계를 둘러싼 논란은 여전히 크다.

어떻게 해야 하나? 국민연금과 기초연금의 적절한 관계 설정을 위하여는 두 가지를 고려해야 한다. 하나는, 현재 우리나라 국민들의 강력한 조세저항의 상황에서, 복지에 사용한 재원을 마련하기가 쉽지 않다는 점이고, 다른 하나는 우리나라는 유달리 가난한 노인들이 많다는 점이다.

이렇게 볼 때 국민연금과 기초연금의 관계는 명확해진다. 국민연금과 기초연금을 연계할 필요가 없이, 국민연금은 현재의 방식으로 운영하고(다만, 앞에서 언급했듯이 급여액은 상향조정해야 한다), 많은 수의 가난한 노인들을 위하여는 공공부조의 방식으로 해결해야 한다. 즉 현재의 기초노령연금의 형태로 가되, 현재보다 대상을 좀 더 선별적으로 하고(예를 들면, 65세 이상 노인들 가운데 소득하위 50% 혹은 30%), 대신에 급여액을 최저생계비 수준으로 높이는 것이다(미국의 SSI 제도와 유사한 것). 이렇게 되면 이 제도는 국민기초생활보장제도와 성격상 유사하게 되는데, 장기적으로는 국민기초생활보장제도는 노인이 아닌 가난한 사람들을 주 대상으로 하게 될 수밖에 없다.

이렇게 되면 국민연금 가입자들의 형평성의 문제로 반발이 예상이 되어 국민연금에 가입하기를 꺼리게 하는 동기를 유발시킬 수 있다. 그러나 이것은 한 마디로 말하여 형평성의 문제가 아니라 사회보험과 공공부조의 존재 이유의 차이다.

국민연금과 같은 사회보험은 자신들이 평소에 낸 보험료를 바탕으로 나중에 급여를 하나의 권리로서 받는 것이고, 공공부조는 권리가 아닌 국가로부터의 적선으로 급여를 받고 여기에는 낙인, 치욕이 따른다. 서구의 복지국가들은 공공부조의 이러한 문제 때문에 보다 발전된 형태인 사회보험을 만든 것이다. 서구의 복지국가들도 국민연금을 도입한 후 초기에는 많은 노인들의 복지는 공공부조로 해결하였고, 상당한 기간이 지난 후에야 비로소 국민연금에 주로 의존하게 된 것이다.

우리나라도 국민연금이 성숙할 때까지는 가난한 노인들의 문제는 공공부조의 형태로 해결할 수밖에 없는 것이다. 어느 정도 성숙이 되면 대부분의 사람들은 권리로서 받을 수 있는 국민연금을 선호하지 누가 치욕이 따르는 공공부조를 택하겠는가?

그래서 결국 국민연금을 살리기 위해서도 국민연금 급여액을 높여야 되는데, 이를 위하여는 앞에서 언급한 최저연금제도를 도입하여 최저생계비 이상의 급여를 보장하거나, 아니면 보험료를 높여서라도 급여액을 높여야 한다. 이렇게 하기 위해서는, 현재의 이른바 '적립방식' 하의 재정안정의 신화를 깨고 부과방식으로 갈 수도 있다는 사고의 전환이 필요하다. 앞에서 언급했듯이, 실질경제성장만 지속된다면 후세대의 실질소득이 전세대의 그것보다 높기 때문에 세대 간의 "신사협정"만 이루어지면 가능한 것이다.

5. 국민연금과 다층노후소득보장체계와의 관계

오늘날 서구복지국가들에서는 노인들의 노후소득보장을 위한 이른바 다층보장체계(multi-pillar system)를 강조하고 있다. 일부 서구복지국가들은 오래전부터 노인을 위한 공적연금은 이른바 2층체계(two-tier system)로 운영하였다. 그래서 모든 노인들의 기초생활보장을 위한 기초연금(universal pension)과 소득에 따라 연금액이 높아지는 소득비례연금(earnings-related pension) 두 가지 체계를 운영하였다. 이것은 노인들의 노후생활보장을 국가가 공적연금으로 확실히 책임지겠다는 정책목표에서 나온 것이다. 실제로 2층체계의 공적연금을 갖고 있는 국가들에서 살고 있는 대부분의 노인들은 공적연금으로 노후생활안정을 이룰 수 있었다.

이러던 것이 1980년대 이후 공적연금의 재정이 어렵게 되면서부터, 공적연금에만 의지할 수 없는 상황이 되자 점차로 민영연금을 강조하면서 기업연금(퇴직연금)이나 개인연금의 역할이 커지기 시작하였다.

이러한 배경에서 나온 것이 다층보장체계인 것이다.

다층보장체계에서는 노후소득보장이 소득계층별로 다양한 조합으로 이루어진다. 저소득층은 주로 공적연금에 의존하고, 만일 공적연금의 급여액이 낮으면 결국 최후의 방법인 공공부조로부터 급여를 받는다. 반면에 중간층은 공적연금과 다니던 기업에서 퇴직할 때 받는 기업연금(퇴직연금)으로 노후생활을 꾸려나간다. 그리고 중상층 이상의 고소득층의 노인들은 세 가지 모두, 즉 공적연금, 기업연금, 그리고 개인적으로 가입한 개인연금으로부터 급여를 받는다. 실제로 오늘날의 서구의 복지국가들의 노인들은 이러한 세 가지 형태의 연금의 다양한 조합으로 노후생활을 하고 있다.

서구복지국가들과 달리 우리는 국민연금이 아직 충분히 성숙도 되지 않았고, 그리고 당장의 국민연금의 재정이 어려움이 없는 상태에서 최근 다층노후소득보장체계가 강조되고 있다. 이것의 가장 중요한 이유는, 먼 미래(2050년?)에 발생할지도 모를 국민연금의 적립금의 고갈(?)을 우려하여 재정안정을 이루어야 한다는 이유로 두 차례에 걸쳐 국민연금의 급여액을 매우 낮게 만들었기 때문이다. 앞에서 언급했듯이, 평균소득자가 40년 동안 가입해도 소득대체율이 40%에 불과하다. 여러 가지 이유로 장기간 가입자의 숫자가 많지 않기 때문에 실제로 연금수급자의 절반 이상이 최저생계비 이하의 급여액을 받게 될 수 있는 것이다. 이렇게 국민연금만으로는 대부분의 노인들의 노후보장이 안 되는 상황에서 나온 것이 다층노후보장체계이다.

그러나 현 시점에서 다층보장체계는 몇 가지 문제가 있다. 우선 다층체계에서 중간층의 노후소득의 핵심이 될 수 있는 퇴직연금이 앞으로 상당 기간 동안 부실할 수밖에 없다는 점이다. 현재도 퇴직연금 가입자의 숫자는 전체 근로자의 20%도 안 되고, 무엇보다도 퇴직연금 가입자는 대부분 대기업의 고소득 근로자들이라는 것이다. 즉 대부분의 근로자들에게는 퇴직연금이 노후소득보장의 대안이 될 수 없는 것이다.

무엇보다 큰 문제는 현재처럼 국민연금이 성숙이 안 된 상태에서 민영연금인 퇴직연금과 개인연금을 확대시키면, 국민연금의 내용의 발전과 성숙이 어려워질 수 있는 것이다. 많은 중상층 이상의 사람들은 국민연금에 관심을 안 가져, 결국 국민연금의 확대가 정치적으로 어렵게 될 수 있다.

따라서 이 시점에서는 다층노후보장체계를 강조할 것이 아니라, 국민연금만으로도 노후소득보장이 될 수 있는 방안을 마련하는 데에 초점을 두어야 한다. 이를 위하여는 국민연금의 급여액을 높이고, 최저연금제 등과 같은 방안을 마련하여 모든 노인들이 국민연금으로 적어도 기초생활을 보장받을 수 있게 해야 한다.

6. 국민연금의 적립기금의 운용을 둘러싼 문제

국민연금은 현재 약 400조원이 넘는 적립금을 갖고 있다. 앞으로도 상당 기간 동안 연금급여액보다 보험료 수입이나 기금의 운용 수익이 많아 가까운 기간 내에 1,000조원도 넘게 되어 있다. 이렇게 지나치게(?) 많은 적립기금을 쌓아두는 것은 우리의 경제에 바람직하지 않을 뿐만 아니라, 무엇보다도 이렇게 막대한 기금을 어떻게 운용할 것이냐는 큰 논란거리가 될 수 있다.

현재 기금운용을 결정하는 최고의사결정기관은 국민연금기금운용위원회이다. 여기서 기금의 투자정책 방향을 설정하거나, 기금의 배분 등에 관한 중요사항을 심의·의결하도록 되어 있다. 그런데 기금운영위원회는 보건복지부의 산하기구이어 정치적으로 독립성을 유지하기가 구조적으로 쉽지 않다. 또한 기금운용위원회는 상설기구가 아니어 일년에 몇 차례 회의를 개최할 뿐이어서, 실무적으로 기금을 운용하는 기금운용본부에 대한 감시와 통제를 하기에는 역부족이다.

따라서 기금운용위원회의 독립성과 전문성을 높일 필요가 있는데, 이를 위해서는 먼저 기금운용위원회를 상설기구로 만들고, 위원들을 전문성이 높고 정치적으로 중립적인 사람들로 구성할 필요가 있다. 이렇게 되면 실제로 기금을 운용하는 기금운용본부에 대한 감시와 통제를 정치적으로 독립적으로 할 수 있을 가능성이 커질 수 있다.

7
chapter

국민건강보험

제1절 개관

사람들은 살아가는 동안에 여러 가지의 사회적 위험에 부딪히는데, 대표적인 것인 질병이다. 사람들은 질병, 특히 중대한 질병에 걸리면 오랜 기간 동안 소득이 중단되거나 줄어들게 되고, 또한 질병을 치료하는 데 많은 비용이 들기 때문에, 많은 사람들은 중대한 질병에 걸리게 되면 경제적으로 큰 어려움을 겪는다. 또한 사회 전체적으로도 많은 사람들이 병에 걸렸는데도 치료를 제대로 못 받게 되면 경제발전을 위한 건강한 노동력의 확보라는 측면에서도 큰 문제가 발생한다.

질병으로 발생하는 소득불안정의 문제와 건강한 노동력의 확보를 해결하기 위하여 선진산업국가들은 일찍이 국가가 나서서 의료보장제도를 만들었다. 실제로 흔히 복지국가의 시작이라 할 수 있는 최초의 사회보험은 1883년 독일에서 시작한 질병보험이다. 또한 우리나라를 포함한 대부분의 국가들에서 가장 먼저 도입한 사회보험도 질병보험(건강보험)이다(산업재해보상보험은 본질적으로 볼 때 사용자들(employer)끼리의 보험의 성격이 강하기 때문에, 다른 세 개의 보험인 국민연금, 실업보험, 질병보험과는 다르기 때문에 예외로 한다. 이 문제에 대하여는 9장에서 자세히 설명한다).

왜 질병보험이 다른 사회보험에 비하여 국가가 더 적극적으로 개입하는가? 이것은 5장에서 자세히 설명했듯이, 의료보장의 문제를 시장에만 맡겨두면 여러 가지의 문제들, 즉 역의 선택, 정보의 문제, 도덕적 해이 등이 발생할 수 있어, 시장 기제에서는 의료보장을 제대로 못하기 때문이다. 실제로 어느 나라에서나 의료보장은 국가의 통제 하에서 이루어지고 있다. 그래서 국가에 의한 의료보장제도는 수급자의 숫자나 지출액 등의 측면에서 앞 장에서 논의한 국민연금과 더불어 가장 중요한 사회보장제도인 것이다.

1절에서는, 본격적으로 우리의 건강보험제도를 논의하기 전에 의료보장에 대한 일반적인 설명을 하고자 한다. 여기서는 크게 5가지 측면에서 논의하고자 한다. 첫째는 의료보장의 급여의 형태이고, 둘째는 의료보장의 유형이고, 셋째는 진료비 지불제도의 형태이고, 넷째는 도덕적 해이와 관련된 본인부담의 문제이고, 마지막으로 국가에 의한 의료보장과 민영보험의 관계이다.

1. 의료보장의 급여의 형태

의료보장의 급여의 형태는 크게 두 가지다. 하나는 현금급여(cash benefit)이고, 다른 하나는 의료서비스이다. 서구복지국가들을 포함한 대부분의 선진산업국가들의 의료보장의 급여는 현금급여와 의료서비스 둘 다를 제공한다. 우리나라의 의료보장체계에서는 아직은 현금급여를 제공하지 않고 있다.

1) 현금급여(상병수당)

현금급여는 사람들이 질병에 걸려 일을 못할 때 소득이 줄어들거나 중단되었을 때 상실된 소득을 보전해 주는 급여이다. 이것은 흔히 상병수당(sickness payment-약칭은 sick pay)이라 불리는데, 오늘날 대부분의 선진산업국가들을 포함하여 대략 70개국 이상에서 시행되고 있다. 국가들마다 다소 차이가 있지만, 오랫동안 의료보장에서는 현금급여가 의료서비스보다 더 중요시되었다. 실제로 1883년 독일에서 처음으로 질병보험을 도입했을 때 의료서비스보다는 현금급여가 더 중요한 부분을 차지하였다. 이러던 것이, 최근에 의료서비스의 비용이 크게 상승하고, 반면에 현금급여에 대한 제한이 늘어나면서 오늘날 서구 복지국가들에서는 현금급여와 의료서비스의 비중이 거의 비슷해졌다.

상병수당은 국가들마다 다양하게 운영되고 있다. 어떤 국가들은(예, 독일) 질병보험 내에서 운영되고, 어떤 나라들은 장애연금(예, 영국)과 통합되어 운영되고, 어떤 나라들은(예, 캐나다) 실업보험과 통합하거나, 어떤 국가들은(예, 네덜란드) 산재보험과 통합하여 운영되고 있다. 이것의 주요한 이유는, 실용적이거나 실질적인 측면에서 볼 때 질병기간이 길어지면 영구장애의 성격을 갖거나 실업의 기간이 길어지기 때문에, 장애연금이나 실업보험과 통합할 필요가 있기 때문이다.

그래서 상병수당 그 자체의 급여기간은 대부분의 국가들에서 길지 않다. 급여기간은 크게 볼 때 두 가지 방식으로 운영되는데, 하나는 특정한 기준 기간 동안 일정한 급여일수를 보장해 준다. 예를 들면, 독일의 경우 얼마 전까지 3년 동안 78주, 프랑스의 경우 3년 동안 360일 등으로 급여일수를 제한한다. 다른 하나의 방법은, 연속해서 받을 수 있는 급여일수를 정하는 것이다. 예를 들면, 일본은 6개월, 벨기에는 1년 등으로 정하는 것이다. 이렇게 상병수당의 급여기간을 제한하는 것은 무엇보다도 도덕적 해이, 즉 상병수당의 오용과 남용을 막기 위한 것이다(SSA, 2011).

상병수당의 적용대상과 수급자격 조건도 다양하다. 대부분의 국가들에서 상병수당은 피고용자들에게만 강제가입의 대상이고, 자영업자들은 대개 임의가입의 형태로 운영되고 있다. 또한 급여를 받기 위하여는 대개의 경우 일정한 기간의 보험료 납부를 충족해야 하거나 유급의 노동기간이 필요하다. 예를 들면, 벨기에는 6개월의 보험료 납부기간이 필요하고, 프랑스는 최고 3개월간 200시간 이상의 유급노동을 해야 한다. 반면에 독일을 비롯한 소수의 국가들에서는 이러한 보험료 납부기간의 제한이 없다.

상병수당의 급여액은 대부분 소득비례방식으로 결정된다. 즉 보험료를 많이 낸 사람들은 급여를 많이 받는다. 상병수당의 급여액은 국가들마다 소득대체율의 차이, 그리고 급여기간에 따라 큰 차이가 있다. 예를 들면, 급여기간 초기 내에는 어떤 국가들은 거의 100%의 소득대체율(예, 노르웨이), 즉 질병에 걸리기 전의 임금 대부분을 상병수당으로 받는 반면, 어떤 국가들(프랑스, 이태리 등)은 50% 정도에 그친다(SSA, 2011).

또한 급여기간에 따라 급여액도 차이가 있는데, 어떤 국가들은 초기에는 급여수준이 후하지만 시간이 지나가면서 급여가 줄어드는 반면(예, 오스트리아), 초기의 급여수준이 낮은 영국과 같은 국가들에서는 질병기간이 길어질수록 오히려 급여액이 커진다.

상병수당은 또한 대기기간(waiting period)이란 제도를 갖고 있다. 이것은 대부분의 국가들이 갖고 있는데(덴마크를 비롯한 소수의 국가들은 없다), 근로자들이 처음 질병에 걸렸을 때 일정한 기간 동안은 국가의 상병수당에서 급여가 제공되지 않고, 근로자가 일하는 사업장의 사용자로 하여금 일정한 급여를 하게 하는 제도이다. 대기기간을 두는 이유는, 사람들의 도덕적 해이로 인한 오용과 남용을 막기 위하거나, 불필요한 행정비용을 줄이기 위한 것이다(많은 질병의 경우 단기간 내에 치료가 된다). 국가들마다 대기기간은 큰 차이를 보이는데, 대부분의 경우 3일~1주일의 기간이지만, 어떤 국가들은 6주의 긴 대기기간을 요구한다. 대기기간이 길수록 상병수당의 급여는 그만큼 줄어드는 것이다.

최근 서구복지국가들의 복지재정이 어려워지자 사회복지제도들을 재구조화하고 있는데, 이때 많은 국가들에서 우선적으로 제도를 바꾸는 것이 상병수당이다. 그래서 대기기간을 늘리거나, 소득대체율을 줄이거나, 아니면 다른 자격조건들을 까다롭게 하고 있다. 이것의 가장 중요한 이유는 상병수당이 복지국가의 사회복지제도들 가운데 도덕적 해이의 문제가 심각하다고 생각하기 때문이다.

2) 의료서비스

상병수당이 없는 우리나라를 비롯한 많은 국가들에서의 의료보장은 주로 질병을 치료하기 위하여 의료서비스만을 제공한다. 일반적으로 의료서비스는 상병수당과 달리 적용대상의 범위가 넓고 또한 급여수급조건이 까다롭지가 않다. 그래서 선진산업국가들에서는 의료보장의 유형에 상관없이 대개 모든 국민들에게 의료서비스가 제공된다. 이것은 의료서비스는 상병수당에 비하여 도덕적 해이의 문제가 덜 심각하고 또한 건강한 노동력의 확보라는 측면에서 필요하다고 생각하기 때문이다.

의료서비스를 제공하는 방식, 즉 전달체계도 다양하다. 주요재원을 국가의 일반조세에 의존하는 영국의 NHS(National Health Service) 방식을 채택하는 국가들에서는 의료서비스는 대부분 공공의료기관에서 제공된다.

반면에 사회보험 방식으로 운영하는 국가들에서는, 의료서비스는 공공의료기관과 민간의료기관 둘 다에서 제공되는데, 국가들마다 다양한 형태로 제공된다. 어떤 국가들에서는 공공의료기관에 크게 의존하는 반면, 우리나라를 비롯한 많은 국가들에서는 민간의료기관에서 주로 제공된다.

의료서비스가 공공기관에서 제공되든 민간기관에서 제공되든 어느 국가나 의료서비스에 대한 국가의 통제는 어떤 사회복지제도보다 크다. 그래서 국가는 의료서비스의 가격, 진료비의 지불방식, 본인부담의 서비스 항목과 정도 등에 관하여 통제한다.

이렇게 국가가 의료서비스에 대하여 통제하니까, 국가들마다 진료비 지불방식도 다양하다. 어떤 국가들에서는, 개별 진료행위에 따라 진료비를 산출하는 방식-행위별 수가제(fee-for-service)-을 택하는 반면, 어떤 나라들에서는 이른바 인두제(capitation) 방식으로 환자 1인당 진료비를 정하여 진료비를 계산한다. 또한 어떤 국가들에서는 이른바 포괄수가제(Diagnosis Related Group)라 하여 질병 종류별로 의료비를 미리 정해서 진료비를 산정한다. 마지막으로, 어떤 국가들에서는 총액예산제(global budget system)라 하여 지불할 진료비의 총액을 사전에 정하는 지불방식을 택하고 있다(이 부분에 대하여는 뒤에서 자세히 논의한다).

앞에서 언급했듯이, 의료서비스도 도덕적 해이의 문제, 특히 불필요하게 과대한 의료서비스의 이용을 막기 위하여 일정한 액수의 본인부담을 하도록 하게 하고 있다. 여기서도 국가들마다 다양한 방식이 있는데, 어떤 국가들은 일정한 액수의 정액을 부과하거나, 아니면 의료비용의 일정률을 부과하는 다양한 방식들이 있다(이것도 뒤에서 자세히 논의한다).

2. 의료보장의 유형

오늘날 전 세계의 국가들에서 실시하고 있는 의료보장체계는 다양하나, 크게 네 가지의 유형으로 나눌 수 있다. 첫째는 질병보험의 유형이고, 둘째는 국민건강보험의 유형이고, 셋째는 보편적 서비스의 유형이고, 마지막은 민간보험 주도 유형이다(이인재 외, 2005).

1) 질병보험(sickness insurance) 유형

이것은 1883년 독일에서 최초로 만들었고 오늘날까지도 유럽의 대륙국가들(프랑스, 오스트리아, 벨기에 등)과 일본(피고용자 보험) 등에서 시행하고 있는 전통적인 의료보장체계이다. 이러한 유형의 특징은 직업별, 지역별로 많은 수의 서로 다른 질병금고(sickness fund)-우리 식으로 표현하면 의료조합-에 따라 다르게 운영된다는 점이다. 그래서 질병금고별로 보험료율도 다르고 제공되는 의료서비스의 양과 질이 다르다(우리나라가 2000년도에 의료보험이 통합되기 전까지 운영하던 이른바 조합주의 방식의 의료보험과 유사하다고 보면 된다).

질병보험의 주요 재원은 대부분 가입자들이 내는 보험료이고, 보험료는 사용자와 피고용자가 분담하고, 국가는 일부 보조한다. 사용자와 피고용자의 분담 비율은 대개 50%씩이나, 최근에 국가에 따라 차이를 보이고 있다.

질병보험의 가장 큰 특징은 질병금고별(조합별)로 자율적으로 운영된다는 것인데, 이것은 효율적인 측면에서 장점도 많지만 최근에 조합별 보험료의 차이와 이에 따른 의료서비스의 질의 차이에 대한 논란이 커지자, 최근 독일을 비롯한 일부 국가들에서 보험료율을 통합하는 추세에 있다. 예를 들면, 독일은 2009년부터 모든 질병금고에서 15.5%의 동일한 보험료를 부과하기로 하였고, 과거에는 사용자와 피고용자가 반씩 부담하던 것을 이후부터는 피고용자의 부담을 좀더 높여 사용자가 7.3%, 피고용자가 8.2%씩을 부담하도록 하였다(신영석 외, 2011).

2) 국민건강보험(national health insurance)

이것은 상기의 질병보험과 달리, 전 국민을 대상으로 통합된 하나의 체계에서 의료서비스가 제공된다. 주재원은 가입자들이 내는 보험료이고, 국가들에 따라 다르지만 국가가 일부 재원을 지원한다. 우리나라를 비롯하여 캐나다, 노르웨이 등에서 실시하고 있다.

3) 보편적 서비스 유형

대표적으로 영국의 NHS(National Health Service)로 모든 국민들에게 일반조세를 주 재원으로 하여 보편적으로 의료서비스가 제공되는 유형이다. 스웨덴, 이태리, 호주, 덴마크 등에서 실시하고 있다.

반면에 현금급여(상병수당)는 대개의 경우 일반조세로 제공되지 않는다. 영국, 스웨덴 등은 사회보험 방식으로 운영되고, 호주와 뉴질랜드는 공공부조 방식으로 운영된다. 덴마크만이 현금급여도 일반조세에서 제공된다(다만 질병 발생 후 처음 2주 동안은 사용자가 부담한다).

4) 민간보험 주도 유형

미국이 대표적으로 의료서비스가 강제가입의 사회보험이 아니라 임의가입의 민간보험 주도로 제공된다. 다만 65세 이상부터 의료서비스를 받을 수 있는 제도(Medicare)가 있는데 이것은 강제가입의 사회보험으로 65세 이전의 가입자들이 의무적으로 보험료를 내야 한다. 또한 미국은 가난한 사람들을 위한 별도의 의료서비스제도(Medicaid)가 있다.

65세 이하와 가난하지 않은 모든 사람들은 민간보험에 자발적으로 가입해야 한다(많은 직장들은 직원들을 위해 집합적으로 민간의료보험에 가입한다). 따라서 역의 선택 등으로 많은 사람들이 의료보험에 가입하지 않아(약 5천만명), 의료서비스가 제대로 제공되지 않고 있다.

또한 싱가포르 등에서 실시하고 있는 이른바 '의료저축계정(medical savings account)'의 방식이 있다. 이것은 국민들에게 강제적으로 일정액을 저축하게 하고, 질병에 걸릴 경우 이 계정에서 의료비를 부담하도록 하게 하는 제도이다. 만일 의료비로 사용 안 할 경우 다른 목적에 사용할 수 있어, 의료서비스를 과대이용하는 것을 막을 수 있어 전체 의료비를 줄일 수 있다.

3. 진료비 지불제도

사회보험 방식이든 보편적 서비스 방식이든 대부분의 국가들에서 진료비는 이른바 '제3자 지불(the third party payment)' 방식으로 이루어진다. 즉 의사가 환자를 치료하는데 진료비는 환자가 아닌 제3자로부터 받는다. 이러다 보니 의사나 환자 모두에서 도덕적 해이가 발생하여 의료서비스를 과대하게 혹은 불충분하게 이용할 수 있다. 특히 최근에 의료비가 크게 증가하자 많은 국가들에서는 이러한 문제를 해결하기 위하여 진료비 지불방식을 다양하게 만들고 있다. 진료비 지불방식은 세부적으로는 여러 가지가 있을 수 있으나 크게 보면 네 가지로 나눌 수 있다.

1) 행위별 수가제(fee-for-service)

우리나라를 비롯하여 많은 국가들에서 사용하고 있는 진료비 지불제도로 의료서비스 공급자들의 개별 진료행위에 가격을 정하여 진료비를 산정하는 방식이다. 이것은 성격상 진료행위를 많이 할수록 진료비가 늘어나기 때문에 과잉진료를 할 가능성이 커져 결국 전체 의료비가 증가할 수 있다. 독일을 비롯한 유럽대륙국가들 대부분 이 방식을 사용하고 있다.

2) 인두제(capitation)

인두제는 환자 1인당 진료비를 미리 정하여, 의료서비스의 공급자가 담당하는 환자의 숫자에 따라 진료비를 지불하는 방식이다. 인두제는 행위별 수가제와 달리 불필요한 진료를 할 동기가 주어지지 않아 의료비용 절감 효과는 있을 수 있으나, 반대로 환자에게 충분한 의료서비스를 제공할 동기는 약화시킬 수 있다. 일반적으로 보편적 서비스 유형을 갖고 있는 국가들, 영국, 이태리, 네덜란드 등에서 사용하고 있다. 덴마크는 인두제와 행위별 수가제 모두를 사용하고 있다.

3) 포괄수가제(Diagnosis Related Group)

포괄수가제는 치료에 비슷한 자원과 노력이 드는 질병들을 묶어 하나의 가격을 정하여 의료비를 지불하는 방식이다. 포괄수가제에서는 진료의 종류나 양에 관계없이 일정한 진료비가 정해지기 때문에 과잉

진료의 동기가 약화될 수 있다. 반면에 인두제처럼 충분한 의료서비스가 제공될 동기는 약화된다. 우리나라는 현재 7개의 질병군에 대하여 입원진료를 하는 경우 모든 병원에서 의무적으로 포괄수가제를 사용하고 있다.

4) 총액예산제(global budget system)

진료비 상승을 막기 위한 가장 강력한 방식으로, 총액예산제는 의료서비스 공급자들에게 지불할 진료비의 총액을 사전에 미리 정하는 방식이다. 이것은 국가나 보험자가 의료서비스를 제공하는 집단과의 진료비 총액에 대하여 사전에 합의하는 방식으로 이루어진다.

이 방식은 세부적으로 어떻게 운영하느냐에 따라 의료서비스의 질이 다를 수 있다. 만일 의료서비스 공급자들이 자신들이 받을 수 있는 진료비를 사전에 안다면 환자들에게 충분한 의료서비스를 제공할 동기가 약화될 수 있다. 반면에 의료서비스를 많이 제공할수록, 즉 진료실적에 따라 진료비를 받는다면 서비스의 양은 늘어나 과잉진료 현상이 나타날 수 있다. 그러나 어떤 경우에도 전체 진료비 총액은 사전에 정해졌기 때문에 의료비의 증가는 억제될 수 있다. 즉 의료서비스 공급자들 간의 경쟁에 의한 진료비 배분만이 있을 뿐이다. 이러한 이유로 일반적으로 의료서비스 공급자들은 총액예산제에 대하여 부정적인 입장을 취하는 것이다.

4. 의료비의 본인부담의 문제

오늘날 어느 나라나 의료비가 크게 증가하고 있다. 이것은 노인 인구의 증가와 수명 연장을 위한 의료기술의 발전 등의 근본적인 이유도 있지만, 한편으로는 의료서비스 공급자와 수요자 모두에서의 도덕적 해이의 문제로부터도 기인한다. 위에서 언급했듯이, 행위별 수가제의 의료비 지불방식에서는 공급자들의 과잉진료는 전체 의료비를 불필요하게 증가시킨다. 수요자(환자)들은 모든 의료비를 국가의 의료보장체계에서 해결하면 의료서비스를 불필요하게 많이 이용해서 의료비가 증가한다.

의료서비스의 수요자들의 도덕적 해이의 문제를 막기 위하여 필요한 것이 의료비의 본인일부부담 제도이다. 환자 본인이 진료비의 일부를 부담하게 하면 불필요한 의료서비스의 이용을 억제하여, 사회 전체적으로 의료자원의 효율적인 배분이 일어날 수 있다. 특히 경미한 질병에 대하여 본인부담을 크게 하면, 의료자원은 중대한 질병을 치료하는 데 집중적으로 사용될 수 있기 때문에 효율적일 수 있다. 그래서 어느 국가나 규모의 차이는 있으나 의료비의 본인일부부담 제도를 갖고 있다.

환자 본인에게 진료비의 일부를 부담하게 하는 방식은 크게 보면 두 가지다. 하나는 국가의 의료보장체계에서 급여가 되나, 진료비의 일부를 본인이 부담하게 하는 방식이다(우리나라에서는 이것을 법정본인부담이라 한다). 다른 하나는 국가의 의료보장체계에서 급여가 되지 않아 환자 본인이 전액 부담하게 하는 방식이다(비급여 본인부담).

또한 본인이 부담하여 지불하는 방식도 크게 두 가지로 나눌 수 있는데, 하나는 정액부담의 방식으로 의료서비스를 이용할 때 일정한 액수는 본인이 내도록 하는 것이고(영국, 네덜란드 등) 다른 하나는 의료비용의 일정률을 지불하게 하는 방식이다(우리나라, 프랑스, 덴마크 등).

의료비의 본인의 일부부담은 필요하나, 이것이 너무 많으면 국가 의료보장체계의 가장 중요한 목표인 의료서비스에의 접근성이 약해질 수 있다. 그래서 대부분의 복지국가들에서의 의료비 본인부담률은 크지 않다. 예를 들면, 독일은 전체 의료비의 약 10%, 프랑스는 6.8%, 이태리는 19%, 일본은 14% 정도이고 OECD 국가들 평균이 대략 20% 정도이다(신영석 외, 2011).

반면에 우리나라는 대략 40%에 가까워, 의료서비스의 접근성이 크게 훼손되고 있다. 이 문제는 특히 소득이 낮은 계층에게는 더욱 심각한 문제가 될 수 있다. 특히 중대한 질병에 걸렸을 때는 본인부담액이 매우 크기 때문에 더욱 그러하다(이 문제는 3절에서 자세히 논의한다).

5. 국가의 의료보장체계와 민간의료보험의 관계

1980년대 이전까지만 해도 미국을 제외한 서구의 복지국가들에서는 국가에 의한 의료보장체계가 대부분 국민들의 의료보장을 충분히 해결하였다. 그러던 것이 1980년대부터 이러한 국가들의 국가경제가 위축이 되면서 국가의 복지재정이 한계에 봉착하고, 또한 이 시기에 커지기 시작하는 '신자유주의'의 이념적 공세의 상황에서, 사회복지제도들의 민영화가 강조되었다. 그래서 이른바 '복지혼합(welfare mix)'의 이름하에, 사회복지는 공공부문과 민간부문의 혼합된 체계에서 효율적으로 제공되는 것이 바람직하다는 것이다(물론 대부분의 국가들에서 공공부문의 사회복지가 압도적으로 크지만).

이러한 상황에서 많은 국가들에서 국가의 의료보장체계와 더불어 민간의료보험이 확대되고 있다. 민간의료보험은 기본적으로 국가의 의료보장체계를 보완하거나, 고소득층의 고급의 의료서비스의 욕구를 해결하는 데 주로 역할을 한다. 예를 들면, 모든 국민들에게 무료(?)로 의료서비스를 제공하는 것으로 알려진 영국 사람들이 자랑스럽게 생각하는 NHS체계에서도 최근에 민영의료보험이 늘어나고 있는 추세이다. 이것은 NHS체계에서 진료를 받기 위하여는 대기기간이 너무 길거나, 의료서비스를 환자들이 선택하는 데 큰 제한을 두는 등의 이유 때문이다. 그래서 중상층 계층의 사람들을 중심으로 민영보험에 가입하는 것이다.

오늘날 서구의 복지국가들 대부분에서는 민영보험의 규모는 차이가 있으나 존재하고 있다. 예를 들면, 독일은 전체 의료비 가운데 대략

8.8%가 민영보험에서 이루어지고 있고, 프랑스는 13.4%, 이태리 2%, 일본은 0.3% 등이다(신영석 외, 2011).

오늘날과 같이 서비스의 다양성이 강조되는 상황에서, 일정 규모의 민영의료보험은 필요하다. 그러나 국가의 의료보장체계에서 제공되는 의료서비스의 급여가 포괄적이고, 서비스의 질이 높고, 환자 개인들이 내는 본인부담금이 적으면, 민영의료보험의 필요성은 크게 줄어든다. 서구의 복지국가들의 국가 의료보장체계는 비교적 잘 되어 있기 때문에, 그만큼 민영보험의 필요성이 적은 것이다.

반면에 우리나라의 건강보험은 의료서비스의 질이 낮고, 급여가 제한적이어 보장성이 약하다. 이러한 상황에서 최근에 민영의료보험이 크게 확대되고 있다. 이렇게 되면 장기적으로 볼 때 중상층 이상의 사람들은 민간의료보험에 의존하려는 경향이 커져 건강보험의 확대가 어려울 수 있다. 이렇게 되면 소득계층별로 의료서비스의 이용이 양극화될 수가 있다. 고소득층은 민간의료보험, 저소득층은 건강보험을 주로 이용하게 되어 사회복지제도의 주요 목표인 사회통합이 크게 훼손될 수 있다.

따라서 이것을 막기 위해서도 먼저 건강보험을 내실화하여 보장성을 높이고, 서비스의 질도 높여 대부분의 국민들의 의료서비스는 건강보험에서 해결하고, 나머지는 민간의료보험에서 해결하도록 하는 방향으로 가야 한다.

제 2 절 국민건강보험

1. 연혁

오늘날의 우리의 건강보험은 1963년 12월에 만들어진 의료보험이라는 이름으로 시작되었다고 할 수 있다. 그런데 이 당시의 의료보험은 강제가입이 아닌 임의가입의 형태, 즉 사회보험의 형태가 아니어서 가입자의 숫자가 적어 유명무실하였다.

본격적인 최초의 강제가입의 의료보험은 1977년 7월에 만들어졌다. 500인 이상의 사업장에서 일하는 직장 근로자들을 대상으로 486개의 의료조합 단위로 실시가 되었다. 이른바 조합주의 의료보험이 시작되었다.

이후에 점증적으로 적용대상을 확대하는데, 1979년부터는 공무원과 사립학교 교직원들을 대상으로 하는 별도의 조합의 의료보험이 시작되었고, 1981년에는 100인 이상의 사업장의 직장 근로자들로 확대되었고, 1988년에는 농어촌 지역의료보험으로, 5인 이상 사업장의 직장 근로자들까지 적용대상을 확대하였고, 결국 1989년에는 도시 지역의 자영업자들까지 확대하여, 전 국민을 적용대상으로 하는 의료보험 시대가 열리게 된 것이다.

1998년부터는 의료보험의 운영방식의 큰 변화가 일어나는데, 지금까지의 조합별 운영에서 의료보험의 통합적 운영으로 바뀌기 시작한다. 그래서 이 해에 전국의 227개의 지역의료보험조합과 공무원과 사립학교 교직원의 의료보험조합을 통합한다. 이러한 방향에서 1999년에는 의료보험의 이름을 국민건강보험으로 바꾸고, 2000년에는 직장의료보험조합과도 통합하여, 전 국민을 하나의 운영체계인 국민건강보험공단에서 관리하게 된다. 이후에 2001년에는 5인 미만 사업장 근로자들도 직장가입자로 인정하고, 2003년에는 지금까지는 분리가 되어 있던 건강보험재정도 완전한 통합이 이루어져, 실질적으로 건강보험이 완전히 통합이 되어 오늘날에 이르고 있다.

2. 적용대상

현재 우리나라에서의 의료보장은 인구의 96.8%는 건강보험으로부터 해결되고, 주로 가난한 사람들로 이루어지는 나머지 3.2%는 공공부조인 의료급여제도에 의하여 해결된다. 건강보험의 적용대상은 직장가입자와 지역가입자로 구분된다. 직장가입자는 상시 1인 이상의 근로자를 고용하는 사업장의 근로자와 사용자, 공무원과 사립학교 교직원, 그리고 이들의 피부양자로 구성된다. 지역가입자는 직장가입자와 그 피부양자를 제외한 사람들을 포함한다.

여기서 직장가입자의 피부양자라 함은 직장가입자에 의하여 주로 생계를 유지하는 사람들로 소득이 없는 사람들을 말하며, 직장가입자의 배우자, 직계존속(배우자의 직계존속을 포함), 직계비속(배우자의 직계비속 포함) 및 그 배우자, 형제·자매를 포함하여 상당히 포괄적으로 인정하고 있다.

2011년 현재 건강보험의 직장가입자는 대략 13,397,000명, 인구의 26.3%이고, 이들의 피부양자는 19,860,000명으로 인구의 39%이어 직장가입자로 분류된 사람들이 전체의 65.3%이다. 반면에 지역가입자는 16,043,000명으로 인구의 31.5%이다.

3. 재원조달방식

건강보험의 주 재원은 가입자들이 내는 건강보험료와 정부지원으로 이루어진다. 정부지원은 건강보험료로 들어오는 수입액의 14%로 규정되어 있다. 건강보험료의 책정방식은 직장가입자와 지역가입자 간에 크게 다르다.

1) 직장가입자의 건강보험료

직장가입자의 건강보험료는 가입자의 보수월액에 보험료율을 곱하여 보험료를 산정한 후, 경감률 등을 적용하여 가입자 단위로 부과한다. 여기서 보수월액이라 함은 당해연도에 지급받은 보수총액을 근무월수로 나눈 금액을 말한다.

2012년 1월 현재 건강보험료율은 5.8%이다. 의료비의 상승에 따라 보험료율은 거의 매년 조금씩 증가하고 있다. 2006년에는 4.48%이었고, 2011년에는 5.64%이었다. 직장가입자의 보험료는 가입자와 사용자가 반씩 부담하게 되어 있어, 근로자의 경우는 본인이 2.9%, 사용자가 2.9%씩 부담한다. 공무원은 가입자가 2.9%, 사용자인 국가가 2.9%를 부담한다. 반면에 사립학교 교직원은 가입자 본인이 2.9%를 부담하고, 사용자는 1.74%를 부담하고 나머지 1.16%는 국가가 부담한다.

건강보험료는 모든 소득에 부과하는 것은 아니다. 보험료 부과대상 소득의 상·하한선이 있다. 2009년 현재 하한선은 보수월액이 28만원이고, 상한선은 6,579만원이다. 그래서 28만원 미만의 소득을 신고한 사람은 28만원이 보수월액이 되고 여기에 5.08%의 보험료율을 곱하여 14,220원의 보험료를 낸다(본인부담은 물론 이것의 반인 7,110원). 한편 보수월액이 6,579만원이 넘는 가입자는 6,579만원에 대해서만 보험료가 부과되어 3,342,120원의 보험료를 낸다(본인은 이것의 반인 1,671,060원). 2009년의 경우 최고보험료를 납부한 사람은 1,704명이고, 최저보험료를 낸 사람은 10,472명이다.

건강보험료는 또한 어떤 경우에는 경감을 하거나 면제가 된다. 예를 들면, 섬이나 벽지에서 근무하는 근로자들은 50%, 군인은 20%, 휴직자는 최대 50%까지 보험료를 줄여준다. 또한 국내에 거주하는 피부양자가 없는 경우에는 1달 이상 국외에 체류하면 기간만큼 건강보험료를 면제해준다.

2009년 현재 직장가입자의 평균 건강보험 부담액은 69,169원이다. 부담의 분포를 보면, 30만원 이상의 건강보험료를 내는 사람은 전체 가입자의 0.66%, 10만원 이상의 보험료를 내는 사람들은 전체의 16%이다. 가장 많은 사람들(전체의 30.2%)이 5만원~10만원 사이의 보험료를 부담한다.

2) 지역가입자의 건강보험료

우리의 건강보험의 지역가입자의 건강보험료 책정방식은 전 세계에 유례가 없을 정도로 복잡하다. 이것의 가장 중요한 이유는 지역가입자들의 정확한 소득파악이 어렵기 때문이다.

지역가입자의 건강보험료는 가입자의 소득, 재산(전월세 포함), 자동차, 생활수준 및 경제활동참가율을 고려하여 정한 부과요소별 점수를 합산한 보험료 부과점수를 계산한 후 여기에 점수당 금액을 곱하여 최종적인 보험료를 산정한다.

여기서 비교적 소득파악이 가능하다고 판단하는 연소득 500만원 초과 가구와 그렇지 않은 500만원 이하 가구의 보험료 산정방식을 달리한다. 500만원 초과 가구는 소득점수, 재산점수, 자동차점수를 사용하고, 500만원 이하 가구는 생활수준 및 경제활동참가율 점수, 재산점수, 자동차 점수를 사용한다(김진수 외, 2010).

소득점수는 모든 소득(이자소득, 배당소득, 사업소득, 근로소득, 연금소득, 기타소득)을 포함한 종합소득을 수준별로 75등급으로 나누어 등급별 점수를 부여한다. 예를 들면, 연소득이 600만원이면 1등급으로 380점, 연소득이 6,200만원이면 35등급으로 1,371점, 연소득이 3억 8천만원이면 69등급으로 8,565점 등이다.

재산점수는 50등급으로 나누는데 1등급은 재산이 450만원 이하이고, 최고등급인 50등급은 30억원 초과로 등급별로 점수가 정해진다. 자동차는 차종별, 배기량 및 사용연수 등을 고려하여 7등급으로 나누어 점수가 부여된다. 마지막으로, 생활수준 및 경제활동참가율 점수는 연령과 성, 그리고 재산과 자동차를 고려하여 30등급으로 나누어 정한다. 예를 들면, 1등급은 20점이고, 30등급은 372점이다.

이렇게 부과요소별 점수를 계산한 후 이것을 모두 합하면 가입자별 부과점수가 결정되고 여기에다 점수당 금액을 곱하면 최종의 건강보험료가 결정된다. 2012년 1월 현재 부과점수당 금액은 170원이다. 이것은 2006년 131원에서 매년 증가하고 있어, 2008년 149원, 2011년 165원이었다.

지역가입자의 보험료 부과점수도 상·하한선을 갖고 있어, 하한선은 20점이고 상한선은 11,000점이다. 2012년의 경우, 부과점수당 금액이 170원이니까 최저보험료는 3,400원이고 최대보험료는 187만원이다. 2009년 기준으로 볼 때, 최저보험료를 내는 사람은 9,819명이고, 최고보험료를 내는 사람은 12명이다. 보험료 부담의 분포를 보면, 30만원 이상의 보험료를 내는 사람들은 전체 지역가입자의 0.75%이고, 가장 많은 사람들(전체의 29%)이 5만원~10만원 사이의 보험료를 낸다. 지역가입자의 평균 건강보험료는 대략 6만 2천원 정도이다.

지역가입자들의 건강보험료도 어떤 경우에는 줄여주거나 면제시켜준다. 섬이나 벽지에 거주하는 사람들에게는 50%를 줄여주고, 농어촌은 22%, 노인, 장애인, 한부모 가족세대 등은 10~30%를 줄여준다. 또한 국외 체류, 현역병 등은 보험료를 면제시켜준다.

〈표 7-1〉에서 보듯이, 2011년 기준으로 볼 때 건강보험의 보험료 수입총액은 대략 32조 7천억원이고, 이 가운데 직장가입자가 낸 보험료가 약 26조원으로 전체의 80%를 넘고, 지역가입자의 보험료가 약 6조 7천억원이다. 이때 국고에서 지원한 액수는 40,216억원이다. 보험료 수입은 2004년에 약 15조원이었는데, 연 평균 11.76%로 증가하여 오늘날 2배가 넘는 액수가 되었다.

〈표 7-1〉 건강보험 재정 현황(단위: 억원, %)

구분		2004	2005	2006	2007	2008	2009	2010	2011	연평균 증가율
수입	계	185,722	203,325	223,876	252,697	289,079	311,817	335,605	379,774	10.76
	보험료 수입	148,745	163,864	182,567	212,530	244,384	259,352	281,650	323,995	11.76
	국고 지원금	28,567	27,695	28,698	27,042	30,540	37,838	39,123	42,129	5.71
	담배 부담금	6,263	9,253	9,664	9,676	10,239	10,262	10,630	9,568	6.24
	기타 수입	2,147	2,513	2,947	3,449	3,916	4,365	4,202	4,082	9.61
지출	계	170,043	191,537	224,623	255,544	275,412	311,849	348,599	373,766	11.91
	보험 급여비	161,311	182,622	214,893	245,614	264,948	301,461	336,835	361,890	12.24
	관리 운영비	7,901	8,535	8,966	9,734	9,841	9,724	11,077	11,040	4.90
	기타 지출	831	380	764	196	623	664	687	836	0.09
당기수지		15,679	11,788	-747	-2,847	13,667	-32	-12,994	6,008	-
누적수지		757	12,545	11,798	8,951	22,618	22,586	9,592	15,600	-

주: 자금수지 기준
자료: 국민건강보험공단 내부자료

4. 급여의 내용

건강보험의 급여의 형태는 크게 두 가지다. 하나는 현물급여이고 다른 하나는 현금급여이다.

1) 현물급여

현물급여는 가입자 및 피부양자에게 요양기관을 통하여 직접 의료서비스를 제공하는 것으로 현물급여의 대부분을 차지하는 요양급여와 건강검진이 제공된다. 요양급여는 가입자와 피부양자의 질병, 부상, 출산 등에 대하여 진찰·검사, 약제·치료 재료의 지급, 처치·수술 및 그 밖의 치료, 예방·재활, 입원, 간호, 이송 등의 서비스를 제공한다.

건강검진은 가입자와 피부양자에 대한 질병의 조기 발견을 위하여 2년마다 1회 이상의 건강검진을 제공한다. 건강검진 대상은 직장가입자 및 40세 이상 피부양자, 세대주인 지역가입자와 40세 이상의 세대원이다. 요양급여는 비용의 일부를 수급자 본인이 부담하도록 되어 있다.

2) 현금급여

현금급여에는 요양비, 장애인 보장구 급여비, 장제비 등이 있다. 요양비는 가입자나 피부양자가 요양기관이 없거나 혹은 이용할 수 없을 경우 건강보험에서 정한 요양기관 이외의 의료기관에서 혹은 의료기관이 아닌 장소에서 치료를 받거나 출산을 할 경우 요양급여에 상당하는 현금을 가입자나 피부양자에게 지급하는 것을 말한다. 예를 들면, 2009년 기준으로 출산비로 76,400원이 지급된다.

장애인 보장구 급여비는 장애인복지법에 따라 등록한 장애인인 가입자 및 피부양자에게 보장구 구입금액의 일부를 현금으로 지급한다. 실구입 가격의 80% 이내에서 지급한다.

장제비는 가입자 및 피부양자가 사망할 경우 그 장제를 행하는 사람에게 장제비용으로 지급한다. 현재 25만원을 지급한다.

임신·출산 진료비 지원은 임산부의 본인부담금(비급여 진료비 포함)을 줄여주기 위하여 임신 및 출산과 관련된 진료비를 전자바우처로 일부 지급한다.

3) 본인부담금

현재 우리의 건강보험에서의 요양급여는 본인이 진료비의 일부를 부담하게 되어 있다. 우리나라에서는 현재 환자가 의료기관에서 진료를 받을 때 본인이 부담하는 형태는 크게 두 가지다. 하나는 이른바 법정본인부담이라 하여 건강보험체계에서 급여가 이루어지나 일부 본인이 부담하는 제도를 말한다. 다른 하나는 건강보험에서 완전히 급여가 되지 않는 비급여본인부담이다.

법정본인부담은, 입원의 경우는 총 진료비의 20%를 본인이 부담하도록 되어 있고, 외래의 경우는 규모가 큰 종합병원(대학병원 등)은 진찰료 전액과 나머지 진료비의 60%, 일반 종합병원은 총 진료비의 45~50%, 병원은 35~40%, 의원은 30% 등으로, 병원의 규모가 클수록 본인이 많이 부담하도록 되어 있다. 이것은 의료서비스 전달체계의 효율화를 위하여 만들어졌다. 즉 불필요하게 큰 병원만 이용하는 것을 막기 위한 것이다. 약국의 본인부담금은 약값의 30%이다.

비급여본인부담은 처음부터 건강보험에서 급여가 되는 것이 아니어 전액 본인이 부담하는 것을 말한다. 대표적으로 선택진료, CT촬영, 1인 병상 이용 등이다.

우리나라의 본인부담률은 매우 높다. 2010년의 경우 법정본인부담률은 21.3%이고 비급여본인부담률은 16%로, 진료비의 대략 38%를 본인이 부담한다. 그래서 건강보험 보장률은 62.7%에 불과하다. 이러한 높은 본인부담률은 좀처럼 낮아지지 않고 있다. 2005년도의 본인부담률은 38%, 2009년도는 36% 등이다. 서구복지국가들의 경우 본인부담률이 대개 10% 정도인 것에 비하여 매우 크다(신영석 외, 2011).

이렇게 높은 본인부담률 때문에 많은 사람들은, 특히 의료비가 많이 드는 중한 질병에 걸렸을 때 의료비 지출이 큰 부담이 되어 '의료빈곤층(medical poor)'으로 전락하거나, 의료비 부담 때문에 제대로 치료를 못 받는 경우가 발생한다. 이것을 막기 위하여 건강보험에서는 2004년부터 본인부담액상한제도를 만들어 소득계층별로 본인부담금을 줄여주고 있다. 건강보험 적용 본인부담액(법정본인부담)이 가입자들의 보험료 수준별로 하위 50%는 연간 200만원, 중위 30%는 300만원, 상위 20%는 400만원을 초과하는 경우 그 초과액을 건강보험에서 부담한다.

또한 우리의 건강보험은 본인부담금 환급금이라는 제도를 두어 병원에서 진료 후 납부한 본인부담금을 심사평가원에서 심사한 결과 과대하게 납부되었다고 판단하면, 해당 병원에 지급한 진료비에서 과대하게 납부한 금액을 공제한 후 환자에게 돌려준다.

4) 급여의 제한

건강보험의 급여는 고의 또는 중대한 과실로 인한 범죄행위에 기인하거나 고의로 사고를 발생시킬 때, 건강보험공단이나 요양기관의 요양에 관한 지시를 따르지 아니할 때, 문서 기타 물건의 제출을 거부하거나 질문 또는 진단을 기피할 때, 업무상 또는 공무상 질병, 부상, 재해로 인해 다른 공적사회복지제도(산업재해보상보험, 국민연금, 공무원연금 등)에 의한 보험급여나 보상 또는 배상을 받을 때에는 급여를 하지 않는다.

또한 가구 단위의 보험료를 대통령령이 정한 기간 이상 체납한 지역가입자에 대하여 보험료를 완납할 때까지 건강보험 급여를 실시하지 않을 수 있다.

5) 진료비 지불제도

우리의 건강보험에서는 현재 대부분의 병원에서 대부분의 질병에 대한 의료서비스는 행위별수가제에 의하여 의료서비스를 제공하는 사람들에게 진료비를 지급하고 있다. 앞에서 언급했듯이, 행위별수가제는 진료행위가 많을수록 서비스 공급자들에게 진료비를 많이 줄 수밖에 없기 때문에 공급자들의 과잉진료행위가 나타나 전체적인 의료비 지출이 늘어날 수밖에 없다.

이러한 문제를 막기 위하여, 우리나라는 2002년부터 포괄수가제(DRG: Diagnosis Related Group Payment)를 부분적으로 실시하고 있다. 우리나라에서 현재 시행하고 있는 포괄수가제는 진료의 종류나 양에 관계없이 요양기관 종별(종합병원, 병원, 의원) 및 입원일수별로 미리 정해진 일정액의 진료비가 책정된다. 또한 정해진 정액 진료비 전체(기존의 환자의 비급여본인부담금 포함)를 건강보험에 포함시키고, 환자는 그 진료비의 20%만 부담하게 되도록 하였다.

이러한 포괄수가제는 2012년 7월부터는 7개 질병군에 대하여는 입원진료의 경우 전국의 모든 병원과 의원에서 의무적으로 시행하고 있다. 7개의 질병군은 백내장수술, 편도수술, 맹장수술, 항문수술, 탈장수술, 자궁수술, 제왕절개분만이다. 이 경우 본인부담금은 요양기관 종별(종합병원, 병원, 의원), 입원일수, 합병증 등에 따라 금액이 다르다. 다만 이 경우에서도, 상급병실료, 선택진료비, MRI, 초음파 등의 비용은 여전히 환자 본인이 전액 부담하도록 되어 있다.

제 3 절 문제점과 개선방안

우리의 건강보험은 1977년 도입 이후 12년이라는 전 세계에서 유례를 찾아보기 힘들 정도의 빠른 기간 내에 적용대상을 전 국민으로 확대하여 의료서비스에의 접근성을 크게 높였다. 또한 다른 OECD 회원국들과 비교해 볼 때 건강보험에의 비용도 적게 들였다. 이렇게 적은 비용으로 전 국민들의 의료서비스의 접근성을 빠른 기간 내에 높인 것은 우리의 건강보험의 큰 장점이라고 할 수 있다. 그래서 많은 개발도상국가들은 우리의 건강보험 제도를 바람직한 모델로 배우려고 하고 있다.

이러한 장점에도 불구하고, 우리의 건강보험은 서구복지국가들의 의료보장제도들과 비교해 볼 때 몇 가지 문제점들이 있다. 여기서는 크게 네 가지의 측면에서 논의하고자 한다. 첫째는 이른바 '저부담 저급여'에 따른 낮은 보장성의 문제이고, 둘째는 보험료 부과체계에서 나타나는 여러 가지 문제들이고, 셋째는 상병수당이 없다는 문제이고, 마지막으로는 의료비의 급증과 진료비 지불방식 및 심사체계에서의 문제들이다.

1. '저부담 저급여': 보장성의 문제

우리의 건강보험은 1977년 도입 이후 오늘날까지 정책의 기본 방향은 한 마디로 '저부담 저급여'이다. 즉 건강보험 보험료를 적게 부담하게 하고, 자연스럽게 급여도 낮은 수준에서 하자는 정책 방향인 것이다. 이것은 1977년 의료보험 도입 이후 하루 빨리 적용대상을 전 국민으로 확대하자는 정책 목표가 우선적이었기 때문에, 의료서비스의 급여의 양과 질에 대하여는 별로 신경을 쓰지 않았기 때문이다.

또한 도입 초기와 적어도 1990년대까지 우리의 경제수준에 비추어 볼 때 건강보험료를 크게 올리는 것은, 우리 사회에 전반적으로 깔려 있는 강한 조세저항의 분위기에서 정치적으로 큰 부담이 되었다.

'저부담 저급여'의 정책은 건강보험의 초기 단계에서는 이해가 될 수 있으나, 오늘날처럼 경제수준이 높아진 상황에서는 적절하지 못하다. 적어도 OECD 회원국 평균 정도의 수준까지는 부담을 늘리고 급여의 수준도 높여야 할 필요가 있다.

우리의 건강보험의 보험료가 낮은 것은 두 가지 지표에서 알 수 있다. 하나는 직접적인 건강보험 보험료율이고 다른 하나는 GDP 대비 공공의료비 지출의 비율이다. 현재 우리의 건강보험의 보험료율은 5.8%이다. 이것은 대부분의 OECD 국가들의 의료보험 보험료율이 10% 이상인 것에 비하면 크게 낮은 것이다. 예를 들면, 독일 15.5%, 프랑스 14% 등이다(사실, 의료보장제도들이 달라 많은 국가들에서 의료보장제도의 재원이 다양하게 마련되기 때문에 단순히 보험료율만 가지고 비교하는 것은 문제가 될 수는 있다).

따라서 GDP 대비 공공의료비 지출이 더 적절한 지표일 수 있다. 이것에 따르더라도 우리나라는 건강보험에 적은 비용을 들이고 있다. 〈표 7-2〉에서 보듯이, 2009년의 경우 우리나라는 GDP의 4%를 공공의료비 지출에 사용한 것에 비하여, 대부분의 유럽의 복지국가들은 8% 이상, 즉 우리의 2배 이상을 사용한다. OECD 평균도 6.9%이다.

〈표 7-2〉 GDP 대비 보건의료비 비중, 2009년

	총 보건 의료비	공공		민간		기타	
미 국	17.4	8.3	(47.7)	9.1	(52.3)	0.0	(0.0)
네덜란드	12.0	9.5	(79.2)	1.7	(14.2)	0.8	(6.7)
프 랑 스	11.8	9.2	(78.0)	2.6	(22.0)	0.0	(0.0)
독 일	11.6	8.9	(76.7)	2.7	(23.3)	0.0	(0.0)
덴 마 크	11.5	9.8	(85.2)	1.7	(14.8)	0.0	(0.0)
캐 나 다	11.4	8.1	(71.1)	3.4	(29.8)	0.0	(0.0)
스 위 스	11.4	6.8	(59.6)	4.6	(40.4)	0.0	(0.0)
오스트리아	11.0	8.6	(78.2)	2.5	(22.7)	0.0	(0.0)
벨 기 에	10.9	8.2	(75.2)	2.7	(24.8)	0.0	(0.0)
뉴질랜드	10.3	8.3	(80.6)	2.0	(19.4)	0.0	(0.0)
포르투갈	10.1	6.5	(64.4)	3.5	(34.7)	0.0	(0.0)
스 웨 덴	10.0	8.2	(82.0)	1.9	(19.0)	0.0	(0.0)
영 국	9.8	8.2	(83.7)	1.6	(16.3)	0.0	(0.0)
아이슬란드	9.7	7.9	(81.4)	1.7	(17.5)	0.0	(0.0)
그 리 스	9.6	5.8	(60.4)	3.8	(39.6)	0.0	(0.0)
노르웨이	9.6	8.1	(84.4)	1.5	(15.6)	0.0	(0.0)
아일랜드	9.5	7.2	(75.8)	2.4	(25.3)	0.0	(0.0)
이탈리아	9.5	7.4	(77.9)	2.1	(22.1)	0.0	(0.0)
스 페 인	9.5	7.0	(73.7)	2.5	(26.3)	0.0	(0.0)
슬로베니아	9.3	6.8	(73.1)	2.5	(26.9)	0.0	(0.0)
핀 란 드	9.2	6.8	(73.9)	2.3	(25.0)	0.0	(0.0)
슬로바키아	9.1	6.0	(65.9)	3.1	(34.1)	0.0	(0.0)
브 라 질	9.0	4.1	(45.6)	4.9	(54.4)	0.0	(0.0)
호 주	8.7	5.9	(67.8)	2.8	(32.2)	0.0	(0.0)
일 본	8.5	6.9	(81.2)	1.6	(18.8)	0.0	(0.0)
남 아 공	8.5	3.4	(40.0)	5.1	(60.0)	0.0	(0.0)
칠 레	8.4	4.0	(47.6)	4.4	(52.4)	0.0	(0.0)
체 코	8.2	6.9	(84.1)	1.3	(15.9)	0.0	(0.0)
이스라엘	7.9	4.6	(58.2)	3.2	(40.5)	0.0	(0.0)
룩셈부르크	7.8	6.5	(83.3)	1.2	(15.4)	0.0	(0.0)
헝 가 리	7.4	5.2	(70.3)	2.3	(31.1)	0.0	(0.0)
폴 란 드	7.4	5.3	(71.6)	2.0	(27.0)	0.0	(0.0)
에스토니아	7.0	5.3	(75.7)	1.8	(25.7)	0.0	(0.0)
한 국	6.9	4.0	(58.0)	2.9	(42.0)	0.0	(0.0)
멕 시 코	6.4	3.1	(48.4)	3.3	(51.6)	0.0	(0.0)
터 키	6.1	4.4	(72.1)	1.6	(26.2)	0.0	(0.0)
러 시 아	5.4	3.5	(64.8)	1.9	(35.2)	0.0	(0.0)
중 국	4.6	2.3	(50.0)	2.3	(50.0)	0.0	(0.0)
인 도	4.2	1.4	(33.3)	2.8	(66.7)	0.0	(0.0)
인도네시아	2.4	1.2	(50.0)	1.1	(45.8)	0.0	(0.0)
O E C D	9.6	6.9	(71.9)	2.7	(27.8)	0.0	(0.2)

주: 포르투갈, 호주, 일본, 터키는 2008년, 그리스는 2007년의 값이다.
괄호 안의 수치는 총 보건의료비를 100으로 했을 때의 비중이다.
자료: OECD(2011), Health at a Glance: OECD Indicators

공적 의료보장체계인 건강보험에 지출이 낮으니까 자연스럽게 민간 의료비 지출이 클 수밖에 없다. 우리나라는 민간의료비 지출이 GDP에서 차지하는 비율이 2.9%로 전체 의료비 지출의 42%를 차지한다. 이것은 유럽의 복지국가들의 민간 의료비 비중이 20%대인 것에 비하여 매우 높다.

전체적인 의료비 지출도 우리는 GDP의 6.9%를 사용하는데 대부분의 유럽의 복지국가들은 10% 이상을 사용하고, OECD 평균이 9.6%이다. 어떤 방식으로 보든 우리나라는 의료비 지출이 크게 적은 것은 사실이다.

이렇게 건강보험의 보험료율을 낮게 하여 부담을 적게 하니, 당연히 급여의 수준도 낮을 수밖에 없다. 가장 큰 문제는 건강보험의 보장성이 낮다는 점이다. 즉 전체 의료비 가운데 건강보험에서 부담하는 급여비가 차지하는 비율인 건강보험 보장률이 낮은 것이다. 앞에서 언급했듯이, 우리의 건강보험의 보장률은 오늘날 대략 62% 수준이다. 이것은 대부분의 유럽의 복지국가들의 공공의료보장체계의 보장률이 90% 정도이고, OECD 국가들 평균도 대략 80% 정도인 것에 비추어 볼 때 크게 낮은 것이다.

우리나라에서도 최근 이 문제의 심각성을 깨닫고, 일부 질병, 특히 중증 질병에 대하여는 보장률을 높였다. 예를 들면, 희귀난치성 질병이나 암의 경우 보장률을 70% 이상으로 높였다. 그러나 중증 질병에 대한 보장률은 적어도 90% 정도는 되어야 한다. 이렇게 하기 위하여는 현재의 우리의 본인부담금 제도를 바꾸어야 한다. 현재의 제도에서는 중증 질병에 대한 본인부담률이 높고, 경미한 질병에 대한 부담률은 낮을 수밖에 없다. 왜냐하면, 현재의 우리의 본인부담 방식은 요양기관 종류별로 주로 결정이 되어 대형 종합병원(대학 종합병원 등)에서 치료를 받는 경우는 본인부담률이 높고, 동네 의원에서 진료를 받는 경우 본인부담률이 낮기 때문이다. 우리나라 국민들 거의 모두는 중증 질병에 걸리면 대학종합병원 등의 대형 종합병원에서 치료를 받고, 감기를 비롯한 경미한 질병은 동네 의원에서 서비스를 받기 때문이다.

따라서 다소 행정적으로 복잡하더라도, 본인부담은 주로 질병 종류별로 결정되게 만들어, 경미한 질병은 과대이용을 막기 위하여 본인부담을 높이고, 중대한 질병의 경우는 본인부담을 낮추어야 한다. 그러나 이러한 방식도 건강보험 보장률을 높이는 데 한계가 있기 때문에, 근본적인 해결방법은 저부담의 원칙을 깨어 국민들의 부담(즉 보험료율)을 높이는 것이다. 근본적으로 재원이 적은 상황에서 건강보험의 효율적인 운영과 의료서비스 공급자들의 통제(수가 억제 등)의 방식으로는 한계가 있기 때문이다.

2. 보험료 부과체계의 문제

현재 건강보험의 보험료 산정방식은 형평성이나 효율성의 측면에서 여러 가지의 문제점들을 갖고 있다. 우리의 건강보험은 직장가입자들과 지역가입자들의 보험료 부과방식이 달라 서로 다른 문제점들을 갖고 있다.

1) 직장가입자의 경우

직장가입자들에 대한 보험료 부과방식은 크게 보면 두 가지의 문제점들이 있다. 하나는 가입자들에 대한 보험료 부과의 대상이 되는 소득이 근로소득으로 한정되었다는 점이고, 다른 하나는 많은 수의 보험료 납부 능력이 있는 피부양자들이 무임승차하여 건강보험의 급여를 받고 있다는 점이다.

(1) 보험료 부과대상소득이 근로소득으로 한정된 점

현재 직장가입자는 근로소득(임금)만을 기준으로 보험료를 산정한다. 지역가입자는 모든 소득(종합소득)을 기준으로 보험료를 부과하는 방식과 비교할 때 형평성에 문제가 있다. 실제로 많은 지역가입자들은 직장가입자들의 보험료 부과방식에 대하여 불만을 제기하고 있다.

왜 직장가입자는 근로소득에만 보험료를 부과하는가? 일반적으로, 의료보장을 사회보험 방식으로 운영하는 경우는 독일을 비롯한 많은 국가들에서 초기에는 근로자들이 주요 대상이었기 때문에 근로소득만을 기준으로 하는 것이 전통이었다(최근에는 의료보장의 재원 조달의 어려움 때문에 근로소득 이외의 소득까지 확대하고 있지만).

우리나라의 경우는, 건강보험 도입 이후 초기 단계에는 대부분의 직장가입자들은 근로소득 이외의 다른 소득이 없었고, 또한 소득파악이 어려운 상황에서 근로소득 이외의 소득을 파악하는 것이 쉽지 않았기 때문이다. 또한 2000년 건강보험으로 통합되기 이전에 의료보험은 많은 수의 직장의료조합 단위로 운영되었기 때문에 현실적으로도 보험료를 근로소득 이외의 소득까지 부과대상으로 삼는 것은 어려웠다. 그래서 오늘날까지 직장가입자는 봉급생활자, 지역가입자는 자영업자라는 단순한 이분법적 분류가 통용되고 있다.

마지막으로, 우리나라는 지역가입자들의 소득파악이 50%도 안 되는 상황에서 많은 수의 지역가입자들은 실제 소득보다 적게 보험료를 내고 있는 것이 사실이다. 이러한 상황에서 소득파악률이 높은 직장가입자들에게는 근로소득 이외의 소득까지 보험료를 부과하는 것은 지나치다고 할 수 있다. 실제로 대부분의 직장가입자들은 자신들이 지역가입자들보다 건강보험의 보험료를 훨씬 많이 부담한다고 생각한다. 이러한 점을 고려해 볼 때 직장가입자들에게 종합소득을 보험료 부과대상으로 하는 것은 정치적으로도 쉽지 않다.

그러나 오늘날의 건강보험의 직장가입자들 가운데는 전형적인 단순한 '봉급생활자'가 아닌 사람들이 많이 포함되었다. 즉 직장가입자의 성격이 애매해졌다. 예를 들면, 2012년 2월 현재 약 50만명의 전형적인 자영업자들이 직장가입자에 포함되어 있다. 특히 대부분의 고소득 자영업자들(변호사, 개업의사 등)은 직장가입자에 포함되어 있다. 또한 전형적인 '봉급생활자'들도 과거에 비해 근로소득 이외의 소득이 있는 경우가 크게 늘어났다.

오늘날 직장가입자들 가운데 약 10%가 근로소득 이외의 다른 소득이 있는 것으로 나타났다(적어도 소득파악이 된 경우만을 포함했을 때). 예를 들면, 약 21만명이 사업소득이 있고 이들의 평균소득액은 약 1,200만원이고, 약 26만명이 임대소득이 있고 평균 1,990만원의 소득을 신고했다. 또한 약 56만명이 연금소득이 있었다(김진수 외, 2010).

이렇게 직장가입자들 가운데서 근로소득 이외의 소득이 있는 사람들이 늘어나고 또한 그 액수도 커지면, 단순히 근로소득에만 보험료를 부과하면 형평성에 큰 문제가 발생한다. 즉 근로소득이 비슷하여 유사한 보험료를 낸다 해도, 종합소득의 관점에서 보면 근로소득만 있는 직장가입자는 근로소득 이외의 소득이 많은 가입자에 비하여 더 많은 보험료를 부담하게 되어 결과적으로 소득분배가 역진적으로 이루어지게 되는 것이다.

(2) 보험료 납부능력이 있는 피부양자의 문제

2011년 현재 건강보험의 직장가입자의 피부양자로 분류된 사람은 1,986만명에 이른다. 이 해에 직장가입자의 숫자가 1,339만명이어, 부양률이 대략 1.5에 이른다. 우리의 부양률은 서구복지국가들의 부양률이 대부분 1에 못 미치는 것에 비추어 볼 때(프랑스 0.56, 독일 0.37~0.72) 지나치게 높다. 우리는 아직도 '대가족 복지'의 전통이 남아 있어 본인과 배우자의 할아버지 · 할머니, 손자 · 손녀는 물론이고 심지어는 형제 · 자매까지 피부양자에 포함되어 있기 때문이다. 다행히도, 우리의 부양률은 점차 낮아지고 있는 추세이다. 예를 들면, 2000년의 경우는 2.0이 넘었고 이후에 계속 조금씩 줄어들고 있는 추세이다. 이것은 우리도 '핵가족 복지'의 방향으로 가고 있다는 것을 보여준다.

그럼에도 불구하고 우리는 아직도 피부양자의 숫자가 너무 많고 무엇보다도 보험료 납부능력이 있는 피부양자의 숫자가 최근에 크게 늘어나고 이들이 보험료를 전혀 납부하지 않고 건강보험의 혜택을 받고 있다는 것이 문제이다.

보험료 납부능력이 있는 피부양자의 대표적인 계층은 일정 수준 이상의 자산을 갖고 있는 사람들이다. 이들은 직장가입자인 부양의무자가 없으면 지역가입자로서 일정한 보험료를 내야 할 사람들이다. 예를 들면, 2009년 현재 피부양자 1,925만명 가운데 약 9%인 대략 180만명이 5천만원 이상의 자산을 갖고 있다. 3억원 이상의 자산을 갖고 있는 사람들도 대략 10만명이 넘는다(김진수 외, 2010). 이들에게 단순히 피부양자라 하여 전혀 보험료를 부과하지 않는 것은 형평성의 차원에서 큰 문제라 할 수 있다.

또 하나의 계층은 연금수급자이다. 서구복지국가들에서는 대부분 연금소득에 대하여 보험료를 부과하고 있다. 우리나라는 지금까지 공적연금제도가 성숙되지 않았기 때문에(수급자의 숫자도 적고, 연금액도 적기 때문에) 연금소득에 대하여 보험료를 부과하는 것이 현실적으로 큰 의미가 없었다.

그러나 오늘날에는 월 수백만원의 연금을 받는 특수직역연금 수급자들(공무원연금, 사립학교교직원연금, 군인연금)이 20만명이 넘고, 국민연금이 점차 성숙되어 국민연금 수급자의 숫자나 연금액도 증가하고 있다. 또한 지역가입자의 경우는 연금수급자는 20%의 인정률이 적용되어 보험료를 부과하는 데 반해, 직장가입자의 경우는 피부양자로 인정되면 보험료 부과를 전혀 안 하여 형평성에도 문제가 있다. 따라서 직장가입자의 피부양자도 일정 수준 이상의 연금소득에 대하여는 보험료를 부과할 필요가 있다.

2009년 현재 직장가입자 피부양자의 약 7%인 약 130만명이 월 수백만원의 연금소득이 있다. 사실 이러한 사람들이 피부양자라는 이름하에 보험료를 전혀 납부하지 않는 것은 형평성과 사회적 자원의 효율적인 배분의 차원에서 바람직하지 않다고 볼 수 있다.

우리의 문화적 특수성으로 피부양자의 범위를 넓게 잡는 것은 이해가 되나, 보험료 납부 능력이 충분히 있는 피부양자까지 보험료 납부를 면제하는 것은 문제가 있다.

2) 지역가입자의 경우

지역가입자들에 대한 보험료 부과방식은 매우 복잡하게 되어 있는데 그 이유는 지역가입자들에 대한 소득파악이 어렵기 때문이다. 현재 지역가입자 세대 중 소득을 파악할 수 있는 경우가 약 40% 정도에 불과하다. 이렇게 복잡하다 보니 전문가들도 이해가 안 되는 점들이 많고, 무엇보다도 지역가입자들은 보험료 부과방식에 대하여 불만이 많아 끊임없이 보험료 부과방식의 개선을 요구하고 있는 상황이다.

지역가입자들의 보험료 부과방식의 문제점들은 세부적으로는 많을 수 있으나, 여기서는 크게 네 가지 측면에서 논의하고자 한다. 첫째는 보험료 산정에서 재산에 너무 크게 의존한다는 점이고, 둘째는 자동차 소유 유무로 판단한다는 점이고, 셋째는 과세소득 500만원을 기준으로 나누어 보험료를 산정한다는 것이고, 넷째는 직역간 이동에서의 문제점이다(김진수 외, 2010).

(1) 재산비중의 과다

일반적으로 서구의 복지국가들에서는 사회보험의 보험료를 부과할 때 소득만을 기준으로 산정한다. 이것은 이러한 국가들에서는 대부분의 국민들의 소득파악이 비교적 정확히 이루어졌다는 현실적인 이유도 있지만, 더 본질적인 이유는 소득이 재산이나 소비수준보다 사람들의 경제적 능력을 판단하는 데 더 적절한 지표이기 때문이다. 재산이 많아도 소득이 적을 수가 있고(소득화가 어려운 재산이 많은 경우), 소득이 낮은데도 소비를 많이 하거나, 반대로 소득은 높은데도 소비를 적게 하는 경우가 있기 때문이다.

우리의 경우는 지역가입자들에 대한 소득파악이 어렵기 때문에 재산을 보험료 부과요소에 포함시켜 소득을 추정하기 위한 대리지표로 사용하고 있다. 그런데 문제는 재산이 보험료 산정에서 차지하는 비중이 너무 크다는 것이다. 예를 들면, 2005년의 경우 보험료 부과에서 재산에 근거하여 보험료를 결정하는 비중은 대략 45%이다. 반면에 이때 소득의 비중은 22%에 불과하다. 문제는 최근 소득파악률이 높아지고 있는데도 불구하고 재산의 비중이 오히려 높아지고 있는 점이다. 1998년에는 재산의 비중이 34%이었다. 바람직한 보험료 산정의 방향과 오히려 반대로 가고 있는 것이다.

(2) 자동차 소유 여부

우리나라는 특이하게 지역가입자들의 보험료 산정에 자동차 보유 여부를 부과요소로 사용하고 있다. 2009년 현재 자동차 항목은 전체 보험료 비중의 약 6%를 차지하고 있다. 의료보험 초기 단계에서는 재산파악도 어려운 상황에서 자동차 소유 여부는 재산 혹은 소득을 추정할 수 있는 좋은 지표이었다. 또한 자동차 소유 여부는 행정적으로 쉽게 알 수 있기 때문에 건강보험을 관리하는 측에서는 행정비용도 절약할 수 있기 때문에 선호가 되었다.

그러나 오늘날에는 자동차는 대다수의 국민들이 소유하고 있는 필수재가 되었기 때문에, 자동차의 소유 여부는 추가적이고 특수한(?) 재산으로서의 의미는 없어졌다. 또한 지역가입자들 가운데 많은 사람들에게는 자동차는 단순한 교통수단이 아닌 생계를 위한 수단이기 때문에 자동차의 소유 여부를 가지고 보험료를 부과하는 것은 불합리하다고 할 수 있다. 무엇보다도, 자동차도 재산이기 때문에 재산 항목에 포함시키면 되기 때문에 별도로 자동차를 보험료 부과요소로 할 필요는 없는 것이다.

(3) 과세소득 연 500만원을 기준으로 이원화된 보험료 부과체계

현재 지역가입자들은 과세소득 연 500만원을 기준으로 보험료 부과체계가 이원화되어 있다. 500만원 이하의 지역가입자들은 소득이 제대로 파악이 안 된다고 보고, 생활수준 및 경제활동참가율을 성과 연령을 기준으로 주관적으로 판단하여 등급을 매겨 이른바 '평가소득'을 추정하는 방식으로 보험료를 산정한다(물론, 재산과 자동차도 부과요소로 포함하고).

반면에 500만원 초과의 지역가입자들은 실제(?) 소득을 등급을 매기고, 재산, 자동차와 더불어 보험료를 산정한다. 이렇게 500만원을 기준으로 이원화가 되어 있는 것은, 500만원 이하의 지역가입자들은 소득파악이 안 되어 있는 계층이고 500만원 초과는 소득파악이 되어 있는 계층으로 판단하였기 때문이다.

그런데 지역가입자들 가운데 500만원 이하의 소득이 있다고 판단되는 가입자의 비중이 전체의 84%이고, 500만원 초과의 소득이 있는 가입자는 16%에 불과하다. 또한 현재 지역가입자들에 대한 소득파악률은 40% 정도이다. 즉 소득파악이 어렵다고 판단되는 500만원 이하의 지역가입자들 가운데 상당수는 소득파악이 가능한 것이다.

이렇게 볼 때 500만원이라는 인위적으로 설정한 기준은 현실적으로 의미가 없다고 볼 수 있다. 또한 500만원 이하의 지역가입자들에게만 가족 숫자가 증가할수록 보험료가 늘어나게 하거나, 이른바 '평가소득'을 산정하기 위하여 재산과 자동차를 사용하면서, 별도로 재산과 자동차를 다시 산정에 포함시키는, 즉 이중으로 부과하는 형태를 갖고 있다. 이것은 지역가입자들 내에서조차 보험료 부과의 형평성이 문제가 될 수 있다. 전체적으로 볼 때 500만원 기준에 따른 이원화는 불필요하다.

(4) 직역 간 이동 시 보험료 부담의 차이

직장가입자와 지역가입자의 보험료 부과체계가 다르다 보니까 발생하는 또 하나의 문제는 직역을 이동할 때 보험료 부담이 큰 차이가 난다는 점이다. 예를 들면, 직장에 다니다 실업이나 퇴직을 할 경우 지역가입자에 편입이 되는데 이때 직장가입자로서 낸 보험료보다 훨씬 많은 보험료를 부담하게 되는 경우다. 소득은 줄었는데 보험료는 올라가는 현상이 나타나는 것이다. 2008년을 기준으로 볼 때, 직장가입자에서 지역가입자로 바뀌면 평균적으로 4만 6천원의 보험료를 내다가 5만 9천원의 보험료를 부담하게 된다. 반대로 지역에서 직장가입자로 바뀌면 평균 6만 1천원에서 4만 1천원으로 줄어든다. 직역 간 보험료 부과체계가 다르기 때문에 어느 정도의 차이는 있을 수 있지만, 너무 차이가 크면 문제가 될 수 있다(김진수 외, 2010).

3) 개선방안

지금까지 우리의 건강보험의 보험료 부과체계에서의 문제점들을 지적하였다. 지금부터는 어떻게 개선하는 것이 바람직한지를 주로 형평성과 효율성의 차원에서 논의하고자 한다.

가장 이상적인 방향은 직장가입자와 지역가입자를 통합하여 모두에게 소득(종합소득)만을 기준으로 보험료를 부과하는 것이다. 이렇게 하면 직장가입자와 지역가입자 사이의 비형평성의 문제, 지역가입자 내의 비형평성의 문제, 지역가입자 보험료 부과에서의 비효율성의 문제들을 일거에 해결할 수 있다. 그러나 이러한 방안은 우리나라의 국민들의 소득파악이 상당한 수준에 도달해야 가능하다.

따라서 오늘날처럼 지역가입자들에 대한 소득파악률이 40% 정도인 상황에서는, 앞으로 상당한 기간 동안에는 현실적인 개선방안들이 필요하다. 여기서는 크게 5가지 방안을 제시하고자 한다. 첫째는 직장가입자들의 소득의 범위를 넓히는 것이고, 둘째는 피부양자들 가운데 일정한 소득이나 재산 이상인 사람들에게 보험료를 부과하는 것이고, 셋째는 지역가입자들의 보험료 부과체계를 단순화·효율화하는 것이고, 넷째는 지역가입자들의 보험료 산정에서 기본 보험료 제도를 만드는 것이고, 다섯째는 직역 간 이동 시에 나타나는 보험료 부담의 차이를 줄이는 것이다.

(1) 직장가입자들의 부과대상소득을 넓히는 방안

앞에서 언급했듯이, 우리의 건강보험의 직장가입자들에게 보험료를 부과할 때 대상이 되는 소득은 근로소득(임금)으로 한정이 되어 있는데, 이것을 모든 소득(임대, 사업, 연금, 배당, 이자 등의 종합소득)으로 넓히는 것이 바람직하다. 이렇게 하는 것이 부담능력에 따른 보험료 납부라는 원칙에 맞고, 또한 사회 전체의 소득분배가 평등적인 방향으로 갈 수 있고, 무엇보다도 요즈음 어려운 우리의 건강보험 재정에 큰 도움이 될 수 있기 때문이다.

이것을 위한 구체적인 방안은 다양할 수 있는데, 현재처럼 근로소득에 한정할 때는 사용자가 피고용자의 보험료의 半을 부담했는데 종합소득으로 소득의 범위를 넓혔을 때는 근로소득 이외의 소득에 대해서는 사용자가 부담할 필요가 없다. 근로소득 이외의 소득에는 어떤 보험료율을 적용할지는 정책적으로 다양하게 검토할 필요가 있다. 예를 들면, 보다 확실한 정책효과를 얻고자 한다면 현재의 피고용자의 근로소득에의 보험료율을 그대로 근로소득 이외의 소득에 적용할 수 있고, 정치적인 저항을 우려한다면 보다 낮은 보험료율을 적용할 수 있다.

이렇게 할 때 직장가입자들의 보험료 부담은 얼마나 늘어날까? 한 연구에 의하면, 2009년 기준으로 볼 때, 현재의 피고용자의 근로소득에 대한 보험료율을 적용할 때, 직장가입자의 월 평균 보험료는 약 6만 6천원에서 8만 5천원으로 증가하고, 연간 보험료 수입은 약 19조 3,700억원에서 22조 500억원으로 약 2조 6,700억원이 증가한다. 이 정도의 규모면, 현재 건강보험의 재정의 어려움에 비추어 볼 때 건강보험 재정에 큰 도움이 될 수 있다(김진수 외, 2010).

중요한 것은 보험료 부담의 분포다. 이렇게 부과체계를 변경해도 직장가입자들의 90% 이상이 기존의 보험료와 변동이 없고 대략 10% 정도만이 보험료가 상승되는 것으로 나타났다. 이것은 직장가입자들 가운데 약 10%만이 임금소득 이외의 소득이 있다는 것을 다시 한 번 확인해준다. 보험료 부과 대상 소득이 이렇게 확대되면 이러한 사람들이 저항할 것이나, 사회 전체의 효용과 정의의 차원에서 이들의 저항은 한계가 있을 것이다.

(2) 피부양자들 일부에 대한 보험료 부과 방안

피부양자들에 대한 보험료 부과체계의 개선 방향은 크게 보면 두 가지로 나눌 수 있다. 하나는, 피부양자의 범위를 줄이는 방안이다. 현재는 피부양자의 범위가 너무 광범위한데 이것을 줄이는 것이다. 예를 들면, 현재는 형제·자매까지 피부양자로 되어 있는데 이러한 사람들은 제외시키는 것이다. 그러나 이 방식은 우리나라의 문화적 특수성에 기인한 '대가족 복지체제'에서 현재 당장 시행하기가 쉽지 않다. 시간이 걸리겠지만 우리나라도 점차 '핵가족 복지체제'로 가고 있기 때문에 시간이 지나면 자연스럽게 피부양자의 범위는 줄어들 것이다.

다른 하나는, 피부양자의 범위는 그대로 두고 피부양자들 가운데 일정한 수준의 연금소득과 재산을 갖고 있는 사람들은 보험료를 납부하게 하는 방안이다. 이렇게 하는 것이 형평성이나 소득분배의 평등성의 차원에서 바람직하다. 수십억원의 재산이나 수백만원의 연금소득을 갖고 있는 사람들이 자식이 직장가입자라 하여 보험료를 전혀 안 내는 것은 매우 불합리하다.

① 연금소득의 경우

서구복지국가들에서는 대부분 '핵가족 복지체제'이기 때문에 실질적으로 배우자와 미성년 자녀 이외는 피부양자가 아니다. 따라서 은퇴한 노인들은 대부분 공적연금 소득의 일부를 보험료로 납부한다. 우리나라는 공적연금이 아직 성숙이 되지 않아, 수급자의 숫자나 급여액이 적어 지금까지는 연금소득에 대하여 보험료를 부과하지 않았다. 그러나 우리나라는 현재도 월 수백만원의 특수직역연금(공무원연금, 사립학교교직원연금, 군인연금)을 받고 있는 사람들이 수십만명이 있고, 우리의 국민연금도 점차 성숙이 되어가기 때문에 일정한 수준 이상의 연금소득이 있는 피부양자에게도 보험료를 부과해야 한다.

구체적인 방안은 크게 보면 두 가지로 나눌 수 있다. 하나는, 연금소득은 비교적 정확히 파악이 되기 때문에 연금소득에 일정한 보험료율을 정하여 납부하게 하는 방안이 있고, 다른 하나는, 일정한 연금소득 이상인 사람들은 지역가입자로 편입시켜 지역가입자들의 보험료 부과체계에 따라 보험료를 내게 하는 방식이다.

② 일정한 수준 이상의 재산을 소유한 피부양자의 경우

2009년 기준으로 볼 때 피부양자 1,925만명 가운데 약 9%인 180만명의 사람들이 5천만원 이상의 재산을 갖고 있고, 3억원이 넘는 자산을 갖고 있는 사람들도 대략 10만명이 넘는다. 이 정도의 재산을 갖고 있는데 피부양자라는 이름으로 보험료를 한 푼도 안 내는 것은 형평성의 차원에서 큰 문제가 있다.

따라서 일정한 수준 이상의 재산(예, 1억원)을 갖고 있는 피부양자는 지역가입자로 전환시켜 보험료를 납부하게 하는 것이 필요하다. 그런데 문제는 이렇게 하면 '도덕적 해이'의 문제가 발생하여 많은 피부양자들이 비공식적(?)으로 재산을 다른 사람의 이름으로 분산시킬 위험이 있다. 현실적으로 볼 때 이 방법은 우리나라 국민들의 소득과 재산의 정확한 파악이 전제되어야 시행할 수 있다.

(3) 지역가입자 보험료 부과체계 개선방안

① 보험료 산정에서 재산이 차지하는 비중을 줄여야 한다.

앞에서 언급했듯이, 현재 지역가입자들의 보험료를 산정할 때 부과요소로서 재산의 비중이 큰데 이 비중을 줄여야 한다. 현재 대략 45%인데 이 비중을 20% 이내로 줄이고, 소득파악률이 높아지고 있는 추세에 있기 때문에 소득의 비중을 50% 정도까지는 올려야 한다.

② 500만원의 기준선을 없애야 한다.

현재 인위적으로 정한 500만원을 기준으로 지역가입자들을 이원화하여 보험료를 부과하는데, 이 500만원 기준은 현실적으로 의미가 없다. 지역가입자의 84%가 500만원 이하로 분류되는 반면, 지역가입자의 소득파악률이 40% 정도이기 때문에 모순된다. 앞으로 소득파악률도 꾸준히 높아지기 때문에 500만원 기준을 없애고 모든 지역가입자들에게 동일한 부과요소(결국은 소득과 재산)로 보험료를 산정해야 한다. 다시 말하여 500만원 이하의 지역가입자들에 대한 비합리적인 부과요소인 이른바 '평가소득'을 폐지하는 것이 바람직하다.

③ 자동차 소유 여부 항목을 폐지해야 한다.

오늘날 우리 사회에서 거의 필수재처럼 되어 있는 자동차의 소유 여부로 보험료를 부과하는 것은 시대착오적이라 할 수 있다. 이것은 재산의 일부로 포함시키면 된다.

(4) 기본 보험료 제도의 도입

위에서처럼 500만원 기준선도 폐지하고, 자동차 항목도 폐지하고, 재산의 비중을 줄이는 상황에서, 소득파악이 제대로 안 되어 있는 사람들에 대한 보험료는 어떻게 산정하는가? 가장 단순하고 효율적인 방법은 지역가입자들 누구에게나 부과하는 기본 보험료 제도를 도입하면 된다. 그래서 모든 지역가입자 세대별로 기본 보험료를 부과하고 여기에다 재산과 소득 수준에 따라 보험료를 추가로 부담하게 하는 것이다.

이렇게 기본 보험료 제도를 만들면 현재 소득파악이 제대로 안 되고 있는 사람들(이들은 대개 저소득층이다)은 대부분 기본 보험료만을 납부하면 된다. 그런데 기본 보험료를 얼마로 정하느냐에 달렸지만(예를 들면, 2009년 기준으로 직장가입자들이 내는 최소보험료인 13,000원으로 정한다), 많은 수의 저소득층의 사람들은 기본 보험료가 부담이 될 수 있다. 따라서 기본 보험료를 도입하기 위하여는, 현재의 의료급여의 대상을 다소 확대하여 이른바 차상위계층에게까지 의료급여를 제공할 필요가 있다.

(5) 직역 간 이동 시 보험료 부담의 차이를 줄이는 것

현재처럼 직장가입자와 지역가입자 사이의 보험료 부과체계가 다른 상황에서는 보험료 부담의 차이는 불가피하다. 다만 너무 차이가 커서 이동 시의 충격을 완화할 필요가 있다. 현실적으로, 이 문제는 대부분 직장가입자가 실업이나 퇴직 등으로 지역가입자로 편입될 때 발생하는 것이기 때문에, 이 경우 보험료가 오르는 경우에는 보험료 상승을 1~2년 간 유예하는 제도를 만들 필요가 있다.

3. 상병수당 제도의 결여

우리나라는 현재 모든 선진산업국가들을 포함하여 전 세계 대략 80개국 이상에서 시행하고 있는 상병수당 제도를 갖고 있지 않다. 1절에서 소개했듯이, 상병수당은 사람들이 질병(특히 중증질환)에 걸렸을 때 일정한 기간 동안 소득이 줄어들거나 중단되었을 때 상실된 소득을 보장해 주어, 질병에 걸렸을 때 빈곤층으로 전락하는 것을 막아주는 소득보장제도이다.

우리나라는 특히 중증질병에 걸렸을 때 의료서비스를 받을 때 본인부담금이 매우 크고, 또한 상병수당이 없는 상태에서 일을 못해 소득이 줄어들거나 중단되어 빈곤층으로 전락할 가능성이 더욱 크다고 할 수 있다. 사실 우리나라에서도 의료보험 도입의 초기 단계부터 상병수당의 도입을 검토하였다. 그러나 실제로 도입을 못하였는데, 가장 중요한 이유는 상병수당은 경제성장에 해가 된다는 점이다.

우리나라는 오랫동안 경제성장을 가장 중요한 가치로 여겨왔기 때문에 근로동기를 약화시켜 노동공급을 줄여 경제성장에 해가 될 수 있는 제도들을 받아들일 수 없는 국가이다. 1절에서 언급했듯이, 상병수당은 사회복지제도들 가운데 '도덕적 해이'의 문제가 비교적 커서 사람들이 이른바 '꾀병'으로 일을 안 하면서 상병수당을 수급할 수 있는 위험이 있다. 실제로 최근 서구복지국가들이 복지재정의 어려움으로 사회복지제도들을 재구조화하고 있는데 많은 국가들에서 상병수당 제도를 조정하고 있다.

그러나 상병수당과 관련된 도덕적 해이의 문제는 제도를 어떻게 설계하느냐에 따라 크게 줄일 수 있다. 상병수당이 없어서 많은 사람들이 질병에 걸렸을 때 경제적 어려움을 겪는 문제를 해결하기 위하여는 상병수당을 하루 빨리 도입할 필요가 있다. '구더기 무서워 장을 못 담는' 우를 범해서는 안 된다.

그렇다면 어떤 방식의 상병수당을 도입해야 하는가? 상병수당을 도입하기 위하여는 국민들에 대한 소득파악이 제대로 되어야 한다. 우리나라는 현재 직장가입자들의 소득파악은 어느 정도 되어 있기 때문에, 다른 많은 국가들처럼 상병수당을 직장가입자들에게만 강제가입의 형태로 도입할 필요가 있다. 이 경우에도 초기에는 어느 정도 규모 이상의 사업장(예를 들면, 10인 이상 등)에만 적용하는 것이 현실적이다(현재 소규모 사업장의 피고용자들의 소득파악은 아직은 제대로 되어 있지 않기 때문).

반면에 우리나라는 현재 지역가입자들에 대한 소득파악률이 40% 정도에 지나지 않기 때문에 지역가입자들까지 강제가입의 상병수당을 도입하는 것은 현실적으로 어렵다. 따라서 지역가입자들에게는 임의가입 형태가 바람직할 수 있다.

상병수당의 급여는 소득비례방식으로 결정하여 보험료를 많이 낸 사람들에게 급여액도 많이 받게 하는 것이다. 이때 소득대체율은 어느 정도가 바람직한가? 우리나라의 경우 강제적인 보험료 납부에 대한 저항이 크기 때문에 상병수당에 사용할 수 있는 재원이 많지 않을 가능성이 크고, 무엇보다도 도덕적 해이의 문제를 우려하는 사람들이 많기 때문에 소득대체율을 높게 잡는 것도 현실적으로 어렵다. 그래서 프랑스나 이태리처럼 대략 50%의 소득대체율이 적절할 것 같다.

또한 재정과 도덕적 해이의 문제를 고려하여, 급여기간도 일본처럼 6개월 이내로 제한하고, 반면에 상병수당을 받을 수 있는 대기기간을 길게 잡아(예, 4주), 질병 발생 초기에는 가입자가 다니는 직장에서 급여의 일부를 제공하도록 하는 것이 바람직할 수 있다.

마지막으로 운영주체는 독일처럼 건강보험체계에서 상병수당을 운영하는 것이 바람직하다. 우리의 건강보험의 관리·운영체계가 다른 사회복지제도들의 운영체계보다 규모도 크고 행정적으로 성숙되었다고 판단하기 때문이다.

4. 의료비 지출의 증가와 진료비의 지불방식

최근 우리나라에서 의료비 지출이 크게 늘어나고 있다. 우리나라는 아직은 GDP 대비 의료비 지출의 수준은 OECD 국가들 평균인 9.6%에 크게 못 미치는 6.9%로 낮은 편이다. 그러나 최근에 의료비 지출 증가율은 높다. 예를 들면, 최근 10년 간 우리나라 1인당 보건의료비 지출 증가율은 OECD 국가들 4%에 비하여 크게 높다. 이것은 우리나라의 의료서비스의 수준이 양과 질의 측면 모두에서 서구의 복지국가들 수준에 근접하기 위한, 어찌 보면 당연한 추세라고 할 수 있다.

의료비 지출의 증가에 결정적인 요인은 인구의 고령화이다. 우리나라도 선진산업국가들처럼 인구의 고령화로 노인을 위한 의료비 지출이 크게 늘어나고 있다. 예를 들면, 2011년의 경우 건강보험 총 진료비 가운데 65세 이상의 노인에게 주어진 진료비는 전체 진료비의 34%에 이른다. 우리나라는 특히 인구의 고령화가 앞으로 빠른 속도로 이루어지기 때문에 노인들을 위한 의료비 지출의 문제는 더욱 심각해질 수 있다.

의료비 지출의 증가의 문제를 어떻게 해결해야 되나? 궁극적으로는 건강보험료를 올릴 수밖에 없는데, 그 전에 의료비 지출의 주요 요인이 되는 현재의 진료비의 지불방식을 개선할 필요가 있다. 현재 우리의 건강보험체계에서는 대부분의 진료비는 이른바 행위별수가제에 의하여 결정되는데 이것이 진료비 지출을 불필요하게 많이 하게 한다.

최근에 우리나라에서도 진료비 증가의 억제를 위하여 7개 질병군에 대하여 포괄수가제를 시행하여 질병군별 진료비를 사전에 정하여 의료서비스 공급자들에게 지불하고 있다. 즉 행위별수가제 하의 과잉진료의 동기를 약화시켜 전체 진료비를 억제하고자 하는 것이다.

포괄수가제는 의료서비스의 질의 저하라는 위험이 있지만, 의료비 지출을 줄일 수 있기 때문에 앞으로 더 많은 질병군으로 확대할 필요가 있다. 진료비 상승을 막을 수 있는 더 강력한 방식은 총액예산제이다. 이것은 국가와 의료서비스를 제공하는 집단과 사전에 진료비 총액을 합의하여 결정한 후, 이 총액 내에서만 의료서비스가 이루어지도록 하는 것이다. 이 방식도 포괄수가제와 더불어 실험적으로 시행해 볼 필요가 있다.

8 chapter

고용보험(실업보험)

제1절 개관

산업사회에서 살아가는 사람들이 부딪히는 또 하나의 중요한 사회적 위험은 실업이다. 산업사회의 시장경제에서는 경기변동(business cycle)이 거의 일반적이어, 경기가 호황일 때가 있으면 얼마 후에 불황일 때가 많다. 이렇게 국가경제가 경기변동을 겪게 될 때, 불황기가 되면 많은 사람들이 자신들의 행위여부와 상관없이 실업을 당하게 된다.

또한 산업사회에서의 실업은 많은 경우 국가경제의 정책 방향이나 산업구조의 변화, 그리고 세계화에 따른 지구경제의 변화 등에 큰 영향을 받는다. 예를 들면, 우리나라의 1998년의 외환위기에 따른 대규모의 실업은 우리나라의 그 동안의 국가경제의 기본 방향이 잘못되어 발생한 것이다. 또한 2008년에 미국의 금융위기가 발생하자 우리나라도 그 영향을 받아 경제가 침체가 되어 실업률이 높아진 것이다.

이렇게 실업이라는 것이 개인들의 노력이나 능력과 상관없이 나타나기 때문에 산업사회의 국가는 일찍이 개인들의 실업 문제에 개입하여 실업에 대하여 국가적 차원에서 대책을 마련하였다. 그래서 만든 것이 실업보험이다. 실업보험은 사람들이 실업을 당해 소득이 중단될 때 소득보장을 위한 사회보험이다. 실업보험은 대부분의 국가들에서 실업에 대한 소득보장을 주요 목표로 하고 있지만, 오늘날에는 우리나라를 비롯한 일부 국가들에서는 소득보장뿐만 아니라 재취업을 위한 여러 가지 정책들(일반적으로 노동시장정책이라 부르는)을 포함하고 있다.

실업보험은 대부분의 국가들에서 4대 사회보험 가운데 가장 늦게 도입하였다. 예를 들면, 독일의 경우 의료보험이나 국민연금은 1883년경에 도입하였는데, 실업보험은 한참 늦게 1927년에 도입하였다. 이것의 이유는 실업이라는 것이 본격적으로 국가경제의 구조적인 혹은 경기순환적인 문제에서 기인된다고 인식된 것이 20세기 이후이고, 무엇보다도 실업보험은 다른 어떤 사회보험보다 도덕적 해이의 문제가 심각할 수 있기 때문에 그러하다. 많은 사람들이 일을 할 수 있는데도 일을 안 하고 국가로부터 실업급여를 받아 살아간다면 국가경제에 큰 해가 되기 때문이다(Gordon, 1988).

우리나라는 1995년 처음으로 실업보험을 도입할 때 이름 자체를 고용보험으로 하여, 실업이 되었을 때 소득보장의 측면보다는 고용촉진을 더 강조하고 있다. 이것은 소득보장을 강조하다 보면 나타날 수 있는 국가경제에 해가 될 수 있는 도덕적 해이의 문제를 피하고, 국가경제에 도움을 주기 위한 고용확대를 극대화하려는 목표를 이루기 위해서다.

여기서는 본격적으로 우리나라의 고용보험을 설명하기 전에 실업보험을 포함한 실업보상제도(unemployment compensation) 전반에 관한 일반적인 설명을 하고자 한다.

1. 실업보상제도의 유형

실업자들을 위한 소득보장을 목표로 하는 국가의 제도들은 크게 두 가지로 나눌 수 있다. 하나는 사회보험 형태의 실업보험이고, 다른 하나는 공공부조(public assistance) 성격의 실업부조(unemployment assistance)이다(이인재 외, 2005).

1) 실업보험

오늘날 대부분의 선진산업국가들에서 실업자들을 위한 소득보장을 위해 가장 중요한 역할을 하는 것이 실업보험이다. 실업보험은 다른 사회보험처럼 주로 사용자와 피고용자가 보험료를 내고(미국과 이태리 등의 국가에서는 피고용자는 보험료를 안 내고 사용자가 전액 부담한다), 일부 재원은 국가가 부담하는 형태로 재원을 마련한다.

급여방식은 대개 소득비례방식을 택하여 보험료를 많이 낸 사람은 나중에 많은 실업급여를 받게 되어 있다. 그러나 실업보험은 대부분의 국가들에서 보험수리의 원리를 완전히 따르지 않아 저소득층에게 유리하게 급여액이 결정된다. 그래서 저소득층에게는 소득대체율이 높고, 고소득층에게는 소득대체율이 낮게 급여액 산정방식을 만들었다.

또한 어떤 국가들에서는 실업자가 부양가족이 있으면 더 많은 급여를 받게 하거나, 노동시장에 신규로 진입한 고용경력이 짧은 실업자들에게도 실업급여를 유리하게 제공하기도 한다(실업보험의 급여자격, 급여의 내용, 적용대상 등에 관하여는 뒤에서 자세히 설명하고자 한다).

2) 실업부조

실업보험과 달리 실업부조는 공공부조의 성격이 강한데 여기에는 두 가지 유형이 있다. 하나는, 오스트레일리아와 뉴질랜드에서 시행하는 것으로 완전히 국가의 일반예산을 재원으로 일정한 소득수준 이하의 실업자들에게 급여하는 제도이다. 다른 하나는, 상기의 실업보험과 연계하여 운영하는 실업부조이다. 실업보험을 시행하고 있는 많은 국가들에서는 대개 이러한 실업부조를 같이 운영하고 있다(영국, 스웨덴, 독일 등).

이것의 이유는 실업보험은 대개 한정된 기간 동안만 급여가 지급되기 때문에 실업기간이 길어지면 많은 경우 실업급여를 받지 못해 빈곤해질 가능성이 있기 때문이다. 또한 고용경력이 짧거나, 임금수준이 낮은 노동자들은 소득비례방식의 실업보험으로부터의 급여가 낮기 때문에 이것을 보충하기 위해서도 실업부조가 필요한 것이다.

따라서 실업부조만을 갖고 있는 오스트레일리아에서는 급여의 기준이 소득조사가 결정적이지만, 실업보험과 실업부조 둘 다를 운영하는 국가들에서는 실업부조의 수급자격에는 고용경력, 실업보험 수급기간 등을 고려한다.

2. 적용대상

앞 장들에서 설명한 국민연금이나 건강보험의 적용대상은 선진산업국가들에서는 거의 모든 국민들이라 할 수 있다. 반면에 실업보험은 적용대상이 일반적으로 제한이 있어 대개 자영업자들을 제외한다(덴마크 등을 비롯한 일부 국가들에서는 임의가입 방식으로 운영하지만). 이것은 실업보험의 성격 때문에 그러한데, 실업보험의 급여를 받기 위하여는 비자발적 실업이어야 하는데, 자영업자들의 경우 비자발적 실업 여부를 판단하는 것이 쉽지 않기 때문이다.

또한 실업보험은 적용대상을 정하는 데 있어 대개 나이를 기준으로 제한한다. 그래서 일반적으로 직업활동을 시작하는 연령(대부분의 경우 고등학교를 졸업하는 연령)으로 제한하거나, 일반적인 은퇴연령(선진산업국가들의 경우 대개 65세)이 넘는 사람들도 적용대상에서 제외한다.

실업보험의 주 대상은 상시근로자들이기 때문에, 일반적으로 단기간만 일을 하는 사람들(임시직, 일용직 등)은 적용대상에서 제외한다. 또한 많은 국가들에서 농업인들도 제외하거나, 일부 국가들(예, 일본)에서는 농민은 강제가입이 아닌 임의가입의 형태로 실업보험이 운영된다.

3. 수급자격

국민연금이나 건강보험과 달리 실업보험의 급여를 받기 위하여는 까다로운 수급자격이 필요하다. 이것은 실업보험이 도덕적 해이의 위험이 커서 오용과 남용을 막기 위해서 그러하다.

우선 실업보험의 급여를 받기 위하여는 일정한 기간 동안 적용대상이 되는 사업장에서 일을 해야만 한다. 특히 최근의 직업경력을 중요시하는데, 대개 지난 1년이 이른바 '기준기간(base period)'이다. 그리고 일한 기간도 따지는데 대개 6개월인 경우가 많다. 그러나 어떤 국가들은 이러한 기준기간도 길고, 일한 기간도 길 것을 요구한다. 예를 들면, 독일의 경우 실업보험의 급여를 받기 위하여는 지난 3년 기간 동안에 360일 이상을 적용대상이 되는 사업장에서 일을 해야만 된다.

이러한 조건 때문에, 일반적으로 과거의 직업경력이 없이 노동시장에 신규 진입하는 젊은 사람들은 실업급여의 자격이 주어지지 않는다. 그래서 많은 국가들에서 이러한 사람들에 대하여는 별도의 프로그램이 있는데, 대개 소득조사를 통하거나 일정한 기간 동안 고용사무소에 등록하여 적극적으로 일자리를 찾고 있다는 조건에서 일정한 급여를 하고 있다.

실업보험의 급여를 받을 수 있는 보편적인 자격조건은 세 가지다. 첫째는 비자발적인 실업이어야 하고, 둘째는 적극적으로 일자리를 찾고 있는 사람이어야 하고, 셋째는 '적절한' 일자리가 제시되면 일을 해야 한다(available for work).

정당한 이유 없이 자발적으로 일을 그만둔다든지, 본인의 큰 잘못으로 해고가 되었다든지, 아니면 파업에 적극적으로 참여하여 해고가 되면 실업보험의 자격이 주어지지 않는다. 또한 실업보험의 급여를 받기 위하여는, 실업이 된 후 고용사무소(employment office)에 등록을 하고 적극적으로 일자리를 찾고 있다는 사실을 보고해야 한다.

여기서 제일 논란이 많은 것이 세 번째 조건이다. 즉 '적절한(suitable)' 일자리가 제시되면 일을 해야 한다는 조건이다. 왜냐하면, '적절한' 일자리가 추상적이고 애매하기 때문이다. 많은 경우에 고용사무소에서 제시한 '적절한' 일자리가 실업자들에게 적절하지 않을 수 있다. 크게 보면 세 가지 측면에서 볼 수 있는데, 첫째, 제시된 일자리의 임금수준과 고용조건이고, 둘째, 실업자의 집과 교통수단에 비추어 볼 때 제시된 일자리가 얼마나 먼가 하는 점이고, 마지막으로, 실업자의 과거의 직업, 기술, 경력, 교육수준, 육체적 능력 등을 고려할 때 제시된 일자리가 실업자에게 적절하냐는 문제이다.

일반적으로, 실업보험을 관대하게 운영하는 국가들에서는 이러한 세 가지 조건들을 실업자들에게 유리하게 적용하는 경향이 있다. 그래서 과거의 일자리에서 받는 임금이나 고용조건 등을 고려하여 임금이 지나치게 낮거나, 집에서 너무 거리가 먼 일자리거나, 실업자의 교육수준이나 기술 등에 비추어 볼 때 적절하지 않은 일자리를 거부했다 하여 실업급여를 중단하지는 않는 것이다.

이상의 조건들을 다 충족했다 하여 실업급여를 받는 것은 아니다. 실업보험의 급여는 대개 일정한 대기기간 동안은 주어지지 않는다(일부 국가들, 예를 들면 벨기에, 덴마크, 프랑스, 독일 등은 대기기간이 없다). 대기기간은 대개 3일에서 1주일 정도이다. 반면에 캐나다 같은 국가는 2주의 대기기간이 있다.

대기기간이 필요한 이유는 대부분의 실업자들에게 실업의 기간은 그렇게 길지 않고, 이 기간 동안은 경제적인 큰 어려움 없이 지낼 수 있다고 보기 때문이다. 그리고 행정비용의 측면에서 보면, 대기기간을 두지 않으면 불필요하게 많은 행정비용이 들기 때문이다(여기에는 특히 비정규직으로 일하는 사람들이나 단기간 정리해고가 되는 사람들이 주로 해당된다).

4. 급여의 내용

실업보험은 대부분의 국가들에서 소득비례방식에 의하여 급여액이 결정된다. 그래서 일할 때 높은 임금을 받는 사람은 실업이 되었을 때 받는 급여액도 많다. 대부분 일할 때 받던 임금의 일정 비율(소득대체율)을 급여하는데, 국가별로 차이가 크다. 2000년대 초반 기준으로 볼 때 어떤 국가들에서는 임금의 90%를 실업급여로 지급하는 반면(예, 덴마크), 어떤 국가들은 30% 정도에 그친다(예, 이태리)(SSA, 2007).

일부 국가들(예, 영국)에서는 소득비례방식이 아닌 정액방식(flat-rate)으로 급여가 이루어진다. 예를 들면, 2000년대 초반을 기준으로 할 때 영국에서는 25세 이상의 실업자가 자격이 되면 일주일에 약 50파운드를 실업수당으로 지급하였다.

또한 대부분의 국가들에서 실업급여액은 가족의 존재 여부(특히 아동의 존재 여부), 실업급여를 받은 기간, 보험료를 낸 기간, 나이 등에 따라 차이를 두고 있다. 예를 들면, 많은 국가들에서 그렇듯이 프랑스에서는 실업급여를 받는 초기 기간에는 소득대체율이 높으나, 실업기간이 길어지면 점차로 낮춘다. 또한 어떤 국가들에서는 저소득층에게 유리하게 하기 위하여 최저급여액 제도를 만들어 저임금으로 일하다 실업이 된 사람들에게 급여를 한다(예, 프랑스). 왜냐하면, 이들에게 소득비례방식으로 급여를 주면 급여액이 너무 낮기 때문이다.

일반적으로 실업급여의 급여기간은 제한되어 있다. 이렇게 제한하는 이유는 실업자들의 근로동기 강화 때문이다. 덴마크와 벨기에 등의 일부 국가들에서는 급여기간의 제한이 없었지만, 최근에 정해진 급여기간은 없지만 급여기간이 길어지면 급여액을 줄인다.

그 외의 국가들은 대부분 급여기간이 여러 가지 요인들에 의하여 다양하게 제한되어 있다. 어떤 국가들은 최대 급여기간이 6개월인 반면, 어떤 국가들은 거의 3년에 이른다. 급여기간은 대개의 경우 얼마 동안 보험료를 납부했느냐에 따라 차이가 있다. 예를 들면, 독일의 경우 보험료 납부기간에 따라 급여기간이 17~52주로 다양하다. 어떤 국가들은 나이에 따라 급여기간을 달리한다. 예를 들면, 노르웨이의 경우 64세 이하이면 80주까지 급여가 이루어지는 반면, 그 이상이면 52주로 제한한다.

5. 재원조달방식

대부분의 국가들에서 실업보험은 이른바 '3자 조달방식'이다. 즉 사용자, 피고용자, 그리고 국가가 재원을 분담한다. 그런데 어떤 국가들(예, 이태리, 미국)에서는 피고용자의 부담이 없고, 미국의 경우 실업보험은 완전히 사용자가 부담하고, 이태리는 사용자와 국가가 부담한다. 미국이 실업보험에서 피고용자의 부담이 없고 완전히 사용자만 부담하는 것은 미국에서는 전통적으로 실업의 문제는 노동시장의 유연성을 강조하는 분위기에서 사용자의 책임이라는 의식이 강하기 때문이다. 이러한 이유로 미국에서의 사용자는 유럽국가들에 비하여 비교적 쉽게 피고용자를 정리해고(laid-off)시킬 수 있는 것이다.

보험료율은 국가들마다 다양하고, 어떤 국가들은 사용자와 피고용자가 半씩 부담하거나, 어떤 국가들은 사용자가 더 많이 부담한다. 예를 들면, 2000년대 초반을 기준으로 할 때 독일은 피고용자는 임금의 3.25%, 사용자는 피고용자 임금의 3.25%를 분담하는 반면, 프랑스는 피고용자는 3.1%, 사용자는 5.13%를 부담한다(SSA, 2007).

또한 미국을 비롯한 일부 국가들에서는 이른바 '경험요율(experience rating)'이라 하여 실업이 많이 발생하는 사업장들에게는 높은 실업보험료를 부과하는 제도를 갖고 있다(이 방식은 산재보험에서 주로 사용한다). 그러나 이 방식은 오늘날의 실업의 성격에 비추어 볼 때 부적절하다는 비판이 많다. 왜냐하면, 오늘날의 실업은 개별 사용자들의 능력 밖의 요소들 때문에 많이 발생하기 때문이다.

6. 실업보험은 사람들의 근로동기를 약화시키는가?

대부분의 국가들에서 실업보험을 다른 사회보험들에 비하여 가장 늦게 도입하는 이유 중의 하나는 실업보험이 사람들의 근로동기를 약화시켜 경제성장에 해가 될 수 있다고 판단하기 때문이다. 우리나라도 전두환 정부 시절에 실업보험을 도입하자는 논의가 있었으나, 정책결정자들이 실업보험은 근로동기를 약화시킨다는 이유로 도입하지 않다가, 1995년에 가서야 실업수당보다는 노동시장정책을 강조하는 형태로 고용보험이라는 이름으로 도입하였다.

실업보험은 이론적으로 볼 때 사람들의 근로동기를 약화시켜 노동력 공급이 줄어들 수 있다. 실업보험은 원칙적으로 비자발적 실업인 경우에만 실업급여가 주어지나, 현실적으로 자발적, 비자발적 실업의 구분이 쉽지 않기 때문에 사람들이 실업급여를 받기 위하여 '자발적'으로 실업자가 될 수 있다. 또한 '적절한' 일자리를 관대하게 운영하는 경우 사람들은 임금이 낮은 일자리의 제시를 거부하고, '적절한' 일자리를 찾는 기간이 길어질 수 있어 노동력 공급이 줄어들 수 있다. 실업보험은 주 대상자가 한창 일할 연령층이기 때문에 실업보험 때문에 노동력 감소가 나타나면 경제성장에 크게 해가 될 수 있는 것이다.

그러나 많은 실증적인 연구들에 의하면 대부분의 국가들에서 실업보험은 사람들의 노동력 공급을 줄이지 않는 것으로 나타났다(Atkinson and Micklewright, 1991). 그 이유는 몇 가지로 설명할 수 있는데, 우선 실업보험 제도를 근로동기의 약화를 막기 위하여 설계하였다. 즉 실업급여를 받을 수 있는 자격조건을 까다롭게 만든 것이다. 예를 들면, 실업이 되면 고용사무소에 등록하여 적극적으로 일자리를 찾아야 하는 것, 고용사무소에서의 일자리 제안을 거부 못하게 하는 것, 최근에 일정한 기간 동안 일을 한 경력이 있어야 하는 것 등이다. 이렇게 자격조건이 까다롭기 때문에 대부분의 국가들에서 실업급여를 받는 실업자들은 전체 실업자들 가운데 半이 안 된다(예를 들면, 미국은 30%, 영국은 26%, 독일은 40% 등이다).

또한 실업급여의 소득대체율이 실질적으로 크게 높지 않고, 실업급여 기간은 비교적 단기간(6개월~2년)으로 제한되어 있기 때문이다. 실업급여의 소득대체율은 명목적인 임금으로 볼 때 비교적 높다고 볼 수 있다(서구복지국가들의 경우 50~70%). 그러나 노동에 대한 총보상(total compensation)의 관점에서 보면, 실업이 되면 임금 이외의 많은 물질적, 비물질적 보상-흔히들 부가급여(fringe benefits)-을 잃게 되어, 실질적인 대체율은 높다고 할 수 없다(최근에 선진산업국가들에서는 세금 등의 이유로 이러한 부가급여의 비중이 더 커지고 있다). 실업은 또한 직업경력(job career)에도 흠이 가게 되고, 무엇보다도 실업기간이 길어지면 기술 퇴보를 가져올 수 있다. 이러한 이유들로 많은 사람들에게 '자발적' 실업이라는 것이 그렇게 매력적인 것은 아닌 것이다.

마지막으로, 실업보험은 오히려 근로동기를 강화시킬 수 있다. 실업급여를 받기 위하여는 최근의 일정 기간의 취업기간이 필요하다. 따라서 실업급여를 받기 위해서라도 일을 해야 하는 이른바 '자격효과(entitlement effect)' 때문에 사람들의 근로동기를 강화시킬 수 있다. 그래서 지금까지 경제활동을 안 하던 사람들도 적극적으로 노동시장에 참여하여 취업자의 숫자가 많아질 수 있는 것이다.

제 2 절 고용보험의 내용

1. 연혁

대부분의 국가들처럼 우리나라도 고용보험을 다른 사회보험들에 비하여 가장 늦게 도입하였다. 산재보험은 1964년에, 건강보험(의료보험)은 1977년에, 국민연금은 1988년에 도입하였는데 고용보험은 1995년에서야 도입하였다.

앞에서 언급했듯이 대부분의 국가들에서는 실업보험이라는 이름하에 실업급여(수당)를 제공하는 것을 주요 목표로 하였다. 반면에 우리는 도입 당시부터 고용보험이라 하였고, 실업급여를 제공하는 것보다는 고용안정과 직업능력개발을 강조하는 적극적 노동시장정책의 성격을 많이 갖고 있었다.

1995년 도입 당시에는 30인 이상을 고용하는 사업장을 의무가입 대상으로 하였으나, 1998년 10월부터는 1인 이상을 고용하는 모든 사업장으로 확대하였다. 이렇게 빠르게 적용대상을 확대한 결정적인 이유는 1997년 말에 발생한 외환위기 때문이다. 외환위기가 발생하자 실업자의 숫자가 크게 늘어나 이들에 대한 생활안정이 필요하였고, 무엇보다도 외환위기 이후에 산업구조조정을 하는 과정에서 고용보험의 필요성이 커졌기 때문이다.

2. 적용대상

현재 우리의 고용보험은 1인 이상 근로자를 고용하는 모든 사업장은 의무적으로 가입하여야 한다. 다만, 농업, 임업, 어업 중 법인이 아닌 사람이 상시근로자 4인 이하를 고용하는 사업과 가사서비스업은 적용에서 제외한다.

또한 고용보험은 원칙적으로 모든 근로자를 대상으로 하나, 65세 이상인 사람(고용안정·직업능력개발사업은 대상이 되나, 실업급여는 안 된다), 1개월 동안에 근로시간이 60시간 미만인 근로자, 공무원, 사립학교교직원 등은 적용대상에서 제외한다.

고용보험은 성격상 자영업자들은 적용대상에서 제외하는데, 2012년 1월부터 '자영업자 고용보험'을 도입하여 근로자를 고용하지 않거나, 50인 미만의 근로자를 고용하는 자영업주를 대상으로 임의가입 형식으로 운영하고 있다.

〈표 8-1〉에서 보듯이 2011년 현재 고용보험의 적용대상 사업장의 숫자는 150만 개 정도이다. 이것은 고용보험 도입 초기의 3만 9천개에 비하면 크게 늘어난 수치이다. 한편 적용대상 근로자의 숫자는 1천 67만명으로, 이것도 도입 초기의 420만명에 비하면 크게 늘어났다.

이렇게 적용대상이 크게 늘어났는데도 불구하고, 오늘날까지도 고용보험 가입자(피보험자)의 비율은 선진산업국가들에 비하여 크게 낮다. 〈표 8-2〉에서 보듯이 2010년 기준으로 볼 때, 우리의 고용보험의 피보험자의 비율은 전체 취업자 대비 42.8%이고, 임금근로자 대비 59.1%이고, 상시근로자 대비 66%에 불과하다(한국고용정보원, 2011). 이것은 1997년의 20.5%에서 2배 이상으로 늘어난 수치이다.

특히 상시근로자는 원칙적으로 모두 가입이 되었어야 하는데도 많은 사람들(즉 상시근로자의 34%)이 고용보험의 피보험자가 아니라는 것은, 고용보험이 현실세계에서 여러 가지 이유로 제대로 집행이 안 되고 있다는 것을 단적으로 말해준다(이것은 3절에서 자세히 논의한다).

〈표 8-1〉 고용보험 적용 변화(단위: 천개소, 천명)

구분	1995.7.1	1998.1.1	1998.10.1	2001	2002	2003	2004	2005	2006	2007	2008	2009	2010	2011
적용범위	30인 이상	10인 이상	1인 이상	1인 이상	1인 이상	1인 이상	1인 이상	1인 이상	1인 이상	1인 이상	1인 이상	1인 이상	1인 이상	1인 이상
적용사업장	39	47	400	807	826	846	1,003	1,148	1,176	1,288	1,424	1,385	1,408	1,508
적용근로자	4,204	4,272	5,268	6,909	7,171	7,203	7,482	7,966	8,436	8,942	9,272	9,654	10,131	10,675

주: 2004년 이후 피보험자는 가장 마지막 이력기준으로 추출한 순수피보험자임.
자료: 고용노동부(2012), 2012년판 고용보험백서

〈표 8-2〉 고용보험 피보험자 비율(단위: %)

	취업자대비 %	임금근로자 대비 %	상시근로자 대비 %
97.12	20.5	32.0	37.1
98.12	26.9	42.9	51.0
99.12	29.3	45.9	56.2
00.12	32.1	49.8	60.0
01.12	31.9	49.4	59.2
02.12	32.5	49.8	60.2
03.12	32.6	49.3	57.8
04.12	33.3	49.5	58.2
05.12	35.1	52.2	60.7
06.12	36.7	53.7	62.1
07.12	38.4	55.5	64.2
08.12	39.9	57.3	65.5
09.12	41.6	58.3	65.6
10.12	42.8	59.1	66.0

주: 2004년 이후 피보험자는 가장 마지막 이력기준으로 추출한 순수피보험자임.
자료: 한국고용정보원(2011), 2010년 고용보험통계연보

3. 재원조달방식

현재 우리의 고용보험의 재원의 대부분은 사용자와 피고용자가 내

는 보험료이다. 고용보험의 보험료는 두 가지로 나뉘어 있다. 하나는 실업급여 보험료이고 다른 하나는 고용안정·직업능력개발사업 보험료이다. 2011년 현재 실업급여 보험료율은 1.1%인데 이것을 사용자와 피고용자가 반씩(0.55%) 부담한다. 반면에 고용안정·직업능력개발사업 보험료는 사업장 규모별로 다르다. 150인 미만은 0.25%, 150인~1000인 미만 기업은 0.65%, 1000인 이상 사업장은 0.85%이다. 고용안정·직업능력개발사업의 보험료는 성격상 사용자만이 부담하도록 되어 있다. 고용보험의 보험료는 근로자의 전년도 보수총액에다 해당 보험료율을 곱하여 산정한다.

임의가입 형식의 '자영업자 고용보험'의 보험료율은 2.25%(실업급여 2%, 고용안정·직업능력개발사업 0.25%)이다. 또한 자영업자의 소득파악이 어렵기 때문에, 〈표 8-3〉에서 보듯이 자영업자의 소득을 5등급으로 나누어(예를 들면, 1등급은 1,540,000원, 5등급은 2,310,000원 등), 등급별 기준소득에다 보험료율(2.25%)을 곱하여 산정한다.

〈표 8-3〉 자영업자 고용보험 보험료 및 실업급여 수준

등급	기준보수	월 보험료 (2.25%)	월 실업급여
1등급	1,540,000원	34,650원	770,000원
2등급	1,730,000원	38,920원	865,000원
3등급	1,920,000원	43,200원	960,000원
4등급	2,110,000원	47,470원	1,055,000원
5등급	2,310,000원	51,970원	1,155,000원

자료: 근로복지공단 홈페이지

2012년부터 시행하는 '두루누리' 사회보험 지원사업에 따라 정부가 고용보험의 재원 일부를 지원한다. 즉 10인 미만 소규모 사업장에서 일하는 저소득 근로자들을 대상으로 사용자와 피고용자가 부담하는 보험료의 1/3~1/2을 지원한다. 월평균 임금이 35만원~105만원 미만 근로자는 1/2을 지원하고, 105만원~125만원 미만 근로자는 1/3을 지

원한다.

고용보험의 보험료 납부율은 비교적 낮다. 2011년의 경우 5조 7백억원 정도가 납부되었는데, 이것은 제대로 납부하면 거둬들일 5조 7천 2백억원의 약 88.6%이다. 납부율은 2010년까지는 90%대이었는데 최근에 낮아졌다.

보험료 납부의 방식은 대부분의 사업장들에 대하여는 근로복지공단에서 사업장들의 사용자가 신고한 근로자들의 보수를 근거로 하여 보험료를 산정하고 부과한다. 다만, 건설업 등의 사업장들의 경우는 사용자들이 보험료를 신고하도록 되어 있다(2011년 이전까지는 모든 사업장의 고용보험료를 사용자가 자진 신고하여 납부하였는데, 2011년 이후 사회보험료 징수가 통합되어 국민건강보험공단에서 모든 사회보험료를 징수하면서 부과 고지하는 방식으로 바뀌었다).

이렇게 보험료 납부방식이 변경되면서 나타난 현상은, 납부액이 크게 늘어난 반면, 납부율은 줄어들었다는 점이다. 예를 들면, 2009년이나 2010년은 납부액이 4조 2천억원 수준이었던 것이, 2011년에는 5조 7백억원으로 크게 늘어났다. 반면에 납부율은 2010년의 94%에서 88.6%로 줄었다(이것은 근로복지공단에서 부과한 보험료가 부당하다고 생각하는 사용자들이 늘어났다는 점 때문일 것이라고 추정할 수 있다).

4. 급여의 내용

우리의 고용보험의 급여의 형태는 크게 네 가지로 나눌 수 있다. 첫째는 실업급여이고, 둘째는 고용안정사업이고, 셋째는 직업능력개발사업이고, 마지막으로 모성보호 및 일·가정 양립지원사업이다.

1) 실업급여

실업급여는 크게 두 가지의 형태가 있다. 하나는 구직급여이고 다른 하나는 취업촉진수당이다.

(1) 구직급여

구직수당은 실업급여의 핵심이다. 서구복지국가들의 실업보험에서 제공되는 실업수당을 말하는 것으로, 일하다 실업이 되었을 때 생활안정을 위하여 지급되는 것이며, 실업급여라 함은 대부분 구직급여를 말한다. 이름을 구직급여라 한 것은, 급여가 단순히 실업이 되었다 하여 주어지는 것이 아니라, 적극적으로 일자리를 찾아야만 급여가 주어진다는 점을 강조하기 때문이다.

구직급여를 받기 위한 조건은 비교적 까다롭다. 급여를 받기 위하여는 우선 고용보험의 대상이 되는 사업장에서 실업이 되기 전 18개월의 기간 동안 최소 180일(6개월) 이상 일을 했어야 한다. 이것은 실업급여는 비교적 최근에 적극적으로 취업활동을 한 사람들에게만 주어진다는 취지에서 만든 것이다(대부분의 선진산업국가들에서도 기간은 어느 정도 차이가 있지만 이러한 방식으로 운영한다). 이것이 의미하는 것은 장기간 실업상태에 있는 사람들에게는 급여를 안 한다는 것이다. 예를 들면, 5년 전에 실업이 된 이후 지금까지도 실업상태에 있는 사람들에게는 급여가 주어지지 않는다.

또한 실업이 본인은 근로할 의사와 능력이 있는데도 불구하고 발생한 것이어야만 한다. 즉 자발적으로 일을 그만두거나, 본인의 중대한 과실로 실업이 된 경우는 실업급여의 자격이 주어지지 않는다. 다만 직장을 스스로 그만둔 경우에도 정당한 사유가 있으면 자격이 주어진다. 예를 들면, 장기간에 걸친 임금체불이나 휴업 등에 기인한 자발적 실업은 자격이 주어진다.

마지막으로, 실업이 된 사람은 고용사무소에 등록하여 적극적으로 취업을 위하여 노력을 하고 있다는 것을 보여주어야 한다.

구직급여의 급여액은 실업이 되기 전의 직장에서의 평균임금의 50%로 하였고, 여기에는 상한액과 하한액이 있다. 2012년 현재 상한액은 1일 40,000원이고, 하한액은 시간당 최저임금의 90%이다. 반면에 자영업자의 경우는, 등급별로 정해진 기준보수액의 50%이다. 예를 들면, 1등급인 1,540,000원인 경우 월 실업급여액은 770,000원이다.

구직급여의 급여기간은 가입자의 고용보험 가입기간과 연령에 따라 최소 90일에서 최대 240일이다. 예를 들면, 〈표 8-4〉에서 보듯이 30세 미만인 사람의 경우 피보험 기간이 3년 미만이면 급여기간이 90일이고, 10년 이상이면 180일이다. 반면에, 50세 이상이거나 장애인인 경우, 피보험기간이 1년 미만은 90일이지만 10년 이상의 가입기간이면 240일 동안 구직급여를 받을 수 있다. 이렇게 나이가 많을수록 급여기간을 길게 하는 것은, 재취업하는 것이 그만큼 어렵고 생활안정에의 비용이 크다고 판단하기 때문이다. 한편 자영업자의 경우는 피보험기간이 1년~3년 미만인 경우는 90일, 10년 이상이면 180일 동안 실업급여를 지급한다.

〈표 8-4〉 구직급여 급여기간

연령 \ 피보험기간	1년 미만	1년 이상 3년 미만	3년 이상 5년 미만	5년 이상 10년 미만	10년 이상
30세 미만	90일	90일	120일	150일	180일
30세~50세 미만	90일	120일	150일	180일	210일
50세 이상 및 장애인	90일	150일	180일	210일	240일

구직급여의 하나의 형태로 상병급여라는 것이 있는데 이것은 실업이 된 이후에 질병·부상 또는 출산으로 취업이 불가능하여 구직활동을 할 수 없는 경우 구직급여 대신에 주어지는 급여를 말한다. 이 경우 7일 이상의 상병기간만 해당이 되면 급여액은 구직급여와 동일하다.

이밖에 '연장급여'라 하여, 구직급여기간이 끝났는데도 취업이 안 된 경우 직업능력개발훈련을 받는 조건으로 급여기간을 2년까지 연장하는 이른바 '훈련연장급여'가 있다(이 경우는 구직급여액과 동일하다). 또한 '개별연장급여'라 하여 취업이 어렵고 생계가 어렵다고 판단되는 사람에게는 구직급여액의 70%를 60일 범위 내에서 구직급여의 지급을 연장해주는 제도가 있다.

(2) 취업촉진수당

우리의 고용보험의 성격은 이름에서 보듯이 실업이 된 사람에게 실업급여를 주는 것보다는 가능한 한 빨리 실업에서 벗어나 취업을 하도록 하는 것을 강조한다. 취업촉진수당은 이러한 이유로 만든 것으로 대표적인 것이 '조기재취업수당'이라는 것이 있는데 이것은 실업자가 구직급여의 급여기간을 30일 이상 남기고 6개월 이상 고용이 확실시되는 직장에 취업한 경우 구직급여의 잔여기간의 1/2을 지급하는 제도이다. 이렇게 하면 실업자들이 가능한 한 빨리 취업할 수 있는 동기를 부여할 수 있다고 판단하기 때문이다.

이밖에 '직업능력개발수당'이라 하여 직업훈련을 받는 기간 동안에 교통비, 식비를 지급하거나, 거주지에서 먼 지역에서의 구직활동을 위한 비용(숙박료, 교통비)을 지급하는 '광역구직활동비'가 있고, 마지막으로 '이주비'라 하여 취업이나 훈련을 받기 위하여 이주하는 비용을 지급한다.

〈표 8-5〉에서 보듯이 2010년 기준으로 볼 때 실업급여의 수급인원은 대략 134만명이다. 이것은 2004년의 70만명에 비하면 크게 증가한 수치이다. 한편 지출액은 2010년에 대략 3조 7천억원이고, 2004년의 1조 4천억원에 비하면 두 배 이상으로 크게 많아졌다. 실업급여에의 지출액은 고용보험의 전체 사업의 총 지출액인 대략 4조 7천억원의 약 80%로 압도적으로 크다(한국고용정보원, 2011).

〈표 8-5〉 고용보험 사업별 활용인원 및 금액(단위: 명, 백만원)

			2004년	2005년	2006년	2007년	2008년	2009년	2010년
지원인원	실업급여	수급인원	707,432	812,768	943,542	1,009,180	1,162,534	1,528,407	1,336,439
		순인원	589,611	695,544	767,314	854,400	990,061	1,301,132	1,238,665
	고용안정		415,185	509,945	707,831	812,188	706,303	1,404,312	436,492
	직업능력개발		2,003,463	2,426,709	2,913,613	3,576,375	3,980,704	4,878,247	4,208,310
	모성보호	산전후휴가	38,541	41,104	49,539	60,964	72,260	70,560	75,742
		육아휴직	9,303	10,700	13,672	21,185	29,145	35,400	41,733
지원금액	실업급여		1,448,306	1,751,974	2,074,004	2,434,032	2,865,256	4,116,404	3,686,530
	고용안정		98,377	206,131	378,741	454,032	378,680	599,707	334,028
	직업능력개발		212,137	256,070	336,134	407,529	458,533	524,979	452,554
	모성보호		62,413	72,283	125,407	193,401	265,062	318,201	370,685

주: 실업급여 순인원은 센터별, 급여종류별 중복자를 제외한 인원을 나타낸다. 산전후 휴가급여 지원인원은 2009년부터 초회수급자수이다.
자료: 한국고용정보원(2011), 2010년 고용보험통계연보

2) 고용안정사업

고용안정사업은 크게 세 가지 형태로 나눌 수 있다. 첫째는, 요즈음과 같은 이른바 '고용 없는 성장'의 시대에서 가능한 한 일자리를 많이 만들기 위한 '고용창출사업'이다. 둘째는, 빠르게 변화하는 산업구조와 기술 발전의 상황에서 고용형태를 조정하여 근로자들의 실업을 예방하고 궁극적으로 고용을 유지시키기 위한 '고용조정사업'이다. 셋째는, 고령자, 장애인, 여성 등 노동시장에서 취업이 힘든 계층을 대상으로 정부가 임금보조금을 지원하여 이들의 고용을 촉진시키는 '고용촉진사업'이다(고용노동부, 2012).

(1) 고용창출사업

고용창출사업의 세부내용은 다양하다. 첫째는, '일자리 함께하기 지원'이라 하여 기업이 일자리 순환제, 교대제, 실근로시간 단축 등의 방법으로 일자리를 새로 만들어 실업자를 고용할 경우 고용보험에서 일

정한 액수를 지원한다(1인당 360만원).

둘째는, '고용환경개선 지원'이라 하여 기업이 고용환경을 개선하고 실업자를 고용할 경우 일정한 금액을 지원한다.

셋째는, '시간제 일자리 창출 지원'이라 하여 기업이 직무분할, 근무체계 개편, 새로운 시간제 일자리 개발 등으로 일자리를 새로 만들었을 때 근로계약 기간을 정하지 않은 시간제 근로자를 고용하는 경우 지원한다.

넷째는, '유망창업기업 고용지원'이라 하여 이른바 '유망사업'을 상시 10인 미만으로 창업을 한 기업이 실업자를 고용할 때 정부가 지원한다(예, 고용 후 6개월 경과 시 1인당 288만원, 6개월 추가의 경우 432만원 등).

다섯째, '전문인력 채용지원'이라 하여 정부의 '우선지원' 대상기업의 사업자가 실업상태인 전문인력을 고용하거나 대기업으로부터 지원받아 사용하는 경우에 정부가 지원한다(6개월 경과 시 1인당 432만원, 추가 6개월 경과 시 648만원 지급).

(2) 고용조정사업

오늘날 산업구조는 빠르게 변하고, 또한 기술발전도 빠르게 이루어지기 때문에 기업은 피고용자들의 고용형태의 조정이 불가피하다. 예를 들면, 자동화 등 경영합리화 방안이나 불경기로 인한 고용감축이 불가피할 때이다. 이때에 정부가 지원하여 기업으로 하여금 부담을 줄이고 실업을 사전에 예방하거나, 실직된 근로자들의 빠른 재취업 기회를 제공하는 것이다.

여기에도 세부적으로는 다양한 프로그램들이 있다. 예를 들면, 일정한 규모 이상의 휴업을 하고 사업자가 피고용자에게 휴업수당을 주는 경우 이것의 2/3는 고용보험에서 지원하거나, 근로자에게 1개월 이상의 유·무급 휴직을 부여한 사용자에게는 1인당 20만원을 지급하거나, 업종전환 후 종전 업종 근로자의 50% 이상을 새로운 업종으로 재배치한 사업자에게는 지급임금의 3/4을 고용보험에서 지원하는 등의 방식이다.

(3) 고용촉진사업

고용촉진사업은 노동시장에서 취업이 힘든 취약계층-고령자, 장애인, 장기실업자, 여성 등-의 고용을 촉진하기 위한 제도이다. 여기에도 다양한 프로그램들이 있다.

① 고용촉진지원금

이것은 정부가 정하는 '취업지원 프로그램'을 이수한 사람을 대상으로 이들을 6개월 이상 고용을 할 경우 지원금을 제공한다. 지원금 수준은 1년 이상 고용의 경우는 최대 650만원을 지급하고, 중증장애인이나 국민기초생활보장제도 조건부 수급자의 경우는 1년간 최대 860만원을 지급한다.

② 고령자 고용연장지원금

이것은 고령자의 고용유지와 촉진을 위하여 정년을 연장하거나 정년퇴직자를 계속 고용하는 사업주에게 인건비를 보조하는 형식으로 지급하는 제도이다. 예를 들면, 정년을 폐지하거나, 기존에 정한 정년을 56세 이상으로 1년 이상 연장을 하면 1인당 300만원을 지원하거나, 정년퇴직자를 재고용하면 1인당 월 30만원씩 지원하거나, 고령자를 많이 고용한 사업주에게 장려금의 성격으로 지원한다.

③ 임금피크제지원금

많은 나라에서 그러하듯이, 우리나라의 임금체계도 이른바 '연공서열'식으로 되어 있어 근로기간이 길수록(나이가 많을수록) 노동생산성에 비하여 임금수준이 높다. 그래서 산업구조조정이 필요할 때 생산성이 낮은 고임금 근로자들을 퇴출시킬 수밖에 없다. 임금피크제 지원금제도는 퇴출 위기에 있는 고령근로자들의 고용을 보장하기 위하여 만든 것으로, 임금피크제 도입으로 임금이 기준선 이상으로 삭감된 근로자들에 대하여 피크임금의 일정한 비율의 임금과 삭감된 임금의 차액을 지원함으로써 고령근로자의 고용연장과 기업의 임금부담을 완화하는 것이다.

④ 직장보육시설에 대한 지원금

이것은 여성의 고용기회 확대와 취업여건 개선을 위해 직장보육시설을 운영하는 사업주에게 보육교사 등의 임금을 지원하거나, 중소기업이 직장보육시설을 운영할 경우 운영비의 일부를 지원하는 제도이다.

⑤ 임신 · 출산 여성 고용안정지원금

이것은 육아휴직이나 육아기 근로시간 단축 등의 혜택을 제공한 사업주의 노동비용의 일부를 지원함으로써, 이러한 프로그램을 실시하고자 하는 사업장의 근로자의 고용유지를 이루고 육아휴직을 활성화하기 위하여 만든 제도이다. 여기에는 또한 '대체인력 채용 장려금'이라 하여 근로자의 육아휴직 기간 중 대체인력의 사용이 필요한 사업주에 대하여 지원하는 제도가 있다. 마지막으로 '임신 · 출산후 계속고용지원금'이라 하여 임신 또는 산전후 휴가 중에 계약기간이 만료가 되는 비정규직 여성 근로자를 재고용하는 사업주를 지원하는 제도도 있다.

지금까지 고용안정사업을 소개하였는데, 2010년 기준으로 볼 때 다양한 고용안정사업의 수급자의 숫자는 43만명이고 급여액은 3천 3백억원 정도이다(이 수치는 2009년의 140만명, 6천억원에 비하여 크게 줄었는데, 그 주요 이유는 2008년에 발생한 글로벌 금융위기로 인한 고용유지지원금이 2009년에 크게 늘어났기 때문이다). 전체적으로 볼 때 고용안정사업은 고용보험의 여러 사업 가운데 지출액의 측면에서 가장 작은 사업이라 할 수 있다(한국고용정보원, 2011).

3) 직업능력개발사업

우리의 고용보험에서 근로자들의 직업능력개발을 위한 사업들도 다양하다. 여기에는 크게 보면 네 가지의 형태가 있다.

(1) 사업주의 직업능력개발사업 지원

이것은 사업주가 납부한 고용보험료를 재원으로, 사업주가 자기의 사업장에서 일하는 근로자나 채용예정자, 혹은 일자리를 찾는 사람들의 직무능력 향상을 위해 직업훈련을 실시하는 경우 여기에 필요한 비용의 일부를 지원하는 제도이다.

이 제도의 지원대상은 직업능력개발 훈련과정으로 인정을 받는 과정에 소속 근로자, 채용예정자, 구직자를 직접 또는 외부 훈련기관에 위탁하여 훈련을 실시하는 사업주이다. 여기서 훈련실시기관은 사업주가 설치한 시설, 공공직업훈련시설, 학원, 대학, 평생교육시설 등의 위탁훈련기관이다.

이 경우 훈련시설이나 장비를 마련하기 위한 비용을 장기간에 걸친 낮은 이자로 대부도 해준다.

(2) 중소기업 및 비정규직 근로자 지원

이것은 중소기업을 활성화시키고, 중소기업에서 일하는 비정규직 근로자를 지원하는 사업인데, 여기에도 다양한 형태의 프로그램들이 있다. 첫째는, 국가인적자원개발 컨소시엄 사업이라 하여 우수한 훈련시설 및 장비를 가진 대기업, 사업주단체, 대학 등이 중소기업과 훈련 컨소시엄을 구성하여 중소기업 근로자의 직무능력 향상을 위하여 훈련을 실시하는 경우 여기에 필요한 비용의 일부를 지원하는 제도이다.

둘째는, 중소기업 학습조직화 지원이라 하여 체계적인 훈련을 실시하는 데 어려운 중소기업이 사업장 내에서 '일과 학습'을 연계하여 근로자들의 숙련도를 체계적으로 높일 수 있도록 지원하는 사업이다.

셋째는, 중소기업 핵심직무능력향상 지원 사업이라 하여 중소기업의 임원이나 핵심 근로자들에게 민간훈련시장에서 제공되지 않는 중소기업에 적합한 훈련과정을 우수한 민간 제공자들이 개발·공급하도록 하여 중소기업의 경쟁력을 강화하기 위한 사업이다.

마지막으로, 중소기업·비정규직 단기직무능력향상 지원 사업이라 하여 비정규직 근로자나 중소기업 근로자들에게 주말이나 주중 야간시간을 이용하여 단기적인 직무능력 향상과정을 무료로 제공하는 사업이다.

(3) 근로자들에 대한 직업능력개발 지원

여기에도 다양한 형태의 프로그램들이 있는데, 첫째는 실업자 '내일배움카드' 제도라 하여, 구직자들 가운데 훈련의 필요성이 인정된 사람들에게 훈련비를 1인당 200만원의 '직업능력개발계좌제(내일배움카드제)'를 개설하여 지원하면, 구직자들은 그 범위 내에서 자율적으로 훈련에 참여하도록 하는 제도이다.

둘째는, '재직자 내일배움카드제'라 하여 고용보험 피보험자인 기간제·단시간·파견·일용직 근로자 등 비정규직 근로자 혹은 취업훈련을 신청한 날로부터 90일 이내에 이직이 예정된 근로자 등을 대상으로 연간 200만원 내에서 훈련기관에 지원하는 제도이다.

셋째는, 근로자 직무능력향상 지원이라 하여 정부가 인정한 훈련과정을 자비로 수강한 고용보험 피보험자로서 우선지원 대상기업에 고용된 근로자 혹은 비정규직 근로자들에게 지원하는 사업이다.

넷째는, 근로자 학자금 및 훈련비 비용 대부라 하여 근로자가 전문대학 이상의 학교 또는 시설에서 배울 때에 학자금이나 훈련비를 장기 저리로 대부해주는 사업이다.

(4) 공공훈련기관에 대한 지원

이것은 한국산업인력공단이나 한국폴리텍대학 등과 같은 공공훈련기관에 숙련된 노동력을 확보하기 위하여 지원하는 제도이다.

지금까지 직업능력개발사업의 다양한 프로그램들을 소개하였는데, 직업능력개발사업은 고용보험 전체 사업들 가운데 수급자의 숫자로 보면 가장 크다. 2010년 현재 약 4백 2십만명이 각종의 직업능력개발사업의 수급자이었다. 이것은 실업급여의 수급자 숫자 1백 23만명에 비해 월등히 많다.

그러나 지출액은 4천 5백억원에 불과해, 실업급여의 3조 7천억원에 비하면 크게 적다. 이것은 직업능력개발사업의 실제 내용이 부실하기 때문에 그렇다고 추정해 볼 수 있다.

4) 모성보호 및 일 · 가정 양립 지원 사업

최근 우리나라에서도 이른바 '저출산 고령화'의 현상으로 노동력의 부족으로 장기적으로 볼 때 경제발전에 어려움을 겪을 수 있다. 이 문제를 해결하기 위하여 여성들이 노동시장에서 일자리를 잡는 데 도움을 주고 또한 임신 · 출산을 권장하여 미래의 노동력 확보를 위한 제도가 필요하다. 한마디로 말하여 이 사업은 여성들이 일도 하고 자녀도 낳을 수 있는 환경을 만들자는 것이다. 여기에는 다양한 사업들이 있는데 대표적인 것이 산전후휴가 급여와 육아휴직 급여이다.

(1) 출산전후휴가 급여

출산전후휴가 급여를 받을 수 있는 자격조건은 피보험자가 근로기준법에 따른 출산전후휴가를 받아야 하고, 출산전후휴가가 끝나기 전에 고용보험의 피보험기간이 180일 이상이어야 하고, 출산전후휴가 종료일로부터 12개월 이내에 급여를 신청해야 한다.

급여액은 출산전후휴가 개시일 현재의 근로기준법상의 '통상임금액'에 상당하는 금액을 지급하되, 피보험자의 산정된 '통상임금액'이 135만원을 초과하는 경우에는 135만원을 급여액으로 정한다.

(2) 육아휴직 급여

이것은 근로자가 피고용자의 신분을 유지하면서 일정한 기간 동안 자녀의 양육을 위해 휴직을 할 수 있도록 하는 제도이다. 육아휴직 급여를 받기 위하여는 근로자(고용보험 피보험자)가 육아휴직을 30일 이상 부여받고, 고용보험 피보험자로서의 기간이 180일 이상이어야 한다.

육아휴직 급여를 받을 수 있는 최대 기간은 1년이고, 급여액은 통상임금의 40%이나, 상한액은 월 100만원이고 하한액은 월 50만원이다.

모성보호사업의 수급자의 숫자는 2010년 현재 출산전후휴가 사업이 75,742명이고 육아휴직이 41,733명인데 매년 크게 늘어나고 있는 추세이다. 한편 지급액은 3천 7백억원이다.

제 3 절 문제점과 개선방안

우리의 고용보험은 가장 늦게 1995년에 도입하였으나, 1997년 말에 발생한 외환위기를 거치면서 세계에서 유례가 없을 정도로 빠르게 확대되어, 1998년 10월에는 적어도 형식적으로는 1인 이상의 피고용자를 고용하는 거의 모든 사업장으로 적용대상이 확대되었다.

그러나 이렇게 빠른 기간 내에 확대하다 보니 현실적으로 많은 문제점들이 노출되었다. 세부적인 문제점들은 많을 수 있으나, 여기서는 크게 네 가지 문제점들을 지적하고자 한다. 첫째는 실질적인 적용대상이 크게 제한되어 있는 이른바 적용대상의 '사각지대'의 문제이고, 둘째는 실업급여의 수급자 숫자나 급여액의 측면에서 고용보험이 추구하는 실업자의 생활안정이 제대로 이루어지지 못하고 있다는 점이고, 셋째는 고용보험의 또 다른 중요한 사업인 고용안정과 직업능력개발사업이 현실의 노동시장의 작동체계와 거리가 있어 실효성이 없다는 점이고, 넷째는 고용보험의 재원조달의 문제이다.

1. 적용대상의 '사각지대'의 문제

현재 고용보험은 원칙적으로 일부 사업장을 예외로 하고 1인 이상 근로자를 고용하는 사업장은 의무적(강제적)으로 가입하도록 되어 있다. 그렇다면 거의 모든 근로자들은 고용보험에 가입이 되어 있어야 한다. 그러나 현실적으로 고용보험의 실질적인 수급을 받을 수 있는 근로자들의 숫자는 크게 줄어든다.

2012년 8월 기준으로 볼 때, 고용보험의 가입자의 숫자는 대략 1천 58만명인데, 이것은 의무가입대상인 1인 이상 사업장 근로자의 약 72%에 불과하다. 왜 이렇게 의무가입대상자인데도 불구하고 많은 사람들이 고용보험에 가입이 안 되어 있는가(유길상, 2012)?

가장 중요한 이유는 우리나라에서는 많은 수의 영세사업장 등에서는 피고용자들에 대한 소득신고를 제대로 안 하는 경향이 있는데, 이것은 사용자나 피고용자 모두 보험료에 대한 부담 때문에 고용보험에 가입하기를 꺼려 하기 때문이다.

또한 우리나라에서는 비정규직 근로자들이 많고 이들의 소득 신고가 제대로 되지 않는 경향이 있어 고용보험에 가입이 되기가 현실적으로 어렵다. 다시 말하여, 고용보험은 안정적으로 정기적인 시간을 일하는 근로자들에게 적절하게 해당이 되는데, 우리나라는 불안정하고 비정기적인 일을 하는 사람들이 많기 때문에 고용보험의 가입자 숫자가 적을 수밖에 없는 것이다.

예를 들면, 우리나라에서는 비정기적으로 시간제로 일을 할 경우 많은 경우 소득신고가 제대로 안 되어, 이러한 사람들은 고용보험에 가입이 안 되는 것이다. 선진산업국가들에서는 이러한 경우도 소득신고가 제대로 이루어져 고용보험의 적용대상이 되는 것과 대조적인 것이다.

그렇다면 어떻게 해야 하는가? 현재의 우리나라의 노동시장의 구조나 작동기제로 볼 때 가까운 시일 내에 고용보험의 실질적인 가입자의 숫자를 크게 늘리는 것은 현실적으로 어렵다. 사실, 고용보험의 도입 이후 대략 3년 만에 1인 이상 근로자를 고용하는 모든 사업장으로 확대한 것은 우리의 현실을 모르는 상황에서 정치적인 '업적'을 이루기 위한 이상적인 목표라 할 수 있다.

따라서 현실적으로 고용보험의 적용대상의 '사각지대'의 문제를 해결하기 위하여는, 우리의 노동시장이 선진화가 될 때까지 시간이 필요하다. 그럼에도 불구하고, 단기적인 해결방안으로는 앞장에서 논의한 이른바 '두루누리' 사회보험 지원 제도를 통하여 저임금 근로자들에 대한 고용보험의 보험료의 일부를 정부가 지원하여 가입을 촉진시키는 것이다.

또 하나의 방법은 서구복지국가들처럼 실업부조 제도를 도입하여 이 문제를 해결하는 것이다. 서구복지국가들에서도 실업보험의 주요 대상자는 안정적인 직장에서 정기적으로 일하는 사람들이 실업이 된 사람들이어, 불안정하고 비정기적으로 일하는 사람들은 실업보험의 급여를 받기가 쉽지 않다. 그래서 이러한 국가들에서는 이러한 근로자들을 대상으로 공적부조 형태의 실업부조를 운영하여 이들의 소득보장을 이루고자 하는 것이다.

우리나라는 서구복지국가들보다 불안정하고 비정기적인 일을 하는 사람들이 많기 때문에, 현재로서는 고용보험에 의존하기보다는 실업부조를 도입하여 이러한 사람들의 생활안정을 이룰 필요성이 더 크다고 할 수 있다. 다만 문제는 실업부조는 성격상 사회보험이 아니기 때문에 국가재정으로 재원을 마련할 수밖에 없는데, 우리나라처럼 국가재정이 크지 않은 상황에서 실업부조를 큰 규모로 확대하기는 현실적으로 어렵다는 점이다.

2. 급여의 낮은 보장성의 문제

우리나라에서는 고용보험에의 가입률이 낮다는 것도 문제이지만, 더 문제가 되는 것은 고용보험에 가입이 되어도 실질적으로 급여를 받기가 어렵고 급여를 받아도 급여액이 낮아 실질적인 생활안정을 이루기가 어렵다는 점이다.

2009년 기준으로 볼 때 우리나라의 실업자들 가운데 실업급여를 받은 사람은 대략 42%에 불과하다. 이것의 이유는, 우선 고용보험에 가입을 안 한 것이 가장 중요하다. 실업자들 가운데 약 56.4%가 고용보험에 가입을 안 했기 때문에 실업급여를 못 받고 있다. 그 다음으로 중요한 이유는 실업급여를 받을 수 있는 자격요건을 충족시키지 못했기 때문이다. 실업자들 가운데 약 33%가 이러한 이유로 실업급여를 못 받고 있다.

우리나라는 많은 영세사업장 등에서는 근무환경이 열악하여 많은 근로자들이 자발적 이직이 잦아, 장기간 일하는 사람들의 숫자가 많지 않다. 그래서 이러한 사람들은 고용보험의 실업급여를 받을 수 있는 자격조건을 충족시키기가 어렵다.

예를 들면, 실업급여를 받을 수 있기 위하여는 자발적 실업이어야 하고 최근의 18개월 내에 6개월 이상 일을 하면서 보험료를 내야만 하는데, 영세사업장에서 일을 하는 많은 사람들은 이러한 요건을 충족시키기가 현실적으로 쉽지 않기 때문이다. 이러한 사람들은 대부분 불안정한 사업장에서 비정기적으로 일을 하기 때문이다.

특히 많은 나라에서 그러하듯이, 최근에 큰 사회적 문제가 되고 있는 청년실업자들의 경우 실업급여를 받기는 현실적으로 어렵다. 왜냐하면, 청년실업자들은 노동시장에 진입한 지 얼마 안 되기 때문에 상기의 최근의 6개월 이상의 피보험기간의 요건을 충족하기가 쉽지 않다. 실제로 대부분의 청년실업자들은 실업급여를 못 받고 있다.

우리의 실업급여(구직급여)의 급여액은 명목적으로는 평균임금의 50%로 되어 있으나, 실질적인 소득대체율은 대략 40% 수준이다. 이것은 OECD 국가들 평균치인 58.6%보다 크게 낮다. 이것의 가장 큰 이유는 구직급여액이 1일 상한액 4만원으로 지난 10년간 묶여 있기 때문이다. 다시 말하여, 실업급여의 최고 급여액이 월 120만원으로 제한되어 있기 때문이다. 또한 수급기간도 평균 4개월에 불과하여, 서구복지국가들에 비하여 크게 짧다.

이렇게 많은 실업자들이 실업이 되어도 실업급여를 못 받거나, 받아도 미미한 급여액을 받아 생활안정을 이루기 어려운 문제를 어떻게 해결해야 하는가? 사실 이 문제는 단기간에 해결하기가 쉽지 않다. 왜냐하면, 실업급여는 도덕적 해이의 문제 때문에 실업급여를 받을 수 있는 자격조건을 까다롭게 할 수밖에 없기 때문이다. 서구복지국가들의 경우도 이러한 까다로운 자격조건 때문에 실업자들 가운데 실업급여를 받는 비율은 높지 않다.

다만 우리나라는 불안정한 고용의 영세사업장에서 일하는 사람들이 유달리 많기 때문에, 고용보험에서 이들의 생활안정을 이루고자 한다면 이러한 사람들에 대한 수급자격조건을 어느 정도 완화할 필요는 있다. 예를 들면, '최근 18개월 내 6개월 보험가입'의 조건을 어느 정도 완화하는 것이다(예를 들면, 최근 12개월 내 3개월 보험가입 등). 특히 청년실업자들에게는 이러한 자격조건 완화가 더 절실하다.

또한 구직급여액이 최소한의 생활안정을 이룰 수 있는 수준이 되기 위하여는, 현재 최저급여액이 1일 시간급 최저임금의 90%로 되어 있는 것을 최저임금의 100% 이상으로 올리고, 지난 10년 간 고정되어 있는 최고급여액인 1일 4만원도 더 높여야 한다.

그러나 상기의 제안들은 단기적이고, 장기적으로는 우리의 고용보험이 자리 잡기 위하여는 현재의 산업구조나 노동시장 구조가 바뀌어야 한다. 그래서 소득신고도 제대로 안 되고 있는 많은 수의 영세사업장의 숫자가 줄어들고, 비정규직 근로자들도 고용보험에 가입할 수 있는 구조가 되어야 한다. 한마디로 말하여, 우리의 고용보험이 제대로 자리 잡기 위하여는 어느 정도 시간이 필요하다.

3. 고용안정 · 직업능력개발사업에서의 문제점

우리의 고용보험은 이름에서도 보듯이, 실업자들에 대한 실업급여보다는 고용안정과 취업을 강조한다. 실제로 수급자의 숫자의 측면에서 볼 때 직업능력개발사업이 가장 크다. 그러나 이러한 사업을 강조하다 보니 불필요하게 외형적으로만 커졌지 그것들의 내용들은 실효성이 떨어진다.

예를 들면, 직업능력개발사업의 수급자의 숫자는 420만명이 넘는데 지출액은 4천 5백억원 정도에 불과하여, 1인당 연간 약 10만원 정도이다. 이 정도의 지출액으로 '직업능력개발'이 제대로 될 수 있는지 의문이다. 실제로 고용안정 · 직업능력개발사업에 속하는 세부적인 프로그램들은 무수히 많은데, 이러한 것들은 성격상 유사한 것이 많아 중복적으로 급여가 이루어지고 있다. 이러한 상황에서 많은 사업장들은 이러한 프로그램들을 오용 · 남용하고 있는 것이 현실이다.

또한 이러한 사업들의 전달체계가 제대로 안 되어 있다. 예를 들면, 고용안정이나 직업능력개발을 위하여는 공공기관으로서 직업안정센터의 역할이 중요할 수밖에 없는데, 우리의 경우는 이러한 기관의 숫자나 전문 종사자의 숫자가 서구복지국가들과 비교해 볼 때 크게 적다. 예를 들면, 2000년대 초반의 자료에 의하면, 독일은 이러한 기관이 841개, 영국은 1,159개, 미국은 2,528개, 일본은 619개인데 비하여 우리나라는 150개 정도에 불과하다.

마지막으로 고용안정 · 직업능력개발사업이 지나치게 행정편의적 · 관료적 · 경직적으로 운영되고 있다는 점이다. 예를 들면, 지원금을 받기 위한 관련 서류의 제출과 인정의 과정이 너무 복잡하다는 문제다. 그래서 실제로 이러한 사업이 필요한 많은 사업주들이 신청을 기피하고 있는 실정이다. 이 문제는 사업주의 '도덕적 해이'의 문제를 막기 위하여 어느 정도 불가피한 점도 있지만, 어느 정도 운영의 융통성이 필요하다 하겠다.

4. 고용보험의 재원조달의 문제

현재 우리의 고용보험은 거의 대부분 사용자와 피고용자가 낸 보험료에 의존한다(정부재원은 1% 미만). 그런데 이 경우 실업급여는, 소득비례방식으로 급여가 이루어지기 때문에 보험료를 재원으로 급여가 이루어지는 것이 큰 문제는 없다.

문제는 적극적 노동시장정책을 갖고 있는 고용안정 · 직업능력개발사업이다. 이 사업들은 성격상 모든 근로자들을 대상으로 하는 것이 바람직하다. 따라서 이러한 사업을 보험료를 재원으로 운영하는 것은 적절하지 못하다. 왜냐하면, 가입자들이 낸 보험료를 가지고 일반적인 노동시장정책에 사용하는 것은 가입자들에 대해 불필요하게 이중으로 부담을 주는 것이기 때문이다. 따라서 고용안정·직업능력개발사업은 정부의 일반예산에서 지원하는 것이 적절하다 할 수 있다.

또한 위에서 언급했듯이, 실업부조제도의 도입, 청년실업자의 문제해결 등을 위해서도 장기적으로 볼 때 고용보험을 보험료에만 의존하는 것은 한계가 있고, 국가재정에서 일부 부담할 필요가 더 높아진다고 할 수 있다.

9
chapter

산업재해보상보험

제 1 절 개관

1. 산재보험의 특성

산재보험은 근로자들이 작업장에서 일하다가 사고를 당하거나(업무상 재해), 일과 관련되어 병에 걸렸을 때(직업병), 소득상실을 보전해 주거나 의료서비스(재활서비스)를 제공하는 제도이다.

산재보험이 도입되기 전에는, 근로자들이 작업장에서 일하다 재해를 입었을 경우 사용자를 대상으로 손해배상을 청구하는 소송을 할 수밖에 없었다. 그런데 이때 민법상의 원리에 따라 작업장에서의 사고의 책임이 누구에게 있는가가 중요하다. 그래서 사고의 책임이 사용자에 있다는 것을 입증하지 못하게 되면 소송을 통하여 손해배상을 못 받는다. 이러한 상황에서 대부분의 소송에서 사고를 당한 근로자들이 손해배상을 못 받았다. 그래서 사고를 당한 많은 수의 근로자들이 치료도 제대로 못 받고 경제적으로도 큰 어려움에 처하게 되었다.

이렇게 되자 산업화 과정에서 필요한 건강한 노동력의 공급이 문제가 되어 유럽의 일부 국가들에서는 19세기 후반에 이른바 '사용자책임법(employer's liability law)'을 도입한다. 이 법에서는 근로자들에게는 이른바 '무과실(no fault)'의 원칙을 적용하여, 작업장에서의 재해는 사용자에게 책임이 있다는 것을 강조하였다. 그래서 사용자들은 산재의 문제를 해결하기 위하여 산재보험이 필요하게 되었는데, 이러한 배경에서 독일에서 1884년 최초로 사회보험 형태의 산재보험을 도입하게 되었다(Gordon, 1988).

산재보험은 앞에서 논의한 세 개의 사회보험(국민연금, 건강보험, 그리고 고용보험)과 성격이 다르다. 우선, 산재보험은 다른 사회보험들과 달리 사용자들끼리의 보험의 성격을 갖는다. 즉 피고용자들은 보험료를 내지 않는다. 이것은 위에서 언급한 '사용자책임법'에 따라 산재는 근로자들에게 책임이 없고 사용자들에게 주로 책임이 있다고 보기 때문이다. 따라서 산재가 발생하여 소송이 제기되면 사용자들은 많은 시간적·물질적 비용을 감수해야 하기 때문에 사용자들은 산재의 문제를 해결할 보험의 도입이 필요한 것이다.

다른 하나는, 산재보험은 우리나라를 비롯한 대부분의 국가들에서 사회보험들 가운데 가장 먼저 도입되었다는 특성을 갖고 있다. 이것은 산재보험은 대부분의 국가들에서 산업화 과정에서 필요한 건강한 노동력의 확보라는 측면에서 그 필요성이 가장 컸기 때문이다. 또한 산재보험은 사용자들만이 보험료를 부담하기 때문에, 다른 사회보험들과 달리 제도 도입과정에서 나타나는 사용자와 피고용자 간의 갈등이 비교적 적다. 우리나라의 예를 들면, 우리의 산재보험은 1963년에 도입되었는데 이때 사용자들의 큰 반대는 없었는데 반하여, 비슷한 시기에 도입하려고 했던 강제가입의 의료보험은 사용자들(경총)의 격렬한 반대에 부딪혀 결국 임의가입의 유명무실한 의료보험이 도입되었다.

2. 산재보험의 운영형태

오늘날 우리나라를 비롯한 대부분의 선진산업국가들에서는 산재보험은 국가 혹은 공공기관(예, 우리의 근로복지공단)에 의하여 강제가입의 사회보험의 형태로 운영되고 있다.

반면에 미국에서는 산재보험은 연방정부가 아닌 주 정부 단위로 관리가 되는데, 이때 대부분의 주 등에서는 산재보험은 민간보험회사들에서 운영하는데, 다만 주 정부가 사용자들이 민간보험에 가입하는 것을 의무화하거나, 급여액이나 보험료에 대한 일정한 기준을 제시하는 방식으로 통제한다. 덴마크나 핀란드 같은 국가들도 유사하게 민간보험회사들로 하여금 산재보험을 운영하게 한다(단, 가입은 의무)(이인재 외, 2005).

한편 호주, 스위스, 벨기에 같은 국가들에서는 상기의 두 가지 형태를 혼합하여, 사용자로 하여금 국가산재보험과 민간보험 가운데 하나를 선택하여 가입할 수 있도록 한다.

산재보험은 성격상 질병보험(질병수당 포함)이나 장애연금과 유사한 기능을 한다고 볼 수 있다. 그래서 어떤 국가들에서는 산재보험은 다른 사회보험과 통합하여 운영한다. 예를 들면, 네덜란드에서는 업무상 재해 여부를 따지지 않고(즉 재해가 작업장에서 일어났든, 일상생활에서 발생했든 상관없이), 하나의 통합된 프로그램에서 급여가 이루어진다. 또한 스위스나 뉴질랜드 같은 국가들에서는 산재보험을 질병보험과 통합하여, 질병급여는 업무상 재해 여부와 상관없이 주어진다(SSA, 2007).

3. 산재보험의 적용대상

오늘날 거의 모든 선진산업국가들에서는, 거의 모든 피고용자들은 산재보험의 적용대상이 된다. 다만 농업노동자(agricultural employee)와 가사노동자(domestic workers)는 일부 국가들에서 제외된다. 예를 들면, 미국, 그리스, 이태리 등에서는 농업노동자들은 적용대상에서 제외가 되고, 가사노동자들은 대다수의 국가들에서 제외된다.

자영업자들은 오랜 기간 동안 산재보험의 적용대상이 아니었으나, 2차 세계대전 이후 복지국가가 확대되면서 자영업자들도 적용되기 시작하였는데, 오늘날 다수의 국가들에서 자영업자들은 적용대상이 된다. 다만, 오늘날까지도 미국, 영국, 그리스, 호주 등에서는 자영업자는 제외되고 있다(SSA, 2007).

4. 자격조건

산재보험은 기본적으로 업무와 관련된 재해의 문제를 해결하기 위하여 만든 제도이다. 따라서 산재보험의 급여를 받기 위하여는 업무와 관련된 재해라는 조건을 갖추어야 한다. 여기는 크게 두 가지가 있는데, 하나는 재해가 '업무 수행 중(in the course of employment)'에 발생해야 하고, 다른 하나는 '업무 기인성(out of employment)'이어야 한다.

'업무 수행 중'의 기준은 '업무 기인성'의 기준에 비하여 판단하기가 까다롭지 않다. 그럼에도 불구하고 어떤 경우가 '업무 수행 중'에 해당하느냐를 두고 많은 논란이 있는데, 오늘날 대부분의 국가들에서는 '업무 수행 중'을 폭넓게 해석하는 경향이 있다. 예를 들면, 퇴근 후에 직장동료들과 회식을 하는 과정에서 재해가 발생하거나 출퇴근 하는 과정에서 발생한 재해도 '업무 수행 중'의 재해로 인정하는 경향이 있다.

반면에 '업무 기인성'의 기준은 훨씬 복잡하고 그래서 판단하기가 쉽지 않다. 흔히 직업병이라 부르는 '업무 기인성'의 질병은, 이것이 업무 때문에 발생했는지를 판단하기가 쉽지 않다. 그래서 대부분의 국가들에서 초기에는 직업병의 인정을 제한하기 위하여 이른바 '2행 목록표(two-column list)'라 하여 특정한 직업병과 그러한 직업병이 전형적으로 발생하는 산업들을 열거하여 여기에 해당되는 경우에만 직업병으로 인정하였다(이인재 외, 2005).

그러나 직업병은 작업장에서 단기간 내에 발생한 사고가 아니라, 장기간에 걸쳐 나타나거나, 또한 하나의 원인 이상의 복합적인 요인에 의하여 발생하거나, 현재의 작업장이 아닌 다른 작업장에서 일한 것 때문에 발생할 수도 있기 때문에 직업병 여부를 판단하기가 쉽지 않다.

또한 화학물질을 사용하는 산업들이 증가하거나, 방사능에 노출되는 근로자들이 늘어나거나, 질병에 대한 의학지식의 발전으로 전문가들이 인정하는 직업병의 숫자가 최근에 크게 늘어났다.

그래서 오늘날 많은 국가들에서는 직업병 판정을 위해서 '2행 목록표'에만 전적으로 의존하지 않고, 직업병에 대한 일반적인 정의를 내린 후 문제가 된 질병이 그 정의에 해당되는지를 판단하는 것이다. 이렇게 하면 직업병의 범위가 넓어질 수 있어, '2행 목록표'에 열거되지 않는 질병들도 직업병으로 인정받을 수 있어 직업병으로 산재보험의 급여를 받을 수 있는 사람들이 증가한다.

5. 급여

산재보험에서 제공되는 급여의 종류는 크게 다섯 가지로 나눌 수 있다. 첫째는 의료 및 병원치료(medical and hospital treatment), 둘째는 일시적 장애급여(temporary disability benefits), 셋째는 영구적 장애급여(permanent disability benefits), 넷째는 유족급여(survivor's benefits), 다섯째는 재활서비스(rehabilitation service)이다.

1) 의료 및 병원치료

산업재해로 인한 부상이나 질병을 치료하기 위한 의료서비스로, 대부분의 국가들에서 무료로 제공되거나 치료비 전액을 보상한다. 우리나라에서는 요양급여라 부른다.

2) 일시적 장애급여

이것은 산업재해로 인하여 일시적으로 소득능력을 상실한 경우, 지금까지 받아온 임금의 일정률을 지급하는 급여이다. 우리나라에서는 휴업급여라 한다. 일반적으로 작업장에서 근로자들이 당하는 사고로 인한 장애는 대부분 일시적이다. 실제로, 미국에서의 조사에 의하면 업무 상 장애로 인하여 근로자들이 일을 못한 일수는 대략 17일이다. 그래서 일시적 장애급여를 받는 근로자들의 숫자가 영구적 장애급여 수급자보다 압도적으로 많다. 그러나 장애급여 지출액은 영구적 장애급여가 일시적 장애급여보다 어떤 국가들에서는 더 많다. 이것의 이유는 영구적 장애급여는 오랜 기간 동안 주어지기 때문에 비록 수급자의 숫자는 적다 하더라도 지출액은 많을 수 있기 때문이다.

일반적으로 산재보험에서 제공하는 일시적 장애급여는 유사한 기능을 하는 비산재 장애급여(nonoccupational disability)인 장애연금이나 질병수당의 급여액보다 후한 경향이 있다. 많은 국가들에서 질병수당은 임금의 60~70% 정도를 급여하는데, 일시적 장애급여는 100% 급여한다. 예를 들면, 호주, 오스트리아, 핀란드, 노르웨이 등이 그러하다(SSA, 2007).

어떤 국가들은 장애 초기에는 100% 급여하나, 일정 기간이 지나가면 급여액을 어느 정도 낮춘다(예, 벨기에). 반면에, 스웨덴 같은 국가들은 초기 90일 동안은 임금의 90%를 지급하나, 이후에는 100%를 급여한다. 독일, 프랑스, 일본 등은 임금의 80%를 급여하고, 미국은 66%이다.

일시적 장애급여의 지급기간도 질병수당의 그것보다 일반적으로 길거나, 아예 최대급여기간이 설정이 안 되어 있는 국가도 있다. 이것은 대부분의 국가들에서 일시적 장애급여를 완전히 회복되기 전까지 급여하고, 또한 장기간의 경우에도 회복이 안 될 때에는 영구적 장애급여로 전환이 되기 때문이다.

이렇게 산재보험에서 제공되는 일시적 장애급여가 질병수당보다 급여액이나 급여기간에서 후한 이유는 산재의 경우 질병수당에 비하여 도덕적 해이의 문제가 덜 심각하기 때문이다. 산재는 성격 상 오용과 남용을 할 여지가 적고 또한 산재 처리는 엄격한 심사를 받기 때문이다.

3) 영구적 장애급여

산업재해로 인하여 근로자가 영구적인 장애를 당했을 경우 제공되는 급여이다. 일반적으로 영구적 장애급여는 성격 상 장애의 정도에 따라 차등지급되는데, 대개 장애등급에 따라 임금의 2/3에서 100%까지 급여가 이루어진다.

영구적 장애급여에서는 장애 정도에 따라 급여액이 달라지기 때문에 장애 정도를 어떻게 추정하는가가 중요하다. 일반적으로 대부분의 국가들에서는 근로소득능력(earnings capacity)을 얼마나 상실하였는가를 기준으로 급여액을 결정한다. 예를 들면, 나이가 젊을수록 앞으로 더 오랜 기간 동안 근로소득을 창출할 수 있기 때문에 젊은 근로자가 나이 많은 근로자들보다 장애를 입었을 때 더 많은 급여액을 받도록 하는 것이다(이인재 외, 2005).

반면에 선진산업국가들 가운데 영국은 산재로 인하여 신체적 손상을 얼마나 당했나를 기준으로 장애 정도를 판단하여 급여액을 결정한다. 우리나라도 신체적 손상을 기준으로 장애등급을 판정한다고 할 수 있다. 신체적 손상은 비교적 쉽게 측정될 수 있지만, 신체적 손상과 소득상실의 관계는 직접적이지 않기 때문에 일정한 한계가 있다. 예를 들면, 손가락 1개가 절단된 경우 직업에 따라 소득상실의 정도는 크게 다를 수 있다(예, 피아니스트 대 변호사).

4) 유족급여

산업재해로 인하여 근로자가 사망할 경우 그 유족들에게 지급하는 급여이다. 대부분의 국가들에서 연금의 형태로 지급된다. 또한 대부분의 국가들에서 장의비를 일시금으로 지급한다.

5) 재활서비스

산재보험에서는 또한 장애를 입은 산재 근로자들을 대상으로 장애인 재활 프로그램을 제공한다.

6. 재원조달방식

산재보험의 재원은 거의 대부분 사용자들이 내는 보험료로 이루어진다. 그런데 산재보험의 보험료 산정방식은 다른 사회보험과 달리 복잡하다. 대부분의 국가들에서 산재보험의 보험료는 이른바 '위험등급(risk class)'에 따라 차등 부과된다. 즉 산업재해가 발생할 위험도가 다른 산업이나 업종에 서로 다른 보험료율을 부과하는 것이다. 산업재해가 빈번하게 발생하는 산업이나 업종에게는 높은 보험료율을 책정하는 것이다. 그러나 오스트리아나 스웨덴과 같은 국가들은 '위험등급'을 무시하고 모든 사용자들에게 동일한 보험료율을 적용한다.

이렇게 '위험등급'에 따라 보험료를 차등 부과하는 국가들에서는 대개 이른바 '경험요율(experience rating)'이라 하여, 과거 몇 년간(대개 3년)의 재해 발생 정도나 보험급여지급 정도를 기준으로 개별 사용자의 보험료율을 조정한다. 예를 들면, 산재위험이 높은 작업장이어 높은 보험료율을 냈는데 지난 몇 년 간 산재발생이 적었다고 하면 보험료율을 낮추어 주는 것이다.

왜 '위험등급'과 '경험요율'에 따라 보험료를 차등 부과하는가? 가장 중요한 이유는 두 가지다. 하나는, 산재가 자주 발생하는 사용자에게 더 많은 부담을 하게끔 하는 것인데, 이것은 산재보험이 원래 민법상의 손해배상의 원리를 근간으로 만들어졌기 때문이다. 다른 하나는, 이렇게 차등 부과를 하면 사용자들이 산재 예방을 위한 노력을 많이 할 것이라고 보기 때문이다. 산재가 줄어들면 사용자의 보험료는 줄어들기 때문이다. 그러나 많은 실증적인 조사에 의하면, 보험료의 차등 부과가 산재를 줄이는 데 기여했는지는 불명확하다.

제 2 절 한국의 산재보험

1. 연혁

우리의 산재보험은 사회보험들 가운데 가장 먼저 1963년에 도입되었다. 시행 첫 해인 1964년에는 500인 이상을 고용하는 광업과 제조업 분야만을 대상으로 하여 극히 제한적이었다. 이 당시 적용대상이 되는 사업장의 숫자는 289개에 불과하였고, 적용 근로자들의 숫자도 161,150명으로, 전체 취업자의 1.9%에 불과하였다.

이후에 산재보험은 점증적으로 적용대상과 급여내용을 확대하였다. 1972년에는 30인 이상으로 확대하여, 적용사업장의 숫자가 대략 2만개로 늘었다. 1982년에는 적용대상을 10인 이상으로 확대하였고, 1989년에는 휴업급여의 수준을 임금의 60%에서 70%로 높였다. 1980년대 말 경에는 적용대상 사업장의 숫자가 10만 개가 넘었고, 적용 근로자의 숫자도 대략 6백 70만명에 달하여 전체 취업자의 38%가 적용 대상자가 되었다.

이후 1992년에는 5인 이상으로 확대하였고, 대상이 되는 산업도 늘어나 1996년부터는 서비스업도 대상이 되었다. 이때부터 적용대상이 되는 사업장의 숫자는 20만개가 넘었고, 적용 근로자의 숫자도 800만명이 넘었다. 마침내 2000년 7월 1일부터는 1인 이상을 고용하는 모든 사업장(예외적인 사업장은 제외)을 대상으로 하였고 오늘날에 이르고 있다.

2. 적용대상

현재 우리의 산재보험은 1인 이상을 고용하는 모든 사업장은 의무적(강제적)으로 가입해야 한다. 다만, 농업, 임업, 어업 중 법인이 아닌 사업장 가운데 5인 미만을 고용하는 사업장은 의무가입에서 제외된다. 또한 가사서비스업, 2,000만원 미만의 건설사업, 그리고 공무원, 군인은 적용대상이 아니다.

〈표 9-1〉 연도별 산재보험 적용 현황(단위: 개소, 명)

연 도	사 업 장	근로자
'98	215,539	7,582,479
'99	249,405	7,441,160
'00	706,231	9,485,557
'01	909,461	10,581,186
'02	1,002,263	10,571,279
'03	1,006,549	10,599,345
'04	1,039,208	10,473,090
'05	1,175,606	12,069,599
'06	1,292,696	11,688,797
'07	1,429,885	12,528,879
'08	1,594,793	13,489,986
'09	1,560,949	13,884,927
'10	1,608,361	14,198,748
'11	1,738,196	14,362,372

자료: 근로복지공단산재보험연구센터(2012), 2011년도 근로복지공단 통계연보

〈표 9-1〉에서 보듯이 2011년 현재 산재보험의 적용대상이 되는 사

업장은 174만개에 이르고, 근로자들의 숫자는 1,436만명이다. 2000년부터 1인 이상의 모든 사업장으로 적용대상이 확대되면서 매년 사업장과 근로자의 숫자가 꾸준히 늘어나고 있다.

3. 재원조달방식

우리의 산재보험의 재원은 사용자가 내는 보험료로 이루어진다. 즉 앞에서 언급했듯이, 산재는 '무과실 책임'의 원칙에 따라 사용자가 책임지게 되어 있어 사용자만 보험료를 내고, 피고용자는 보험료 부담이 없다.

산재보험료는 사용자가 운영하는 사업장의 근로자들의 보수총액에 보험료율을 곱하여 결정된다. 그런데 여기서 보험료율은 두 가지 요소에 의하여 결정된다. 하나는 사업종류별 보험료율이고, 다른 하나는 개별 실적요율이다.

산재보험료율은 기본적으로 사업종류별로 결정된다. 매년 6월 30일을 기준으로 과거 3년 동안의 보수총액 대비 산재보험급여 총액의 비율인 보험급여지급률을 기초로 하여 사업 업종별로 다르게 책정한다. 이것은 산재가 발생할 위험이 높은 산업과 낮은 산업 간에 보험료율을 다르게 하기 위하여 만든 것이다.

2012년 현재 산재보험료율은 60개 업종별로 나뉘어졌는데, 많게는 $\frac{354}{1000}$에서 적게는 $\frac{7}{1000}$로 분포되어 있다. 예를 들면 석탄 광업 분야의 산재보험료율은 $\frac{354}{1000}$로 높아 그만큼 산재위험이 높다는 것을 반영하고, 반면에 산재위험이 낮은 금융 및 보험업의 보험료율은 $\frac{7}{1000}$이다.

다른 하나는 개별 실적요율이다. 우리의 산재보험의 보험료율은 기본적으로 위에서 언급했듯이 업종별로 결정된다. 그러나 동일한 업종이라도 어떤 사업장에서는 재해가 많이 발생하고, 어떤 사업장은 적게 발생한다. 이 경우 재해가 적게 발생하는 사업장에게도 높은 보험료율을 적용하는 것은 형평성의 문제가 있고, 또한 재해 예방을 위한 노력에 대한 동기 부여를 하기 위하여, 1969년부터 개별 실적요율을 도입하여 개별 사업장의 재해 발생 정도에 따라 보험료 증가 혹은 경감의 조정을 한다.

구체적으로는, 해당 사업장의 과거 3년간의 보험료 대비 보험급여총액의 비율인 보험수지율이 85% 이상인 경우, 즉 재해가 많이 발생하여 보험급여가 많이 이루어지거나, 보험수지율이 75% 이하인 경우 해당 업종의 산재보험료율의 50% 범위 내에서 증가 혹은 경감시키는 것이다.

4. 급여

산재보험의 급여의 종류는 다양하여, 요양급여, 휴업급여, 상병보상연금, 장해급여, 유족급여, 간병급여, 직업재활급여, 장의비, 진폐연금 등이 있다.

1) 요양급여

요양급여는 근로자가 업무 상 부상 또는 질병에 걸려 4일 이상의 요양이 필요할 경우, 완치가 될 때까지 일체의 비용부담 없이 치료해 주는 급여를 말한다. 이러한 치료는 근로복지공단이 설치한 시설이나 산재보험 지정 의료기관에서 이루어지며, 여기에 드는 비용은 근로복지공단에서 해당 의료기관에 직접 지불한다.

다만 부득이한 이유로 상기의 의료기관 이외의 의료기관에서 치료를 받을 때는, 근로자에게 직접 치료비를 지급한다. 예를 들면, 산재보험 지정 의료기관이 아닌 의료기관에서 응급진료 등 긴급하게 진료를 받는 경우다.

2) 휴업급여

휴업급여는 산재근로자가 치료를 받는 기간에 일을 못 하는 경우 치료기간 동안 지급되는 현금급여로, 평균임금의 70%를 일하지 못한 기간의 일수만큼 지급한다. 그러나 저임금근로자들에게는 평균임금의 70%가 최소한의 생활안정을 이루기에는 너무 낮을 수 있어, 이러한 사람들에게는 임금대체율을 높인다.

우리의 산재보험은 이른바 '최저보상기준액'이라는 제도를 갖고 있어 저임금근로자들을 보호하는 장치가 있다. 그래서 근로자의 평균임금의 70%가 그 해의 최저보상기준액의 80%보다 적은 저임금근로자들에게는 평균임금의 90%를 휴업급여로 지급한다. 근로자의 임금이 매우 낮아 평균임금의 90%도 일반적인 최저임금액보다 낮은 경우에는 최저임금액을 휴업급여로 지급하도록 되어 있다.

휴업급여는 고령근로자들에게는 급여액을 삭감한다. 예를 들면, 휴업급여를 받고 있는 근로자가 61세가 지나면 매년 임금대체율이 4% 포인트 줄어들어, 65세 이후부터는 20% 포인트 낮아진다(임금대체율이 61세는 66%, 65세는 50%이다).

3) 장해급여

장해급여는 재해를 입은 근로자가 치료 후에도 신체 등에 장해가 남아 노동력이 상실이 될 때 지급하는 급여이다. 장해급여는 장해등급에 따라 지급금액이 달라지는데, 현재 14개의 등급으로 나뉘어졌다. 또한 장해급여의 형태는 연금과 일시금 두 가지가 있는데, 장해등급에 따라 지급방법이 다르다. 1급부터 3급까지는 연금으로 지급하는 것을 원칙으로 하고, 4급~7급까지는 연금과 일시금 가운데 선택이 가능하고, 8급~14급까지는 일시금만으로 지급된다.

2011년 현재 장해급여수준을 보면, 장애등급 1급인 경우는 평균임금의 90.1%, 2급인 경우는 79.7%, 3급인 경우는 70.4%를 연금의 형태로 매달 지급한다. 장애등급이 7급인 경우는 평균임금의 37.8%를 연금으로 받든지 아니면 평균임금의 616일분을 일시금으로 받을 수 있다. 한편 8급 이상부터는 일시금으로 지급되는데, 8급의 경우는 495일분, 14급인 경우는 55일분의 장해급여를 지급한다.

4) 상병보상연금

상병보상연금은 요양급여를 받는 근로자가 치료를 받은 지 2년이 지나도 낫지 않고 폐질질환으로 판정이 되면 휴업급여를 대체하여 급여하는 제도이다. 상병보상연금은 폐질의 등급에 따라 세 개의 등급으로 나누어 차등지급한다. 1급은 평균임금의 90.1%, 2급은 79.7%, 3급은 70.4%를 지급한다.

여기서도 저임금근로자에게 후하게 급여하기 위하여, 근로자의 평균임금이 최저임금액의 70%보다 낮으면 최저임금액의 70%를 근로자의 평균임금으로 보고 상병보상연금을 산정한다. 또한 저임금근로자의 1일당 상병보상연금액이 저임금근로자의 1일당 휴업급여액보다 낮은 경우, 휴업급여액을 상병보상연금으로 지급한다.

5) 유족급여

유족급여는 산재로 인하여 근로자가 사망한 경우 그 유족에게 지급하는 급여를 말한다. 급여의 형태는 연금과 일시금이 있으나, 연금으로 지급하는 것이 원칙이다. 유족급여를 받을 수 있는 자격은 근로자가 사망 당시 그 근로자와 생계를 같이 하고 있는 사람으로서, 처, 60세 이상인 남편, 부모, 조부모 및 18세 미만인 자녀, 손자녀 등이다. 또한 연금액은 유족급여를 받을 수 있는 사람들의 숫자에 따라 차등적으로 결정된다.

6) 장해 · 유족 특별급여

보험가입자인 사용자의 고의 또는 과실로 인한 업무 상 재해로 근로자가 사망한 경우에는, 민법상의 손해배상청구를 하지 않는 대신 유족급여와는 별도로 민사상 배상액을 받는 급여를 말한다.

7) 간병급여

간병급여는 치료가 끝난 후에도 일상생활에 필요한 동작을 하기에 불편한 경우 간병이 필요할 때 지급하는 급여이다. 간병급여는 상시간병과 수시간병급여가 있고, 2011년 현재 상시간병급여 기준액은 1일 38,240원이고, 수시간병액은 상시간병급여의 2/3인 25,490원이다.

8) 재활 · 복지사업

재활 · 복지사업은 산재를 당한 근로자가 치료 후에도 장해가 남아 있을 때 직업이나 사회에 빠른 시일 내에 복귀할 수 있도록 다양한 제도와 사업을 제공한다. 여기에는, 심리재활, 의료재활, 사회재활, 직업재활, 복지사업 등에 포함된 다양한 사업들이 있다.

〈표 9-2〉에서 보듯이 2011년 현재, 산재보험 수급자의 숫자는 278,585명이고, 이들에 대한 지급액은 대략 3조 6천억원이다. 1인 이상 고용의 모든 사업장으로 적용대상이 확대된 2000년에 수급자의 숫자가 114,401명, 지급액이 1조 4천억원인 것에 비해 오늘날 2배 이상으로 확대되었다. 그리고 1인당 평균 급여액은 약 1,300만원이다(근로복지공단산재보험연구센터, 2012).

〈표 9-2〉 연도별 산재보험 급여지급 현황(단위: 명, 백만원)

연도	수급자	지급액	수급자 1인당 지급액
'98	105,491	1,451,066	13.8
'99	97,784	1,274,226	13.0
'00	114,401	1,456,266	12.7
'01	143,216	1,744,560	12.2
'02	162,283	2,020,335	12.4
'03	180,441	2,481,814	13.8
'04	189,275	2,859,914	15.1
'05	196,515	3,025,771	15.4
'06	206,333	3,163,769	15.3
'07	211,284	3,242,276	15.3
'08	240,520	3,421,885	14.2
'09	252,035	3,463,141	13.7
'10	253,279	3,523,734	13.9
'11	278,585	3,625,397	13.0

자료: 근로복지공단산재보험연구센터(2012), 2011년도 근로복지공단 통계연보

제 3 절 문제점 및 개선방안

1. 산재보험 적용대상의 사각지대

우리의 산재보험의 가장 큰 문제점은 많은 근로자들이 산재보험의 혜택을 못 받고 있는 점이다. 2011년 현재 산재보험의 적용대상이 되는 근로자는 적어도 명목적으로는 대략 1,436만명으로 되어 있다. 이것은 이 당시 전체 취업자의 숫자인 대략 2,351만명의 약 62%에 불과하고, 임금근로자의 숫자인 대략 1,645만명의 약 87%이다.

이렇게 전체 취업자들 가운데 약 62%가 명목적으로는 산재보험의 적용대상이 되고 있으나, 산재가 발생하여 실질적으로 산재보험의 급

여를 받을 수 있는 근로자의 숫자는 더욱 적어 많은 수의 근로자들이 산재가 발생했을 때 실질적으로 급여를 못 받고 있다.

현재 우리의 산재보험은 1인 이상을 고용하는 모든 사업장에서 일하는 근로자를 적용대상으로 하고 있는데도 불구하고, 왜 이렇게 명목적 혹은 실질적으로 산재보험의 급여를 받을 수 있는 근로자들이 적은가?

이것의 이유는 여러 가지가 있는데, 첫째는 현재 산재보험이 50인 미만의 중소기업의 사용자는 강제가입이 아닌 임의가입으로 되어 있어, 이러한 사람들 대부분은 산재보험의 적용대상에서 제외되어 있기 때문이다. 그런데 이러한 사람들의 대부분은 소규모 영세사업장의 사용자들인데, 이들은 대개 일을 하기 때문에 실질적으로 근로자라 할 수 있다. 예를 들면, 1~2명의 피고용자나 무급의 가족구성원들과 같이 일을 하는 소규모 음식점의 사용자이다. 이러한 사람들은 다른 피고용자들처럼 산재에 노출되어 있기 때문에 산재보험에 강제가입의 적용대상이 되는 것이 합리적이라 할 수 있다.

둘째는, 산재보험에서 현재 열거되어 있는 적용대상의 직종이나 사업의 종류가 시대의 변화에 따라가지 못하고 있다는 점이다. 오늘날 우리 사회에서는 새로운 다양한 형태의 업종이나 사업들이 빠르게 늘어나고 있는 데 반하여, 산재보험의 적용대상의 직종이나 사업은 고정(?)되어 있다. 따라서 새로운 업종 혹은 사업은 자연스럽게 산재보험 적용대상에서 제외되어 왔다.

예를 들면, 우리나라에서는 이른바 '특수형태 근로종사자'라 하여 오랜 기간 동안 우리의 근로기준법상 근로자로 인정을 못 받는 근로자들이 상당수가 있다. 이들은 근로기준법상 근로자가 아니기 때문에 산재보험의 대상이 되지 못하였다. 그러다가 2008년부터 이러한 사람들 가운데 일부를 산재보험의 적용대상에 포함시켰다. 이때 6개의 직종으로 제한하였는데, 보험설계사, 콘크리트 믹서 트럭 운전자, 학습지 교사, 골프장 캐디, 택배기사, 퀵서비스 기사 등이다.

그러나 이러한 6개의 직종 이외의 직종에서 일하는 이른바 '특수형태 근로종사자'들은 많이 있는데 이들에 대하여는 아직 산재보험의 적용대상에 포함시키지 않고 있다. 예를 들면, 간병인, 대리운전기사, 덤프트럭기사, 헤어디자이너, 행사도우미 등이다.

이러한 사람들을 근로기준법상 근로자로 쉽게 인정하지 않는 가장 큰 이유는 이러한 직종들이 성격상 사용자와 피고용자로 쉽게 구분하기 어렵기 때문이다. 그럼에도 불구하고 이러한 사람들은 실질적으로 근로자이기 때문에 산재보험의 적용대상에 포함시키는 것이 합리적이라 할 수 있다.

셋째는, 산재보험의 명목적인 적용대상자 가운데 많은 사람들이 실질적으로 보험급여를 받을 수 있는 근로자가 아니라는 점이다. 우리나라에서는 현재 영세사업장에서 일하는 많은 수의 근로자들은 산재가 발생했을 때 산재보험의 급여를 받을 수 없다. 왜냐하면, 이러한 사업장의 사용자들은 산재보험료를 적게 내기 위하여 임금명부를 제대로 신고하지 않는 경향이 있어, 실질적으로는 일을 하고 있으나 공식적으로는 사업장 근로자에 포함되어 있지 않기 때문이다. 이러한 현상은 특히 비정규직 근로자인 경우에 두드러지게 나타난다.

2. 산재보험 보험료 부과의 문제점

앞에서 언급했듯이, 우리의 산재보험은 보험료율이 업종별로 차이가 있다. 예를 들면, 최고보험료율은 광업 분야의 34%이고, 최저보험료율은 금융업의 0.6%이다. 문제는 이러한 차이가 너무 크다는 점이다.

산재보험의 성격상(민법상의 사용자 책임 원리), 산재가 자주 발생하는 업종과 그렇지 않은 업종 사이에 보험료를 어느 정도 차등적으로 부과하는 것은 형평성 차원에서 필요하다 할 수 있다. 그러나 우리나라처럼 지나치게 차등적으로 부과하는 것은 문제가 있다. 실제로 많은 수의 산재보험의 보험료율이 높은 업종의 사용자들은 보험료 부과에 대한 반발이 크고 많은 경우 보험료를 제대로 납부를 하지 않고 있는 실정이다. 결과적으로 근로자들이 산재보험의 급여를 제대로 못 받게 되는 것이다.

앞의 5장에서 자세히 설명했듯이, 산재보험과 같은 사회보험을 강제로 가입하게 하는 이유는 보험의 대상이 되는 위험의 발생확률이 높은 사람과 낮은 사람을 강제로 가입시켜 위험분산을 이루고 역의 선택을 막기 위해서다. 이렇게 하여 결과적으로 위험발생이 낮은 사람으로부터 위험발생이 높은 사람으로 소득이전이 발생하는 것이다. 산재보험도 사회보험으로서 이러한 성격을 갖고 있기 때문에 업종별 보험료 부담을 크게 차이가 나게 할 필요가 없다.

우리나라의 산재보험이 업종별 보험료율을 지나치게 차이를 두는 이유는, 산재가 많이 발생하는 사업장의 사용자는 보험수리적인 측면에서 보험료를 많이 내야 한다는, 즉 민영보험의 원리를 따르려고 하기 때문이다. 또한 어떤 사람들은 이렇게 보험료율 차이를 두어야 사용자들이 산재에 대한 예방을 위한 노력을 많이 할 것이라고 판단하는데, 실제로 보험료율을 차등 부과하였다 하여 산재예방이 이루어졌다는 실증적인 조사는 불명확하다.

3. 장해등급 판정과 직업병의 범위의 문제

현재 산재보험의 장해급여는 단순히 14등급의 신체장애의 정도에 따라 급여액이 결정된다. 이 방식이 간편하긴 하나, 장해급여의 원래의 목적이 산재로 인한 장애로 소득상실이 발생했을 때 이를 보전하는 것이라는 점에 비추어 볼 때 문제가 있다.

예를 들면, 손가락 한 개가 절단된 경우 14등급으로 판정받아 가장 적은 장해급여가 지급되는데, 이 경우 직업이 무엇이었느냐에 따라 소득상실이 제대로 보전되지 않는 경우가 많은 것이다(예, 피아니스트).

따라서 우리도 장해등급을 다소 복잡하고 비용이 많이 든다 하더라도 소득능력을 얼마나 상실했는지를 측정하여 장해급여가 이루어지는 것이 바람직하다고 할 수 있다.

또한 현재 산재보험의 급여는 미리 열거가 된 직업병에 한해서 주어지는데, 이것도 범위를 넓혀야 한다. 특히 오늘날의 우리나라처럼 다양한 화학물질을 사용하는 사업장이 빠른 속도로 늘어나고 있는 상황에서 열거방식에만 의존할 경우 새로운 혹은 우리가 알지 못하는 직업병에 대하여 급여가 제대로 이루어지지 않을 수 있다. 따라서 직업병에 대한 해석을 좀 더 폭넓게 하여 직업병의 범위를 확대할 필요가 있다.

4. 산재보험의 민영화의 문제

최근 우리나라에서 일부 사람들은 산재보험의 관리 · 운영에 민영보험회사들도 참여시켜야 된다고 주장한다. 현재는 산재보험은 공공기관인 근로복지공단에서 독립적으로 관리 · 운영하는데, 여기에 민간보험회사들도 참여시키자는 것이다. 즉 산재보험의 가입을 현재처럼 강제적으로 하되, 민간보험회사들도 산재보험을 운영할 수 있게 하여 가입자들로 하여금 선택의 폭을 넓히자는 것이다. 이것은 엄밀히 말하여 민영화라기보다는 관리 · 운영의 '다원화'라 할 수 있다.

이렇게 하면 현재의 독점적인 운영체계에서 발생하는 관료성, 경직성의 문제를 피하고, 경쟁체제 하에서 운영의 효율성이 나타나 서비스의 질이 높아지고 궁극적으로 산재보험료도 낮아질 수 있어 결과적으로 전체 비용이 낮아질 수 있다는 것이다.

실제로 미국을 비롯한 일부 국가들에서는 산재보험의 운영을 민간보험회사들에 맡기고 있다. 이것은, 앞에서 언급했듯이, 산재보험이 다른 사회보험에 비하여 보험수리의 원리를 좀 더 반영하는 민영보험의 성격이 강하고, 사용자들끼리의 보험이기 때문이다.

그러나 상기의 방식으로 여러 민영보험회사들이 산재보험 운영에 참여하게 되면, 현재의 방식에서도 산재의 인정이 까다로워 산재급여가 제한되어 있는데, 영리를 추구하는 민간보험들끼리의 경쟁체제가 되면 산재인정은 더욱 까다로워져 산재보험의 급여가 위축이 될 수 있다.

또한 민영화가 되면, 산재위험발생이 높은 업종이나 영세사업장들에 대한 보험료가 크게 올라갈 수 있어 원래 사회보험이 추구하는 위험분산의 목표를 이루기가 어렵다.

5. 가입자 신고와 급여에서의 도덕적 해이의 문제

현재 우리나라의 산재보험의 현실적인 운영상태를 보면, 산재보험의 가입을 해야 하는 사용자들이나 산재보험의 급여를 받는 근로자들 양측에서 도덕적 해이의 문제들이 심각하게 나타나고 있다.

먼저 사용자들은 보험료를 적게 내기 위하여 임금명부를 허위로 작성하여 임금총액을 낮게 신고하는 경향이 있다. 이것은 영세사업장들 가운데 특히 그러하다. 또한 사용자들은 보험료가 높아지는 것을 피하기 위하여 산재발생 신고를 안 하거나 축소 신고하는 경향이 있다.

또한 수급자들은 업무 상 재해로 인정받기 위하여 거짓 혹은 과장하여 신고하거나, 일단 산재로 인정받은 후에도 산재급여를 남용·오용하는 경향이 있다. 예를 들면, 진료기관과 결탁하여 과잉진료·과잉투약을 하도록 하는 것이다.

특히 산재가 발생할 경우 사용자들은 산재근로자로 하여금 공상처리하게 하여 사용자와 합의 하에 사용자가 치료의 책임을 지는 대신 산재신고를 안 하는 경향이 있다. 이것은 사용자의 입장에서는 산재보험료가 높아지는 것을 피할 수 있고, 산재근로자의 입장에서는 공상처리를 할 경우 직장으로 복귀하기가 쉽다고 판단하기 때문이다.

이러한 도덕적 해이의 문제는 우리나라의 산재보험의 운영체계가 아직 성숙이 되지 않은 점에도 기인하기 때문에 앞으로 좀 더 체계적이고 엄격한 관리·운영이 필요하다고 할 수 있다. 그러나 더 중요한 것은 사용자나 근로자 모두 산재보험의 필요성에 대한 이해가 좀 더 높아져야 도덕적 해이의 문제는 해결될 수 있다.

10
chapter

노인장기요양보험

제 1 절 개관

1. 장기요양서비스란?

우리나라에서는 공식적인 명칭이 노인장기요양보험이라 하지만, 선진산업국가들에서 일반적으로 사용되는 명칭은 장기요양서비스(long-term care service)이다. 이것은 의료서비스(medical service)와 구분되는 것으로, 사람들이 일상생활을 하는 데 있어 필요한 모든 도움을 장기간에 걸쳐 제공하는 서비스를 말한다.

왜 장기요양서비스 제도가 별도로 만들어졌는가? 장기요양서비스 제도가 도입되기 전에는 대부분의 국가들에서는 요양서비스는 기존의 의료서비스 체계에서 제공되든지 아니면 가족들에 의하여 제공되었다. 그러던 것이 인구의 고령화와 의료서비스의 발전으로 노인들의 수명이 연장되면서 초고령 노인들이 늘면서 장기적인 요양을 필요로 하는 사람들이 크게 늘었다.

이렇게 되자 기존의 의료서비스 체계에서는 장기요양서비스를 위한 의료비용이 급증하여 별도의 제도를 만들 필요가 높아진 것이다. 실제로 연령대별 의료비용과 장기요양비용을 비교한 자료에 의하면, 80세 정도까지는 의료비용이 장기요양비용보다 많지만, 80세가 넘어서면서부터 장기요양비용이 급증하여 의료비용보다 많아진다.

또한 장기요양서비스를 필요로 하는 사람들이 크게 늘어나자 지금까지 요양서비스를 제공했던 가족구성원들의 물질적 · 정신적 부담도 크게 늘어나 장기요양의 문제는 사회문제가 되었다. 이러한 이유로 많은 국가들에서 1990년대 이후부터 장기요양서비스를 기존의 의료서비스 체계와 별도로 운영하게 되었다.

2. 장기요양서비스의 형태

장기요양서비스는 크게 보면 두 가지의 형태로 제공된다. 하나는 재가급여이고 다른 하나는 시설급여이다. 재가급여는 요양보호사가 장기요양서비스의 수급자의 가정을 방문하여 다양한 형태의 서비스를 제공하는 것을 말한다. 최근 선진산업국가들에서는 요양서비스의 비용의 증가 등의 이유로 재가급여를 강조하고 있는 추세이다.

시설급여는 전통적인 요양서비스의 형태로 수급자들을 장기요양시설에 입소시켜 서비스를 제공하는 것을 말한다. 시설급여는 재가급여에 비하여 비용이 많이 들기 때문에 많은 국가들에서는 시설급여보다는 재가급여의 형태로 서비스를 제공하려고 하는 경향이 있다.

장기요양서비스의 구체적 내용은 크게 보면 세 가지로 나눌 수 있다. 하나는 대인서비스(personal care service)로 주로 일상생활을 하는 데 필요한 기본적인 활동, 예를 들면, 식사, 배설, 목욕 등의 서비스를 말한다. 둘째는 건강보호서비스(health care service)로 영양, 건강관리, 간호, 투약, 재활훈련 등의 서비스를 말한다. 셋째는 사회보호서비스(social care service)로 세탁, 청소, 집안일, 사회관계, 심리·사회적 문제 해결 등의 서비스를 말한다(이준영, 2008).

3. 적용대상과 자격조건

오늘날 대부분의 선진산업국가들에서는 장기요양서비스는 나이에 상관없이 장기요양이 필요한 모든 사람들에게 제공한다. 다만 우리나라를 비롯한 일부 국가들에서는 65세 이상의 노인 또는 노인성 질병으로 장기요양이 필요한 사람들에게 제공된다. 즉 이러한 국가들에서는 65세가 안 된 사람이 장애가 발생하여 일상생활이 어려워도 장기요양서비스의 급여는 받지 못한다. 이러한 사람은 장애인복지서비스 등의 다른 프로그램으로 해결할 수밖에 없다.

또한 대부분의 복지국가들에서는 장기요양서비스는 보험료 납부나 소득/자산조사 없이 보편적으로 제공되나, 미국이나 영국을 비롯한 일부 국가들에서는 소득/자산조사를 통하여 일정한 소득/자산 이하의 사람들에게만 제공된다. 미국에서는 장기요양서비스는 두 가지의 방법으로 제공되는데, 하나는 Medicare라 하여 보험료를 납부한 65세 이상의 모든 노인들에게 보편적으로 제공되는 것이고, 다른 하나는 Medicaid라 하여 소득/자산조사를 통하여 일반조세를 재원으로 제공된다.

4. 재원조달방식

오늘날 OECD 회원국들 대부분은 장기요양서비스의 주요재원은 정부의 일반조세이다. 반면에 독일, 일본, 스위스, 한국 등은 사회보험방식으로 재원을 마련하고 정부가 일부 보조하는 형태이다(석재은, 2005).

이렇게 대부분의 국가들에서 일반조세에 의존하는 것은 장기요양서비스는 성격상 장기적인 기간 동안 서비스가 제공되기 때문에 사회보험 방식으로 할 때 보험재정이 한계가 있기 때문에, 결국 정부의 일반 예산에 의존할 수밖에 없기 때문이다.

오늘날 주요 OECD 회원국들의 장기요양서비스의 지출은 평균적으로 볼 때 GDP의 1% 수준이다. 스웨덴이 2.8%로 가장 많고 노르웨이 1.9%, 독일 1%, 일본 0.8% 수준이다. 그러나 앞으로 가까운 기간 내에 초고령 노인들(80세 이상)의 숫자가 크게 늘어나기 때문에 장기요양서비스의 지출은 크게 늘어날 것이다(OECD, 2003).

5. 급여

장기요양서비스는 의료서비스와 달리 국가기관에 의하여 장기요양서비스가 필요하다고 인정되는 사람들에게만 급여가 이루어진다. 이것은 장기요양의 요건, 즉 일상생활의 어려움이라는 것이 다소 애매하기 때문에 판정이 필요하기 때문이다. 그래서 대부분의 국가들에서 장기요양서비스를 신청한 사람들을 대상으로 인정 여부를 결정하여 이른바 등급판정을 한다. 실제로 많은 사람들이 신청을 해도 장기요양서비스를 못 받는다. 예를 들면, 우리나라의 경우 2010년의 경우 노인장기요양보험에 신청한 사람들이 대략 69만명인데 이 가운데 대략 31만명만 인정을 받았다. 대략 50%가 안 되는 것이다(국민건강보험공단, 2011).

또한 인정을 받아도 등급을 나누어 등급별로 급여의 내용이 달라진다. 일반적으로 서구복지국가들에서는 인정과 등급판정을 관대하게 하는 경향이 있으나, 최근 이러한 국가들도 복지재정의 어려움으로 등급판정을 까다롭게 하는 경향이 있다.

제 2 절 노인장기요양보험

1. 적용대상

우리의 노인장기요양보험의 적용대상은 노인장기요양보험 가입자와 그 피부양자, 그리고 의료급여수급권자로서 65세 이상 노인과 64세 이하의 노인성 질병이 있는 사람으로 되어 있다. 국민건강보험 가입자는 의무적으로 노인장기요양보험 가입자가 되기 때문에, 실질적으로 국민건강보험에 가입한 65세 이상의 노인과 노인성 질병이 있는 사람들이 적용대상이라 할 수 있다(국민건강보험공단, 2011).

국민건강보험은 가입만 하면 연령에 상관없이 모든 사람을 적용대상으로 하고 있는 데 반하여, 노인장기요양보험은 장기적인 요양서비스를 제공한다는 성격 상, 공식적인 명칭이 노인장기요양보험이라 했듯이 연령 제한을 두어 노인들에게만으로 적용대상을 한정하고 있다.

2. 재원조달방식

우리의 노인장기요양보험의 재원은 크게 세 가지로 이루어진다. 첫째는, 장기요양보험에 가입한 사람들이 내는 보험료이다. 이것은 건강보험료를 내는 사람이면 누구나 내야 하는 것으로 건강보험료액의 일정률로 결정된다. 2012년 현재 건강보험료액의 6.55%이고 월평균 5,211원이다. 2008년 7월 노인장기요양보험이 도입될 당시에는 건강보험료액의 4.05%이었는데 이후 계속 늘어나 현재의 요율이 되었다.

둘째는, 국가와 지방자치단체가 재원의 일부를 부담한다. 현재 국가는 장기요양보험료 예상수입액의 20%를 부담하도록 되어 있고, 공공부조인 의료급여의 수급자들의 비용은 국가와 지방자치단체가 분담하고 있다.

셋째는, 수급자 본인이 일부 부담하도록 되어 있다. 노인요양시설에서 요양서비스를 받고 있는 사람들은 전체 비용의 20%를 본인이 부담하고, 반면에 자기가 살고 있는 집에서 요양보호사가 방문하여 서비스를 제공받는 재가급여의 경우에는 본인부담이 15%이다.

본인이 부담하는 액수가 크다고 판단되는 저소득층은 본인부담을 1/2로 줄여주고, 국민기초생활보장제도의 수급자들은 본인부담이 없다. 이렇게 본인이 일부 부담을 하도록 하는 것은, 도덕적 해이의 문제로 요양서비스를 과도하게 이용하는 것을 막기 위한 것이다. 본인부담이 이 정도로 크면 많은 사람들이 장기요양서비스를 이용하는 것에 부담을 느끼는 것도 사실이다.

2011년 말 기준으로 볼 때, 노인장기요양보험료로 이루어진 재원은 대략 2조 1천억원이고, 이 가운데 직장가입자가 낸 보험료가 약 1조 6천 9백억원이고, 지역가입자의 보험료는 대략 4천 2백억원 정도이다. 장기요양보험료는 건강보험료가 올라가면 자동으로 높아지기 때문에 최근 장기요양보험료의 재원도 늘어나고 있는 추세이다. 2010년에는 1조 7천 8백억원이 거두어졌다(국민건강보험공단, 2011).

3. 수급자격

건강보험에서는 누구나 질병에 걸렸다고 판단하여 의료기관에 가면 의료서비스를 받을 수 있다. 반면에 노인장기요양보험에서 급여를 받는 것은 까다롭다. 우선 65세 이상 노인이거나 65세 미만일 경우에는 치매, 중풍, 파킨슨 병 등 뇌혈관성 질환 등의 노인성 질병이 있는 사람들 가운데 6개월 이상 혼자서 일상생활을 수행하기 어렵다고 인정을 받아야만 급여를 받을 수 있다.

따라서 65세 미만의 사람들 가운데 노인성 질병이 아니면서 일상생활을 제대로 수행하기 어려운 많은 사람들(일반적인 장애인들)은 노인장기요양보험의 급여를 받을 수 없다. 현재 우리나라의 장애인 복지제도가 발전되지 않았기 때문에 많은 일반 장애인들은 일상생활에 큰 어려움을 겪으면서 살아가고 있다.

노인장기요양보험의 급여를 받기 위하여는 세 개의 등급으로 나뉜 장기요양인정점수를 받아야 한다. 등급판정의 기준은 '심신의 기능 상태에 따라 일상생활에서 도움(장기요양)이 얼마나 필요한가?'를 여러 가지 요소로 지표화한 장기요양인정점수에 따라 결정된다.

여기서 1등급은 심신의 기능상태가 일상생활에서 전적으로 다른 사람의 도움이 필요한 상태로, 장기요양인정점수가 95점 이상이 되어야 한다. 2등급은 일상생활에서 상당부분 다른 사람의 도움이 필요한 상태이고, 인정점수가 75점 이상 95점 미만이다. 3등급은 일상생활에서 부분적으로 다른 사람의 도움이 필요한 상태이고, 인정점수는 53점 이상 75점 미만이다.

등급판정을 받는 과정은, 우선 적용대상이 되는 사람들이 장기요양의 인정 신청을 하면 간호사, 사회복지사, 물리치료사 등으로 구성된 건강보험공단 장기요양 직원들이 신청한 사람들의 집을 직접 방문하여 「장기요양인정조사표」에 따라 신청인의 신체기능, 인지기능, 행동변화, 간호처치, 재활영역, 환경적 상태, 서비스 욕구 등을 조사한다.

이러한 조사를 바탕으로 일단 '장기요양인정점수'를 산정한다. 이후에는 '등급판정위원회'에서 방문조사의 결과, 의사소견서, 특기사항 등을 고려하여 신청인의 기능 상태 및 장기요양의 필요한 정도를 판단하여 등급을 매긴다.

4. 급여내용

노인장기요양보험의 급여의 형태는 크게 두 가지다. 하나는 시설급여이고, 다른 하나는 재가급여이다. 시설급여는 전통적인 장기요양서비스로 장기요양기관이 운영하는 노인의료복지시설(노인요양시설 및 노인요양공동생활가정)에 장기간 동안 입소하여 신체활동 지원 및 심신기능의 유지·향상을 위한 교육·훈련 등을 제공하는 급여이다.

재가급여는 요양보호사가 수급자의 가정을 방문하여 다양한 형태의 서비스를 제공하는 것을 말한다. 첫째는, 방문요양이라 하여 요양보호사가 수급자의 가정을 방문하여 신체활동 및 가사활동 등을 지원하는 급여를 말한다.

둘째는, 방문목욕이라 하여 요양보호사가 수급자의 가정을 방문하여 목욕설비를 갖춘 장비를 이용하여 목욕을 해주는 서비스를 말한다.

셋째는, 방문간호라 하여 간호사 등이 의사, 한의사, 치과의사 등의 지시서에 따라 수급자의 가정을 방문하여 간호, 진료의 보조, 요양에 관한 상담 또는 구강위생 등을 제공하는 서비스이다.

넷째는, 주·야간 보호라 하여 수급자를 하루 중 일정한 시간 동안 장기요양기관에 보호하여 신체활동 지원 및 심신기능의 유지·향상을 위한 교육·훈련 등을 제공하는 서비스다.

다섯째는, 단기보호라 하여 수급자를 일정 기간 동안 장기요양기관에 보호하여 신체활동 지원 및 심신기능의 향상을 위한 교육·훈련 등을 제공하는 서비스다.

마지막으로, 기타재가급여(복지용구)라 하여 수급자의 일상생활·신체활동 지원에 필요한 의료용구를 제공하거나 가정을 방문하여 재활에 관한 지원을 하는 서비스다. 예를 들면, 휠체어, 전동·수동 침대, 욕조용리프트, 이동욕조 등을 제공하는 것이다.

이상의 두 가지의 급여 이외에, 특별현금급여라는 것이 있는데, 이것은 도서·벽지 등 장기요양기관이 현저히 부족한 지역에 살거나, 천재지변, 신체·정신 또는 성격 등의 사유로 인하여 수급자가 가족 등으로부터 방문요양과 비슷한 요양서비스를 받을 때 그들에게 현금으로 비용을 지급하는 서비스를 말한다.

오늘날 노인장기요양급여를 받는 사람들의 숫자나 비용은 빠르게 늘어나고 있다. 2012년 5월 기준으로 볼 때, 장기요양급여를 받고 있는 사람은 대략 33만명이다. 이것은 65세 이상 노인인구인 대략 570만명의 6% 정도이다. 이 수치는 서구복지국가들에 비하여 매우 낮은데 그 이유는 크게 볼 때 두 가지다. 하나는, 우리나라가 아직은 초고령 인구(80세 이상)가 서구복지국가들에 비하여 크게 낮아, 장기요양급여를 필요로 하는 사람들의 숫자가 적기 때문이다. 다른 하나는, 우리나라의 장기요양급여를 받을 수 있는 자격심사가 까다로워 많은 사람들이 장기요양급여를 받아야 하는데 받지 못하고 있기 때문이다. 이것은 장기요양급여를 신청한 사람들에 비하여 수급자의 비율이 낮은 것에서 볼 수 있다. 예를 들면 〈표 10-1〉에서 보듯이 2011년 기준에 따르면 그 해에 장기요양보험급여를 신청한 사람들의 숫자는 617,000명인데 급여를 받을 수 있는 인정자의 숫자는 32만명 정도로 판정자 대비 대략 67%에 불과하다. 신청자를 기준으로 하면 인정률은 50% 정도이다.

상기의 수치는 최근 4년 사이에 크게 늘어났다. 〈표 10-1〉에서 보듯이 2008년, 즉 장기요양보험이 처음 실시된 해에는 장기요양보험급여의 신청자가 35만명 정도이었는데, 2009년에는 52만명, 2010년에는 62만명으로 빠르게 늘어나고 있다. 또한 인정자의 숫자도 크게 늘어나고 있어, 2008년에는 21만명, 2009년에는 28만명이었다. 흥미로운 것은 신청자 대비 인정자의 비율은 2009년 이후 조금씩 줄어들고 있다는 것이다. 즉 그만큼 수급자격판정이 까다로워졌다는 것을 보여주고 있다.

〈표 10-1〉 노인장기요양보험 관련 통계

	2008	2009	2010	2011
노인인구 (65세이상)	5,086,195	5,286,383	5,448,984	5,644,758
신청자	355,526	522,293	622,346	617,081
판정자 (등급내+등급외)	265,371	390,530	465,777	478,446
인정자 (인정비율)	214,480 (80.8%)	286,907 (73.5%)	315,994 (67.8%)	324,412 (67.8%)

자료: 국민건강보험공단(2012), 2011년 노인장기요양보험 통계연보

한편 등급별 수급자의 숫자를 보면, 수급자 33만명 가운데 1등급이 약 4만명, 2등급이 7만 7천명, 3등급이 21만명이다. 즉 대부분이 부분적인 도움이 필요한 사람들에 대한 급여이다.

또한 급여형태로 보면, 시설급여의 수급자의 숫자는 12만명 정도인 반면에, 재가급여는 대략 21만명이다. 이것의 이유는 부분적인 도움이 필요한 3등급 판정자들의 숫자가 압도적으로 많은데, 이들이 대부분 재가급여를 이용하기 때문이다.

한편 급여비용의 측면에서 보면, 2012년 기준으로 볼 때 장기요양보험에 급여가 된 총비용이 대략 1조 2천 5백억원인데, 이 가운데 시설급여가 6천 4백억원이어 재가급여 총비용인 6천 1백억원보다 많다.

이것의 이유는 시설급여를 이용하는 사람들은 재가급여를 이용하는 사람들에 비하여 더 많은 서비스를 필요로 하는 사람들로 이루어졌기 때문이다. 이것은 1인당 급여비용에서 볼 수 있는데, 시설급여의 1인당 급여비용은 5,235원인데 비하여 재가급여는 2,947원에 불과하다.

제 3 절 문제점과 개선방안

우리의 노인장기요양보험은 2008년 7월에 도입되어 지금까지 약 5년 동안 시행되고 있다. 그런데 이 기간 동안 장기요양서비스를 필요로 하는 사람들은 크게 늘어난 반면에, 장기요양보험제도는 시행기간이 짧아 아직 충분히 성숙되지 못하여 여러 가지 문제점들이 나타나 개선의 필요성이 크다. 이 절에서는 이러한 문제점들과 개선방안을 논의하고자 한다.

1. 적용대상이 제한적이다.

우리의 노인장기요양보험은 이름에서 보듯이 적용대상을 65세 이상의 노인이나 노인성 질환을 가진 사람으로 제한하고 있다. 그래서 많은 수의 장기요양을 필요로 하는 사람들이 장기요양서비스를 받지 못하면서 일상생활에서 큰 어려움을 겪고 있다.

이 문제를 해결할 수 있는 방법은 크게 두 가지다. 하나는, 우리도 유럽의 복지국가들처럼 장기요양서비스를 장기요양이 필요한 모든 사람들에게로 적용대상을 확대하는 것이다. 이렇게 하기 위하여는 현재보다 많은 재원이 필요하고, 또한 기존의 유사한 서비스인 장애인복지서비스, 지역보건복지서비스들과 연계하여 통합적인 체계를 만들 필요가 있다.

다른 하나는, 장기요양보험의 재정의 한계를 고려하여 노인을 주 대상으로 하되, 노인성 질환의 범위를 확대할 필요가 있다. 사실 노인성 질환이라는 것이 해석하기에 따라 범위가 넓을 수 있기 때문에, 노인성 질환의 인정 범위를 넓히면 많은 수의 비노인이면서 장기요양이 필요한 사람들에게 서비스를 제공할 수 있는 것이다.

2. 장기요양의 인정과 등급판정이 지나치게 엄격하다.

현재 우리나라에서 장기요양서비스를 받기 위하여는 노인장기요양보험의 적용대상자들이 신청을 하면 6개월 이상 동안 혼자서 일상생활을 수행하기 어렵다고 인정이 되어야 하고, 이러한 인정자들 가운데 일상생활의 어려움의 정도에 따라 3등급으로 나누어 등급별로 서비스가 다르게 제공된다.

그런데 이러한 인정과 등급판정의 과정이 지나치게 엄격하여 많은 사람들이 장기요양서비스를 받지 못하는 것이 문제다. 예를 들면, 2011년 기준으로 볼 때 장기요양서비스 신청자의 숫자는 617,081명인데 이 가운데 인정을 받은 사람은 324,412명으로 대략 50%를 약간 넘는 정도이다. 이렇게 신청자 대비 인정자의 숫자가 크게 낮은 것은 적용대상이 아닌 사람들이 신청하여 판정을 할 필요가 없이 기각이 된 경우가 많기 때문이기도 하지만, 많은 경우는 인정의 판단이 너무 엄격하기 때문이다.

심지어 적용대상이 되는 사람들이 신청하여 장기요양서비스의 수급여부를 판정한 사람들 가운데에서도 인정비율은 대략 67%에 불과하다. 즉 2011년의 경우 판정자 478,446명 가운데 인정자는 324,412명인 것이다. 이렇게 인정비율이 낮은 것은 유럽의 복지국가들의 경우 신청을 하면 거의 대부분 요양서비스를 받을 수 있는 것과 크게 대비가 된다.

왜 이렇게 장기요양에 대한 인정과 판정이 엄격한가? 장기요양서비스는 일반적인 의료서비스와 달리 일단 수급자로 선정이 되면 문자 그대로 장기간에 걸쳐(길게는 수십 년) 급여를 계속해야 되기 때문에, 수급자 선정을 엄격하게 하지 않으면 장기요양비용이 크게 늘어날 수밖에 없다. 따라서 우리나라처럼 장기요양보험의 재정이 제한적인 상황에서는 이렇게 까다롭게 수급자를 선정할 필요가 있을 수 있다.

그럼에도 불구하고, 현재의 우리의 인정률은 지나치게 낮다고 할 수 있다. 특히 저소득층의 경우에는 장기요양서비스를 받지 못하면 가족들의 경제적 상황도 크게 악화가 될 수 있기 때문에, 전반적인 인정률을 높이고, 특히 저소득층의 인정률은 크게 높일 필요가 있다. 이 경우 재원이 문제가 되는데, 정부가 일반예산에서 지원을 더 하든지 아니면 장기요양보험료를 인상할 필요가 있다.

3. 장기요양서비스의 질이 낮다.

오늘날까지 우리의 노인장기요양보험은 시행된 지 얼마 안 되어 아직 정착이 안 되어 나타나는 현상으로 장기요양서비스의 질이 낮아 제대로 된 서비스를 제공 못 하고 있는 실정이다. 이것은 여러 가지의 이유가 있지만 크게 보면 서로 연관된 두 가지 이유이다.

하나는 서비스를 제공하는 시설 혹은 기관이 부실하다는 측면이다. 정부는 2008년 장기요양보험제도를 도입하면서부터 서비스를 제공하는 시설이나 기관에 대하여 엄격한 규제 없이 시장논리에 따라 아무나(?) 시설이나 기관을 설립할 수 있게 하여 지나치게 많은 시설들이 빠른 시간 내에 만들어졌다.

예를 들면, 2008년 도입 당시 장기요양서비스를 제공하는 시설이 1,395개였는데, 이 가운데 개인이 운영하는 시설이 882개이던 것이 2009년에는 1,472개로 무려 77% 증가하여, 이 시기의 전체 시설 숫자인 2,629개의 56%에 이른다. 즉 법인시설보다 더 많이 운영되고 있는 것이다. 2012년 현재 장기요양서비스를 제공하고 있는 입소시설이 4,171개이고 재가시설이 19,404개인데 이 가운데 반 이상이 개인시설이라고 볼 때 장기요양서비스를 제공하는 시설이나 기관 가운데 상당히 많은 숫자가 부실하다고 볼 수 있다(김태성 외, 2012).

이렇게 장기요양서비스의 공급자에 대한 규제가 약하다 보니까 공급자들끼리의 과다경쟁이 나타나 결과적으로 수급자들에 대한 서비스의 질이 낮아질 수밖에 없다. 예를 들면, 지나친 경쟁구도 하에서 이러한 요양기관들은 장기요양서비스를 받는 사람들을 끌어 모으기 위하여 본인부담금을 면제시키는 방법을 사용하는데, 이렇게 하면 결국 수급자에 주어지는 서비스의 질이 낮아질 수밖에 없는 것이다. 현재까지 정부는 이러한 현상을 방치 혹은 조장하고 있는데, 그 본질적인 이유는 이러한 방식은 장기요양서비스의 전체 비용을 낮출 수 있기 때문이다. 한마디로 적은 비용으로 '싸구려' 서비스를 제공하자는 것이다.

다른 하나는 장기요양서비스를 직접 제공하는 장기요양보호사를 비롯한 장기요양서비스 관련 요원들의 질이 낮다는 측면이다. 장기요양서비스의 질은 결국 요양서비스를 제공하는 장기요양보호사가 얼마나 좋은 서비스를 제공하느냐에 달려 있다.

그런데 현재 우리나라에서 요양서비스를 제공하는 요양보호사에 대한 처우는 너무나 열악하다. 이들은 어려운 근무환경에서 힘든 일을 장시간 하면서 매우 낮은 임금을 받고 있다. 이러한 상태에서 서비스의 질이 높아지기 어렵고 결국 요양보호사의 질은 낮아질 수밖에 없다.

2011년 기준으로 볼 때, 전국적으로 약 26만명의 요양보호사가 일하고 있는데 이들의 평균임금은 대략 150만원이다. 흥미로운 것은, 이들의 임금은 장기요양보험 시행 이전인 2007년 때보다 낮아졌다는 점이다. 이것은 장기요양보험이 도입된 이후에 요양보호사의 숫자가 크게 늘어났기 때문이다. 특히 소규모 요양시설에서 일하는 요양보호사의 임금은 더욱 낮아 평균 약 130만원 정도에 불과하다(김태성 외, 2012).

요양보호사들의 근무시간은 다른 서비스 인력들에 비하여 길어 평균 주당 41시간 일하고, 주당 40시간 이상 일하는 사람들의 비율도 41%로 가장 높다. 이렇게 오랜 시간 일하면서 낮은 임금을 받기 때문에 요양보호사들의 이직률이 가장 높다. 예를 들어, 요양보호사의 평균 재직기간은 29개월에 불과하다(사회복지사는 39개월, 간호사는

38개월 등이다).

따라서 장기요양서비스의 질을 높이기 위하여는 요양보호사의 처우를 높여야 하는데, 이를 위하여는 먼저 요양보호사의 공급을 통제하여 보다 엄격한 기준을 적용하여 관리해야 할 필요가 있다. 그래야만 요양보호사의 전문성도 높아지고 처우를 개선할 여지가 있는 것이다.

4. 장기요양서비스의 수가가 낮다.

장기요양서비스의 질을 높이기 위하여는, 서비스를 제공하는 사람들에 대한 처우를 높여야 되는데 이를 위하여는 서비스를 제공하는 사람들에게 지불하는 가격인 수가를 높일 수밖에 없다. 2011년 기준으로 볼 때, 우리의 장기요양보험의 시설수가는 시설형태별 등급별로 세분화되어 있다. 예를 들면, 가장 낮은 수가인 일일 기준으로 일반 요양시설에서 3등급 수급자에게 책정된 31,340원에서부터, 가장 높은 수가인 전문요양시설에서 1등급 수급자에게 책정된 48,900원 사이에 다양하게 분포되어 있다(김태성 외, 2012).

이렇게 책정된 수가가 높냐 낮냐는 판단 기준에 따라 다르겠지만, 적어도 현재 우리 제도에서 장시간 동안 힘든 일을 하는 요양보호사들이 받는 임금이 ILO의 객관적인 기준에 비추어 볼 때 크게 낮은 것은 사실이기 때문에 다른 조건이 같다면 결국 수가를 어느 정도 인상할 필요가 있다 하겠다.

지금까지는 요양보호사의 과잉공급(?)으로 시장 원리에 따라 이들의 임금이 상승되기 어려웠으나, 수가 인상으로 이들의 임금이 어느 정도 상승될 수 있다. 적정한 수가는 전문적인 수가계산방식에 따라 결정될 수 있지만, 이것은 보는 관점에 따라 논란이 있을 수 있기 때문에, 여기서는 두 가지 방식만 제시하고자 한다(김태성 외, 2012).

하나는, 매년 수가를 평균 실질임금상승률이나 물가상승률에 연동하여 인상하는 방안이다. 이렇게 되면 사회 전반의 임금 상승에 따라 수가가 올라가기 때문에 요양보호사의 실질임금도 상승될 수 있다.

다른 하나는, 시설 규모별로 수가를 차등 적용하는 방안이다. 이것은 '규모의 경제'의 원리에 따르는 것으로 대규모 시설보다 소규모 시설이 여러 가지 측면에서 불리하기 때문이다. 그래서 소규모 시설에 대한 수가를 더 높여주면 이러한 시설에 근무하는 요양보호사들의 임금이 높아질 수 있는 것이다.

5. 본인부담금이 크다.

현재 노인장기요양보험의 본인부담은 시설급여는 20%이고 재가급여는 15%로 되어 있다. 그런데 여기서 식재료비와 이·미용률 등은 비급여로 되어 있기 때문에 실질적인 부담은 더 크다 하겠다.

우리도 독일이나 일본처럼 본인부담률을 10% 정도로 낮출 필요가 있다. 특히 저소득층의 경우는 문제가 심각할 수 있다. 현재 우리의 제도에서 저소득층은 본인부담금을 반으로 줄여주고 있으나, 이 정도로는 저소득층이 장기요양 인정을 받아도 부담이 되어 실제로 서비스를 이용하기가 어려울 수 있기 때문이다. 따라서 현재 국민기초생활보장 수급자들에게 본인부담을 완전히 면제시키는 것처럼, 일정한 소득 이하의 의료빈곤층에게는 본인부담을 면제시킬 필요가 있다.

11
chapter

국민기초생활보장제도

제 1 절 개관

우리의 국민기초생활보장제도와 같은 제도들의 학문적으로 널리 사용되는 명칭은 공공부조(public assistance) 혹은 사회부조(social assistance)이다.[1] 여기서는 우리의 국민기초생활보장제도를 소개하기 전에 먼저 공공부조에 대한 일반적인 논의를 하고자 한다.

1. 공공부조란?

일반적으로 공공부조란 일정한 소득이나 자산 이하의 개인이나 가족을 대상으로 정부의 일반예산을 재원으로 하여 최저생활을 보장하기

1) 물론 국가들마다 사용하는 명칭은 다양하다. 예를 들면, 영국에서는 소득지원(Income Support)이라 하고, 미국에서는 TANF(Temporary Assistance for Needy Families) 혹은 SSI(Supplemental Security Income)를 말하고, 독일에서는 사회부조(Sozialhilfe), 프랑스에서는 '사회통합 최저수당', 일본에서는 생활보호제도라 한다.

위하여 급여하는 제도이다. 한마디로 말하여 공공부조는 가난한 사람들만을 대상으로 하는 제도이다.

앞에서 논의한 다양한 사회보험들은 일반적으로 모든 국민들을 대상으로 하면서 빈곤을 '예방'하는 기능을 하는 반면에, 공공부조는 다른 모든 사회보장제도들에도 불구하고 여전히 가난한 사람들을 위한 최후의 안전망(safety net)의 역할을 한다. 예를 들면, 오늘날의 복지국가들에서 사는 노인들은 대부분 사회보험, 특히 국민연금 덕택에 빈곤하지 않은데, 국민연금을 받지 못하거나 급여액이 충분하지 않은 노인들은 빈곤에 처하게 되는데 이때 공공부조가 마지막 방법으로 이들의 최저생활을 보장해주는 것이다.

공공부조는 역사적으로 가장 오래된 제도이다. 공공부조는 19세기말 유럽에서 복지국가가 시작되기 전까지 오랫동안 중요한 역할을 했던 사회복지제도이다. 대표적인 예가 1601년에 영국에서 만들어진 '엘리자베스 구빈법'이다.

우리나라에서도 조선시대 혹은 그 이전에도 다양한 이름의 공공부조(?) 제도가 있었고, 현대적 의미의 공공부조도 '생활보호제도'라는 이름으로 다른 어떤 사회복지제도보다 일찍 1962년에 도입되었다.

공공부조는 19세기말 유럽의 복지국가들에서 사회보험이 도입되면서 점차 그 기능이 약화되어, 오늘날 대부분의 복지국가들에서 다른 주요 사회복지제도들에 비하여 미미한 역할을 하고 있다고 할 수 있다.

이것은 오늘날 서구의 복지국가들에서 수급자의 숫자나 지출액의 측면에서 공공부조가 사회보험에 비하여 크게 작다는 것에서 알 수 있다. 오늘날 대부분의 복지국가들에서 공공부조는 GDP의 2% 미만을 차지하고 있다. 예를 들면, 스웨덴은 0.6%, 독일은 1.5%, 프랑스는 1.9%, 미국은 1.2%이고 영국만이 GDP의 2.7%를 차지하고 있다(Immervoll, 2009).

반면에 대부분의 서구의 복지국가들에서 사회보험에의 지출은 GDP의 10%를 넘는데, 예를 들면 국민연금 하나만으로도 GDP의 10%

가까이 지출하고 있다. 또한 수급자의 숫자도 사회보험은 공공부조에 비하여 압도적으로 많다.

이렇게 오늘날 공공부조가 사회보험에 비하여 사회보장제도로서 그 기능이 약화된 가장 중요한 이유는 2차 세계대전 이후의 복지국가의 황금기에 사회보험이나 보편적 프로그램(디모그란트)이 크게 확대되었기 때문이다. 이러한 사회보장제도들이 확대되어 대부분의 국민들이 부딪히는 대부분의 사회적 위험의 문제가 해결되어 최후의 안전망이라 할 수 있는 공공부조를 받아야 할 사람들의 숫자가 크게 줄었기 때문이다.

어떻게 보면 복지국가의 존재 이유는 국민들의 복지가 가능한 한 공공부조에 의존하지 않고 대부분 해결될 수 있도록 하는 것이라 할 수 있다. 왜냐하면, 공공부조는 다른 주요 사회보장제도들에 비하여 가장 발전이 안 된 제도이고, 또한 사회복지를 하나의 권리로서 받을 수 있는 이른바 '사회권(social right)'의 측면에서도 가장 약하기 때문이다.

예를 들면, 아동을 키우는 모든 가구들에게 아동수당을 급여하는 것은 이것을 민주주의 사회에서 참정권처럼 하나의 권리로 인정하기 때문이다.

반면에 공공부조는 일반 국민들이 하나의 권리로서 받는 측면보다는 국가에 의한 '적선(dole)'의 성격이 강하다. 물론 고도로 발전된 국가들에서는 이른바 '복지권(welfare right)'으로 권리의 성격이 어느 정도 나타나나 대부분의 국가들에서는 공공부조는 권리의 측면이 약하다.

이것이 의미하는 것은 공공부조는 국가가 작위적(?)으로 일정한 사람들을 선별하여 일정한 액수를 제공하는데, 여기서 선별이 안 된 사람들이 이의를 제기하여 국가를 상대로 청구권 소송을 해도 급여가 이루어지기는 어렵다는 것이다.

실제로 미국이나 한국처럼 성숙한 복지국가가 아닌 국가들에서 이러한 소송이 많이 있었으나 대부분 청구권자가 졌다. 예를 들면, 우리

나라에서도 몇 년 전에 어떤 노인이 우리의 공공부조인 국민기초생활보장제도로부터 급여를 받아야 한다고 소송을 했으나 최종적으로 헌법재판소에서 국민기초생활보장급여를 안 하는 것이 우리의 헌법에서 이야기하는 행복추구권을 위배하는 것은 아니라고 판결하였다. 즉 국민기초생활보장에의 수급권은 보편적인 하나의 권리가 아니라 국가가 선별적으로 결정하여 제공하는 것으로 해석하는 것이다.

2. 공공부조의 유형

오늘날 대부분의 국가들에서는 다양한 형태의 공공부조를 운영하고 있다. 따라서 세부적으로 보면 공공부조의 유형은 많을 수 있으나, 크게 보면 두 가지로 나눌 수 있다. 하나는 이른바 일반적 공공부조(general public assistance)이고 다른 하나는 범주적 공공부조(categorical public assistance)이다.

일반적 공공부조는 가장 중요한 자격조건인 일정한 소득이나 자산 이하의 조건만 충족하면 누구에게나 급여가 이루어지는 것을 말한다. 오늘날 고도로 발전된 복지국가들, 예를 들면, 스웨덴, 덴마크 등에서의 공공부조는 일반적 공공부조라 할 수 있다. 이러한 국가들에서는 일정한 소득 이하의 사람들은 근로능력 여부와 상관없이 누구나 급여를 받을 수 있다. 다만 최근에는 이러한 국가들도 복지재정의 한계로 근로능력이 있는 빈자들은 근로와 연계하는 조건으로 급여가 이루어진다.

범주적 공공부조는 일정한 소득 혹은 자산 이하의 조건 이외에 다른 조건들도 충족해야 급여가 제공되는 것을 말한다. 대표적인 것이 인구학적 조건과 부양의무자의 조건이다. 오늘날 우리나라의 국민기초생활보장제도를 포함하여 대부분의 국가들에서의 공공부조는 범주적 공공부조라 할 수 있다.

예를 들면, 미국의 대표적인 공공부조인 SSI(Supplemental Security Income)는 65세 이상의 가난한 노인이나 장애인에게만 급여가 이루어진다(다만, 미국의 또 하나의 대표적인 공공부조인 Food Stamp-식품만을 살 수 있는 증서를 제공하는 프로그램-는 가난하면 누구에게나 제공되기 때문에 일반적 공공부조라 할 수 있다).

반면에 영국은 16~65세 사이의 사람들에게만 급여가 이루어지는데 이것은 16세 이하는 아동수당, 65세 이상은 국민연금으로 빈곤의 문제를 해결해야 한다고 보기 때문이다. 유사하게 프랑스도 25세 이하는 급여대상이 아니다.

한편 우리나라나 일본, 독일에서는 부양의무자의 조건을 두어 수급대상자가 일정한 소득이나 자산 이상을 가진 부양의무자(대개 친족)가 없는 조건 하에 급여가 이루어진다(김교성, 2011).

전통적으로 공공부조는 대부분 범주적 공공부조 형태이었다. 그래서 근로능력이 있는 빈자는 이른바 '자격 있는 빈자(deserving poor)'에 해당이 안 되어 제외되었다. 왜냐하면, 공공부조의 선별주의의 원칙에 따라 수급대상을 가능한 한 최소한으로 선별해야 하기 때문이다. 이러던 것이 복지국가가 확대되면서, 즉 이른바 복지국가의 황금기부터 근로능력이 있는 빈자도 급여대상이 될 수 있는 일반적 공공부조가 등장한 것이다.

3. 공공부조의 성격

공공부조의 가장 큰 장점은 주어진 재원에서 소득재분배를 극대화할 수 있다는 점이다. 왜냐하면, 공공부조는 소득이 높은 사람들이 많이 부담하는 세금으로 가난한 사람들에게만 집중적으로 급여가 주어지기 때문이다. 그래서 오늘날처럼 사회보험이 크게 확대하기 전까지 한 사회의 소득불평등을 줄이는 데 크게 기여하였다.

그러나 사회보험이 확대되면서 공공부조의 소득재분배 효과는 과거에 비하여 줄어들었다. 오늘날은 대부분의 복지국가들에서 사회보험이 공공부조보다 소득불평등을 줄이는 데 훨씬 큰 역할을 한다. 예를 들어 빈곤율을 줄이는 효과를 비교하면, 대부분의 국가들에서 사회보험의 빈곤율 제거 효과가 공공부조의 그것보다 훨씬 크다. 예를 들면, 스웨덴에서는 사회보험의 빈곤율 완화 효과는 65%인 데 비하여 공공부조의 그것은 3%에 그친다(여기서 빈곤율 완화 효과는 시장소득만으로 할 때의 빈곤율을 사회보장제도들이 얼마나 줄이느냐를 나타낸다). 프랑스에서는 사회보험은 71%, 공공부조는 8.4%, 미국에서는 사회보험은 22%, 공공부조는 5% 등이다(Immervoll, 2009).

이렇게 사회보험의 빈곤율 완화효과가 공공부조보다 월등히 큰 이유는 사회보험의 수급자의 숫자나 급여액이 공공부조의 그것보다 월등히 크기 때문이다. 다시 말하여, 공공부조의 수급자의 숫자나 급여액이 사회보험과 같다면, 공공부조는 사회보험보다 더 큰 빈곤율 완화효과를 보였을 것이다. 왜냐하면, 공공부조의 재원조달방식이나 급여대상자 선정방식이 사회보험보다 더 소득재분배적으로 설계되었기 때문이다.

공공부조의 또 하나의 장점은 주어진 사회적 자원에서 낭비 없이 가난한 사람들에게 집중적으로 급여가 이루어지는 이른바 대상효율성 혹은 목표효율성(target efficiency)이 높다는 점이다. 아동수당이나 보편적 연금처럼 소득수준에 상관없이 모든 아동이나 노인에게 급여하면 가난한 사람들을 줄인다는 정책목표의 측면에서 제한된 사회적 자원을 낭비(?)할 수 있는 것이다(물론 이러한 디모그란트는 사회통합이라는 또 다른 가치를 이룰 수 있는 등 여러 가지의 장점들이 있다).

이러한 이유로 공공부조는 사회복지에 사용할 재원이 제한되어 있는 국가들에서는 바람직할 수 있다. 예를 들면, 우리나라가 그러하다. 우리나라는 지금까지도 사회복지에 사용할 재원이 매우 제한적이다. 서구의 복지국가들에 비하여 총조세부담률(사회보험의 보험료 부담을 포함, 우리나라에서는 국민부담률이라 한다)이 크게 낮고, 또한 조세저항이 커 앞으로도 세금을 올리기가 쉽지 않다. 이러한 상황에서는 공공부조를 확대하는 것이 바람직하다.

이것은 최근의 이른바 기초연금을 둘러싼 논쟁에서도 나타났다. 현 정부는 선거공약으로 모든 노인들에게 기초연금을 급여한다고 하였으나 막상 집행하려고 하니 막대한 재원이 소요되고 또한 부자(?) 노인들에게까지 줄 필요가 있느냐는 비난에 따라 현재는 공공부조의 형태, 즉 일정한 소득 이하(현재는 소득 상위 70%)의 노인들에게만 급여하는 방향으로 바뀌는 모습이다(이 문제는 3절에서 자세히 논의하고자 한다).

반면에 공공부조는 사회보험이나 디모그란트 프로그램들에 비하여 여러 가지의 문제점들을 갖고 있다. 우선 공공부조는 역사적으로나 본질적으로 볼 때 사회통제, 구체적으로는 빈민통제의 기능을 하기 위하여 만들어졌다는 점이다(Piven and Cloward, 1971). 가난한 사람들이 많아지면 사회가 불안정해져 자본주의 사회가 제대로 작동하기 어렵기 때문에, 가난한 사람들을 통제하기 위한 수단으로 만들어졌다는 것이다. 다시 말하여 공공부조는 처음부터 가난한 사람들을 위하여 인간의 존엄성을 유지할 수 있는 진정한 복지를 추구하기 위하여 만들어진 것이 아니라는 성격이 강하다.

이것은 고도로 발전된 복지국가를 제외하고 대부분의 국가들에서 공공부조는 전통적인 '열등수급의 원칙(less eligibility)'에 따라 작동하고 있는 것에서 알 수 있다. 공공부조의 급여액은 시장에서 일해서 받는 최저임금보다 많아서는 안 되는 것이다. 만일 이 원칙이 깨지면, 즉 공공부조의 급여액이 시장에서의 최저임금보다 많으면 자본주의 경제는 작동하기 어려운 것이다. 한마디로, 누가 일을 하려고 하겠는가?

공공부조는 또한 납세자와 수급자의 구분이 명확하여 납세자와 수급자 간의 반목과 갈등이 커질 수 있어 국민연대감이나 사회통합이 약화될 수 있다. 이러한 현상은 특히 사회복지가 크게 확대되지 않은 국가들에서 크게 나타나는 경향이 있다. 예를 들면, 미국에서는 공공부조 수급자를 'welfare' 수급자라 하여 멸시하면서 이들을 위하여 세금을 내는 것에 반감을 갖고 있는 사람들이 많다. 우리나라에서도 보수적인 가치관을 갖고 있는 사람들은 우리의 국민기초생활보장제도의 수급자들에 대하여 도덕적인 측면 등에서 반감이 크다(보수적 언론매체에서는 심심하면 국민기초생활보장제도 수급자들의 오용, 남용 사례를 보도한다).

공공부조는 또한 다른 사회보장제도에 비하여 근로나 저축의 동기를 약화시킬 수 있는 성격을 갖고 있다. 이유는 간단하여, 급여가 일정한 소득이나 자산 이하이어야만 이루어지기 때문이다. 그래서 원론적으로 볼 때 공공부조의 급여를 받기 위하여는 일을 적게 하여 소득이나 저축액이 낮아야만 한다. 그렇다고 공공부조 때문에 모든 국가에서 모든 사람들의 근로나 저축동기가 약화되는 것은 아니다. 국가마다 사람마다 큰 차이가 있다(이 문제는 중요하기 때문에 뒤에서 자세히 논의하고자 한다).

유사한 이유로 공공부조는 또한 지하경제를 크게 할 수 있다. 공공부조의 급여를 받기 위하여는 일정한 소득이나 자산 이하이어야 하기 때문에 어떤 사람들은 급여를 받기 위하여 소득신고를 안 하거나 과소보고를 할 동기가 커질 수 있다. 이러한 이유로도 공공부조를 크게 확대할 수 없는 것이다.

공공부조는 또한 운영비용이 사회보험이나 디모그란트에 비하여 많이 든다. 왜냐하면, 공공부조를 급여하기 위하여는 개별 대상자들의 소득과 자산 조사를 하여 선별하여야 하고, 이후에도 수급자들에 대한 교육·상담·지시 등의 많은 일을 해야 하기 때문이다(최근 우리나라에서 문제가 되고 있는 복지담당 공무원들의 막중한 업무량을 보라).

마지막으로, 공공부조는 가족구조를 불필요하게 변화시킬 수 있다. 특히 범주적 공공부조가 그러한데, 미국에서 오랫동안 대표적인 공공부조였던 AFDC(Aid to Families with Dependent Children)를 폐지한 이유가, 이것이 불필요하게 아동을 키우는 여성세대주를 늘렸다는 것 때문이다(AFDC를 받기 위하여는 주로 아동을 키우는 여성세대주 가구가 되어야 하기 때문이다). 우리나라에서도, 부양의무자 규정 때문에 노인가구가 자식들로부터 독립하여 살려고 하는 경향이 커지고 있다.

이렇게 공공부조는 여러 가지의 문제점들을 갖고 있기 때문에 서구 복지국가들에서는 사회보험이나 디모그란트를 확대하여 가능한 한 공공부조를 줄이려고 하는 것이다.

4. 공공부조는 근로나 저축동기를 약화시키는가?

공공부조는 일정한 소득이나 자산 이하의 사람들에게만 급여가 이루어지기 때문에 근로나 저축동기를 약화시킬 수 있다. 상식적(?)으로 볼 때도, 일정한 소득이나 자산 이하이어야만 수급자격이 주어지기 때문에 어떤 사람들에게는 열심히 일을 하여 소득이나 자산을 높일 동기가 줄어들 수 있는 것이다.

그리고 더 중요한 것은, 공공부조가 실제로 사람들의 근로나 저축동기를 약화시키는지와 상관없이, 많은 사람들이 공공부조가 수급자들의 근로나 저축동기를 약화시킨다고 생각한다는 점이다. 예를 들면, 우리나라에서 국민기초생활보장제도를 도입할 당시, 이 제도가 과거의 생활보호제도와 달리 근로능력이 있는 사람들을 포함하였기 때문에 많은 사람들(특히 보수 언론매체들)은 이 제도가 사람들의 근로동기를 크게 약화시켜 국가경제에 크게 해가 된다고 강하게 반대하였다(그래서 이후에 국민기초생활보장제도는 초기의 정책방향과는 달라져 근로능력이 있는 수급자는 이른바 '조건부 수급자'라 하여 '자활사업'에 참여하는 조건으로 급여가 이루어진다).

이론적으로 볼 때, 공공부조가 수급자들의 근로동기에 영향을 줄 수 있는 것은 두 가지의 요소에 의하여 결정된다. 하나는 기본급여액인데, 이것은 수급자들이 소득이 전혀 없을 때 주어질 수 있는 최소한의 급여액을 말한다. 예를 들면, 우리나라의 국민기초생활보장제도에서 2012년 4인 가족에게 주어지는 생계급여액 125만원을 말한다.

다른 하나는 급여감소율이다. 이것은 수급자가 일을 하여 근로소득이 발생할 때 급여액이 기본급여액에서 삭감되는 비율을 말한다. 예를 들면, 급여감소율이 50%이라면, 수급자가 시장에서 일을 하여 월 80만원의 소득을 벌었다면, 수급자는 기본급여액에서 월 40만원을 삭감하고 급여를 받는다. 급여감소율과 같은 제도가 필요한 이유는 가능한 한 수급자들의 근로동기의 약화를 막기 위해서이다. 급여감소율을 낮출수록 수급자들의 근로동기는 강화가 될 수 있기 때문이다.

따라서 공공부조는 기본급여액과 급여감소율을 어떻게 정하느냐에 따라 수급자들의 근로동기에 서로 다른 영향을 줄 수 있다. 예를 들면, 기본급여액이 높고(예, 4인 가족 월 300만원), 급여감소율도 높으면(예, 100%), 즉 수급자가 근로소득이 있을 경우 소득만큼 전액 기본급여액에서 삭감하면, 수급자의 근로동기는 적어도 경제적인 동기의 측면에서 약화될 가능성이 크다. 왜냐하면, 기본급여액이 높기 때문에 소득효과에 의해서도 근로동기가 약화될 수 있고, 또한 급여감소율이 100%이기 때문에 실질임금률은 0이기 때문에 여가의 값이 매우 싸져 대체효과의 측면에서도 근로동기가 약화될 수 있기 때문이다.

반면에 기본급여액이 낮거나(예, 4인가족 월 50만원), 급여감소율이 낮으면(예, 25%) 수급자들은 소득효과나 대체효과 모두에서 근로동기가 약화되지 않는다. 기본급여액이 낮으면 공공부조의 급여액만으로는 살 수 없어 일을 할 수밖에 없고, 급여감소율이 낮으면 일을 해서 얻는 소득의 대부분을 가질 수 있기 때문에 근로동기가 커질 수 있기 때문이다.

그렇다면 기본급여액이 높고 급여감소율이 높으면 공공부조 수급자들은 일을 안 하는가? 그렇지 않다. 사람들의 근로동기는 경제적인 동기 이외의 많은 요인들에 의하여 결정되기 때문이다. 실제로 우리 주위에는 경제적인 문제가 전혀 없는데도 불구하고 일을 열심히 하는 사람들이 많다. 즉 근로동기는 다른 여러 가지의 요인들, 예를 들면, 자아실현, 사회적 규범, 일로부터의 즐거움 등에 의하여 결정되는 것이다.

따라서 공공부조가 수급자들의 근로동기를 약화시키는지는 실증적인 조사에 의하여 알 수밖에 없는데, 이것은 국가들마다 혹은 국가들이 갖고 있는 공공부조 제도의 특성에 따라 다르다. 예를 들면, 1990년대 중반까지의 미국의 대표적인 공공부조인 AFDC는 수급자들의 근로동기를 약화시키는 것으로 나타나, 일반 국민으로부터 많은 비판을 받게 되어 결국 이른바 'welfare reform(복지개혁)'으로 AFDC를 없애고 수급자들의 근로동기를 강조하는 TANF(Temporary Assistance for Needy Families)로 바꾸었다.

반면에 스웨덴과 같은 스칸디나비아 국가들에서는 공공부조 수급자들의 근로동기의 문제가 심각하게 나타나지 않고 있다. 이것은 물론 이러한 국가들에서 공공부조 수급자들의 숫자가 많지 않기 때문이기도 하지만, 더 중요한 이유는 비교적 동질적이고 연대감이 강한 사회적 분위기에서 근로능력이 있는 사람이 일을 안 하고 급여를 받는 행위를 하는 것이 어렵기 때문이다.

또한 대부분의 서구의 복지국가들에서 공공부조가 수급자들의 근로동기를 약화시킬 수 있는 문제가 심각하지 않은 이유는 제도적인 장치가 있기 때문이다. 즉 대부분의 국가들에서 근로능력이 있는 수급자들은 근로와 연계하여 급여를 받기 때문이다. 다시 말하여, 근로능력이 있는 수급자들은 직업훈련이나 공공근로 등을 조건으로 급여를 받기 때문이다.

우리나라의 경우도 근로능력이 있는 사람들은 이른바 '조건부 수급자'라 하여 '자활사업(직업훈련, 공공근로사업, 자활공동체사업 등)'에 참여해야만 급여가 주어지기 때문에 근로능력이 있는 사람들의 근로동기의 약화의 문제는 심각하지 않다(이 문제에 관하여는 3절에서 더 자세히 논의한다).

공공부조는 수급자들의 저축동기를 약화시키는가? 많은 나라에서의 공공부조는 소득뿐만 아니라 자산도 일정한 수준 이하이어야만 급여자격이 주어진다. 이 경우 수급자들의 저축동기는 약화될 수 있다. 저축을 하여 일정한 수준 이상의 자산을 형성하면 수급자격이 없어지기 때문이다.

그러나 오늘날 대부분의 서구의 복지국가들에서 공공부조에서 저축동기의 약화의 문제는 심각하지 않다. 왜냐하면 이러한 국가들에서는 실질적으로 자산조사를 안 하기 때문이다. 이러한 국가들에서는 자산조사를 하더라도 금융자산만을 고려하고, 수급자들이 사는 집이나 자동차와 같은 필수품은 자산조사에서 제외하여, 공공부조 수급자는 대부분 이러한 자산 이외의 금융자산이 거의 없기 때문에 실질적으로 자산조사를 안 하는 것과 같기 때문이다.

반면에 우리의 국민기초생활보장제도에서는 자산조사를 하고, 또한 자산조사의 한도액이 낮아, 아무리 열악한 주택이라도 수급자들이 거주하는 주택이 있으면 (특히 대도시의 경우) 수급자격이 안 된다. 이 경우에는 수급자들의 저축동기를 약화시킬 수 있다.

5. 공공부조는 평등과 효율의 가치를 모두 이룰 수 있는가?

앞에서 언급했듯이 공공부조는 누진적인 조세를 재원으로 하여 가난한 사람들에게만 집중적으로 급여를 하기 때문에 주어진 재원 내에서 평등의 가치를 크게 이룰 수 있다. 반면에 공공부조는 성격 상 근로나 저축동기를 약화시켜 경제적 효율의 가치를 훼손할 수 있다.

그렇다면 어떻게 공공부조를 설계하면 평등과 효율의 가치를 모두 이룰 수 있는가? 이것은 공공부조의 두 가지의 요소인 기본급여액과 급여감소율을 어떻게 정하느냐에 따라 달라질 수 있다.

평등의 가치를 가장 크게 이루기 위하여는 기본급여액을 가능한 한 높게 책정해야 하고, 급여감소율도 높여야 한다. 이래야만 주어진 재원에서 가난한 사람들에게만 집중적으로 많은(?) 급여를 할 수 있기 때문이다.

그러나 이렇게 하면 급여감소율이 높아 수급자들의 근로동기가 크게 떨어져 효율의 가치가 훼손될 수 있다. 〈그림 11-1〉에서 보듯이, 급여감소율을 100%로 할 때 근로소득이 전혀 없는 사람이나 근로소득이 120만원인 사람이나 총소득이 같아 일을 할 동기가 크게 줄어들 수 있기 때문이다.

기본급여액　120만원
급여감소율　100%
급여자격소득　120만원

근로소득	급여액	총소득
0	120만원	120만원
40만원	80만원	120만원
80만원	40만원	120만원
120만원	0	120만원

〈그림 11-1〉 기본급여액과 급여감소율의 예 1

이러한 방식에서 수급자들의 근로동기의 문제를 어느 정도 해결할 수 있는 방법은 수급자들을 근로능력이 있는 사람과 근로능력이 없는 사람으로 명확히 구분한 후, 근로능력이 있는 수급자들은 공공근로나 직업훈련, 교육을 받는 조건으로 급여를 하는 것이다.

그러나 이러한 방법은 한계가 있다. 우선 근로능력이 있는 수급자와 근로능력이 없는 수급자를 명확히 구분하는 것이 현실적으로 쉽지 않다. 예를 들면, 두 다리가 없는 장애인도 일을 하는 경우도 있고, 유아 두 명을 키우면서 홀로 사는 여성은 일을 하기가 어려울 수 있는 것이다. 이 경우 어느 쪽을 근로능력이 없는 사람으로 볼 것인가?

무엇보다 중요한 것은, 이렇게 급여감소율이 100%인 경우 근로능력이 있는 수급자를 강제로 근로연계사업에 참여시킬 때 많은 사람들은 시장에서의 진짜(?) 일자리를 적극적으로 찾을 동기가 약화되어 근로연계사업에 머무르려고 할 것이다. 왜냐하면 급여감소율이 100%

이기 때문에 노동시장에서 일을 해서 소득을 벌어들이나 근로연계사업에 안주하고 있으나 동일한 급여를 받기 때문이다. 그렇다면 오늘날 많은 국가들에서 시행하고 있는 근로연계사업은 왜 필요한가? 이것은 근로능력이 있는 빈자들이 전혀 일을 안 하고 공공부조의 급여를 완전히 받게 하면 이러한 사람들의 숫자가 크게 늘어날 수 있어 자본주의 경제의 작동에 큰 문제를 발생시키기 때문이다. 본질적으로 볼 때 근로능력이 있는 사람들을 대상으로 하는 공공부조의 근로연계사업은 공공부조의 기본적인 기능이라 할 수 있는 빈민통제를 위한 강제노동을 위한 것이라 할 수 있다.

따라서 공공부조 수급자들의 근로동기 약화의 문제를 근본적으로 해결하기 위하여는 다른 방법이 필요한데, 이를 위하여는 급여감소율을 낮추어야 한다. 〈그림 11-2〉에서 보듯이, 만일 급여감소율을 50%로 낮추면 수급자들의 근로동기는 커질 수 있다.

기본급여액 120만원
급여감소율 50%
급여자격소득 240만원

근로소득	급여액	총소득
0	120만원	120만원
40만원	100만원	140만원
80만원	80만원	160만원
120만원	60만원	180만원
160만원	40만원	200만원
240만원	0	240만원

〈그림 11-2〉 기본급여액과 급여감소율의 예 2

왜냐하면, 노동시장에서 일을 해서 얻는 소득의 전액은 아니지만 50%를 가질 수 있어, 총소득이 일을 많이 할수록 커지기 때문이다. 이렇게 하면 기본급여액이 높기 때문에 평등의 가치도 이룰 수 있고,

또한 근로동기의 문제도 어느 정도 해결이 될 수 있기 때문에 효율의 문제도 심각하지 않다고 볼 수 있다. 즉 평등과 효율의 가치 모두를 이룰 수 있다고 볼 수 있다.

그러나 이와 같은 방식은 현실세계에서 실현되기가 쉽지 않다. 왜냐하면, 이와 같은 방식에는 막대한 재원이 필요하기 때문이다. 〈그림 11-1〉의 방식보다 적어도 2배 이상의 재원이 필요하다. 더 중요한 이유는 이렇게 하면 공공부조가 절대적으로 필요하지 않은 사람들에게까지 급여가 주어져 목표효율성이 크게 떨어져 어떻게 보면 사회적 자원의 낭비가 될 수 있기 때문이다. 〈그림 11-2〉의 예에서 보듯이, 이제는 월소득이 240만원 이상이어야 급여가 주어지지 않기 때문이다.

또한 이 정도로 수급자격의 범위가 커지면, 현재 수급자는 아니나 잠재적으로 수급자가 될 수 있는 많은 수의 저임금 근로자들(우리의 용어로 말하면 '차상위계층')이 공공부조의 수급자가 될 가능성이 커져 국가경제에 해가 될 수 있는 것이다.

그렇다면 제한된 재원에서 공공부조가 정말로 필요한 사람들에게만 급여가 이루어지고 근로동기의 문제도 해결할 수 있는 방안은 무엇인가? 이를 위하여는 〈그림 11-3〉에서 보듯이 기본급여액을 줄일 수밖에 없다.

기본급여액 60만원
급여감소율 50%
급여자격소득 120만원

근로소득	급여액	총소득
0	60만원	60만원
20만원	50만원	70만원
40만원	40만원	80만원
80만원	20만원	100만원
120만원	0	120만원

〈그림 11-3〉 기본급여액과 급여감소율의 예 3

그림에서처럼 기본급여액을 반으로 줄이면, 총비용은 〈그림 11-1〉에서처럼 유지될 수 있는 반면, 수급자들의 근로동기도 어느 정도 강화할 수 있고 또한 꼭 필요한 사람들에게만 급여가 이루어져 사회적 자원의 낭비가 없다.

그러나 이 방식의 결정적인 단점은 기본급여액이 낮아졌기 때문에 평등의 가치를 크게 이룰 수 없다는 점이다. 이렇게 급여액이 낮으면 공공부조의 가장 기본적인 목표인 가난한 사람들의 최소한의 삶의 보장을 이룰 수 없는 것이다.

지금까지의 논의로 볼 때 공공부조로 주어진 재원 내에서 평등과 효율의 가치를 모두 이루는 것은 어렵다고 볼 수 있다. 주어진 예산 내에서 평등의 가치를 구현하기 위하여 기본급여액을 높게 책정하면, 급여감소율을 높일 수밖에 없는데 이렇게 되면 근로동기가 약화되어 효율의 가치가 훼손될 수밖에 없는 딜레마에 빠지고 만다.

이상적으로 혹은 이론적으로 보면, 근로능력이 있는 사람과 근로능력이 없는 사람들을 명확히 구분하여, 근로능력이 없는 사람들에게는 기본급여액과 급여감소율이 모두 높은 방안을, 반면에 근로능력이 있는 사람들에게는 기본급여액과 급여감소율이 모두 낮은 방안을 생각해 볼 수 있다. 그러나 이 방식은 근로능력이 있는 사람과 없는 사람을 명확히 구분하는 것이 현실적으로 어렵기 때문에 실현하기가 어렵다. 지금까지의 어떤 복지국가에서도 이러한 방식을 채택하지 않은 것에서 알 수 있다. 그래서 대부분의 복지국가들에서 시행하고 있는 방식은 근로능력이 있는 빈자들에 대한 근로연계사업인 것이다.

지금까지의 논의로 볼 때 공공부조는 복지국가의 사회보장제도로서의 근본적인 한계를 가질 수밖에 없다. 이렇기 때문에 서구의 복지국가들이 사회보험이나 디모그란트를 크게 확대하여 가장 비문명적인(?) 제도인 공공부조를 축소한 것이다.

제 2 절 국민기초생활보장제도

1. 국민기초생활보장제도의 성격

우리의 공공부조인 국민기초생활보장제도는 1999년 말에 제정되어 2000년 10월부터 시행되었다. 이 제도가 도입된 직접적인 배경은 1997년 말에 발생한 외환위기 사태다. 외환위기 후에 갑자기 많은 수의 저소득층이 발생하자, 이들의 생활안정을 위하여 이 제도를 만든 것이다.

국민기초생활보장제도가 도입되기 이전에는, 우리나라는 1962년에 만들어진 생활보호제도에 의하여 가난한 사람들의 문제를 대처하였다. 그러나 생활보호제도는 여러 가지의 측면에서 외환위기 후의 심각해진 빈곤의 문제를 해결하기에는 한계가 있었다.

국민기초생활보장제도는 몇 가지 측면에서 과거의 생활보호제도에 비하여 발전된 제도라 할 수 있다. 우선 국민기초생활보장제도는 일반적 공공부조의 성격을 어느 정도 갖게 되었다는 점이다. 그래서 일정한 소득이나 자산 이하이면 인구학적 조건에 상관없이 누구에게나 급여가 이루어지도록 되어 있다(근로능력이 있는 빈자는 '자활사업'에 참여하는 조건으로 급여한다는 측면에서는 일정한 한계가 있지만). 과거의 생활보호제도는 전형적인 범주적 공공부조로, 가난하여도 18세 미만 아동, 65세 이상 노인, 장애인이어야만 수급자격이 있었다.

또한 과거의 생활보호제도에서는 수급을 받기 위하여는 국가가 일방적으로 정한 일정한 소득과 재산 이하이어야만 했는데, 국민기초생활보장제도에서는 소득과 자산 모두를 고려하여 도출한 이른바 '소득인정액'이 비교적 객관적·과학적으로 결정된 최저생계비 이하의 사람들에게 급여를 한다는 점이다.

이것이 의미하는 것은, 과거의 생활보호제도에서는 국가가 수급자 선정이나 급여액을 일방적으로 결정한 반면에, 국민기초생활보장제도에서는 객관적인 기준에 의하여 급여가 결정된다는 것이다. 따라서 어떤 사람들은 이러한 점을 근거로 하여 국민기초생활보장제도의 수급의 권리적 성격이 강해졌다고 이야기한다. 즉 과거의 생활보호제도는 가난한 사람들에 대한 국가의 일방적 시혜였다면, 국민기초생활보장제도는 수급자의 권리를 상당히 인정했다고 보는 것이다(이러한 관점에 대하여는 논란이 많은데, 필자는 국민기초생활보장제도도 여전히 국가에 의한 시혜일 뿐, 권리의 측면은 약하다고 본다).

마지막으로, 국민기초생활보장제도에서는 근로능력이 있는 빈자들을 위한 '자활사업'을 체계적으로 만들어 수급자들의 자활을 강조한다는 점이다. 과거의 생활보호제도에서는 근로능력이 있는 사람들은 대부분 수급자가 아니었기 때문에 이러한 '자활사업'의 필요성이 적었지만, 국민기초생활보장제도에서는 근로능력이 있는 빈자들도 비록 '조건부 수급자'이지만 급여자격이 주어지기 때문에 이들을 위한 '자활사업'의 필요성이 크기 때문에 그러하다.

전체적으로 볼 때 우리의 국민기초생활보장제도는 우리의 사회복지의 발전 역사에서 큰 의미가 있는 것이라 할 수 있다. 17세기 유럽의 구빈법의 성격을 갖고 있던 전근대적인 생활보호제도에서 어느 정도 탈피했다는 점에서 그러하다. 일반적 공공부조의 성격을 어느 정도 갖고 있다는 점, 수급자 선정이나 급여액을 최저생계비에 근거하여 결정한다는 점이 그러하다. 그러나 국가보다는 가족이 부양하는 것을 우선하는 원칙에 따라, 부양의무자 조건을 갖고 있어 범주적 공공부조의 성격을 완전히 벗어나지 못한 한계도 있다. 또한 우리의 국민기초생활보장제도도 공공부조이기 때문에 본질적으로 수급자의 권리의 측면은 약하고, 따라서 빈민통제의 기능을 할 수밖에 없는 근본적인 한계가 있다.

2. 적용대상

국민기초생활보장제도로부터 급여를 받기 위하여는 두 가지 조건을 모두 갖추어야 한다. 하나는 이른바 '소득인정액'이 가구규모별 최저생계비 이하이어야 하고, 다른 하나는 부양의무자가 없거나 부양의무자가 있어도 부양능력이 없거나 혹은 부양을 받을 수 없어야 한다.

국민기초생활보장제도가 처음 도입된 후 2002년까지는 이 제도로부터 급여를 받기 위하여는 소득과 자산 모두가 일정한 수준 이하이어야 했다. 예를 들면, 2002년의 경우 소득이 없어도 4인 가구의 경우 자산의 가치가 3,400만원 이상이면 수급자격이 주어지지 않았다. 사실 우리나라에서 대도시(특히 서울)의 집값이 비싸기 때문에 3,400만원짜리의 집이라는 것은 매우 열악함에도 불구하고, 이러한 집에서 살면서 소득이 거의 없는 사람들(주로 노인들)이 급여를 못 받는 것은 형평성의 문제가 있어 많은 민원의 대상이었다.

그래서 나온 것이 2003년부터 시행하는 '소득인정액'이라는 제도이다. 여기서 소득인정액은 '소득평가액'에다 재산의 소득환산액을 합하여 결정된다. '소득평가액'은 〈실제소득-가구특성별 지출비용-근로소득공제액〉으로 결정된다. 그래서 '소득평가액'은 일반납세자들이 세금을 계산할 때 기준이 되는 과세소득과 비슷하다고 할 수 있다.

재산의 소득환산액은 〈(자산-기본재산액-부채)×소득환산율〉로 결정된다. 기본재산액은 지역별 주택가격의 차이를 고려하여 지역별로 다른데 2012년 현재 대도시는 5,400만원, 중소도시는 3,400만원, 농어촌은 2,900만원이다.

여기서 중요한 것이 소득환산율인데 이것은 재산의 유형별로 다르게 책정하였다. 2012년 현재 일반재산은 월 4.17%, 금융재산은 월 6.26%, 승용차는 월 100%이다. 소득환산율이 시장에서의 이자율(요즈음 연 2~3%)보다 월등히 높게 책정된 이유는 재산이 어느 정도 있는 사람은 수급자격을 주지 않기 위해서다. 예를 들면, 2012년까지는 서울에서 1억원짜리 집에서 살고 있는 4인 가구는 기본재산액을 뺀다 하더라도 월 180만원 정도의 소득이 있는 것으로 간주되어 수급자격이 안 되는 것이다. 그래서 최근에 일반재산에 대한 소득환산율이 지나치게 높다는 비판이 많다.

흥미로운 것은 승용차에 대한 소득환산율이 월 100%라는 점이다. 예를 들면, 500만원짜리 승용차를 보유한 사람은 월 500만원의 소득이 있다고 간주하는 것이다.[2] 한마디로 말하여 승용차가 있으면 국민기초생활보장제도의 수급자가 되기가 매우 어려운 것이다. 이것은 매우 불합리한 것이다. 과거에는 승용차의 소유가 일종의 사치품(?)이었지만, 오늘날에는 모든 사람들에게 필요한 필수품인데도 불구하고 이러한 제도를 갖고 있는 것은 시대착오적이라 할 수 있다. 특히 우리나라에는 많은 수의 가난한 사람들이 생계용으로 차를 갖고 있는 경우가 있는데 이러한 사람들에게 수급자격이 주어지지 않는 것은 매우 불합리하다. 서구복지국가들에서는 자산조사를 할 때 자동차는 필수품으로 여겨 조사에서 제외한다.

앞에서 간략히 언급했듯이, 우리나라의 대도시(특히 서울)의 주택가격이 비싸기 때문에 소득이 전혀 없는 가난한 사람들(특히 노인)이 열악한 주택(예, 1억원 미만)에 살아도 국민기초생활보장제도로부터 수급자격이 주어지지 않는다(서구복지국가들에서는 일반적으로 공공부조의 자산조사에서 자신들이 사는 주택은 제외한다). 그래서 이 문제가 항상 논란이 되었는데, 2013년부터 주거용 재산인 경우는 소득환산율을 낮추는 제도를 실시하고 있다.

그래서 대도시는 1억원, 중소도시는 6,800만원, 농어촌은 3,800만원의 한도 내에서 주거용 재산은 소득환산율을 월 1.04%로 낮추었다.

---

2) 단, 자동차의 유형에 따라 어느 정도의 예외를 허용하고 있다. 예를 들면, 배기량 1,600cc 이하의 승용차로 생계유지를 위한 경우, 1,600cc 이하이면서 차령이 10년 이상이거나 차량가액이 150만원 이하인 경우 등에는 일반재산의 소득환산율인 월 4.17%를 적용한다.

그래서 예를 들면 서울에서 1억원짜리 집에 살면서 소득이 전혀 없는 사람은 이제는 수급자격이 주어진다. 이 사람의 소득인정액은 1억원에서 5,400만원(대도시의 기본재산액)을 뺀 나머지 4,600만원에 1.04%를 곱하여 대략 월 47만원이 되어, 2012년 1인 최저생계비 553,354원 이하이어 수급자격이 주어지는 것이다.

국민기초생활보장제도의 수급자격은 이와 같이 결정된 소득인정액이 가구규모별 최저생계비보다 적어야 한다. 2012년 현재 가구규모별 최저생계비는 표와 같다.

〈표 11-1〉 2012년 가구별 최저생계비(단위: 원/월)

가구규모	1인	2인	3인	4인	5인	6인	7인
최저생계비	553,354	942,197	1,218,873	1,495,550	1,772,227	2,048,904	2,325,580

주: 8인 이상의 가구인 경우, 1인 증가시마다 276,677원씩 증가
자료: 보건복지부(2012), 2012년 국민기초생활보장사업 안내

여기서 최저생계비가 가구원 수에 정비례하지 않는 이유는 '규모의 경제(economy of scale)'의 원리에 따라 일정한 균등화지수를 적용했기 때문이다.

국민기초생활보장제도의 급여를 받기 위하여는 또 하나의 조건을 통과해야 한다. 부양의무자 기준이다. 여기서 부양의무자란 수급권자를 부양할 책임이 있는 사람으로서 수급권자의 1촌의 직계혈족 및 그 배우자를 말한다. 즉 부모, 아들, 딸, 며느리, 사위 등을 말한다(이것은 기초생활보장제도 도입 당시 2촌 이내이었던 것이 완화된 것이다).

부양의무자 기준을 충족시키기 위하여는 다음의 4가지의 경우이어야 한다. 첫째는 부양의무자가 없는 경우이고, 둘째는 부양의무자가 있어도 부양능력이 없어야 하고, 셋째는 부양의무자가 부양능력이 '미약한' 경우로서 수급권자에 대한 부양비 지원을 전제로 부양능력이 없는 것으로 인정하는 경우이고, 마지막으로 부양능력이 있는 부양의무

자가 있어도 부양을 받을 수 없는 경우이다.[3)]

여기서 중요한 것이 부양능력이 있냐 없냐를 판정하는 기준이다. 먼저 부양능력이 없다고 인정받기 위하여는 소득과 재산 기준을 모두 충족해야 한다. 소득기준으로는 부양의무자의 소득이 부양의무자 가구 최저생계비의 130% 미만이어야 한다. 예를 들면, 2012년의 경우 2인 가구로 구성된 부양의무자 가구의 최저생계비가 942,197원이기 때문에 부양의무자의 소득이 이것의 130%인 약 122만원 미만이어야 부양능력이 없다고 인정되는 것이다.

재산기준은 부양의무자 가구의 재산의 소득환산액이 수급권자와 부양의무자 가구의 각각의 최저생계비를 합한 금액의 42% 미만이어야 한다. 여기서 소득환산액은 수급자의 경우처럼 재산에 일정한 소득환산율을 곱하여 결정된다. 소득환산율은 수급자의 경우와 같아 주거용 재산은 월 1.04%의 환산율을 적용하고, 나머지 재산은 일반재산 환산율 월 4.17%를 적용한다.

다만 재산의 소득환산액을 산출할 때 기본적인 생활유지에 필요하다 하여 재산에서 공제해주는 기본재산액은 부양의무자의 경우 더 크다. 그래서 부양의무자 기본재산액은 대도시는 2억 2,800만원, 중소도시는 1억 3,600만원, 농어촌은 1억 150만원이다.

또한 수급자의 경우는 주거용 재산은 일정한 액수의 한도 내에서 인정했지만, 부양의무자는 적용 한도 없이 주거용 재산이라고 인정되는 재산은 모두 인정한다. 한마디로 말하여, 재산기준은 수급자와 비교할 때 부양의무자에게는 완화되었다고 할 수 있다.

다음으로는, 부양능력이 미약하다고 인정되는 경우다. 여기서는 먼저 소득기준으로 볼 때 부양의무자의 소득이 부양의무자 가구 최저생계비의 130% 이상인 사람들 가운데, 수급권자와 부양의무자 가구 각각의 최저생계비를 합한 금액의 130% 미만이어야 한다(다만, 노인,

3) 여기서 부양을 받을 수 없는 경우는 군복무, 해외이주, 교도소 수감자, 보장시설 수급자, 행방불명자 등이며, 부양을 거부하거나 기피하는 경우도 인정 가능하다.

장애인, 한부모 가구의 부양의무자는 185% 미만이다). 그리고 재산기준은 부양능력이 없는 경우와 마찬가지로, 재산의 소득환산액이 수급권자 및 부양의무자 가구 각각의 최저생계비를 합한 금액의 42% 미만이어야 한다.

부양능력이 '미약'하다고 인정되는 경우, 부양의무자는 일정 금액의 '부양비'를 수급권자에게 정기적으로 지원하는 것을 전제로 하기 때문에, '부양비'를 산출하여 수급권자 가구의 소득으로 산정하여 수급자 선정 및 급여액을 결정한다.

여기서 '부양비'는 〈(부양의무자의 소득-부양의무자 가구 최저생계비의 130%)×부양비 부과율〉로 결정되고, 부양비 부과율은 수급권자와 부양의무자의 관계에 따라 15% 혹은 30%로 적용한다. 여기서, 부양능력이 '미약'한 부양의무자가 수급권자에 대한 부양을 거부·기피하는 경우에는, '부양비'를 수급권자의 소득으로 산정하지 않고 우선 수급자로 선정하여 급여하고, 후에 해당의무자로부터 '부양비'를 징수할 수 있다.

3. 운영방식: 재원조달방식

우리의 국민기초생활보장제도는 주로 중앙정부에 의하여 운영된다고 할 수 있다. 그래서 재원의 대부분을 중앙정부에서 부담하고, 수급자의 자격조건이나 급여액을 중앙정부에서 결정하여 전국적으로 동일하게 운영하고 있다.

서구복지국가들의 경우 공공부조의 운영 방식은 다양한데, 어떤 국가들은 중앙집권적으로 운영하는 반면 어떤 국가들은 지방분권적으로 운영한다. 예를 들면, 프랑스, 영국 등은 완전히 중앙집권적이어 중앙정부가 공공부조의 모든 재원을 부담하고, 운영에 관한 모든 결정도 중앙정부에서 내린다.

반면에 스웨덴이나 미국은 비교적 지방분권적이어, 재원도 지방정부에서 반 이상을 부담하고 수급자격이나 급여수준도 주로 지방정부에서 결정한다(김교성 · 노혜진, 2011).

〈표 11-2〉에서 보듯이 우리의 국민기초생활보장제도의 재원은 대부분 중앙정부에서 부담한다. 2011년의 경우 전체 급여액 4조 170억원 가운데 대략 76%인 3조 2천억원을 국고에서 부담하고, 나머지 24%인 8천 170억원은 지방정부에서 부담하였다. 이러한 비율은 지난 10년 동안 비슷하게 유지되었다. 이것은 법적으로 서울의 경우 중앙정부와 서울시가 50%씩, 지방의 경우는 국가가 80%, 지방정부가 20%를 부담하도록 되어 있기 때문이다.

또한 급여자격이나 급여액 수준 등과 관련된 모든 운영방식은 중앙정부(보건복지부)가 결정하여, 전국적으로 통일적으로 시행하고 있다.

〈표 11-2〉 국민기초생활보장제도 급여지급 현황(단위: 십억원)

	전체수급자			일반수급자			시설수급자		
	계	국비	지방비	계	국비	지방비	계	국비	지방비
2001년	2,088	1,589	499	2,004	1,526	478	84	63	21
2002년	2,059	1,566	493	1,970	1,499	471	89	67	22
2003년	2,109	1,604	505	2,017	1,534	482	93	70	23
2004년	2,366	1,798	568	2,270	1,726	545	96	72	24
2005년	2,818	2,140	679	2,711	2,058	652	108	81	26
2006년	3,176	2,407	769	3,059	2,319	740	117	88	28
2007년	3,438	2,600	838	3,313	2,505	808	125	95	30
2008년	3,676	2,882	794	3,536	2,773	763	140	109	31
2009년	3,923	3,082	841	3,791	2,979	812	132	103	29
2010년	3,998	3,161	837	3,854	3,048	806	144	112	32
2011년	4,017	3,200	817	3,856	3,074	782	161	127	35

주: 2001~2002년은 생계, 주거, 교육급여임. 2003~2007년은 생계, 주거, 교육, 해산, 장제급여임. 2008년은 생계, 주거, 교육, 해산, 장제, 저소득층난방비 및 에너지보조금 포함임. 2009년은 생계, 주거, 교육, 해산, 장제 저소득층에너지보조금 포함임.
자료: 국가통계포털(KOSIS)

4. 급여내용

우리의 국민기초생활보장제도의 급여는 다음의 몇 가지 원칙에 따라 결정된다. 첫째는, 가족부양 우선의 원칙에 따라 급여신청자가 부양의무자에 의하여 부양될 수 있는 경우에는 기초생활보장 급여에 우선하여 부양의무자에 의한 부양이 먼저 이루어져야 한다.

둘째는, 보충급여의 원칙에 따라 급여수준은 수급자의 최저생계비에서 수급자의 소득(소득인정액)을 공제하고 나머지 금액만을 급여한다. 예를 들면, 2012년의 2인 수급자일 경우 소득인정액이 50만원이라면, 최저생계비 942,197원에서 50만원을 공제한 442,197원이 급여액이 된다.

셋째는, 자립지원의 원칙에 따라 근로능력이 있는 수급자에게는 자활사업에 참여하는 조건으로 급여를 하고, 이 조건을 이행하지 않는 경우에는 수급자의 생계급여 일부 또는 전부를 지급하지 않는다.

넷째는, 타급여 우선의 원칙에 따라 급여신청자가 다른 법령에 의하여 급여를 받는 경우에는 기초생활보장급여에 우선하여 다른 법령에 의한 급여가 먼저 이루어지도록 한다. 예를 들면, 급여신청자가 국민연금의 급여를 받아 최저생계비 이상의 소득인정액이 있으면 기초생활보장급여를 받을 수 없다. 이것은 1절에서 설명했듯이 공공부조는 최후의 안전망의 기능을 하도록 만들어졌기 때문이다.

국민기초생활보장제도는 크게 7가지의 급여형태를 갖고 있다: 생계급여, 주거급여, 교육급여, 해산급여, 장제급여, 자활급여, 의료급여.

1) 생계급여

생계급여는 수급권자가 최소한의 기본적인 일상생활을 하는 데 필요한 금액을 현금으로 지급하는 것을 말하고, 국민기초생활보장제도의 급여 종류 가운데 핵심이다.

생계급여액은 수급자 가구별로 결정되는데, 기본적으로는 이른바 '현금급여기준'에서 개별 가구의 소득인정액을 차감하여 결정한 금액에서 다시 주거급여액을 제외한 액수이다. 여기서 현금급여기준이란 최저생계비에서 현물급여 형태로 지급되는 의료비, 교육비 및 타법지원액(주민세, TV 수신료 등)을 차감한 금액으로서, 소득이 없는 수급자가 받을 수 있는 최고액의 현금급여 수준을 말한다.

〈표 11-3〉에서 보듯이, 예를 들면 2012년을 기준으로 볼 때, 소득이 없는 1인 가구의 최저생계비는 553,354원이고, 의료비, 교육비 등 타 지원액 상한액 100,305원을 뺀 453,049원이 현금급여기준이다. 여기서 다시 주거급여액 상한액인 87,656원을 뺀 365,393원이 생계급여액이다.

〈표 11-3〉 2012년 최저생계비 및 현금급여기준

가구규모	1인	2인	3인	4인	5인	6인	7인
최저생계비 (A)	553,354	942,197	1,218,873	1,495,550	1,772,227	2,048,904	2,325,580
타 지원액(B)	100,305	170,789	220,941	271,093	321,245	371,398	421,549
현금급여기준 (C=A-B)	453,049	771,408	997,932	1,224,457	1,450,982	1,677,506	1,904,031
주거급여액 (D)	87,656	149,252	193,079	236,908	280,736	324,563	368,392
생계급여액 (E=C-D)	365,393	622,156	804,853	987,549	1,170,246	1,352,943	1,535,639

자료: 보건복지부(2012), 2012년 국민기초생활보장사업안내

위의 경우는 수급자 가구가 전혀 소득이 없을 때 받을 수 있는 최고액이고, 만일 수급자가 소득이 있으면 현금급여기준에서 소득인정액을 뺀 금액을 생계와 주거급여로 급여한다. 예를 들면, 소득인정액이 월 150,000원인 1인 가구인 경우 현금급여기준인 453,049원에서 150,000원을 뺀 303,049원이 주어지는데 이 가운데 생계급여가 244,415원이고 주거급여가 58,634원이다(생계급여가 80.652%, 주거급

여가 19.348%이다).

생계급여 가운데 긴급생계급여라 하여 주소득자의 사망, 질병, 사업실패, 가출, 행방불명, 천재지변 등으로 인해 갑자기 생계유지가 어려워진 사람들에게 일시적으로 급여하는 제도가 있다. 긴급생계급여액은 최저생계비 중 식료품비(37.7%)에 해당하는 금액(2012년 기준 4인 가구 563,330원)이고 급여기간은 1개월이고, 필요에 따라 1개월 연장이 가능하다.

2) 주거급여

주거급여는 수급자에게 최소한의 주거생활에 필요한 임차료, 유지수선비 등의 급여를 지급하는 것을 말한다. 최저생계비 가운데 최저주거비를 분리하여 지급한다. 이렇게 주거급여를 별도로 분리한 이유는 생계급여와 달리 주거에 대한 필요(need)는 집을 소유하고 있는 사람과 그렇지 않은 사람들 사이에 크게 차이가 나기 때문이다.

주거급여액은 주거급여 한도액 내에서 개별 가구별로 필요에 따라 다르게 결정된다. 2012년 기준 주거급여 한도액은 1인 가구는 87,656원, 4인 가구는 236,908원, 7인 가구는 368,392원 등이다. 즉 이 한도액 내에서 가구별 필요에 따라 주거급여액이 결정된다.

3) 자활급여

자활급여는 근로능력이 있는 수급자를 대상으로 자활사업에 참여하는 조건으로 급여하는 것을 말한다. 그런데 자활급여를 받을 수 있는 자격은 국민기초생활보장제도의 수급자로 한정되지 않고 좀더 넓다. 그래서 이른바 '차상위자'라 하여 근로능력이 있고 소득인정액이 최저생계비의 120% 이하인 사람, '자활급여특례자'라 하여 국민기초생활보장 수급자가 자활사업에 참여하여 발생한 소득으로 인해서 소득인정액이 선정기준을 초과한 사람, 수급자 가운데 참여를 희망하는 사람 등을 포함한다.

최근에 정부는 자활사업을 활성화시키기 위하여 다양한 프로그램들을 실시하고 있는데 다음과 같다.

(1) 자활인큐베이팅 사업

이것은 자활사업 참여자의 욕구, 적성, 능력, 여건에 따라 개인별 맞춤형 자립계획 및 경로 제공과 적절한 자활 프로그램 연계로 효과적인 자립을 지원하는 사업이다.

(2) 자활근로사업

이것은 수급자들에게 자활을 위한 근로의 기회를 제공하여 자활기반을 조성하는 사업이다. 이것은 기존의 공공근로사업처럼 한시적인 일자리 제공이 아닌 저소득층의 자활 촉진을 위한 다양한 사업들을 위한 기초능력 배양에 중점을 둔다. 자활근로사업은 참여자의 자활능력과 사업유형에 따라 근로유지형, 사회서비스 일자리형, 인턴형, 시장진입형 등으로 나뉜다.

(3) 자활공동체 지원사업

이것은 수급자 등 저소득계층이 자활공동체를 만들어 사업을 할 경우 지원하는 것을 말한다. 여기서 자활공동체는 2인 이상의 수급자 또는 저소득층이 상호협력하여 조합 또는 공동사업자의 형태로 사업을 운영하는 업체를 말한다(2012년 7월부터는 '자활공동체'는 '자활기업'으로 이름을 바꾸고, 설립 요건도 2인 이상의 사업자에서 1인 이상의 사업자로 바꾸었다).

(4) 창업지원사업

이것은 수급자 등 저소득층의 자활을 위한 사업의 창업・운영 등에 필요한 자금을 장기저리로 대여하는 사업을 말한다.

(5) 2012년 희망리본프로젝트(성과중심 자활사업)

이것은 저소득층의 취업과 창업을 지원하기 위하여 개인별 1:1 맞춤형 서비스(참여자에 대한 사례관리 및 근로의욕 증진을 위한 서비스, 일할 여건 조성을 위한 보건복지서비스, 자활을 위한 직업훈련 일자리 연계 등의 서비스)를 제공하고, 사업성과에 따라 예산을 지원하는 사업을 말한다.

(6) 자활장려금 사업

국민기초생활보장제도는 급여가 보충급여의 원리에 따라 제공되기 때문에 근로동기를 약화시킬 수 있는데 이것을 막기 위하여 근로소득의 일정 비율을 산정하여 '자활장려금'의 형태로 지급하는 것을 말한다.

2012년의 경우 자활소득공제율은 자활근로사업, 자활공동체에 참가하여 얻은 소득은 30%의 공제율을 적용하고, 장애인의 경우는 50%이다. 예를 들면, 수급자가 자활근로사업에 참여하여 100만원의 소득을 벌었다면 이 가운데 30만원은 생계급여에서 공제하지 않고 본인이 갖도록 하는 것이다.

(7) 희망키움통장사업

이것은 기초생활수급자가 일을 해서 번 돈을 적립하면 정부 및 민간단체가 일정액을 매칭해 지원하는 자립촉진사업이다. 이것도 수급자의 근로나 저축동기를 강화시켜 탈빈곤하도록 하고자 하는 것이다.

4) 의료급여

의료급여는 주로 국민기초생활보장제도 수급자들의 건강을 위하여 의료서비스를 제공한다. 그런데 의료급여는 대상범위가 좀더 넓어 기초생활보장 수급자뿐만 아니라 다양한 사람들(예를 들면, 국가유공자, 각종 사회복지시설의 수급권자, 북한이탈주민, 이재민 등)에게 급여가 주어진다.

실제로 2011년 기준으로 볼 때 의료급여를 받은 사람은 160만명이 넘는데, 국민기초생활보장제도의 수급자의 숫자는 약 147만명이다. 이렇게 의료급여 대상자를 확대하는 이유는 이른바 '의료빈곤(medical poor)'을 줄이기 위해서로, 많은 사람들이 질병에 걸리면 의료서비스를 제대로 못 받거나 혹은 의료서비스의 지출이 부담이 되어 빈곤해질 수 있기 때문이다.

의료급여는 2가지로 나누어 제공된다. 하나는 1종 수급권자로 기초생활보장 수급자 가운데 근로능력이 없는 가구가 주로 대상이 되고, 사회복지시설 수급자, 107개 희귀난치성질환자가 속한 가구 등이 포함된다. 1종 수급자는 입원의 경우 본인부담이 전혀 없고, 외래의 경우 1,000원~2,000원의 부담이 있다.

반면에 2종 수급권자는 기초생활보장 수급자 가운데 근로능력이 있는 사람 혹은 자활사업에 참여하는 사람을 포함한다. 2종 수급자는 입원의 경우 진료비의 10%를 본인이 부담하고, 외래의 경우 1차 의원은 1,000원, 종합병원의 경우 진료비의 15%의 본인부담이 있다.

위에서 이야기하는 본인부담금이란 건강보험 체계에서 인정하는 급여항목에 한정되어 있어, 비급여 항목인 경우는 본인이 전액 부담해야 한다. 우리나라의 의료서비스 가운데 비급여 항목이 꽤 큰 비중을 차지하고 있다는 점을 고려했을 때, 가난한 사람들이 큰 병에 걸렸을 때 의료급여에도 불구하고 경제적인 부담이 클 수 있다고 볼 수 있다.

지금까지 논의한 국민기초생활보장제도 급여의 종류 이외에 세 가지 형태의 급여가 있다. 하나는 교육급여라 하여 고등학생을 대상으로 입학금과 수업료를 지원하고(중학생까지는 의무교육이라 불필요), 교과서대, 학용품비 등을 지급한다.

또한 해산급여라 하여 수급자가 출산할 경우 조산 및 분만 전과 분만 후의 필요한 조치와 보호를 위하여 1인당 50만원을 현금으로 지급한다.

마지막으로 장제급여라 하여 수급자가 사망한 경우 지급하는데 1인당 50만원을 지급한다.

지금까지 기초생활보장의 급여 내용에 대하여 설명했는데, 지금부터는 수급자의 숫자와 급여액의 현황에 대하여 알아보자. 〈표 11-4〉에서 보듯이, 2012년 현재 기초생활보장 수급자의 숫자는 일반 수급자 1,300,499명(가구로 보면 821,879명), 시설수급자 93,543명으로 합계 1,394,042명이다.

표에서 보듯이 기초생활보장 수급자의 숫자는 2009년의 1,568,533명을 정점으로 하여 이후 계속 줄고 있다. 이것은 무엇을 의미하는가? 우리나라의 가난한 사람들이 실제로 줄어들고 있는가? 아니면 정부의 기초생활보장에 대한 기본적인 정책방향이 바뀐건가?

〈표 11-4〉 국민기초생활보장제도 수급자 현황(단위: 가구, 명)

	계		일반수급자		시설수급자
	가구	인원	가구	인원	인원
2001년	698,075	1,419,995	698,075	1,345,526	74,469
2002년	691,018	1,351,185	691,018	1,275,625	75,560
2003년	717,861	1,374,405	717,861	1,292,690	81,715
2004년	753,681	1,424,088	753,681	1,337,714	86,374
2005년	809,745	1,513,352	809,745	1,425,684	87,668
2006년	831,692	1,534,950	831,692	1,449,832	85,118
2007년	852,420	1,549,848	852,420	1,463,140	86,708
2008년	854,205	1,529,939	854,205	1,444,010	85,929
2009년	882,925	1,568,533	882,925	1,482,719	85,814
2010년	878,799	1,549,820	878,799	1,458,198	91,622
2011년	850,689	1,469,254	850,689	1,379,865	89,389
2012년	821,879	1,394,042	821,879	1,300,499	93,543

자료: 보건복지부, 2012년 국민기초생활보장 수급자 현황

널리 알려졌듯이, 2009년의 세계적인 금융위기의 영향으로 국가경제가 위축이 되어 가난한 사람들의 숫자는 최근에 늘어나는(적어도 줄지는 않는) 추세에 있기 때문에, 가난한 사람들이 줄어 수급자의 숫자가 줄었다고 보기는 어렵다.

그렇다면 최근에 수급자의 숫자가 준 중요한 이유는 최근 정부의 가난한 사람들에 대한 정책방향이 자립·자활을 강조하다 보니 수급자의 자격을 엄격하게 심사하는 등의 방법으로 수급자의 숫자를 억지로(?) 줄였다고 볼 수 있다.

수급자의 숫자는 줄어든 반면에, 급여액은 매년 증가하고 있다. 〈표 11-5〉에서 보듯이 2011년의 경우, 약 4조 170억원이 급여가 되었는데, 이것은 기초생활보장제도 초기인 2001년에 비해 약 2배가 증가한 액수이다.

〈표 11-5〉 국민기초생활보장제도 급여지급 현황(단위: 백만원)

	전체수급자	일반수급자	시설수급자
2001년	2,088,073	2,003,984	84,089
2002년	2,058,561	1,969,633	88,928
2003년	2,109,153	2,016,513	92,640
2004년	2,366,116	2,270,378	95,738
2005년	2,818,411	2,710,673	107,739
2006년	3,175,667	3,058,829	116,838
2007년	3,437,763	3,312,681	125,082
2008년	3,676,117	3,536,380	139,737
2009년	3,923,031	3,790,678	132,353
2010년	3,997,766	3,853,891	143,875
2011년	4,017,271	3,856,062	161,209

주: 2001~2002년은 생계, 주거, 교육급여임. 2003~2007년은 생계, 주거, 교육, 해산, 장제급여임. 2008년은 생계, 주거, 교육, 해산, 장제, 저소득층난방비 및 에너지보조금 포함임. 2009년은 생계, 주거, 교육, 해산, 장제 저소득층에너지보조금 포함임.
자료: 국가통계포털(KOSIS)

급여액이 매년 증가하는 단순한 이유는 기초생활보장 급여액의 기본이 되는 최저생계비가 3년에 한 번씩 높아지고 있고, 또한 물가상승률에 따라 급여액이 상향조정이 되기 때문이다. 즉 국민기초생활보장제도에 대한 정부의 정책방향이 수급자들에 대한 '관대한' 급여로 바뀐 것 때문에 그런 것은 아니라는 것이다.

한편 앞에서 언급했듯이, 의료급여 수급자는 국민기초생활보장 수급자의 숫자보다 많다. 〈표 11-6〉에서 보듯이 2011년의 경우 의료급여 대상자의 숫자는 1종 1,087,268명, 2종 522,213명으로 합계 1,609,481명이다. 이 수치도 2007년을 정점으로 계속 줄고 있는데, 이것은 기초생활 수급자의 숫자가 줄기 때문에 당연한 결과이다.

〈표 11-6〉 의료급여 대상자 현황(단위: 명)

	계	1종	2종
2001년	1,502,986	831,854	671,132
2002년	1,420,539	828,922	591,617
2003년	1,453,786	867,305	586,481
2004년	1,528,843	919,181	609,662
2005년	1,761,565	996,449	765,116
2006년	1,828,627	1,028,536	800,091
2007년	1,852,714	1,062,263	790,451
2008년	1,841,339	1,024,848	816,491
2009년	1,677,237	1,036,291	640,946
2010년	1,674,396	1,071,686	602,710
2011년	1,609,481	1,087,268	522,213

자료: 2011년 의료급여통계연보

의료급여액은 〈표 11-7〉에서 보듯이 2011년의 경우 약 5조 5백억원으로 앞의 기초생활보장급여액보다 약 1조원이 많다. 의료급여액은 최근 더 크게 증가하는데, 이것은 의료서비스의 가격이 크게 오르기 때문이라고 볼 수 있다.

의료급여까지 포함한 우리나라의 국민기초생활보장제도를 위한 총 지출은 2011년 기준으로 볼 때 약 9조 6백억원 정도이다.

〈표 11-7〉 의료급여 진료실적(단위: 천원)

	총진료비	기관부담금
2004년	2,611,144,315	2,565,774,770
2005년	3,233,676,032	3,176,479,761
2006년	3,925,103,056	3,853,483,327
2007년	4,223,834,242	4,132,120,663
2008년	4,478,922,528	4,357,826,182
2009년	4,754,800,829	4,645,201,601
2010년	4,958,225,607	4,865,621,387
2011년	5,142,305,807	5,054,190,114

자료: 2011년 의료급여통계연보

제 3 절 문제점과 개선방안

우리의 국민기초생활보장제도는 2000년 시행 이후 13년이 지났다. 그동안 여러 가지의 개선이 있었다. 예를 들면, 소득인정액 제도를 도입하여 자산기준만으로 급여자격이 주어지지 않는 문제를 어느 정도 완화하였다. 또한 부양의무자 기준을 완화하여(1촌의 직계혈족, 부양의무자의 소득이나 자산 수준 상향조정 등) 부양의무자 기준 때문에 급여자격이 안 되는 사람들의 숫자를 어느 정도 줄였다. 마지막으로, 자활사업의 활성화를 위하여 다양한 프로그램들을 도입하였다.

그러나 이러한 개선에도 불구하고, 우리의 기초생활보장제도는 여전히 여러 가지의 문제점을 갖고 있는데, 여기서는 이러한 문제점을 논의하고 개선방안을 제시하고자 한다.

1. 여전히 남은 자산조사의 문제

사람들의 경제적 능력을 크게 보면 세 가지 기준으로 판단할 수 있다. 소득, 자산, 그리고 소비의 수준이다. 이 가운데 특히 소득과 자산의 수준을 가지고 판단한다. 그런데 일반적으로 소득과 자산은 상관관계가 커서, 소득이 많은 사람은 자산도 많은 경향이 있다. 그런데 문제는 예외적으로 소득은 많은데 자산은 적거나 혹은 소득은 적은데 자산은 많은 경우이다. 그래서 사람들의 경제적 능력을 정확히 판단하기 위하여는 소득과 자산의 수준을 모두 알아야 한다.

이러한 이유로 일반적으로 공공부조는 소득과 자산조사 둘 다를 하여 급여자격을 결정한다. 서구복지국가들에서도 공공부조는 외형적으로는 소득과 자산조사 모두를 하는 것으로 되어 있다. 그러나 이러한 국가들에서는 실질적으로는 자산조사를 안 하고 소득조사만을 한다고 볼 수 있다.

이러한 국가들에서는 자산조사를 할 때 수급자들이 살고 있는 집이나 필수품으로 인정되는 자산들(예, 자동차)은 제외하기 때문에, 그리고 빈곤층들은 이러한 자산 이외의 자산(예, 금융자산)을 거의 갖고 있지 않기 때문에 자산조사가 불필요한 것이다. 따라서 이러한 국가들에서는 전 국민에 대한 소득파악이 잘 되어 있는 상황에서 실질적으로 소득조사만을 하는 것이다(Eardley, T. et al., 1996; Gordon, M. 1988).

우리의 국민기초생활보장제도에서는 자산조사가 여전히 중요한 역할을 하고 있다. 이것이 필요한 현실적인 이유는 우리나라에서는 국민들에 대한 소득파악이 제대로 안 되어 있어, 비교적 조사가 용이한 자산조사에 의존하지 않을 수가 없기 때문이다.

그런데 문제는 자산조사가 여전히 너무 엄격하여 실질적으로 가난한 많은 사람들이 기초생활보장의 급여를 받지 못하고 있다는 것이다.

우선 소득인정액을 산정하는 데 있어 자산의 소득환산율이 지나치게 높다는 점이다.

2012년까지는 기초생활보장의 수급자격이 되기 위하여는 신청자의 자산(자신이 사는 집을 포함)에다 소득환산율 월 4.17%를 곱한 액수가 최저생계비 이하이어야 한다. 그런데 여기서 소득환산율 4.17%가 지나치게 높아 웬만한 집에 사는 빈곤층은 급여대상이 안 되는 것이다.

예를 들면, 서울에서 2인 가구가 8,000만원짜리의 주택에서 살고 있으면 소득 유무에 상관없이 급여가 주어지지 않는다. 왜냐하면, 8,000만원짜리 주택에 살면 대도시의 기본재산액 5,400만원을 공제하더라도, 즉 나머지 2,600만원에 월 4.17%의 소득환산율을 적용하면 월 104만원의 소득이 있는 것으로 간주가 되고, 2012년의 2인 가구의 최저생계비가 942,197원이기 때문이다. 다 알다시피 서울에서 8,000만원 정도의 주택은 열악하다고 볼 수 있는데 이러한 주택에 산다 하여 소득이 전혀 없는 사람에게 기초생활보장의 수급자격을 주지 않는 것은 불합리하다고 할 수 있다(실제로 우리나라에서는 소득이 거의 없으면서도 단 하나의 재산인 열악한 주택에 사는 사람들이 노인이나 장애인을 포함하여 상당수가 있다).

월 4.17%의 소득환산율은 1년으로 따지면 약 49%의 이자율이다. 최근에 금융시장의 이자율(수익률)이 낮아져 요즈음은 과세전 이자율이 연 2~3%대이다. 즉 금융시장의 이자율의 20배 이상이다.

왜 이렇게 큰 차이를 두는가? 이것은 한 마디로 말하여 자산이 어느 정도 이상인 사람에게는 기초생활보장의 급여를 주지 않기 위해서다. 예를 들면, 만일 시장의 이자율을 소득환산율로 한다면 서울에서 대략 5억원짜리 주택에 사는 2인 가구도 수급자격이 주어지기 때문이다. 이러한 정도의 주택에 살면서 소득이 전혀 없다 하여 급여를 주어야 하는지는 사람들의 가치관에 따라 다를 수 있지만, 우리나라의 현 상황에 비추어 볼 때(이른바 국민정서상) 주기는 어렵다고 할 수 있다.

그럼에도 불구하고 연 49%의 소득환산율은 지나치게 높다. 그래서 소득환산율을 낮출 필요성이 꾸준히 제기되었는데, 최근에(2013년부터 적용) 자신이 거주하는 주택에 대하여는 소득환산율을 월 1.04%로 크게 낮추었다.

그런데 문제는 이렇게 거주용 주택에 대하여 소득환산율을 크게 낮추었는데도 불구하고, 거주용 주택으로 인정받기 위한 한도액이 1억원으로 한정되었다는 점이다. 그래서 실질적인 효과는 크게 감소된다는 점이다. 예를 들면, 서울에서 1억 2천만원짜리 주택에 사는 2인 가구가 소득이 전혀 없어도 수급자격이 안 된다. 왜냐하면, 주거용 주택의 재산 한도액이 1억원이기 때문에 나머지 2천만원에 대하여는 월 4.17%의 소득환산율이 적용되어 대략 월 80만원 이상의 소득이 있는 것으로 간주가 되고, 또한 한도액 1억원에서 기본재산액 5,400만원을 공제하고 나머지 4,600만원에 대하여 월 1.04%의 소득환산율을 적용하면 대략 46만원이 되어 합계 120만원 이상의 소득이 있는 것으로 간주가 되기 때문이다.

따라서 서구복지국가들처럼 수급자가 거주하는 집은 아예 자산조사에서 제외시키지는 않는다 하더라도(우리나라처럼 소득파악이 제대로 안 되어 있는 상황에서는 이렇게 하면 이른바 '부정수급자'가 많아질 수 있다), 주거용 재산 한도액을 크게 높일 필요가 있다. 그래야만 거주용 주택에 대한 실질적인 감소 효과가 나타날 수 있기 때문이다.

우리의 자산조사에서 가장 특이한 것은 승용차에 대하여 월 100%의 소득환산율을 적용하는 점이다.[4] 즉 승용차를 소유한 경우 수급자가 되기가 매우 어려운 것이다.

대략 20여년 전까지만 해도, 우리나라에서는 승용차(이 당시에는 이른바 '자가용'이라 불렸다)는 일종의 사치품(?)으로 여겨졌다. 실제

---

4) 필자는 처음에 월 100%가 오타인 줄 알았다. 그래서 다른 자료들도 참고하였는데 월 100%가 맞고, 왜 이렇게 높게 책정했느냐를 알아봤는데 답은 기초생활보장 수급자가 승용차를 보유하는 것은 우리나라의 국민정서상 맞지 않기 때문이라는 것이다.

로 어느 정도 잘 사는(?) 가구만 승용차를 소유할 수 있었다. 그러나 얼마 전부터 우리나라도 그동안의 국민소득의 증가로 승용차의 소유 여부는 더 이상 부의 척도가 아닌 필수품이 되었다 할 수 있다(요즈음은 승용차의 가격에 따라 부의 척도가 된다).

그럼에도 불구하고 승용차의 소유 여부로 기초생활보장 수급자격을 결정한다는 것은 한마디로 말하여 시대착오적이라 할 수 있다. 특히 우리 사회에서는 많은 수의 영세자영업자들이 생계를 위하여 자동차를 갖고 있는데, 이들에 대하여 국민기초생활보장의 수급자격을 봉쇄하는 것은 매우 불합리하다고 할 수 있다. 일부 예외를 두어 일정한 가격 이하이거나 생계유지를 위한 승용차의 경우는 낮은 소득환산율을 적용하고는 있지만, 그럼에도 불구하고 오늘날 승용차의 소유 여부를 가지고 수급여부를 결정하는 것은 여전히 비합리적이라 할 수 있다.

그래서 우리나라도 서구복지국가들처럼 자동차는 필수품으로 인정하여 자산조사에서 아예 제외시킬 필요가 있다. 오늘날 어떤 필요에 의하여 기초생활수급자가 자신의 승용차를 타고 다니는 것이 보기 안 좋다고 생각하는 것은 비문명적인 사고라 할 수 있다.[5)]

2. 부양의무자 기준의 문제

우리의 국민기초생활보장제도에서 오래 전부터 가장 논란이 많은 것이 부양의무자 기준이다. 기초생활보장에 신청한 사람들의 민원도 가장 많고 또한 학자들 사이에도 우리의 부양의무자 기준에 대해서 비판이 많다. 실제로, 우리나라의 실질적으로 가난한 많은 사람들이 부양의무자 기준 때문에 기초생활보장의 급여를 못 받고 있다.

대부분의 서구복지국가들에서는 공공부조의 부양의무자 기준이 없다

5) 필자는 미국에 유학할 당시에 그 시기의 미국의 대표적인 공공부조인 AFDC의 수급자인 미혼모가 비록 중고차이지만 대형 캐딜락을 몰고 다니는 것을 여러 번 보았다. 이러한 이유로 한 때 미국에서는 AFDC 수급자를 '캐딜락 맘(mom)'이라 불렀다.

(독일과 일본을 제외하고). 이것의 이유는 단순하여 대부분의 사회복지제도들의 수급단위가 핵가족이기 때문이다. 그래서 성인 자녀가 아무리 부자이어도 그들의 부모가 가난하면 수급자격이 주어진다.6)

반면에 우리나라는 문화적 특수성으로 인하여 아직도 실질적인 핵가족화가 덜 되어 '대가족 복지체제'를 유지하고 있다고 할 수 있다. 실제로 오늘날까지도 핵가족 사이의 사적소득이전(inter-family income transfer)이 국가로부터의 이전소득보다 크다. 예를 들면, 오늘날의 우리나라의 노인들의 주 소득원은 자식이나 친척으로부터의 소득이전이다(구인회 외, 2010). 이러한 상황에서 부양의무자 기준을 둘 수밖에 없는 것은 현실적으로 이해가 될 수 있다.

그러나 문제는 다음의 두 가지 이유에서 많은 수의 가난한 사람들이 부양의무자 기준 때문에 기초생활보장의 급여를 못 받고 있는 데 있다. 하나는, 현재의 부양능력을 판단하는 기준이 지나치게 엄격하다는 것이다. 2012년 기준으로 볼 때, 부양의무자가 부양능력이 없다고 인정받기 위하여는 소득기준으로 볼 때 부양의무자의 소득이 부양의무자 가구 최저생계비의 130% 미만이어야 한다.

예를 들면, 2012년의 경우 2인 가구로 구성된 부양의무자 가구의 최저생계비가 942,197원이기 때문에 부양의무자의 소득이 이것의 130%인 약 122만원 미만이어야 부양능력이 없다고 인정되는 것이다. 이것은 마치 빈곤가구가 다른 빈곤가구를 부양할 것을 강요하는 것이라 할 수 있다. 이렇게 부양의무자의 기준이 지나치게 엄격하여, 2009년의 경우 약 60만 가구(약 100만명)의 빈곤층이 소득이 최저생계비 이하임에도 불구하고 부양의무자 기준 때문에 수급을 못 받는다(이승일 · 구인회, 2010).7)

6) 필자가 잘 아는 미국의 교민들 가운데 많은 노인들이 자식들이 전문직에서 일함에도 불구하고(의사, 변호사 등), 미국의 공공부조인 SSI(Supplemental Security Income)의 급여를 받고 있다.

7) 이러한 비판이 많아지자, 최근 정부는 부양의무자의 기준 소득을 2014년부터 상향조정하려는 안을 마련 중이다.

다른 하나는, 많은 수의 가난한 사람들은 호적이나 주민등록상 부양의무자가 있으나 실질적으로 이들로부터 부양을 못 받으면서 부양의무자 기준 때문에 기초생활보장제도의 급여를 못 받고 있다는 점이다.

이러한 문제들을 가장 확실하게 해결하는 방법은 우리도 서구의 복지국가들처럼 부양의무자 기준을 아예 폐지하여, 실질적으로 가난한 사람들에게 기초생활보장의 급여를 하는 것이다. 이렇게 하기 위하여는 많은 재원이 필요하고, 무엇보다도 기초생활보장제도를 오용하거나 남용할 사람들이 늘어날 가능성이 있다.[8)]

완전폐지가 현실적으로 어려우면 현재 낮은 부양의무자의 소득기준을 크게 높여(예, 최저생계비의 200%), 실질적으로 부양할 수 있는 사람들의 범위를 좁히는 것이다. 이 방법만으로도 많은 수의 실질적인 빈곤자가 기초생활보장의 급여를 받을 수 있다.

또한 호적이나 주민등록상 부양의무자가 있어도 실질적으로 부양을 못 받고 있는 사람들은 개별적인 조사 등의 방법으로 선별하여 급여를 할 필요가 있다.

3. 급여지급 방식에서의 문제

현재 우리의 국민기초생활보장제도의 급여는 이른바 '전부 아니면 전무(all or nothing)' 방식으로 이루어지고 있다. 소득인정액이 최저생계비 이하이면 기초생활보장제도에서 제공하는 모든 급여(생계, 의료, 주거, 교육급여 등)를 받을 수 있다. 반면에 소득인정액이 최저생계비보다 조금이라도 많으면 모든 급여를 받을 수 없는 것이다.

이렇기 때문에 많은 가난한 사람들이(소득이 최저생계비보다 약간 높은 사람들, 이른바 '차상위계층'이라 하여 소득이 최저생계비의

8) 필자가 판단하기에는, 우리나라의 사회 관습에 비추어 볼 때 부양의무자 기준을 폐지하더라도 실질적으로 부양능력이 있는 사람이 가난한 자신들의 부모를 부양하지 않고 기초생활보장제도로부터 급여를 받게 하는 사람들은 많지 않을 것이다.

120~130% 이내에 있는 사람들) 어떤 급여(예를 들면, 의료나 주거 급여)에 대한 필요(need)가 높은데도 불구하고 전혀 급여를 못 받고 있는 것이다.

또한 이러한 급여방식은 수급자 혹은 잠재적 수급자들을 이른바 '빈곤 덫(poverty trap)'에 빠지게 하여 일을 하여 소득을 높여 빈곤에서 벗어날 동기를 약화시킬 수 있는 것이다. 왜냐하면, 일을 하여 소득이 최저생계비 이상으로 조금이라도 올라가면 모든 급여를 잃을 수 있기 때문에 이득보다 손실이 크기 때문이다.

따라서 이 문제를 해결하기 위하여는 서구의 복지국가들에서 하는 것처럼 급여를 통합적으로 제공하지 않고 개별적으로 제공할 필요가 있다. 예를 들면, 차상위계층의 사람들에게는 생계급여를 주지 않더라도 의료급여나 주거급여 등은 필요에 따라 제공하는 것이다.

이렇게 개별급여 방식으로 바꾸면 신청자들의 다양한 필요(need)에 대한 조사가 필요하여 운영하는 데 복잡하고 비용이 많이 들 수 있다. 또한 이러한 방식으로 하면 아무래도 수급자의 숫자가 늘어날 수밖에 없기 때문에 기초생활보장제도에 필요한 재원이 늘어날 수밖에 없다.

그럼에도 불구하고, 이러한 개별급여 방식은 기초생활보장 수급자 이외에 우리 사회에서 힘들게 살아가고 있는 많은 수의 실질적 빈곤층의 사회복지에의 다양한 필요(need)를 해결할 수 있고, 무엇보다도 이들에 대한 근로동기를 강화시킬 수 있어 '빈곤 덫'의 문제를 해결할 뿐만 아니라 국민총생산을 증가시킬 수 있는 것이다.[9]

4. 자활사업의 실효성의 문제: 강제노동에 지나지 않는가?

국민기초생활보장제도는 과거의 생활보호제도와 달리 근로능력이 있는 사람들도 대상으로 하기 때문에 처음부터 이러한 사람들에 대한

9) 현 정부에서는, 이른바 '맞춤형 복지'라는 이름하에 수급자 개별의 필요에 따라 급여가 이루어지도록 하는 안이 논의 중에 있다. 이 안은 2014년부터 시행될 예정이다.

사업을 별도로 만들 필요가 있었다. 그래서 등장한 것이 자활사업인데, 근로능력이 있는 사람들은 자활사업에 참여하는 조건으로 급여가 이루어지도록 하였다.

자활사업은 오늘날까지 10년 이상 시행되고 있는데 이것의 실효성에 대하여 끊임없이 문제제기가 있어왔다. 자활사업의 실효성에 대한 판단을 하기 위하여는 먼저 자활사업의 목표를 규명할 필요가 있다.

자활사업의 가장 중요한 목표는 수급자들로 하여금 자활사업을 거친 후 노동시장에서 일자리를 구해 소득을 벌어들여 자립하는, 즉 탈수급자가 되도록 하는 것이다. 그런데 지금까지는 우리의 자활사업은 이러한 목표를 이루는 데는 실패하였다. 이것은 많은 실증적인 연구들에 의하여 보여지는데, 예를 들면 노대명 외(2009)의 연구에 따르면 우리의 자활사업 참여자들의 탈수급률은 7%에도 못 미치는 수준이다. 또 어떤 연구에 의하면 우리의 자활사업의 참여자들은 근본적으로 근로능력이 미약하기 때문에 탈수급을 기대하는 것 자체가 무리라고 주장한다(신명호, 2006).

자활사업의 또 하나의 목표는 자활사업의 참여자들로 하여금 재화나 서비스를 창출하게 하여 사회 전체의 생산량(output)을 늘리는 것이다. 실제로 다양한 자활사업에 참여한 수급자들은 나름대로 상당한 재화나 서비스를 생산하고 있다. 예를 들어, 한 연구에 의하면 자활공동체에 참여한 수급자들이 1인당 연 대략 2천만원 정도의 재화나 서비스를 생산하고 있다(이상은 외, 2010).

마지막으로 자활사업은, 빈민통제론의 관점에서 보면, 수급자들에게 강제적으로 노동을 하게 함으로써 빈곤층들이 수급자화되는 것을 억제하는 기능도 한다. 일반적으로, 사람들은 일보다는 여가를 선호하기 때문에, 일을 시키지 않고 급여만 주면 많은 빈곤층들이 일을 안 하고 수급자가 되기를 원하기 때문에 이렇게 강제노동을 시켜 수급자들의 효용을 낮추면 빈곤층의 수급률이 낮아질 수 있는 것이다.

자활사업의 첫 번째 목표, 즉 참여자들의 탈수급과 자립을 제대로 이루기 위하여는 참여자들이 일반노동시장에서 일자리를 얻도록 하는 방안이 필요하다. 이 문제를 근본적으로 해결하기 위한 방법은 일반노동시장에서 얻는 소득의 상당부분을 참여자들이 갖도록 하게 하는 것이다. 현재는 일반노동시장에서 최저생계비 이상 벌면 수급자가 될 수 없기 때문에 자활사업에 안주하려고 한다. 그래서 최저생계비 이상 벌 경우 일정한 액수를 본인이 갖게 하고 급여도 받게 하면 일반노동시장에서 적극적으로 일자리를 찾으려고 할 것이다. 예를 들면, 급여감소율을 50%로 정하면 수급자가 노동시장에서 벌어들인 금액의 반만 급여에서 공제하기 때문에 수급자의 일반노동시장에서 일할 동기가 커지는 것이다.

문제는 이 방식은 재원이 많이 소요되고, 이제는 최저생계비 이상을 벌어들이는 사람도 기초생활보장제도로부터 급여를 받기 때문에 사회적 자원의 낭비(?)가 될 수도 있다는 점이다. 이러한 이유로 우리의 현실에서 이 방식이 채택되기는 어렵다.

그렇다면 현재의 다양한 자활사업의 프로그램들을 개선하여 참여자들로 하여금 일반노동시장에서 취업할 수 있도록 하는 데 초점을 맞출 수밖에 없다. 예를 들어, 노동시장에서의 취업을 알선하는 프로그램들을 더 정교하게 만들거나 확대하거나, 일정한 기간 동안 노동시장에서의 구직활동을 의무화하는 방안들이다(이상은 외, 2010). 그러나 이와 같은 방안들은 위에서 제시한 근본적인 방안과 비교해 볼 때 수급자들의 자립·탈수급의 목표를 이루기에는 한계가 있다.

이렇게 볼 때 우리의 현재의 자활사업은 강제노동을 통하여 빈곤층의 많은 사람들이 기초생활보장제도의 수급자가 되는 것을 억제하는 기능을 하는 것으로 제한된다고 할 수 있다.

이렇게 근로능력이 있는 가난한 사람들의 문제는 국민기초생활보장제도에서 해결하는 것은 한계가 있기 때문에 다른 제도가 필요한데, 여기서 나타난 것이 다음 장에서 설명할 근로장려세제이다.

12 chapter 근로장려세제

제 1 절 개관

우리의 근로장려세제는 미국의 근로소득보전세제-EITC(Earned Income Tax Credit)-를 모델로 하여 만들어졌다. 그래서 우리의 근로장려세제를 제대로 이해하기 위하여는 먼저 미국의 EITC에 대하여 알 필요가 있다.

1. EITC의 도입배경

미국의 EITC는 1975년에 만들어졌다. 이 당시 미국에서는 이른바 '복지위기(welfare crisis)' 혹은 '복지혼란(welfare mess)'이라 하여 공공부조에 대한 비판이 많아 '복지개혁(welfare reform)'이 한참 논의가 될 때이다. 미국에서의 이 당시까지의 대표적인 공공부조는 AFDC(Aid to Families with Dependent Children)이었는데, 특히 이 제도를 둘러싼 비판이 많았다(미국에서는 공공부조, 특히 AFDC

를 흔히들 welfare라 부른다).

AFDC의 주 수급자는 아동을 키우는 여성세대주 가구이었는데, 이 당시 수급자의 숫자가 크게 늘었다. 예를 들면, 1960년에 300만명이었던 수급자가 1971년에는 1천만명이 넘었다. 따라서 지출액도 같은 기간에 10억$에서 62억$로 6배 이상 늘어났다. 이렇게 되자 AFDC가 수급자들의 근로동기를 약화시키거나 불필요하게 가족구조를 변화시켜 아동을 키우는 여성세대주 가구를 증가시킨다는 비판이 커졌다(Weaver, 2000).

이러한 배경에서 '복지개혁'의 일환으로 처음에(1969년) 제안된 것이 FAP(Family Assistance Plan)이었다. 이것은 자유주의 경제학자인 Milton Friedman이 제안한 '부의 소득세(Negative Income Tax)'의 기본틀을 이용하여 만들어졌다.

처음 제안된 FAP는 아동을 키우는 모든 가구에게 일정한 액수(4인 가구의 경우 1,600$)를 기본적으로 보장하고, 시장에서 일을 해서 소득이 발생할 경우 67%만 급여에서 삭감하는 것이다. 이렇게 하면 수급자들의 근로동기도 약화되지 않고, 일정한 수준의 소득보장도 이룰 수 있고, 무엇보다도 여성세대주 가구의 급증을 막을 수 있는 장점들이 있었다.

그러나 이상적인 FAP는 미의회에서의 반대로 결국 채택되지 못했다. 가장 큰 이유는 FAP가 수급자들의 근로동기를 강화시키는 데 한계가 있다는 점이었다. 아니면 근로동기를 강화시키기 위하여는 급여감소율을 더욱 낮추어야 하는데(예, 50%), 이렇게 되면 비용이 엄청나게 증가하기 때문에 이것도 받아들이기가 어려웠던 것이다(이 문제에 대하여는 11장 1절에서 자세히 설명하였다).

이렇게 FAP가 실패하자, 일종의 타협안으로 등장한 것이 1975년에 만들어진 EITC이다. FAP는 기존의 welfare 제도들을 모두 없애고 아동이 있는 모든 가구들을 대상으로 한 것에 반하여, EITC는 기존의 welfare 제도들을 유지한 채 아동을 키우는 근로능력이 있는 가난한 사람들을 대상으로 범위를 좁혔다. 그리고 EITC는 근로동기의 강화를 FAP에 비하여 더 확실히 하였다.

2. EITC의 성격

EITC는 기본적으로 근로능력이 있는 저소득층, 특히 일을 하면서도 가난한 사람들(working poor)을 대상으로 하여 이들의 근로동기를 강화시켜 빈곤에서 벗어나게 하는 것과 동시에 이들이 기존의 welfare 체계에 의존하려고 하는 것을 사전에 막기 위하여 만들어졌다.

그래서 EITC의 기본적인 설계는 아동이 있으면서 근로소득이 일정한 수준 이하인 사람들을 대상으로 하면서, 그림에서 보듯이 이들이 일정한 소득까지는 일을 많이 할수록 급여액이 많아지고, 또한 일정한 소득 이상부터는 급여액이 줄도록 되어 있다.

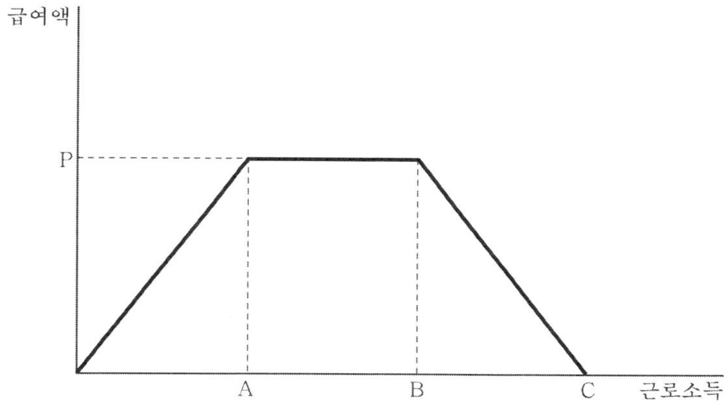

〈그림 12-1〉 EITC의 기본적 급여모형

즉 A 지점의 소득까지는 일을 할수록 급여액이 늘어나고, A와 B 사이의 소득에서는 급여액의 변화가 없고 B 이상의 소득에서는 급여액이 줄면서 C 지점의 근로소득이 있는 사람에게까지 급여가 이루어지는 것이다.

EITC는 한 마디로 말하여 미국적(?)인 제도라 할 수 있다. 미국은 유럽의 복지국가들에 비하여 유달리 시장 논리를 강조하고 청교도적인 윤리에 따라 근로능력이 있으면서 일을 안 하는 것을 죄악시 여기기 때문이다. EITC는 수급자가 노동시장에서 일을 해서 근로소득이 있어야만 급여가 주어지기 때문에 미국 사회에 딱 맞는 제도인 것이다.

그래서 EITC는 처음부터 미국 사회에서 인기(?)가 있었고, 이후 빠르게 확대되었다. 특히 1980년대부터 미국 사회의 '골치 덩어리' 복지제도인 AFDC를 폐지하려는 시도와 맞물려 크게 확대된다. 그리고 EITC는 1996년 AFDC를 폐지하고 TANF(Temporary Assistance to Needy Families)를 만드는 데 중요한 역할을 하였다.

왜냐하면 TANF는 기존의 AFDC와 달리 급여기간이 제한되어 있기 때문에(대부분의 주에서 5년) 수급자들이 그 기간이 지나면 일을 하지 않을 수 없게 만들었다. 그런데 이들이 잡을 수 있는 일자리는 대개 '허드렛일(lousy job)'이기 때문에 임금이 낮고 고용이 불안정하다. 특히 1980년대부터 서비스 산업이 커지자 이러한 일자리들이 크게 늘어났다. 따라서 이 사람들이 이러한 일을 하도록 하기 위하여는 EITC를 통하여 일정한 급여를 줄 필요가 있는 것이다.

실제로 EITC는 1980년에서 1996년 사이에 지출액이 6배 이상 증가하였다. 이후에도 크게 확대되어 오늘날 미국에서 가장 중요한 현금급여의 공공부조 제도가 되었다.

오늘날 EITC는 3명 이상의 자녀를 둔 가구는 부부 합산 근로소득이 $50,270까지, 2명인 경우는 $47,162까지, 1명인 경우는 $42,130까지, 자녀가 없을 경우는 $19,190까지 급여자격이 주어진다.

그리고 급여액의 경우 세 명 이상의 자녀를 둔 가구의 최대급여액은 연 $5,891, 2명은 $5,236, 1명은 $3,169, 자녀가 없을 때는 $475이다.

2011년 기준으로 볼 때 약 2,700만명의 근로자들이 급여를 받았고, 여기에 지출된 액수는 약 620억불이었다. 일인당 평균 급여액은 2,200

불이었다.

이렇게 EITC는 미국과 같은 자유주의적 복지국가들에서는 중요한 제도로 자리 잡았지만, 진보적인 관점에서는 EITC는 받아들이기가 어렵고, 실제로 스웨덴을 비롯한 고도로 발전된 유럽의 복지국가들에서는 EITC와 같은 제도를 갖고 있지 않다.

왜 그러한가? 크게 보면 세 가지 측면에서 설명할 수 있다. 우선, 최저임금제와 EITC의 관계를 이해해야 한다. 최저임금제와 EITC는 저임금 근로자들을 대상으로 하는 복지제도라는 공통점이 있다. 그러나 현실세계에서 작동하는 데에는 기능의 차이가 있다.

최저임금제는 이상적으로는 낮은 임금을 받고 일하는 사람들을 대상으로 하여 적어도 최저생활을 할 수 있는 정도의 임금을 받도록 강제화한 제도이다. 그러나 현실세계에서는 적어도 두 가지의 문제가 나타날 수 있다. 하나는 비숙련 노동자(비정규직)들이 실업이 될 가능성이 커져 실업자의 숫자가 늘어날 수 있다. 왜냐하면, 최저임금제가 엄격히 시행되면 그동안 낮은 임금을 받았던 비숙련 노동자들의 임금이 올라가는데 이렇게 되면 사용자들은 비숙련 노동자들을 고용할 동기가 약화가 되어 이들의 실업률이 높아질 수 있는 것이다(Ehrenberg and Smith, 1982).

다른 하나는, 이렇게 일정한 수준의 임금을 주어야 하는 상황에서는 비교적 높은 임금을 받는 숙련 노동자(예를 들면, 노동조합에 가입이 된 정규직 근로자)의 임금은 더욱 높아질 수 있다(적어도 낮아질 압력은 받지 않는다). 최저임금제가 없는 상황에서는 사용자들은 고임금의 숙련 노동자들을 대체하여 낮은 임금의 비숙련 노동자들을 고용할 동기가 크기 때문에 숙련 노동자들의 임금은 하향 압박을 받기 때문이다. 이러한 이유로 최저임금제를 실시하는 대부분의 국가들에서는 최저임금제는 주로 숙련 노동자로 이루어진 노동조합에 의하여 강력하게 지지를 받는다.

반면에 EITC는 기본적으로 아무리 낮은 임금을 받더라도 일을 하는 사람들을 대상으로 급여를 하기 때문에 낮은 임금을 주는 일자리를 유지 혹은 확대시키는 기능을 한다. 특히 오늘날과 같이 서비스 산업이 확대되는 상황에서는 더욱 그러하다. 그래서 EITC는 적어도 이론적으로는 실업률을 낮추는 데 기여하지만, 숙련 노동자들의 임금은 하향 압박을 받을 수 있다. 이러한 이유로 주로 숙련 노동자들로 이루어진 노동조합은 EITC에 반대를 한다.

전통적으로 유럽의 복지국가들에서는 노동조합의 정치적 힘이 크고, 주요 정책결정은 이른바 조합주의(corporatism) 방식으로 이루어지는데 이때 노동조합의 정치적 힘이 중요한 역할을 하였다. 이러한 국가들에서는 대개 노동조합은 적어도 자신들의 이익을 위하여 최저임금제를 엄격히 시행하는 것을 지지하고, 낮은 임금의 일자리가 늘어나는 것을 막기 위하여 EITC와 같은 제도의 도입을 막는 것이다.

반면에 미국은 노동조합의 정치적 힘이 유럽의 복지국가들에 비하여 약할 뿐만 아니라, 사회 전체의 분위기가 시장 원리를 강조하기 때문에 EITC와 같은 신자유주의적인 제도가 비교적 쉽게 도입이 될 수 있는 것이다.

둘째, 미국이 EITC를 중시 여기는 또 하나의 이유는 EITC가 아동수당(Family Allowance)의 기능을 부분적으로 한다는 점이다.

널리 알려졌듯이, 미국은 유럽의 복지국가들과 달리 보편적인 아동수당이 없다. 물론 미국은 아동수당 제도는 없지만, 아동을 키우는 가구에 대한 소득세 감면제도(tax expenditure)가 있어 부분적으로 아동수당의 기능을 하고 있는 것은 사실이다. 그런데 문제는 이 조세감면제도는 저임금 근로자들에게는 거의 혜택이 없다는 데 있다. 왜냐하면, 저임금 근로자들은 임금이 낮아 소득세가 거의 면제가 되기 때문이다. 실제로 조세감면제도는 역진성이 강해 주로 중산층 이상의 가구들이 혜택을 보고 있다. 따라서 아동을 키우는 저임금 근로자 가구에 대한 정책이 자연스럽게 필요하게 되었는데, EITC가 적절한 것으로 판단된 것이다.

마지막으로, 유럽의 복지국가들에서는 전통적으로 EITC와 같은 제도로 낮은 임금의 일자리라도 노동자들로 하여금 강제로(?) 일을 시키는 것은 복지국가의 기본 가치(예, 인간의 존엄성)에 위배된다고 본다. 그래서 이러한 국가들은 오랫동안 소득보장을 강조하였고, 스웨덴과 같은 국가들에서는 적극적 노동시장정책을 통하여 양질의 일자리를 노동자들에게 제공하려고 노력하였다.

이러한 국가들에서는 최저임금제, 소득보장정책, 그리고 적극적 노동시장정책의 3개의 조합으로 저임금 근로자들의 문제를 대처하고, 어느 정도 실업률이 높아지는 것은 감수하는 것이다. 다만, 최근에 서비스 산업의 확대로 낮은 임금의 일자리가 시장에서 확대되는 과정에서 지금까지의 정책이 한계를 보이자 일부 유럽의 복지국가들에서도 EITC와 같은 제도를 조심스럽게 도입하는 과정에 있다(예, 벨기에).

3. EITC가 근로동기를 강화시키고 빈곤을 줄이는가?

앞에서 언급했듯이, EITC를 도입한 가장 중요한 이유는 공공부조, 특히 AFDC의 수급자들이 일을 안 하고 복지에 의존하는 것을 막기 위한 것이다. 그렇다면 EITC가 실제로 공공부조 수급자들의 근로동기를 강화시켰는가? 우선 이론적으로 볼 때 EITC의 근로동기 강화 여부는, 앞의 그림에서 보듯이, 점증구간, 평탄구간, 점감구간의 소득수준, 급여증가율과 급여감소율의 정도, 그리고 최대급여액이 어떠하냐에 따라 결정된다.

예를 들면, 점증구간이 길고, 즉 급여증가율이 적용대상이 되는 소득수준이 높고, 급여증가율이 크면 적어도 이론적으로는 사람들의 근로동기가 커져 전체적인 노동공급량이 커질 수 있다. 숫자로 예를 들면, 급여증가율이 적용되는 소득이 2만불이고, 급여증가율이 30%이면 최대급여액이 6천불이 되어 근로동기가 커질 수 있는 것이다.

그러나 현실적으로는 여러 가지 이유로 EITC와 근로동기의 관계는 복잡해진다. 우선 수급자(혹은 잠재적 수급자)가 상기의 세 구간 가운데 어디에 많이 분포가 되어 있느냐에 따라 다를 수 있다. 즉 수급자들이 점증구간에 주로 분포되어 있다면 노동공급이 늘어날 가능성이 크다. 반면에 수급자들이 주로 점감구간에 많이 분포가 되어 있고 특히 급여감소율이 높으면 노동공급은 오히려 줄어들 수 있다(박능후, 2011).

또한 사람들의 근로동기는 단순히 경제적 동기만으로 결정되는 것은 아니다. 사람들은 여러 가지 이유로 일을 하기도 하고 안 하기도 한다. 예를 들면, 사람들은 경제적 동기가 아닌 성취감, 자아실현, 주위의 일에 대한 규범 등에 영향을 받아 일을 할 것인지 말 것인지를 결정한다. 또 어떤 사람들은 일 자체를 좋아해 아무런 경제적 대가 없이 일을 미친 듯이 한다(예, 일중독자(workaholic)).

따라서 EITC가 수급자들의 근로동기를 강화시켜 노동공급을 늘렸는가를 알기 위하여는 실증적인 조사가 필요하다. 미국에서는 이러한 연구들이 많이 있었는데 결과는 상이하게 나타나 결론을 내리기가 어렵다고 할 수 있다.

예를 들면, 어떤 연구들은 EITC가 저소득 근로자들의 노동시간을 줄인다고 주장하는 반면(Browning, 1995), 어떤 연구들은(Liebman, 1999) 반대로 노동공급을 늘린다고 주장한다. 한편 많은 연구들은 EITC와 노동공급과의 관계는 통계적으로 유의미하지 않다고 발표한다(Cancian and Levinson, 2006). 한마디로, EITC의 근로동기 강화의 효과는 불확실하다는 것이다.

한편 EITC가 빈곤율을 감소시키는가? EITC가 저소득 가구들에게 집중적으로 급여가 되기 때문에 이들의 가구소득이 늘어나는 것은 당연하다. 그렇다고 수급자들이 빈곤에서 벗어날 수 있는가? 이 질문에 대한 답은 회의적이다. 왜냐하면, 2011년 기준으로 볼 때 급여액이 가구 평균 약 2,000달러 정도로 미미하기 때문에 이 정도로 이들의 빈곤율이 낮아지기에는 한계가 있다. 실제로 미국의 빈곤율은 EITC가 확대되는 시기인 1990년대 중후반부터 오히려 약간 늘어나고 있는 추세이다.

제 2 절 근로장려세제

1. 근로장려세제의 도입배경과 성격

우리나라는 1990년대 말 발생한 외환위기 이후에 노동시장의 구조조정(노동시장의 유연화 정책)과 서비스 산업의 확대 등의 이유로 주로 비정규직 근로자들로 이루어진 저임금 근로자들이 크게 늘어났다. 그래서 이른바 근로빈곤계층(working poor)에 대한 대책이 필요하였다.

이러한 배경에서 노무현 정부(참여정부)가 들어서면서 EITC에 대한 논의가 본격적으로 이루어지면서 2005년에 EITC 도입을 추진하기로 결정한 후 다양한 방안들을 검토한 끝에 결국 2006년 12월에 입법이 되었다. 그리고 2008년에 시행을 하여 2009년에 최초의 수급자가 등장하였다.

앞 절에서 언급했듯이, EITC는 기본적으로 신자유주의적인 제도이다. 그래서 우리나라에서도 진보적인 학자들은 EITC의 도입에 반대하였다.[1] 우리의 근로장려세제도 신자유주의적인 제도의 속성을 많이 갖고 있다. 이것은 제도의 명칭을 결정하는 과정에서도 나타났다.

우리나라에서 처음으로 EITC의 도입을 검토할 때는 이것의 이름을

---

1) EITC와 같은 신자유주의적인 제도가 '진보정권'이라 할 수 있는 노무현 정부에서 도입된 것은 역설적이라 할 수 있다. 그러나 이 책의 2장의 '우리나라 복지체제의 성격'에서 논의했듯이, 우리나라의 사회복지정책은 정권의 이념과 상관없이, 경제성장에 이롭냐 해롭냐를 기준으로 만들어지는 경향이 있기 때문에 이상할 것도 없다. 심지어 많은 학자들은 우리나라는 자유주의적 복지국가에 해당한다고 주장하기 때문에, 어떻게 보면 EITC의 도입은 그들의 주장을 뒷받침한다고 할 수 있다.

'근로소득보전세제'로 하였고, 실질적으로 EITC의 도입을 추진한 참여정부의 빈부격차・차별시정위원회에서는 '근로소득지원세제'로 확정하였다. 이것은 EITC의 두 가지 목표인 저임금 근로자들의 소득안정과 이들의 근로동기 강화 가운데 전자를 강조한 것이라 볼 수 있다.

그러던 것이 이후 입법과정을 주도한 재정경제부의 EITC 추진기획단은 1년도 안 되어 명칭을 '근로장려세제'로 바꾸어 확정하여 오늘날까지 사용되고 있다. 이렇게 이름을 바꾼 것은 '근로장려세제'가 소득안정보다는 수급자들의 근로동기 강화를 더 확실하게 강조하기 때문이다. 오랫동안 우리나라의 경제성장을 지고의 가치로 삼고 이끌어 온 우리의 재정경제부의 입장에서는 당연하다고 할 수 있다.

이렇게 수급자의 근로동기 강화를 강조하는 정책방향은 우리의 국민기초생활보장제도 수급자는 근로장려세제의 수급자가 될 수 없다는 사실에서 알 수 있다. 즉, 기초생활보장제도는 소득안정이 목표이고, 근로장려세제는 근로동기 강화가 목표라는 것을 명확히 한 것이다.

근로장려세제는 2006년 말 만들어진 이후 2번에 걸쳐 개편을 하였다. 2008년 첫 번째 개편에서는 급여를 받을 수 있는 자격조건 가운데 부양자녀 기준을 완화하여 18세 미만 자녀 2인 이상의 가구만을 대상으로 했던 것에서 1인 이상으로 바꾸었다. 또한 급여율을 조정하여 급여증가율을 과거의 10%에서 15%로, 급여감소율을 과거의 16%에서 24%로 바꾸었다. 이렇게 하여 최대급여액을 연간 80만원에서 120만원으로 올렸다.

그런데 근로장려세제가 본격적으로 시행이 된 후 2009년부터 2011년까지 신청가구, 수급가구, 그리고 급여액이 계속 줄어드는 문제가 발생하여 2011년 다시 개편하게 된다. 그래서 이때부터는 부양자녀가 없어도 자격이 주어지고, 부양자녀 숫자별로 급여액을 다르게 하고, 최대급여액도 200만원으로 상향조정하였다.

2. 적용대상: 자격조건

2013년 현재 우리의 근로장려세제로부터 급여를 받기 위하여는 다음의 몇 가지 자격조건이 필요하다. 첫째, 근로소득 또는 사업소득(보험설계사와 방문판매원의 경우만 인정한다)이 있어야 한다. 둘째, 배우자 또는 18세 미만의 부양자녀가 있어야 한다. 다만, 신청인이 60세 이상이면 배우자나 부양자녀가 없어도 자격이 주어진다(부양자녀의 연간 소득이 100만원 이하이어야 한다). 셋째, 부부 합산 총소득이 부양자녀의 숫자에 따라 일정한 액수 이하이어야 한다. 부양자녀가 없을 때는 1,300만원, 1명일 때는 1,700만원, 2명일 때는 2,100만원, 3명 이상이면 2,500만원 이하이어야 한다. 넷째, 세대원 전원이 무주택이거나 기준시가 6천만원 이하의 주택을 1채만 소유해야 한다. 다섯째, 세대원 전원이 소유하고 있는 재산의 합계액이 1억원 미만이어야 한다. 여섯째, 국민기초생활보장제도로부터 급여를 일부라도 받은 사람은 급여자격이 주어지지 않는다.

3. 급여내용

근로장려세제는 2008년 시행하면서 2011년까지는 다음과 같은 급여모형에 의하여 급여가 이루어졌다.

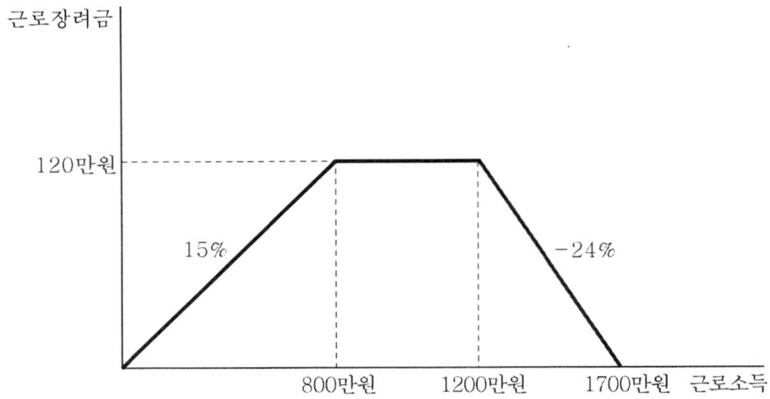

〈그림 12-2〉 근로장려세제 급여모형(2008년)

그림에서 보듯이 이때까지는 자녀의 숫자에 상관없이 급여액이 결정되었다. 그래서 근로소득이 800만원까지는(점증구간) 15%의 급여증가율이 적용된다. 이 구간에 속한 근로소득이 있는 사람의 급여액은 근로소득×15%로 결정된다. 예를 들면, 600만원의 근로소득이 있는 사람은 600만원×15%로 90만원의 급여를 받는다. 따라서 근로소득이 800만원인 사람은 최대급여액 120만원을 받는다(800만원×15%). 이러한 설계로 적어도 근로소득이 연 800만원까지의 구간에서는 사람들의 근로동기가 강화될 수 있다.

그림에서 보듯이 최대급여액은 연 근로소득이 1,200만원까지의 사람들에게 주어진다(평탄구간). 그런데 연소득이 800만원이 넘어도 1,200만원까지는 급여액의 변동이 없기 때문에 근로동기에는 큰 영향을 주지 않는다.

반면에 1,200만원이 넘어 1,700만원까지는(점감구간) 급여액이 깎이기 때문에 이 구간에서는 근로동기가 약화될 수 있다. 예를 들면, 근로소득이 1,500만원이면 급여액은 48만원으로 줄어들기 때문이다(그러나 이것은 실증적인 조사에 의해서만 알 수 있다. 왜냐하면, 사람들에 따라 근로동기는 다를 수 있어 1,500만원의 근로소득이 있는 상황에서 48만원의 급여를 받는다면 어떤 사람들은 적어도 1,700만원의 근로소득이 발생할 때까지 일하려고 하기 때문이다).

2011년까지 시행된 근로장려세제는 다음과 같은 모습을 보였다(최현수, 2011). 우선 놀라운 것은 근로장려세제에 대한 신청가구, 수급가구, 근로장려금 지출액수가 2009년 첫 수급자가 나온 이후 계속 줄어든다는 것이다.

표에서 보듯이, 2009년에는 신청가구가 약 72만 가구이었는데 계속 줄어 2011년에는 약 66만 가구가 되었다. 수급가구도 마찬가지로 약 59만 가구에서 약 52만 가구로 줄었다. 마지막으로 근로장려금 지출액수도 2009년 약 4,500억원에서 2011년 약 4,000억원으로 줄었다.

왜 이렇게 줄었는가? 여러 가지로 설명할 수 있지만, 가장 중요한 이유는 근로장려세제를 받을 수 있는 소득이 너무 낮게 되어 있어, 많은 사람들이 소득이 어느 정도 오르면 자격을 잃게 되기 때문이다.

〈표 12-1〉 2009~2011년 근로장려세제 신청 및 근로장려금 지급 현황(단위: 천 가구)

구분	2009	2010	2011	2009~2011
신청가구	724	675 (△49, 6.8%↓)	665 (△10, 1.5%↓)	(△59, 8.1%↓)
수급가구	591	566 (△25, 4.2%↓)	519 (△47, 8.3%↓)	(△72, 12.2%↓)
근로장려금	4,537	4,369 (△168, 3.7%↓)	3,986 (△383, 8.8%↓)	(△551, 12.1%↓)

자료: 최현수(2011)

실제로 최저생계비와 최저임금은 2009년 이후 지속적으로 상승하였다. 예를 들면, 4인 가구 기준 최저생계비는 2009년 연간 1,592만원인데 2011년에는 1,727만원으로 올랐다. 또한 최저임금도 시급으로 볼 때 2009년에 4,000원이었는데 2011년에는 4,320원이었다.

또한 근로장려세제의 주요 정책대상이라 할 수 있는 차상위계층의 기준(최저생계비의 120%)이 2,072만원으로 올랐음에도 총소득 기준은 1,700만원으로 고정되어 있는 것이다.

이것은 점증구간의 수급가구가 계속 줄어드는 대신 점감구간의 수급가구가 늘어났다는 사실에서도 알 수 있다. 〈표 12-2〉에서 보듯이,

2009년에는 근로장려세제의 전체 수급가구의 48.4%가 점증구간의 소득구간(즉 소득이 아주 낮은 사람들)에 분포되었는데 이것이 2011년에는 46.8%로 줄어들었다. 반면에 점감구간은 2009년에 23.7%이었는데 2011년에는 25.3%로 늘었다. 다시 말하여 소득이 어느 정도 있는 사람들이 급여를 받는 비중이 늘어나고 있는 것이다.

〈표 12-2〉 근로장려세제 급여구간별 수급가구 및 평균 근로장려금 분포(단위: %)

구분	전체	점증	평탄	점감
2009년	591천 가구	48.4	27.9	23.7
2010년	556천 가구	47.3	28.1	24.6
2011년	519천 가구	46.8	27.9	25.3

자료: 최현수(2011)

흥미로운 것은 이 기간 동안의 수급자의 평균 근로장려금은 약 77만원으로 동일하게 유지되었다는 점이다. 세부적으로는, 점증구간의 평균급여액이 58만원, 평탄구간이 120만원, 점감구간이 68만원이었다(이것은 근로장려세제의 주어진 예산에 맞추어 대상자 선정과 급여액을 결정했기 때문이라고 추정할 수 있다).

다음으로 근로장려금 수급가구의 일반적 특성을 보면 다음과 같다. 우선 근로장려세제의 수급자의 연령은 30대와 40대가 전체의 82.5%를 차지하고, 부양자녀가 1인인 경우는 49.1%, 2인은 42.6%로 전체의 91.7%를 차지한다. 즉 자녀 1~2인을 둔 30~40대 가구가 주 수급가구라 할 수 있다.

수급가구의 근로형태는 일용근로자가 전체의 61%를 차지하여 다수를 이루고 이들이 일하는 업종은 제조업(20.8%), 건설업(19.7%), 서비스업(15.6%), 판매업(15.0%) 순이다. 또한 수급가구의 대부분인 81%는 무주택가구이고, 나머지 18.9%는 5천만원 이하의 주택에 살고 있다.

근로장려금을 받는 가구들은 달라지는가? 2009~2011년 3년의 기간 동안 계속 근로장려금을 받는 가구는 28%이고, 2년 동안 받은 가구는 30%이고, 2011년 처음으로 수급한 가구는 21만 가구로 전체의 41.5%이다. 이것의 이유도 앞에서 언급했듯이 소득기준은 고정되어 있는데 수급가구의 소득이 그동안 올랐기 때문이다.

근로장려세제에 신청했을 때 급여를 못 받는 이유는 무엇인가? 가장 중요한 이유는 신청자의 재산 때문이다. 〈표 12-3〉에서 보듯이 2009년의 경우 신청가구의 18.5%가 급여에서 제외되었는데 가장 중요한 이유는 재산(39.8%)이 기준을 초과하기 때문이었다. 2011년에는 더 심각해 재산 때문에 급여를 못 받는 가구가 44.1%에 이른다. 반면에 소득기준은 2009년의 36.1%에서 17.9%로 크게 줄었다. 이것도 앞에서 언급한 수급자의 소득 상승 때문이다.

〈표 12-3〉 근로장려금 신청가구 지급대상 제외 원인(단위: %)

2009년	총소득	재산	부양자녀	비근로자	기타
133천 가구 (신청가구의 18.5%)	36.1	39.8	7.5	8.3	8.3

2010년	총소득	재산	주택	부양자녀	기타
112천 가구 (신청가구의 16.6%)	21.4	37.5	17.9	2.7	20.5

2011년	총소득	재산	주택	비근로자	기타
145천 가구 (신청가구의 21.8%)	17.9	44.1	16.6	4.8	16.6

자료: 최현수(2011)

지금까지 논의했듯이, 2011년까지 시행된 근로장려세제는 소득기준이 너무 낮다는 점, 자녀 숫자에 상관없이 급여액이 동일하게 결정되었다는 점, 그리고 자녀가 없는 가구에 대하여는 급여가 전혀 이루어지지 않는 점 등의 문제점들이 지적되었다.

그래서 2011년에 근로장려세제는 크게 바뀌어 2012년부터 시행되고 있다. 이때부터의 급여의 기본모형은 그림처럼 되어 있다.

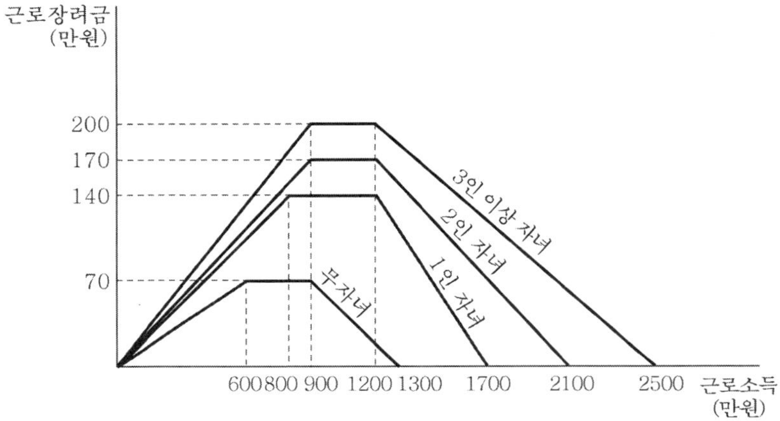

〈그림 12-3〉 근로장려세제 급여모형(2011년)

그림에서 보듯이, 이번에는 무자녀도 포함하고 자녀 숫자별로 차등화하였다. 그래서 자녀 숫자별 최대급여액, 구간별 소득액, 그리고 급여증가율, 감소율 등을 다르게 하였다.

예를 들면, 〈표 12-4〉에서 보듯이, 자녀 1인인 가구는 과거처럼 구간별 소득이 같으나(점증구간 800만원, 평탄구간 1,200만원, 점감구간 1,700만원), 2인 이상의 자녀를 둔 가구의 구간별 소득은 상향조정되었다. 3인 이상의 자녀를 둔 가구는 점증구간이 900만원, 평탄구간은 1,200만원, 점감구간은 2,500만원으로 확대하였다.

〈표 12-4〉 근로장려세제 구간별 소득

구분	무자녀	1인 자녀	2인 자녀	3인 이상 자녀
점증	0～600	0～800	0～900	0～900
평탄	600～900	800～1200	900～1200	900～1200
점감	900～1300	1200～1700	1200～2100	1200～2500

또한 〈표 12-5〉에서 보듯이, 급여증가율과 급여감소율을 조정하여 자녀 숫자별 최대급여액을 늘렸다. 예를 들면, 자녀를 3명 둔 가구의 점증구간에서의 급여증가율은 22.2%로 올리고, 또한 1,200만원～2,500만원 사이의 점감구간에서의 급여감소율은 -15.4%로 낮추었다.

〈표 12-5〉 근로장려세제 급여액

부양자녀수	총소득기준	최대급여액	점증률	점감률
0인	1,300만원 미만	연 70만원	11.7%	-17.5%
1인	1,700만원 미만	연 140만원	17.5%	-28%
2인	2,100만원 미만	연 170만원	18.9%	-18.9%
3인 이상	2,500만원 미만	연 200만원	22.2%	-15.4%

2011년에 바뀐 근로장려세제는 한마디로 말하여 오늘날 우리의 큰 사회문제인 '저출산 고령화' 사회에 대비한 것이라 할 수 있다. 우선 자녀의 숫자가 많은 가구에게 유리하게 설계하여 출산율을 높이고자 한 점이다. 자녀의 숫자가 많을수록 최대급여액도 높아지고, 또한 급여증가율을 높게 하고 급여감소율을 낮게 하여 급여를 받을 수 있는 소득기준액을 높였다(3인 이상의 자녀를 둔 가구는 연 2,500만원의 소득이 있는 가구까지 급여가 주어진다). 반면에 1인 가구는 최대급여액이 약간 높아진 것 이외에는 변화가 없다(최대급여액이 연 140만원으로 오르고 급여증가율은 17.5%로 약간 높였으나, 대신 급여감소율

을 -28%로 하여 급여를 받을 수 있는 소득기준은 과거처럼 1,700만 원으로 같다).

또한 18세 이하의 자녀가 없는 가구에게도 급여가 주어지도록 하였는데 이것은 오늘날 고령화에 따른 중고령 혹은 고령 빈곤층의 증가의 문제 때문이다. 실제로 우리는 노인들을 위한 사회보장제도가 제대로 안 되어 있어 노인빈곤율이 OECD 국가들 가운데 가장 높은 국가들 가운데 하나다. 따라서 이러한 상황에서 노인들이 일을 해서 빈곤을 벗어나도록 할 필요가 있는데 근로장려세제가 일정한 역할을 할 수 있는 것이다.

제 3 절 문제점과 개선방안

1절에서 언급했듯이, 우리의 근로장려세제는 기본적으로 '신자유주의적'인 제도라 할 수 있다. 노동시장에서 아무리 낮은 임금을 주는 일자리라도 잡아 일을 해서 자립할 것을 강요하기 때문이다. 그래서 진보적인 관점에서는 우리의 근로장려세제와 같은 제도는 기피하는 사회복지제도이다. 실제로 스웨덴을 비롯한 고도로 발전된 유럽의 국가들에서는 이러한 제도를 갖고 있지 않다.

그럼에도 불구하고 현 시점의 우리나라에서는 근로장려세제는 현실적으로 필요하다. 우선 우리나라는 현실적으로 여러 가지의 이유로 스웨덴과 같은 사회민주적 복지국가가 되기는 어렵다는 점이다(김태성, 2007). 또한 우리 사회는 일을 유달리 강조하여 '일을 통한 복지'가 최고(?)의 복지라는 사회적 분위기가 팽배하기 때문이다. 무엇보다도, 현재 우리나라는 소득보장을 위한 사회복지제도들이 아직 성숙이 되지 않은 상황에서, 많은 수의 비정규직 근로자들과 영세자영업자들이 포함된 유달리 많은 이른바 '근로빈곤층(working poor)'이 있기 때문이다.

따라서 적어도 현재의 시점에서는 근로장려세제를 크게 확대하는 것이 '근로빈곤층'의 문제를 해결할 수 있는 현실적인 방안이 될 수 있다. 여기서는 근로장려세제가 갖고 있는 몇 가지 문제점과 개선방안을 제시하고자 한다.

1. 급여자격이 되는 소득기준을 높여야 한다.

우리의 근로장려세제와 같은 제도는 두 가지 목표를 가지고 있다. 하나는 근로빈곤층에 대한 소득보장이고, 다른 하나는 이들의 근로동기를 강화시키는 것이다. 그런데 우리나라는 이름이 '근로장려금'이라 했듯이, 근로동기 강화의 목표만을 강조하고 소득보장의 목표는 등한시하는 경향이 있다(미국의 EITC(Earned Income Tax Credit)는 이름에서 보듯이 근로소득을 보전하는 목표를 강조한다).

그래서 지금까지 근로장려세제의 급여를 받을 수 있는 소득기준은 가능하면 낮게 유지하였다. 우리의 근로장려세제는 2008년 시행할 당시 급여대상 소득기준이 1,700만원이었고(점증구간 소득은 800만원, 평탄구간 소득은 1,200만원), 이 수준을 2011년까지 유지하였다. 그동안 최저생계비나 최저임금이 지속적으로 상승하였는데도 불구하고, 이렇게 소득기준을 고정하였기 때문에 근로장려세제에 대한 신청자, 수급자, 총급여액 모두가 지속적으로 줄어드는 특이한(?) 현상이 발생하였다.

그래서 2011년 근로장려세제가 확대되어 소득기준을 상향조정하여, 3인 이상의 자녀가 있는 가구에게는 소득기준을 2,500만원으로 올렸다. 그러나 이러한 확대에도 불구하고 여전히 몇 가지 문제가 있다.

우선 1인의 자녀를 둔 가구는 과거와 똑같이 1,700만원의 소득기준이 적용되는 문제다(점증구간 800만원, 평탄구간 1,200만원). 요즈음 우리나라에서 1인 자녀를 둔 가구가 다수를 차지하는 상황에서, 2인 이상의 자녀를 둔 가구에게만 소득기준을 조금 상향조정한 것은 그것의 실효성이 크게 줄어들게 만든다는 점이다.

또한 구간별 소득기준, 특히 점증구간과 평탄구간의 소득기준이 거의 변하지 않았다는 점이다. 점증구간의 소득은 1인 자녀를 둔 가구는 800만원으로 같고, 2인 이상의 자녀를 둔 가구도 900만원에 불과하다. 그리고 평탄구간의 소득은 모든 가구에게 1,200만원으로 전과 같다.

이렇게 평탄구간까지의 소득이 과거와 같기 때문에, 급여액이나 수급자의 숫자가 실질적으로 크게 늘어날 가능성은 줄어드는 것이다. 특히 근로소득이 아주 낮은 가구들(연 1,200만원 이하의 근로소득이 있는 가구)에게는 아무런 변화가 없는 것이다.

마지막으로 점증구간에서의 급여증가율(점증률)을 어느 정도 높이고(예를 들면, 3인 이상의 자녀를 둔 가구에게 과거의 15%에서 22.2%로 올렸다), 점감구간에서의 급여감소율(점감률)을 어느 정도 낮추었으나(예를 들면, 3인 이상 자녀의 경우 과거의 -24%에서 -15.4%로 낮추었다), 여전히 제한적이라 할 수 있다. 특히 1인 자녀를 둔 가구의 점감률은 오히려 과거의 -24%에서 -28%로 더 커졌다.

이렇게 볼 때, 우리의 근로장려세제의 두 가지 목표, 즉 저임금 근로자들의 소득안정과 이들의 근로동기를 강화시키는 것을 확실히 이루기 위하여는 다음과 같은 방안이 필요하다.

우선 1인의 자녀를 둔 가구의 소득기준을 지금보다 상향조정해야 한다. 또한 점증구간과 평탄구간의 소득기준을 지금보다 높여야 한다. 마지막으로 점증률을 지금보다 높이고, 점감률은 지금보다 낮추어야 한다. 그래야만 수급자가 받을 수 있는 급여액이 늘어나고 동시에 수급자들의 근로동기가 강화될 수 있는 것이다.

2. 적용대상을 확대해야 한다.

2011년까지의 통계로 볼 때 근로장려세제의 신청자, 수급자의 숫자가 2008년 시행 이후 계속 줄어드는 이유의 하나는 현재의 우리의 근로장려세제의 적용대상이 매우 제한적이기 때문이다. 여기서는 몇 가지로 나누어 논의할 필요가 있다.

우선 현재 우리의 제도에서는 보험설계사와 방문판매원 이외의 사람들의 사업소득은 인정하지 않기 때문에 많은 수의 영세자영업자들은 근로장려세제의 수급자격이 없다는 점이다. 널리 알려졌듯이, 우리나라는 소득이 낮은 자영업자들이 유달리 많기 때문에 이들을 적용대상에서 원천적으로 제외하는 것은 근로장려세제의 목표를 이룰 수 없게 하는 주요한 요인이 된다.

물론 이들에 대한 소득파악이 제대로 안 되어 있기 때문에 오용과 남용을 막기 위하여 신중을 기할 필요가 있으나, 지금처럼 처음부터 완전히 배제하는 것은 문제가 있다. 최근 우리나라에서도 소득파악률이 높아져가고 있고, 무엇보다도 이들의 소득이 낮기 때문에(소득파악이 제대로 안 되어 있는 문제는 고소득 자영업자가 더 심하다), 오용과 남용의 문제는 그렇게 심각하지 않을 수도 있기 때문에 이들의 소득신고를 좀더 관대하게 인정하여 이들을 근로장려세제의 적용대상이 되도록 할 필요가 있다.

둘째는, 현재는 혼자 사는 가구인 경우는 60세 이상이어야 근로장려세제의 적용대상이 되는데 이 연령을 더 낮출 필요가 있다. 최근 우리나라에서는 직장에서 퇴직당한 중고령(예, 50세)의 근로자들이 많고, 또한 이들이 빈곤가구로 전락하는 가능성이 커지고 있는 추세이다. 따라서 이러한 중고령의 저소득 단독가구들도 적용대상에 포함시킬 필요가 있다. 그래야만 이들의 근로동기도 강화되고 무엇보다 소득안정을 이룰 수 있는 것이다.

셋째는, 현재의 재산과 주택 기준이 너무 엄격하다는 점이다. 현재는 재산이 1억원 이상이거나 살고 있는 주택의 기준시가가 6,000만원이 넘으면 적용대상에서 제외한다. 이 기준 때문에 많은 사람들이 근로장려세제의 급여를 못 받고 있다.

사실, 서울과 같은 대도시에서 6,000만원짜리의 집이라는 것이 매우 열악하다고 할 수 있는데 이 정도의 집에 산다고 급여자격을 주지 않는 것은 너무 가혹하다 할 수 있다. 앞 장에서 논의했듯이 최근 국민기초생활보장제도의 경우 자기가 거주하는 주택은 대도시의 경우 1억원까지는 소득환산율을 크게 낮추어 특별히 취급했다는 점을 고려해 볼 때, 근로장려세제에서 6,000만원짜리 주택에 산다고 적용대상에서 제외하는 것은 매우 불합리하다고 할 수 있다. 특히 국민기초생활보장제도에서는 일을 안 하고도 급여를 받는 것에 반하여, 근로장려세제는 일을 해야만 급여가 주어지는 제도라는 점에 비추어 볼 때 더욱 그러하다.

따라서 자신이 사는 주택의 기준을 크게 올리든지(예, 대도시의 경우 2억), 아니면 아예 이러한 주택은 기준에서 제외시킬 필요가 있다(값비싼 집에 살면서 1년에 약 200만원을 받기 위하여 근로장려세제를 신청할 사람은 실질적으로 많지 않기 때문이다).

참고문헌

감정기 · 최원규 · 진재문(2002), 『사회복지의 역사』, 서울: 나남.
고용노동부(2012), 2012년판 고용보험백서, 서울: 고용노동부.
구인회(2006), 『한국의 소득불평등과 빈곤: 소득분배 악화와 사회보장정책의 과제』, 서울: 서울대학교 출판부.
구인회 · 손병돈 · 안상훈(2010), 『사회복지정책론』, 서울: 나남.
국민건강보험공단(2011), 노인장기요양보험 주요통계, 서울: 국민건강보험공단.
국민건강보험공단(2012), 2011년 노인장기요양보험 통계연보, 서울: 국민건강보험공단.
국민연금공단(2013), 2013년 6월말 기준 국민연금 공표통계, 서울: 국민연금공단.
근로복지공단산재보험연구센터(2012), 2011년도 근로복지공단 통계연보, 서울: 근로복지공단.
김교성 · 노혜진(2011), 『한국의 빈곤』, 서울: 나눔의 집.
김기덕 · 손병돈(1995), "1982-92년간 근로자가구의 소득분배 변화 추세," 사회복지연구, 6: 91-115.
김연명(2002), "김대중 정부의 사회복지정책-신자유주의를 넘어서," 김연명 편, 한국복지국가 성격논쟁Ⅰ, 서울: 인간과 복지.
김영범(2002), "경제위기 이후 사회정책의 변화-한국과 선진 자본주의 국가들과의 비교," 김연명 편, 한국복지국가 성격논쟁Ⅰ, 서울: 인간과 복지.
김진수 외(2010), 건강보험 부과체계 단순화 및 일원화 방안, 서울: 국민건강보험공단.
김진욱(2005), "한국 복지혼합의 구조: 2000년도 지출추계를 중심으로," 한국사회복지학회 2005년도 춘계학술대회 자료집.
김태성(1995), "저소득층 소득분배형태의 변화 추세: 1966-1992," 사회복지연구, 6: 35-69.
김태성(1996), "한국의 사회복지는 왜 낙후되었는가?: 비용편익분석적 관점," 사회복지연구, 8: 1-40.
김태성(2007), 『두 개의 예외적인 복지체제 비교 연구: 한국복지국가 모형의 탐색』, 서울: 서울대학교 출판부.
김태성 · 김진수(2007), 『사회보장론』, 서울: 청목출판사.
김태성 · 성경륭(2000), 『복지국가론』, 서울: 나남.
김태성 · 손병돈(2007), 『빈곤과 사회복지정책』, 서울: 청목출판사.
김태성 · 홍백의 · 김찬우 · 안승재(2012), 장기요양기관 운영 및 임금실태 변화에 관한 연구, 노인복지중앙회.
노대명 외(2009), 근로빈곤층을 위한 자립촉진지원제도 도입방안 연구, 서울: 한국보건사회연구원.
박능후(2011), "근로장려세제 시행 초기 효과 실증분석," 사회복지정책, 38(2): 165-191.
보건복지부(2012), 2012년 국민기초생활보장사업 안내, 서울: 보건복지부.
석재은(2005), "장기요양보호정책의 한국적 모형에 관한 탐색적 논의: 국가, 시장, 가족의 역할분담과 정책설계," 한국사회복지학회 2005년도 추계공동학술대회 발표집.
신동면(2001), "김영삼 정부의 사회복지정책: 세계화와 사회복지," 연세사회복지, 6·7: 79-103.
신명호(2006), "자활사업의 효과, 제대로 평가하자," 도시와 빈곤, 80: 19-45.
신영석·이준영·윤장호(2011), 건강보험 보험료 부담의 공정성 제고방안, 서울: 한국보건사회연구원.
안상훈(2010), 『현대 한국복지국가의 제도적 전환』, 서울: 서울대학교 출판문화원.
양재진 외(2008), 『한국의 복지정책 결정과정』, 서울: 나남.
유길상(2012), "이행노동시장의 관점에서 본 고용보험제도 발전방안," 노동정책연구, 12(2): 131-164.
유일호(1995), "우리나라의 탈세 규모 추정: 소득세와 부가가치세," 재정논집, 9: 93-119.
윤석명(2012), "국민연금 사각지대 완화를 위한 보험료 지원방안의 개선방향," 연금포럼, 45.
이두호 외(1992), 『국민의료보장론』, 서울: 나남.
이두호·최일섭·김태성·나성린(1991), 『빈곤론』, 서울: 나남.
이상은·권혁창·전세나(2010), "한국 자활사업의 비용-편익분석 연구," 사회복지연구, 41(3): 299-326.
이인재·류진석·권문일·김진구(2006), 『사회보장론』, 서울: 나남.
이준영(2008), 사회보장론, 서울: 학지사.
이현주 외(2003), 공공부조와 사회복지서비스의 체계 분석 및 재편 방안, 서울: 한국보건사회연구원.
전남진(1987), 『사회정책학강론: 복지정책의 수립과 분석』, 서울: 서울대 출판부.
정무권(2002), "김대중 정부의 복지개혁과 한국 복지제도의 성격논쟁에 대하여-발전주의 유산과 복지개혁의 한계," 김연명 편, 한국복지국가 성격논쟁Ⅰ, 서울: 인간과 복지.
조영훈(2002), "유교주의, 보수주의, 혹은 자유주의? 한국의 복지유형 검토," 김연명 편, 『한국복지국가 성격논쟁Ⅰ』, 서울: 인간과 복지.
최현수(2007), "근로장려세제(EITC) 시행방안의 주요내용 분석 및 정책과제," 이태진 외(편), 사회정책의 진단과 동향, 서울: 한국보건사회연구원.
최현수(2011), "근로장려세제(EITC) 확대 개편방안의 의미와 정책과제," 보건·복지 Issue and Focus, 108, 서울: 한국보건사회연구원.
한국고용정보원(2011), 2010년 고용보험통계연보, 서울: 한국고용정보원.
홍경준(2002), "복지국가의 유형에 관한 질적 비교분석-개입주의, 자유주의, 그리고 유교주의 복지국가," 김연명 편, 『한국복지국가 성격논쟁Ⅰ』, 서울: 인간과 복지.

Atkinson, A. B., and J. Micklewright(1991), "Unemployment Compensation and Labor Market Transitions: A Critical Review." *Journal of Economic Literature*, 29: 1679-1727.

Barr, N.(1998), *The Economics of the Welfare State*, Stanford: Stanford University Press.

Browning, E. K.(1995), "Effects of the Earned Income Tax Credit on Income and Welfare," *National Tax Journal*, 48(1): 23-43.

Cameron, D.(1978), "The Expansion of the Public Economy: A Comparative Analysis," *American Political Science Review*, 72: 1243-1261.

Cancian, M., and A. Levinson(2006), "Labor Supply Effects of the Earned Income Tax Credit," *National Tax Journal*, 59(4): 781-800.

Eardley, T. et al.(1996), *Social Assistance in OECD Countries: Synthesis Report, Department of Social Security Research Report*, No.46, London: HMSO.

Ehrenberg, R. G., and R. S. Smith(1982), *Modern Labor Economics,* Glenview: Scott, Foresman and Company.

Esping-Andersen, G.(1985), *Politics Against Markets*, Princeton: Princeton University Press.

Esping-Andersen, G.(1990), *The Three Worlds of Welfare Capitalism*, Princeton: Princeton University Press.

Freeman, R., B. Swedenborg, and R. Topel(eds.)(1997), *Reforming the Welfare State: The Swedish Model in Transition*, Chicago: Chicago University Press.

Goodman, R., and I. Peng(1996), "The East Asian Welfare States," Esping-Andersen, G.(ed.), *Welfare States in Transition,* New York: Sage.

Gordon, M.(1988), *Social Security Policies in Industrial Countries*, New York: Cambridge University Press.

Gough, I.(1979), *The Political Economy of the Welfare State*, London: MacMillan.

Heidenheimer, A.(1973), "The Politics of Public Education, Health, and Welfare in the U.S.A. and Western Europe," *British Journal of Political Science*, 3: 315-340.

ILO(1992), *The Cost of Social Security*, Geneva: ILO.

Immervoll, H.(2009), "Minimum-Income Benefits in OECD Countries: Policy Design, Effectiveness and Challenges," *OECD Social, Employment and Migration Working Papers*, No.100, Paris: OECD.

Jones, C.(1993), *New Perspectives on the Welfare State in Europe*, London: Routledge.

Liebman, J. B.(1998), "The Impact of the Earned Income Tax Credit in

Incentives and Income Distribution," *Tax Policy and the Economy*, 12, Cambridge, MA: NBER.

Lipset, S. M.(1977), "Why No Socialism in the United States," S. Bailer(ed.), *Radicalism in the Contemporary Age*, Boulder: West Review Press.

O'Connor, J.(1973), *The Fiscal Crisis of the State*, New York: St. Martins.

OECD(2003), *OECD Ad Hoc Group*, Paris: OECD.

OECD(2011), *Health at a Glance: OECD Indicators*, Paris: OECD.

O'Higgins, K. et al.(1990), "Income Distribution and Redistribution: A Microdata Analysis for Seven Countries," T. M. Smeeding, M. O'Higgins, L. Rinwater(eds.), *Poverty, Inequality, and Income Distribution in Comparative Perspective*. New York: Harvester/Wheatsheaf.

Orloff, A. S., and T. Skocpol(1984), "Why Not Equal Protection?: Explaining the Politics of Public Social Spending in Britain, 1900-1011, and the United States, 1880s-1920," *American Sociological Review*, 49: 726-750.

Pampel, F. C., and J. B. Williamson(1989), *Age, Class, Politics and the Welfare State*, Cambridge: Cambridge University Press.

Pierson, C.(1991), *Beyond the Welfare State? The New Political Economy of Welfare*. Cambridge, UK: Polity Press.

Piven, F., and R. Cloward(1971), *Regulating the Poor*, New York: Random House.

Rodrik, D.(1998), "Why Do More Open Economies Have Bigger Governments?," *Journal of Political Economy*, 106(5): 997-1032.

Social Security Administration(2011), *Social Security Programs Throughout the World*, 2011, Washington, D.C.: SSA.

Weaver, R. K.(2000), *Ending Welfare As We Know It*, Washington, D.C.: Brookings Institution Press.

찾아보기

(ㅊ)

(ㅌ)

[저자 약력]

서울대학교 사회복지학과 교수
미국 Washington Univ.(사회복지학 박사)
미국 Ohio State Univ.(사회복지학 석사)
서울대학교 사회복지학과(문학 학·석사)

[저서]
『사회보장론(제4판)』(공저, 2013, 청목출판사)
『사회복지정책입문(제2판)』(2012, 청목출판사)
『사회복지조사론(개정판)』(공저, 2012, 청목출판사)
『사회복지개론(제2판)』(공저, 2010, 청목출판사)
『복지와 경제』(2009, 청목출판사)
『빈곤과 사회복지정책』(공저, 2002, 청목출판사)
『복지국가론』(공저, 2000, 나남)
『사회복지정책론』(공저, 1995, 나남)

한국사회복지정책론

2013년 12월 10일 초판인쇄
2013년 12월 15일 초판발행

저 자 김 태 성
발행인 유 성 열
발행처 청목출판사
서울특별시 영등포구 신길로 40길 20
전화 (02) 849-6157(代)·2820 / 833-6090~1
FAX (02) 849-0817
등록 제318-1994-000090호

파본은 바꾸어 드립니다. 값 20,000원

http : //www.chongmok.co.kr

ISBN 978-89-5565-551-3